V. 2679.
F. 2.

75244

LA POËTIQUE
DE
LA MUSIQUE.
TOME I.

Se trouve A PARIS;

Chez
{
P. Fr. DIDOT le jeune, Libraire-Imprimeur de Monsieur, quai des Augustins.
Mérigot jeune, Libraire, quai des Augustins.
La Veuve Esprit, Libraire, au Palais-Royal.
Théophile Barrois, Libraire, quai des Augustins.
Belin, Libraire, rue Saint-Jacques.
Visse, rue de la Harpe.
}

LA POËTIQUE
DE
LA MUSIQUE.

Par M. le Comte DE LA CEPÈDE, des Académies et Sociétés royales de Dijon, Lyon, Toulouse, Rome, Stockholm, Hesse-Hombourg, Munich, etc.

La sensibilité fait tout notre génie. PIRON.

TOME PREMIER.

A PARIS,
DE L'IMPRIMERIE DE MONSIEUR.

M. DCC. LXXXV.

Cet Ouvrage est destiné aux jeunes artistes qui desirent de marcher sur les traces des grands musiciens, & à ceux qui, sans avoir aucune connoissance de l'art de la Musique, cherchent à distinguer les beautés des ouvrages des grands Maîtres.

Plusieurs Auteurs célèbres, soit de France, soit des pays étrangers, que je n'ai pas besoin d'indiquer à l'admiration publique, ont traité de l'art dont nous allons nous occuper; mais personne ne l'a encore envisagé sous le point de vue que j'ai cru devoir préférer.

J'ignore quelle sera la destinée des Tragédies lyriques que j'ai mises en Musique ; mais peut-être ceux qui liront avec attention cette Poëtique, feront-ils convaincus qu'un ouvrage composé par une main habile, d'après les principes que nous allons exposer, pourroit prétendre à des succès durables.

TABLE
DE LA POETIQUE
DE LA MUSIQUE.

LIVRE Ier.

DE LA MUSIQUE EN GÉNÉRAL.

De l'Origine de la Musique, page 1
De la Nature de la Musique, 45
Des Effets de la Musique, 78

LIVRE II.

DE LA MUSIQUE DE THÉATRE. 106

De la Tragédie lyrique, 109
   De l'ensemble de la Tragédie lyrique, ibid
   Des Passions considérées relativement à la Tragédie lyrique, 181

Des caractères des personnages considérés relativement à la Tragédie lyrique, 239

Des chants considérés relativement à la Tragédie lyrique, 277

Des accompagnemens considérés relativement à la Tragédie lyrique, 322

De l'ouverture de la Tragédie lyrique, Tome II, page 1

Du récitatif de la Tragedie lyrique, 39

Du récitatif obligé de la Tragédie lyrique, 76

Des airs de la Tragédie lyrique, 105

Des duo de la Tragédie lyrique, 167

Des trio, quatuor, &c. de la Tragédie lyrique, 217

Des chœurs & des airs de ballet de la Tragédie lyrique, 254

De la Comédie lyrique & des pièces de Théâtre mêlées de Musique, 279

De la Pastorale lyrique. 289

LIVRE III.
DE LA MUSIQUE D'EGLISE.

De la Musique des Offices divins, des Motets, des Hiérodrames, &c. 304

LIVRE IV.

DE LA MUSIQUE VOCALE DE CONCERT ET DE CHAMBRE, ET DE LA MUSIQUE INSTRUMENTALE.

Des cantates, des airs de concert, de la chanson, 321
Des symphonies, des concerto, &c. 329
Des duo, trio, quatuor, sonates, &c. 342

Fin de la Table.

APPROBATION.

J'AI lu, par ordre de Monseigneur le Garde des Sceaux, *la Poëtique de la Musique*, par M. le Comte DE LA CEPEDE. Je n'y ai rien trouvé qui puisse en empêcher l'impression. A Paris, ce 15 novembre 1784.

SUARD.

PRIVILÈGE DU ROI.

LOUIS, PAR LA GRACE DE DIEU, ROI DE FRANCE ET DE NAVARRE : A nos amés & féaux Conseillers, les Gens tenans nos Cours de Parlement, Maîtres des Requêtes ordinaires de notre Hôtel, Grand-Conseil, Prévôt de Paris, Baillifs, Sénéchaux, leurs Lieutenans Civils, & autres nos Justiciers qu'il appartiendra : SALUT. Notre bien-amé Le Sieur Comte DE LA CEPEDE, Nous a fait exposer qu'il désireroit faire imprimer & donner au Public un ouvrage de sa composition, intitulé *Poëtique de la Musique*, s'il nous plaisoit lui accorder nos Lettres de Privilège pour ce nécessaires. A CES CAUSES, voulant favorablement traiter l'Exposant, nous lui avons permis & permettons par ces Présentes de faire imprimer ledit Ouvrage autant de fois que bon lui semblera, de le vendre, faire vendre & débiter par tout notre Royaume. Voulons qu'il jouisse de l'effet du présent privilège, pour lui & ses hoirs à perpétuité, pourvu qu'il ne le retrocède à personne ; & si cependant il jugeoit à propos d'en faire une cession, l'acte qui la contiendra sera enregistré en la Chambre syndicale de Paris, à peine de nullité, tant du privilège que de la cession ; & alors, par le fait seul de la cession enregistrée, la durée du présent privilège sera réduite à celle de la vie de l'Exposant, ou à celle de dix années à compter de ce jour, si l'Exposant décède avant l'expiration desdites dix années. Le tout conformément aux articles IV & V de l'Arrêt du Conseil du 30 août 1777, portant Réglement fur la durée des privilèges en Librairie. FAISONS défenses à tous Imprimeurs, Libraires, & autres perfonnes de quelque qualité & condition qu'elles foient, d'en introduire d'impreffion étrangère dans aucun lieu de notre obéiffance; comme auffi d'imprimer ou faire imprimer, vendre ou faire vendre, débiter ni contrefaire ledit Ouvrage, fous quelque prétexte que ce puiffe être, fans la permiffion expreffe & par écrit dudit Expofant, ou de celui qui le repréfentera, à peine de faifie & de confifcation des exemplaires contrefaits, de fix mille livres d'amende qui ne pourra être modérée, pour la première fois, de pareille amende & de déchéance d'état en cas de récidive, & de tous dépens, dommages & intérêts, conformément à l'Arrêt du Conseil du 30 août 1777, concernant les contrefaçons. A la charge que ces Préfentes feront enregiftrées tout au long fur le Regiftre de la Communauté des Imprimeurs & Libraires de Paris, dans trois mois de la date d'icelles; que l'impreffion dudit Ouvrage fera faite dans notre Royaume & non ailleurs, en beau papier & beaux caractères, conformément aux Réglemens de la Librairie, à peine de déchéance du préfent Privilège; qu'avant de l'expofer en vente, le manufcrit qui aura fervi de copie à l'impreffion dudit Ouvrage, fera remis, dans le même état où l'Approbation y aura été donnée, ès mains de notre très-cher & féal Chevalier Garde des Sceaux de France, le fieur HUE DE MIROMESNIL, Commandeur de nos Ordres; qu'il en fera enfuite remis deux Exemplaires dans notre Bibliothèque publique, un dans celle de notre Château du Louvre, un dans celle de notre très-cher & féal Chevalier, Chancelier de France, le fieur DE MAUPEOU, & un dans celle dudit fieur HUE DE MIROMESNIL: le tout à peine de nullité des Préfentes; DU CONTENU defquelles vous MANDONS & enjoignons de faire jouir ledit Expofant & fes hoirs, pleinement & paisiblement, sans souffrir qu'il leur soit fait aucun trouble ou empêchement. VOULONS que la copie des Présentes, qui sera imprimée tout au long au commencement ou à la fin dudit Ouvrage, soit tenue pour duement signifiées, & qu'aux copies collationnées par l'un de nos amés & féaux Conseillers Secrétaires, foi soit ajoutée comme à l'original. Commandons au premier notre Huissier ou Sergent sur ce requis, de faire, pour l'exécution d'icelles, tous actes requis & nécessaires, sans demander autre permission, & nonobstant clameur de Haro, Charte Normande & Lettres à ce contraires : CAR tel est notre plaisir. DONNÉ à Paris, le quinzième jour du mois de Décembre, l'an de grace mil sept cent quatre-vingt-quatre, & de notre Règne le onzième. Par le Roi en son Conseil.

Signé, LE BEGUE.

Regiftré sur le Regiftre XXII de la Chambre Royale & Syndicale des Libraires & Imprimeurs de Paris, N°. 164, fol. 219, conformément aux dispositions énoncées dans le présent privilège & de remettre à ladite Chambre les huit exemplaires prescrits par l'article CVIII du Réglement de 1723. A Paris, le vingt-un Décembre 1784.

FOURNIER, *Adjoint.*

LA POËTIQUE
DE
LA MUSIQUE.

LIVRE PREMIER.
DE LA MUSIQUE EN GÉNÉRAL.

De l'Origine de la Musique.

Dans ces champs fortunés où régnoit un printemps éternel, où le soleil n'envoyoit que des rayons tempérés par l'haleine des doux zéphirs, la terre couverte d'une verdure toujours nouvelle, n'offroit aux yeux que des tapis de fleurs, que des arbres chargés de fruits : des fontaines y couloient avec un léger murmure ; elles répandoient une délicieuse fraîcheur au milieu des bois odoriférans ; les parfums les plus doux s'exhaloient dans les airs : sous le feuillage épais de ces bois enchanteurs, les oiseaux faisoient entendre leurs chants mélodieux. L'homme heureux & content, parcourant avec sa compagne ces champs fleuris & parfumés, enivré de plaisir & de jouissances, célébra son bonheur. Sa voix s'anima ; la parole ne put suffire à l'expression de ses sentimens : des sons fugitifs aussitôt évanouis que prononcés, des nuances trop peu distinctes, des accens trop rapprochés, ne purent point servir de signes à un long épanchement, à des sensations fortes & vives, à des transports impétueux. Il soutint sa voix, il la prolongea avec effort ; il l'éleva, il la rabaissa avec rapidité : les cris de la joie se mêlèrent à ses sons ; il chanta. Il anima en même temps sa démarche : il éleva ses pas : le feu qui le transportoit, l'éleva lui-même ; il s'élança plusieurs fois de joie & de plaisir : la première danse fut formée. Pour mêler moins de fatigue à l'expression de ses transports, il s'éleva, & se laissa retomber par intervalles égaux ; ses mouvemens furent mesurés, & observèrent une certaine régularité : son chant qui accompagnoit sa danse, dut s'en ressentir : il dut commencer & finir avec la danse : il fut donc régulier : il fut donc divisé en parties égales ; ou, pour mieux dire, il fut très-court & revint souvent : & la chanson naquit. L'homme fortuné dut y appliquer des paroles coupées aussi avec ordre, pour exhaler sa joie de toutes les manières possibles ; & la poësie vit le jour.

Mais le bonheur durable n'a jamais été le partage de l'homme : il ne jouit de quelques instans de joie, que pour ressentir plus vivement ensuite les maux & la douleur. Privé de sa compagne, & soupirant après son retour, l'homme isolé au milieu des campagnes fleuries, ne voit plus qu'avec peine ces témoins de sa félicité passée. Tout lui retrace le bonheur qu'il a perdu ; mais rien ne le lui peint assez vivement pour le consoler. Les objets qui l'entourent, ne font que le distraire de ses tristes pensées : elles seules lui rappellent assez fortement ses plaisirs, ses adieux, les pleurs qu'il a versés, les dernières paroles qu'il a entendues, le dernier regard, le dernier geste qu'il a apperçus, pour mêler quelques charmes à sa douleur amère. Triste & mélancolique, il s'enfonce dans les bois les plus touffus : il cherche les lieux les plus sauvages & les plus solitaires : il y appelle à haute voix sa compagne, & il se plaît à entendre un écho aussi triste que lui, répéter avec le même attendrissement, le nom de celle qu'il a perdue. Cette voix, hélas! qui n'est que la sienne, porte cependant une douce illusion dans son ame : il croit entendre un être semblable à lui, un être comme lui infortuné qui prend part à sa douleur ; il choisit ce lieu consolateur pour s'y entretenir de celle qu'il a perdue : il s'y asseoit au pied d'une roche sauvage : d'un côté, il apperçoit le rivage de la mer dont l'onde tristement agitée vient se briser sur des rochers, en y faisant entendre une espèce de gémissement ; de l'autre, son œil se perd dans l'ombre d'une sombre forêt : près de lui, une tourterelle plaintive, comme lui séparée de sa douce compagne, interrompt de temps en temps le silence de ces lieux mélancoliques, par une triste voix & des accens plaintifs. Abymé dans une profonde rêverie, uniquement occupé de l'objet de son tendre amour, l'homme répète d'une voix accentuée par la douleur, les derniers mots de son amante, les derniers mots qu'il lui a dits : à mesure qu'il les prononce, il s'attendrit, ses yeux se remplissent de larmes, & il se plaît dans sa douleur : il prononce encore ces paroles si chères à son cœur ; il les répète d'une voix plus attendrie encore. Au ton plaintif de la douleur se mêlent les accens touchans que ses regrets lui arrachent : il soutient sa voix pour rendre plus durable le tableau qu'il cherche à se former de celle qui lui manque. Il s'écrie pour ainsi dire ; il gémit en répétant ses tendres plaintes : ce n'est plus un simple langage qu'il emploie ; c'est un composé de plusieurs signes réunis, de plusieurs traits expressifs & profonds. Les divers sentimens qui règnent sur l'homme infortuné, la douleur amère, les regrets touchans, la douce mélancolie, la vive inquiétude, la sombre tristesse, quelquefois la consolante espérance agitent tour à tour & son ame & ses accens ; ils élèvent sa voix, l'abaissent, la précipitent, la retardent, la modifient en sons longs & soutenus, en cris déchirans & entrecoupés, en inflexions basses & profondes, en gémissemens à peine exhalés : la vraie Musique paroît ; ce composé céleste des divers mouvemens que nos affections nous impriment, des divers signes qui les représentent, de sons élevés ou graves, soutenus ou à peine formés, & dont la régularité n'est soumise qu'à l'ordre, ou, pour mieux dire, au désordre des passions. Ainsi le plaisir a fait naître la chanson, cette partie de la

Musique faite pour l'homme heureux & content, & qui réveille toujours en lui l'idée de la danse; mais c'est à la douleur & à la triste mélancolie que nous devons la vraie Musique, ce tableau animé de toutes les passions, & sur-tout des passions les plus profondes, qui les grave si fortement & les allume si rapidement dans nos ames, qui fait couler des larmes si délicieuses, qui donne des émotions si douces, & des jouissances si intimes à toutes les ames sensibles qui ont éprouvé ou éprouvent des malheurs, & par conséquent, hélas! à toutes celles qui ont reçu le précieux & funeste don de la sensibilité.

La Musique conserve encore l'empreinte de son origine : née au milieu des pleurs & de la douleur, au milieu des affections profondes, elle ne peint bien que les événemens tristes, que les sensations déchirantes, que les situations mélancoliques, que les sentimens sombres & profonds. Et comment cette espèce de langue composée presqu'en entier des cris des passions déchirantes; où les mouvemens de la tristesse sont marqués; où sont empreints l'abandon de la mélancolie, & le désordre d'un aussi grand nombre de mouvemens intérieurs; qui fait entendre à chaque instant les accens d'une douleur amère; qui offre les intervalles & les sons uniquement destinés par la nature à annoncer le désespoir, & par conséquent à jeter le plus grand trouble dans tous les cœurs sensibles : comment ce composé pourroit il présenter une image pure de la joie & de la vraie tranquillité ? Lorsque la Musique offre le tableau de cette sérénité pour lequel elle n'est point destinée, combien sa peinture n'est-elle pas imparfaite ! Combien d'objets tristes & sombres jetés par force sur cette image d'un jour pur & serein ! Aussi, lorsqu'on a dégagé la Musique de ses accessoires, est-on toujours mélancoliquement ému, dans les momens où l'on s'attendoit à ne recevoir l'impression que d'une douce tranquillité, que d'une joie pure : les traits de la gaieté même, que le Musicien peut avoir rassemblés dans son tableau, ne servent qu'à rendre plus touchante l'image de quelque affection profonde qu'il a été contraint de laisser dans quelque coin ; il ne s'en éloigne pas moins de son but; il n'en fait pas moins souvent verser des larmes, lorsqu'il veut n'inspirer que la joie.

Que l'on distingue donc bien la vraie Musique de celle que nous avons nommée *chanson*. Cette dernière destinée à accompagner la danse, réveille toujours en nous l'idée de cette sœur & de cette compagne de la gaieté, & ainsi elle peut peindre en quelque sorte cette joie si peu faite pour les pinceaux du vrai Musicien. Mais la Musique proprement dite, ne représentera jamais qu'à demi la joie & la sérénité, ou n'en offrira absolument aucun trait, étant alors froide & par conséquent sans expression. Cet effet a été reconnu depuis long-temps; mais on n'en avoit pas encore trouvé la raison.

Voilà pourquoi les ames sensibles peuvent seules se complaire à entendre la vraie musique, au moins, lorsque cette dernière est privée de tous les objets étrangers qui pourroient lui prêter quelques charmes. Les cœurs froids & insensibles, ceux qui ne s'amusent que lorsqu'ils se réjouissent, qui ne s'intéressent qu'à ce qui les égaye, non-seulement doivent écouter sans la moindre émotion le morceau de musique le plus pathétique, mais il doit même les affecter d'une manière désagréable; il ne leur faut que des chansons. On peut même, ce me semble, ajouter qu'il faut avoir dans l'ame une certaine candeur, pour goûter tous les charmes de l'art céleste dont nous traitons. Tout ce qui nous attriste, tout ce qui réveille en nous des idées sombres, tout ce qui y fait naître des affections profondes, porte naturellement l'ame à se replier sur elle-même, à se contempler, à se juger; & voilà pourquoi les malheureux sont presque toujours contraints à vivre dans eux-mêmes. Si l'on ne peut supporter qu'avec peine la vue de son cœur, on fuira tout ce qui oblige à l'examiner, tout ce qui en présente l'image. L'homme vertueux pourra donc seul goûter sans trouble, les tendres émotions que la vraie musique inspire; il pourra seul jouir de toutes les sensations qu'elle cause. L'ennemi de la vertu ne doit chercher que la gaieté & les chansons.

Ce que nous avons dit, va nous servir à expliquer en partie un autre effet non moins intéressant. On a remarqué depuis long-temps, que de tous les arts, la musique étoit celui dont nous recevions les impressions, sinon les plus vives & les plus attrayantes, du moins les plus profondes. Nous en verrons plusieurs raisons dans la suite de cet ouvrage, en voici une qui me paroît importante.

L'état habituel de l'homme, n'est pas de jouir d'un bonheur pur & sans mélange : il n'a jamais goûté que par instans cette joie que le plus léger souci ne ternit point. Choisissez celui qui paroît le plus deſtiné à ce bonheur que rien n'altère : ſuppoſez-le exempt depuis long-temps des maux phyſiques : la douleur ne lui fait point ſentir ſes cruelles atteintes ; aucun malheur ne l'accable, aucun deſir ne le tourmente en apparence ; il a autour de lui, tous les biens qu'il peut ambitionner ; le chagrin ne vient jamais l'envelopper dans ſes voiles funèbres : cet homme, où eſt-il ? Je veux cependant qu'il exiſte. Et nous allons voir ſa joie ſe diſſiper comme un de ces éclairs rapides, que les chaleurs font briller au milieu des nuits de la ſaiſon brûlante. La faculté de penſer, ce ſublime don que nous avons reçu de l'auteur de la nature, la cauſe de nos vrais plaiſirs, mais en même temps la principale ſource de toutes nos peines, viendra bientôt troubler ce bonheur ſans mélange, où nous le ſuppoſons plongé. Son ame que l'inſtant préſent, trop borné & trop fugitif, ne ſauroit occuper, ne ceſſe de s'élancer en-deçà & au-delà ; elle lui rappelle ce qu'il a été, elle cherche à deviner ce qu'il ſera : la crainte de perdre les objets dont il jouit, ſe préſente ; l'image des maux qu'il a ſoufferts l'attriſte ; tout lui retrace dans le paſſé, des objets qui ne ſont plus ; tout lui peint dans l'avenir, d'autres objets qui viendront s'opposer à ses plaisirs, & à ses tranquilles jouissances. L'homme le plus heureux n'échappe à toutes ces craintes, que pour se livrer à une secrette mélancolie : il ne peut se dérober à une tristesse cachée qui vient flétrir tous ses plaisirs. Tout le bonheur auquel la nature nous destine, n'est donc que cet état mélancolique, où, à la vérité, nos peines sont toutes dans notre esprit, mais où elles n'en sont pas moins réelles; heureux encore qu'elles ne nous viennent que de cette même imagination qui peut les rendre plus légères en les parant de ses riantes chimères, de ses vains, mais agréables souvenirs, de ses frivoles, mais flatteuses espérances ! Et voilà cependant ce bonheur auquel ne peuvent atteindre que quelques êtres privilégiés, tandis que le plus grand nombre, déchiré par les soucis cruels & les chagrins rongeurs, est courbé sous le sceptre de fer de la douleur aiguë; &, pour toute consolation, voit devant lui, le temps qui d'une main hideuse lui montre les maux affreux qu'il a soufferts, & les malheurs sans fin qui doivent l'accabler.

D'un autre côté, qu'est-ce qui rend les sensations profondes ? Qu'est-ce qui fait qu'on en conserve l'empreinte pendant long-temps, ou, ce qui est la même chose, que le souvenir en est vif & souvent renouvelé ? C'est la ressemblance de ces sensations, avec les affections qu'on éprouve le plus souvent. Toute ressemblance ne doit-elle pas lier une affection avec une autre, de manière que la première réveille nécessairement la seconde ? Par une suite de cette ressemblance, non-seulement on doit passer facilement d'une sensation à une autre ; mais une sensation représente réellement une partie d'une autre sensation : elle en montre la portion qui leur est commune. Non-seulement donc cette seconde sensation agit après avoir été renouvelée ; mais encore elle agit par quelques-unes de ses portions, quoiqu'on n'éprouve encore que la première. Mais à mesure qu'on se représente plus souvent un objet, la trace en est plus creusée ; les traits qui l'expriment, sont plus fortement dessinés ; l'image en est plus vive, l'impression qu'il produit s'efface plus lentement. Il est donc aisé de voir, que plus une sensation aura de rapport avec un grand nombre de celles que nous éprouvons, c'est-à-dire, plus elle ressemblera aux affections qui règnent le plus souvent sur nous, & plus elle sera durable & profonde.

Mais quel eſt l'art dont les impreſſions ont plus de rapport avec l'état habituel de l'homme preſque toujours dévoré par le chagrin, miné par la triſteſſe, ou dont le bonheur le plus grand ne peut échapper au ſouffle de la mélancolie, quel eſt l'art qui a plus de rapport avec cet état malheureux, que la Muſique, qui, née au ſein des regrets & de la douleur, n'a compoſé, en quelque ſorte, ſon langage, que des cris des paſſions déchirantes, que des accens d'un ſentiment preſque toujours mélancolique ; qui a la démarche, l'air & l'abandon des ſituations triſtes, qui porte au moins le caractère de la rêverie, qui ne nous préſente le plus ſouvent que le tableau du malheur, ou du déſeſpoir; & qui, en nous offrant de loin des images d'affections douces, de ſentimens tendres, de ſituations heureuſes, ne nous les montre qu'au travers d'un voile un peu ſombre, dont elle ne peut jamais les débarraſſer entièrement?

Eh! quoi, me dira-t-on peut-être, comment pouvez-vous peindre avec des couleurs auſſi rembrunies, cet art enchanteur & céleſte, cette puiſſance magique qui agit avec tant de force ſur les ames ſenſibles, fait répandre des larmes ſi délicieuſes, tient nos maux ſuſpendus par un charme secret, fait couler dans nos veines une douce tranquillité, appaise les orages de notre imagination, calme l'impétuosité des passions qui nous agitent, nous ravit, pour ainsi dire, en extase, s'empare de tout notre être, & ne permet qu'aux sensations agréables d'y régner ? Ah ! c'est précisément son caractère mélancolique & triste qui en fait tout le charme ; plus gai, il nous transporteroit moins. C'est parce que nous avons été, nous sommes ou nous serons plus ou moins infortunés, que nous aimons à voir le tableau des misères humaines. Lorsque cet art nous séduit & nous entraîne, c'est un ami, comme nous malheureux, que nous cherchons pour être consolés, pour déposer dans son sein le fardeau qui nous accable ; nous nous reconnoissons aux traits qu'il nous offre, & la plus douce sympathie nous unit : qui que nous soyons, quelque malheur que nous ayons éprouvé, il a l'air de nous dire, *Et moi aussi je l'ai ressenti ; & moi aussi j'en porte les tristes marques.* Nous volons à lui ; nos maux ne lui sont pas étrangers ; il pourra entendre notre cœur ; il adoucira nos chagrins.

L'état de peine est notre état habituel ; quelque légère qu'on suppose celle que nous éprou-

DE LA MUSIQUE. 15

vons, tous les plaisirs que nous goûtons sont donc liés avec des sensations au moins un peu tristes : tout ce qui réveillera cette espèce de languissante rêverie, renouvellera donc aussi nos plaisirs, & plus vivement peut-être qu'une image pure du bonheur. Cette image ne nous retraceroit qu'un instant de félicité ; & le tableau d'une affection moins dégagée de soucis & de peines, nous rappelle presque tous les momens heureux qu'il nous a été permis de goûter. D'ailleurs, le plaisir que nous éprouvons toutes les fois que nous voyons l'art imiter la nature, n'est-il pas plus vif, lorsqu'on nous représente des sensations tristes & sombres que nous éprouvons presque toujours, avec lesquelles nous sommes si familiers, & dont nous pouvons si aisément juger le portrait, que lorsqu'on ne nous rappelle que ces instans heureux, si étrangers à notre ame & à notre cœur, & dont nous devons avoir tant de peine à distinguer les traits ?

D'un autre côté, les malheurs dont on nous retrace l'image, ne sont que des illusions créées uniquement pour nos jouissances ; ils cessent avec le dernier son de la voix qui nous enchante, & ne commencent que lorsqu'elle nous fait entendre de nouveau ses gémiffemens & fes plaintes. Nous le favons; nous nous le difons à nous-mêmes au moment où une mère infortunée vient de nous arracher des larmes; toute douleur trop fatiguante s'évanouit alors, & il ne nous refte que le plaifir de nous être trouvés fenfibles aux maux de nos femblables, que celui d'avoir joui du pouvoir d'être émus, & de nous attendrir. Que nous aimons à pouvoir nous peindre les malheurs comme paffagers! A force de voir les maux repréfentés finir lorfque nous le voulons, & lorfque nous commençons à en goûter l'amertume, nous parvenons à créer la plus agréable & la plus utile des chimères. Nous ofons penfer que les malheurs réels peuvent être auffi paffagers que les malheurs enfans de notre imagination: tant nous fommes pouffés par un inftinct fecret, vers tout ce qui peut foutenir & confoler notre cœur! Nous ofons croire que les maux qui font venus malgré nous, difparoîtront comme ceux qui n'avoient paru que par notre ordre, lorfque leur poids commencera à nous être infupportable. L'efpérance & le defir d'un meilleur fort, étendent cette agréable illufion fur tout ce qui nous environne; ils la répandent comme un baume falutaire, fur les plaies que le temps ne ceffe

de

de nous faire, en traînant après lui toutes les misères humaines : nous nous laiſſons ſéduire ; & au milieu d'une erreur auſſi douce, quelle reconnoiſſance n'avons-nous pas pour l'art qui l'a fait naître ! avec quel empreſſement ne recherchons-nous pas ce même art qui doit la nourrir & en prolonger la durée ?

Cependant un jour plus heureux ramène à l'homme la compagne qu'il avoit perdue : elle arrive dans ce lieu ſauvage & ſolitaire où il vient de pleurer ſon abſence. Lorſque ſes premiers tranſports ſont exhalés, qu'un ſentiment plus calme règne dans ſon ame, le moment préſent ne l'occupe plus tout entiere ; il peut laiſſer échapper ſon imagination ſur le paſſé & ſur l'avenir ; une triſteſſe ſecrette s'empare de ſon cœur, & le reſſerre ; il a perdu le bonheur dont il jouit ; il peut donc le perdre encore. Il revoit celle dont l'abſence lui a arraché les premières larmes ; il tient ſes regards attachés ſur elle, pour s'aſſurer que ſon unique bien ne lui a pas échappé de nouveau : il voit celle qu'il aime, & il en doute encore ; il la contemple à ſes côtés, & il la croit encore éloignée de lui. Ah ! ce n'eſt plus par la danſe & la chanſon qu'il célèbre ſon bonheur : la joie pure a commencé de diſparoître ; ce qu'il

Tome I. B

éprouve n'est plus une passion unique, son ame n'est plus entièrement livrée à la gaieté vive, & au bonheur tranquille; il ressent un mélange de félicité & de tristesse : il est heureux, & cependant il est prêt à pleurer. Il chante alors; mais c'est la vraie Musique, & non point la chanson, qui exhale ses sentimens; ce langage avec lequel il est déja familiarisé, & que la nature & la douleur sont venues lui apprendre, est maintenant le seul qui rende ses pensées & ses tendres affections. Assis sur le banc de gazon encore tout mouillé de ses larmes, il ne compose sa voix que de sons soutenus & fortement accentués; l'œil fixé sur sa compagne, il lui dit qu'il l'aime, il lui dit qu'il est heureux; mais un pressentiment de l'amour, toujours mélancolique dans une ame déja flétrie par le malheur, mêle les tendres plaintes d'une douleur qui commence à naître, à l'expression plus tranquille de la sérénité, & aux transports du feu qui le dévore. Tous les mouvemens irréguliers qui agitent son ame, entrecoupent sa voix : celle qu'il aime, séduite, entraînée par ce nouveau langage qui retentit jusqu'au fond de son cœur, veut lui répondre de la même manière : affectée des mêmes sentimens, elle dit les mêmes paroles, elle exhale les mêmes sons, elle forme les mêmes cris; elle s'arrête, & recommence avec celui dont le cœur donne au sien tous ses mouvemens. Cependant sa voix plus haute a de la peine à se mêler & à se confondre avec celle de son bien-aimé : pour réunir les sons qu'elle emploie, avec la voix qui lui est si chère, elle les élève à l'octave de cette voix qui la ravit & l'enchante; & c'est ainsi que le premier duo commença à être formé. Tantôt ils chantoient ensemble le bonheur qu'ils goûtoient en commun; tantôt, pour l'augmenter, ils se peignoient mutuellement, & l'un après l'autre, tous les sentimens qui les pénétroient; ils réunissoient de nouveau leurs voix, comme leurs cœurs, comme leurs affections étoient réunis; ayant les mêmes choses à se dire, les mêmes transports à exprimer, ils employoient les mêmes accens.

La nature leur avoit souvent fait entendre des sons mélodieux, dans le chant des oiseaux, dans le doux frémissement des zéphirs légers : ces sons avoient toujours été unis avec deux autres sons : l'expérience prouve que la nature n'en produit jamais aucun qui ne soit ainsi accompagné de deux autres, & fortifié par leur moyen. A la vérité ces deux tons secondaires,

moins forts que ceux qui leur donnoient naiſſance, ne pouvoient pas être diſtingués par
des organes peu exercés qui en recevoient
encore les impreſſions d'une manière trop
foible, & par conſéquent trop confuſe ; mais
ils n'en agiſſoient pas moins ſur ces mêmes
organes. L'harmonie la plus naturelle avoit
donc déja régné, en quelque ſorte, ſur les ſens
de l'homme & de ſa douce compagne : l'habitude d'être ſoumis à cet empire leur y fait
trouver mille charmes : ils n'avoient preſque
jamais goûté de plaiſirs, que leurs oreilles
n'euſſent été en même temps frappées par cette
harmonie pure ; ils avoient coulé preſque tous
leurs jours heureux ſous des feuillages agités
par un vent léger qui, en ſe jouant, faiſoit
entendre un ſifflement mélodieux, ſur le bord
des fontaines dont les eaux murmuroient parmi
les cailloux, dans des vallons garnis de bois
où les oiſeaux chanteurs ne ceſſoient de faire
répéter aux échos leurs tendres & agréables
ramages : auſſi quel plaiſir ne doit pas faire
naître dans leurs cœurs, cette harmonie naturelle, toutes les fois qu'elle vient de nouveau
frapper leurs oreilles ! ne doivent-ils pas déſirer de la fixer pour ainſi dire, & d'arrêter
des ſons trop fugitifs, ſur-tout dans les momens

où l'épanchement & la joie de leur ame doivent les rendre plus attentifs à augmenter leurs plaisirs ? La compagne de l'homme, célébrant avec lui ses sentimens & son retour, élevant sa voix à l'octave de celle du bien-aimé de son cœur, pour chanter comme lui, & la faisant souvent descendre, pour tâcher de confondre entièrement ses accens avec les siens, rencontre par hasard quelques-uns de ces sons destinés par la nature à accompagner ceux que l'homme faisoit entendre. L'harmonie naturelle devenant par-là plus sensible, la bien-aimée de l'homme n'a-t-elle pas dû, dans cet instant heureux, prolonger la durée de ses sons, chercher à fixer sa voix au même point, pour augmenter, de toutes les manières, leurs tendres & agréables jouissances ? L'un & l'autre frappés, enchantés par ce nouvel effet qu'ils distinguent maintenant, parce qu'il est devenu plus sensible, s'efforcent à l'envi de retrouver, & de former à volonté, ce que le hasard seul vient de leur donner : le sentiment qui les anime, les conduit dans cette recherche ; & leurs efforts sont bientôt suivis de succès heureux : non-seulement ces sons enchanteurs reviennent, lorsqu'ils veulent les entendre; mais ils en ont fait un nouveau langage, &

de nouveaux signes expressifs dont ils peuvent disposer au gré des mouvemens de leurs cœurs. Ainsi les premiers accords furent formés ; ainsi le premier duo fut enfin chanté. O céleste harmonie ! tu naquis ; pour la première fois ta force magique se manifesta, & se déploya pour célébrer le bonheur ; mais, hélas ! un bonheur mêlé d'amertume. Combien de fois depuis n'as tu pas été bénie, lorsque joignant ton pouvoir victorieux aux charmes séducteurs de la divine mélodie, tu es venue diminuer les souffrances des cœurs infortunés, suspendre les douleurs, calmer les ames agitées, dissiper les noirs chagrins & les tristes inquiétudes, & répandre de nouveaux charmes sur les destins les plus prospères ? Tu taris les larmes que l'on répand sur des malheurs réels, en en faisant verser sur des maux imaginaires ; la consolante espérance descend avec toi ; l'enthousiasme, suivi de tous les grands plaisirs qui lui doivent le jour, t'accompagne sans cesse ; la colère, l'envie, la fureur se taisent à ton approche ; l'ennui, cet ennemi secret, mais mortel, de tous les êtres pensans & sensibles, fuit devant toi, comme les nuages se dissipent devant le vent qui les poursuit. Combien de fois l'homme infortuné, se promenant seul sur le rivage de la mer, au moment où les ombres se répandent sur la terre, & où toutes les images tristes voltigent autour de nous, s'entretenant, pour ainsi dire, de ses malheurs avec les vagues agitées, n'a-t-il pas senti son cœur soulagé de sa peine cruelle, lorsque s'asséyant sur la cime d'un rocher, suivant des yeux le jour qui s'enfuyoit sur l'onde, prenant en ses mains sa lyre, & mêlant aux sons qu'il en tiroit les accens de sa voix, il a ainsi invoqué ta puissance, & t'a contrainte à venir, autour de lui, faire entendre des sons consolateurs ?

Mais quelle nouvelle scène de douleur se présente à nos yeux ? Ah ! les tristes pressentimens qui sont venus porter le trouble dans le cœur de l'homme, n'étoient que trop fondés. Quel malheur affreux va l'arracher à sa chère compagne ! Ils ne sont plus seuls dans cette contrée heureuse où ils devoient vivre fortunés & contens. Des hommes cruels & féroces y ont pénétré ; les vallons ont de loin retenti de leurs cris ; ils s'approchent : couple malheureux, fuyez ; dérobez-vous à leur troupe cruelle.... Mais les barbares paroissent ; hélas ! il n'est plus temps. On les saisit ; on les sépare ; on les entraîne. Ils s'échappent des mains de leurs féroces ravisseurs ; ils revolent l'un vers l'autre : on les arrache de nouveau à leurs mutuels embrassemens. Ils pouffent des cris de désespoir; ils font retentir les bois de leur douleur forcenée. Egarés, hors d'eux-mêmes, les cheveux dreffés d'horreur, ils ne peuvent ni parler, ni répandre des larmes ; la parole ne peut suffire à leur situation cruelle ; les accens de la douleur & des passions ardentes, voilà leur langue: ils la connoissent déja, cette langue sublime : des sons entrecoupés, des cris aigus qui partent d'un cœur qui se déchire, le frémiffement de la rage impuissante, les sons profonds & terribles de la fureur qui les transporte, voilà leurs mots & leurs tristes adieux. Le premier duo pathétique est formé. Tantôt les yeux fixés l'un sur l'autre, pendant que des mains féroces & sanguinaires les traînent sur le sable, pour les arracher à la force puissante qui tend à les réunir, ils se répondent par d'affreux gémissemens : tantôt ne se possédant plus, agités de mouvemens convulsifs, se roidissant avec effort contre les chaînes dont on les charge, ils exhalent leur fureur par des cris effroyables; ils mordent la terre dont on veut les arracher, les liens avec lesquels on veut les retenir : bientôt ils ne peuvent plus se voir; ils s'entendent encore : leur désespoir redouble, & leurs cris sont changés en hurlemens. Ainsi le premier duo terrible a été formé. Ainsi il a cessé avant la fin de cette affreuse catastrophe, au moment où toute espèce de son a été anéantie, pour ne faire place qu'à des bruits horribles & féroces.

Cependant les hommes peu nombreux sur la terre, ne se servoient encore du langage céleste que la musique venoit de leur fournir, que lorsque retirés dans quelque asyle solitaire, ils cherchoient à charmer leurs ennuis & leurs douleurs; ou lorsqu'auprès de leurs chères compagnes, leur ame violemment agitée, ou profondément émue, ne pouvoit exhaler ses sentimens que par les accens les plus animés. On n'avoit encore entendu que deux voix réunies : lorsque tout-à-coup, au milieu du silence de la nuit, un bruit affreux retentit à leurs oreilles; ils entendent de loin la mer mugir, & rouler vers le rivage, ses ondes amoncelées; les souterrains profonds sont frappés à coups redoublés, la terre tremble sous leurs pas; ils courent pleins d'effroi au milieu des ténèbres épaisses. Une montagne voisine s'entr'ouvrant avec effort, lance au plus haut des airs une colonne ardente qui répand au milieu de l'obscurité, une lumière rougeâtre & lugubre ; des rochers énormes volent de tous côtés ; la foudre éclate & tombe ; une mer de feu, s'avançant avec rapidité, inonde à son approche les campagnes ; les forêts s'embrâsent ; la surface de la terre n'offre plus que l'image d'un vaste incendie qu'entretiennent des amas énormes de matières enflammées, & qu'animent des vents impétueux. Où fuyez vous, mortels infortunés ? De quelque côté que vous cherchiez un asyle, comment éviterez-vous la mort qui vous menace ? De nouveaux gouffres s'ouvrent sous vos pas, de nouveaux tourbillons de flammes, de pierres, de cendres & de fumée volent vers vous du sommet des montagnes ; & la mer écumeuse, rougie par l'éclat des foudres, surmonte son rivage, & s'avance pour vous engloutir.

Cependant ces phénomènes terribles s'appaisent peu à peu ; les feux s'amortissent ; la mer, à demi calmée, retire en murmurant ses ondes bouillonnantes ; la terre se raffermit ; le bruit cesse, & le jour paroît. Quel triste & lugubre tableau présente la campagne ravagée ! Elle n'offre plus que des monceaux de cendres, que des rochers énormes entassés sans ordre, que des torrens de lave ardente, que des bois qui brûlent encore, que de triftes reftes des infortunés qui ont péri au milieu de ces défaftres. Un ciel couvert de nuages n'envoie fur tous ces objets funèbres qu'une clarté pâle & terne : un calme finiftre règne dans l'air : des bruits lointains annoncent de nouveaux malheurs ; & la mer répond par de fourds gémiffemens au bruit lugubre que font entendre les profondes cavernes de la terre. Confternés, faifis d'effroi, preffés dans le feul efpace où les flammes ne font pas parvenues, les mains élevées vers le ciel qui feul peut les fecourir, les hommes adreffent alors leurs ardentes prières à celui qui commande à la mer & à la foudre. Leur prière eft courte, mais touchante ; ils la recommencent fouvent, & chaque fois avec un ton plus pénétré ; ils cherchent, en quelque forte, à faire parvenir leurs voix jufques à l'être dont ils implorent la clémence : tous les fignes des paffions qui les agitent, de l'effroi, de la vive inquiétude, de la défolation, fe mêlent aux fons qu'ils profèrent & qu'ils foutiennent avec effort. Ils fe rappellent ce langage fublime qui leur a fi fouvent fervi à exprimer leurs fentimens profonds & leurs affections vives, ils l'emploient : c'eft la mufique qui porte leurs vœux au pied du trône du Très-Haut; & le premier chœur est entendu sur la terre.

Le voilà donc, le premier chœur, formé au milieu d'un vaste pays en ruines. Ce fut un chœur de gémissemens, de douleur & de prière; une vaste campagne brûlée, couverte de cendres & d'ossemens calcinés, fut le temple où il fût chanté: les larmes des malheureux qui le formèrent, les tristes restes de ce qu'ils avoient de plus cher, furent ce qu'ils offrirent en sacrifices; les laves ardentes que les volcans vomissoient encore, furent les brasiers sacrés allumés en l'honneur du Dieu qu'ils imploroient. Ainsi, non-seulement la musique elle-même est née au milieu des larmes & de la douleur: mais c'est au milieu du ravage, de la terreur & de la mort, que le pouvoir de cette musique fut étendu par des hommes désespérés & menacés de perdre la vie, le seul bien qui leur restoit.

Les femmes & les enfans, accoutumés à former deux parties, & ne pouvant confondre leurs voix trop hautes, avec celles des vieillards, élèvent leurs accens à des sons supérieurs.

Mais toutes les fois qu'ils ont formé des duo, & fait entendre deux tons différens, un troisième son a dû affecter leurs organes. L'expérience prouve que deux sons sont toujours accompagnés par un troisième, à la vérité plus foible, mais dont il est cependant impossible de douter de l'existence. Les hommes dont la voix n'étoit point assez haute pour chanter à l'unisson des enfans & des femmes, ni assez basse pour se confondre avec celle des vieillards, ont donc pu s'arrêter à des tons intermédiaires, & former ainsi une troisième partie. D'ailleurs un duo n'épuise pas tous les sons que la nature fait entendre, puisque chaque ton est toujours accompagné de deux tons secondaires : les infortunés réunis au milieu de ces contrées dévastées, n'ont-ils pas dû, d'après cela, s'arrêter souvent sur un troisième ton, que la nature leur avoit rendu familier, qu'elle avoit lié avec toutes leurs sensations agréables, & auquel elle avoit attaché un grand charme, sans qu'ils s'en fussent apperçus? Et ainsi le chœur n'a-t-il pas pu être formé à trois parties, & présenter dès son origine, une image assez ressemblante de ceux qui maintenant nous séduisent & nous enchantent ?

Ce n'est point par des combinaisons réfléchies, ce n'est pas par une suite de raisonnemens, que les hommes sont parvenus à former ce premier chœur ; au milieu de leur affreuse calamité, ils ne pouvoient que sentir. Ils n'ont tous ensemble eu recours à la musique, que par une espèce d'instinct, que pour exprimer avec plus de force leur situation cruelle, que pour adresser leur ardente prière de la manière la plus touchante, de la manière qui les avoit toujours le plus émus, que pour employer un langage auquel ils étoient déja accoutumés, & qui devoit leur venir naturellement, toutes les fois qu'ils étoient profondément affectés : & ils n'ont chanté à plusieurs parties, ils n'ont donné naissance au véritable chœur, que par une suite de ce même instinct, sans préparation, sans convention, uniquement parce que ce langage en accords étoit lié avec un plus grand nombre de sensations, possédoit une plus grande puissance, & par conséquent, étoit pour eux le langage le plus touchant & le plus expressif. D'ailleurs, dans ce moment de consternation générale, aucun d'eux ne croyoit pouvoir se reposer sur un autre, du soin d'invoquer & de fléchir l'être suprême ; tous avoient les mêmes malheurs à craindre ; tous vouloient élever leurs voix,

& tous ne pouvoient pas la faire entendre sur le même ton.

La danse qui avoit donné à la chanson sa forme, sa régularité & ses répétitions, introduisit aussi bientôt une nouvelle espèce de chœur. Le spectacle effrayant que nous avons représenté, s'effaça insensiblement ; la mer entièrement appaisée, se contenta de baigner ses rivages de ses eaux mollement remuées, au lieu de les frapper & de les surmonter avec ses ondes violemment agitées : on n'entendoit plus le moindre murmure souterrain ; les montagnes qui avoient vomi tant de torrens de flamme, n'élevoient pas la fumée la plus légère : les laves qui couvroient au loin les plaines, étoient déja consolidées ; la verdure commençoit à reprendre sa fraîcheur, dans les endroits heureux que les flammes avoient respectés ; un soleil pur répandant à grands flots ses rayons vivifians, inondoit sans contrainte un ciel sans nuages, & une terre qui, se reposant enfin après tant de bouleversemens, commençoit à sourire, & à ouvrir son sein aux douces influences destinées à la féconder. Les hommes renaissent peu à peu à la joie & au bonheur; ils se rassemblent à l'ombre des arbres qui ont échappé à l'incendie, & dont les feuilles defféchées, reverdiffent fous la fraîcheur qui les humecte de nouveau ; ils cherchent à augmenter les plaifirs qui leur font rendus, en fe peignant mutuellement les fentimens qui s'élèvent dans leurs ames ; ils veulent ajouter, pour ainfi dire, à leurs fenfations vives & agréables, les jouiffances délicieufes & enchantereffes de ceux qu'ils retrouvent après tant de malheurs, ou plutôt ils cèdent au tranfport qui les anime, & fans réflexion ils l'exhalent de toutes les manières. Ils foulent en cadence cette verdure qui leur eft devenue fi chére, parce qu'ils ont cru ne la plus revoir ; & au lieu d'accompagner par une feule chanfon leur démarche élevée & animée, au lieu de ne mêler à leur danfe que la voix d'un feul ; ils emploient pour le plaifir, le moyen que la douleur leur a découvert : ils chantent tous ; ils forment des parties différentes. Mais, de même que la danfe néceffairement régulière, introduifit une coupe uniforme, de la régularité & des retours périodiques dans le chant du premier homme qui l'accompagna de fa voix, elle contraint maintenant ce chœur de réjouiffance à prendre une forme régulière, à être coupé en petites portions, à être périodiquement

riodiquement répété. Ainsi fut formé le premier chœur de joie, le premier où les accens du bonheur dominèrent sur les autres accens, & en quelque sorte régnèrent seuls.

Pendant que les contrées fortunées où les douces températures ne cessoient d'exercer leur empire, voyoient naître la chanson, la musique proprement dite, les duo, & les chœurs pathétiques ou de joie; des climats disgraciés & à demi envahis par les glaces, donnoient naissance aux chants guerriers & aux chœurs militaires.

Sous un ciel toujours couvert d'épais nuages, où la clarté du jour ne pénètre qu'avec peine, s'élèvent de vastes & antiques forêts. L'horreur, le silence & la nuit les habitent. Des arbres presque aussi vieux que la terre qui les porte, s'y élèvent & s'y amoncèlent pour ainsi dire, sans ordre, les uns contre les autres. Leurs branches touffues & entrelacées, n'offrent qu'avec peine des routes tortueuses que des ronces embarrassent encore. Là des cimes énormes succombent sous le poids des années ou la violence des vents; elles tombent avec effort sur des troncs antiques qui gissoient à leurs pieds, & recouvroient d'autres troncs à demi pourris. L'on n'entend dans ces affreuses solitudes, dans ce séjour rude & sauvage, que les cris rauques & funèbres d'oiseaux voraces, les hurlemens des ours qui cherchent une proie, le fracas d'un torrent qui se précipite d'une roche escarpée, rejaillit en vapeur & fait gronder les échos de ces lieux brutes & incultes, ou le bruit des rochers que la main du temps fait rouler au milieu de ces forêts retentissantes. Là, habitent dans des cavernes, des hommes durs, féroces, indomptables, ne vivant que de leur chasse, ne se nourrissant que de sang, & ne désirant que de le boire dans le crâne de leurs ennemis. De ces antres affreux étoit sortie la horde barbare & sanguinaire qui est venue dans des climats plus doux, apporter des fers & la mort aux deux tendres amans dont nous avons déploré la funeste destinée. Lorsque l'hiver vient étendre ses glaces sur ces âpres contrées; qu'il répand à grands flots la neige; que les eaux cessent de couler, se glacent & se durcissent; que les fleuves sont changés en masse solide capable de soutenir les plus lourds fardeaux, & que la mer ne présente plus qu'une plaine rigide de glace dure & compacte, ces hommes féroces sortent de leurs tannières. Tout va leur servir de chemin; ils trouveront même sur la mer

& sur les fleuves, des routes plus sûres, plus courtes, & moins embarrassées que celles qui traversent leurs forêts. La massue d'une main, & la hache de l'autre, ils partent pour aller au loin surprendre les animaux dont ils se nourrissent, & enlever des bourgades entières pour servir à leurs repas inhumains. Ils vont donner la mort, & peut-être la recevoir. Pressés par la faim, agités par la férocité, pleins de courage, de cruauté & de force, s'animant par le souvenir de leurs victoires passées, cherchant à s'étourdir sur le danger qui les menace, ils profèrent à haute voix l'expression de leurs sensations profondes & horribles : ils crient, ils élèvent leurs voix avec effort, & tâchent d'en remplir tous les lieux qu'ils parcourent ; un enthousiasme atroce s'empare de leur ame ; une espèce de chant sauvage, une chanson barbare sort de leurs bouches avec leurs paroles de mort & de carnage : cette chanson accompagne leurs courses ; elle doit donc avoir une espèce de régularité. Tous, animés du même desir de répandre le sang, d'étouffer la crainte, & de faire taire la voix de la nature, élèvent leurs cris & chantent. Mais leurs enfans & leurs femmes ont resté dans les cavernes qui leur servent de repaire ; l'harmonie naturelle n'a jamais agi que foiblement sur leurs organes grossiers ; peut-être même n'a-t-elle jamais été entendue dans ces contrées glacées : Les cris des animaux, ou le fracas des arbres, des rochers & des torrens qui s'y précipitent, y ont fait naître des bruits, mais jamais des sons : ce premier chœur barbare & terrible est donc chanté presque entièrement à l'unisson. Ainsi a été formé le premier chant guerrier, le premier chœur militaire, dont le caractère exige en effet peu de parties & d'harmonie, mais des chants fortement prononcés, coupés régulièrement, & faits pour accompagner la marche d'hommes armés, & pour en suivre les mouvemens.

Mais retirons nos regards de dessus des scènes d'horreur, de dessus ces contrées gelées & sauvages : revenons sous un ciel plus serein ; respirons un air plus pur ; entrons dans ces vertes prairies que colorent la chaleur du soleil, & la fraîche rosée : je vois sur les côteaux d'alentour des troupeaux innocens bondir & paître l'herbe fleurie : c'est là que le zéphir, en se jouant au milieu des roseaux, fit entendre au berger paisible, des sons qui imitoient les accens de la voix. Le besoin de charmer ses ennuis, le désir d'imiter des accens auxquels il avoit dû des plaifirs fi doux, celui de fuppléer au défaut des fentimens vifs ou des idées fortes, par des expreffions vagues, affez énergiques pour occuper, mais trop foibles pour agiter, firent faifir avec avidité, par le berger induftrieux, le don que le hafard lui préfentoit. Il remplaça bientôt par fon fouffle l'haleine des vents : il effaya plufieurs rofeaux : il obferva que le fon s'élevoit à mefure qu'il les accourciffoit, ou qu'il offroit à fon haleine une route plus courte en les perçant plus haut: bientôt il inventa les chalumeaux, les flûtes, les premiers inftrumens à vent. On s'en fervit pour remplacer la voix, ou pour ajouter aux charmes d'une mélodie douce, tendre & pathétique, le pouvoir d'une harmonie dont les chœurs avoient fait fentir tout le prix. Bientôt aux inftrumens de bois fuccédèrent des inftrumens de métal plus éclatans & plus fonores: la trompette fit retentir les bois, & les guerriers l'adoptèrent.

Cependant l'on tendit des cordes de métal ou de boyau : l'expérience apprit qu'elles réfonnoient lorfqu'on les faifoit vibrer, en les pinçant, en les frappant légèrement, ou en les preffant & les agitant doucement par le moyen d'un archet. On les attacha fur des écailles, sur des bois creusés avec soin, capables de recevoir, de communiquer des vibrations, & de donner plus ou moins d'éclat au son des cordes. Les instrumens formés de cette dernière manière, représentèrent moins la voix de l'homme, dont le souffle étoit nécessaire pour faire résonner les premiers instrumens; ils rappelèrent moins les tendres émotions qu'avoient fait naître les accens de cette même voix : ils durent être moins touchans par la nature de leurs sons ; mais ils ont été plus susceptibles de représenter & d'étendre l'harmonie naturelle. On a pu, par le moyen d'un seul de ces instrumens, faire vibrer plusieurs cordes, & par conséquent faire entendre à-la-fois plusieurs tons, tandis qu'un seul des instrumens à vent, ordinairement composés d'un seul tuyau, n'a pu, le plus souvent, faire naître à-la-fois qu'un son unique.

Les instrumens à cordes, ont aussi produit toutes les nuances des sons, depuis la plus foible jusques à la plus sensible, depuis le ton qui déchire les oreilles par sa force, jusqu'à celui qu'on distingue à peine; tandis que le souffle de la voix humaine, qui seul mettoit en jeu les instrumens à vent, n'a été susceptible que d'un petit nombre de nuances, & de degrés : ils ont enfin préfenté une échelle de tons bien plus étendue, puifqu'il y a une bien plus grande différence, entre la corde la plus longue dont le fon eft encore appréciable, & la corde la plus courte dont le ton aigu n'échappe pas encore à l'oreille, qu'entre les différentes longueurs qu'on peut donner aux tuyaux que le fouffle de la voix humaine fait réfonner. Par tous ces avantages les inftrumens à cordes n'ont-ils pas dû fervir, plus que les inftrumens à vent, à déployer toute la puiffance de la mufique ?

Dans la fuite on eft parvenu à combiner plufieurs tuyaux enfemble, à les faire réfonner par le moyen d'un fouffle artificiel; & on a obtenu par-là des inftrumens à vent, plus étendus & plus fufceptibles de former plufieurs parties, que les inftrumens à cordes; mais on n'a jamais pu modifier le vent qui les fait réfonner, de manière à leur faire produire toutes les nuances de fon, depuis le plus foible jufqu'au plus fort, & la fupériorité eft toujours reftée aux inftrumens à cordes.

Mais, où court avec empreffement ce peuple nombreux ? Pourquoi fe répand-il en foule

C iv

le long du rivage de la mer ? Quelle est cette plaine de sable si unie, que l'art & la nature semblent avoir préparée pour quelque grand objet ? D'un côté la mer immense, majestueuse, étale ses flots argentés, réfléchit les rayons du soleil, & déploie toutes les couleurs de l'arc-en-ciel; de l'autre une colline disposée en vaste amphithéâtre, & ombragée par des arbres élevés & touffus, reçoit sur des bancs de gazon le peuple nombreux qui s'empresse d'y prendre place. Au milieu de la colline s'élève un trône d'or : le chef des guerriers y est assis au milieu des vieillards & des premiers de la nation; à ses pieds sont des couronnes & des prix magnifiques. Le soleil, dont la brillante lumière n'est ternie par aucun nuage, s'avance glorieusement au milieu de sa noble carrière ; bientôt il atteindra le sommet des cieux, & les ombres s'accourcissent. Cependant, à l'un des bouts de l'arêne vide, des Prêtres revêtus de longs habits de lin, font brûler sur l'autel les victimes qu'ils ont immolées : la fumée de l'encens s'élève, & un chœur religieux se fait entendre : les instrumens à vent mêlent leurs sons à la voix des prêtres. Quel auguste effet produit maintenant ce langage sublime, inventé par la terreur, & dont les traits tous conservés, sont cependant affoiblis par une situation plus tranquille ! Quatre chars éclatans d'or, d'ivoire & d'acier, se préfentent à l'autre bout de la plaine unie : chacun est attelé de quatre chevaux plus blancs que la neige. Les courfiers agiles, impatiens de s'élancer dans l'arêne, blanchiffant le mors de leur écume, fumant d'ardeur & de courage, & l'éclair dans leurs yeux, frappent du pied la terre, & henniffent en bondiffant fous la main qui a de la peine à les retenir.

Mais déja la trompette facrée a retenti trois fois le long du rivage ; les chars font partis ; leurs roues d'acier étincellent ; les rayons du foleil rejailliffent avec éclat de deffus les lames d'or ; & ces feux qu'on diftingue au travers d'un nuage de pouffière, reffemblent à la foudre qui fillonne les nuées. Les conducteurs inquiets, ardens, attentifs, animent de la voix leurs véloces courfiers : tantôt penchés fur leurs chevaux, ils leur lâchent les rênes ; tantôt fe redreffant avec effort au milieu de leur courfe rapide, ils retiennent leur fougue impétueufe. Comme la crainte & l'efpérance font palpiter leurs cœurs ! Les fpectateurs l'œil immobile, dreffés fur leurs pieds, les animent par leurs acclamations. Le premier des conducteurs devance les trois autres ; le second s'élance pour lui ravir la victoire ; les deux autres s'efforcent de les atteindre, & leurs chevaux redoublent de vîtesse : déja le premier craint de se voir vaincu ; il veut faire un dernier effort ; ses chevaux trop impétueux s'abattent ; son char brisé se disperse en éclats : un grand cri vole d'un bout de l'arêne à l'autre ; le second des héros plein d'espoir & de joie, précipite ses coursiers, & la palme est à lui.

Ah ! combien d'applaudissemens se firent alors entendre ! Le vainqueur, conduit en triomphe auprès de son roi, en reçoit la glorieuse couronne ; & cependant un favori des Muses se levant au milieu de l'assemblée, plein d'un enthousiasme sacré, ne pouvant plus contenir les transports qui l'animent, l'œil en feu, saisit une lyre, & chante le vainqueur, les héros & les Dieux. Dans sa noble & céleste ivresse, il erre au gré des mouvemens qui l'agitent : il est présent par-tout ; il voit tout ; il peint tout. Quel ton, quel caractère sublime ne vient pas d'acquérir la musique, ce langage formé au milieu de la douleur ! Elle présente tous les signes des passions sublimes qui agitent le poëte ; le peuple, partageant son noble délire, célèbre avec lui les dieux & le vainqueur; il répond aux transports qui l'enflamment : ils chantent alternativement ; & , pour que les paroles célestes & les chants divins du poëte puissent être retenus & répétés par ce peuple innombrable, le poëte les coupe avec ordre ; il les divise en morceaux courts : à la régularité de la chanson, se joignent la force & l'expression de la vraie musique : l'ode a pris naissance.

Ainsi les différentes parties de la musique ont reçu leur origine. Amour, douleur, terreur, c'est à vous qu'elles la doivent. Passions funestes, qui exercez avec tant de rigueur votre tyrannique empire, & qui semez de tant de maux notre courte carrière, ah ! du moins nous vous devons la source de nos jouissances les plus profondes. Sans vous il n'existeroit pas, cet art enchanteur qui orne nos demeures, anime nos solitudes, remplit nos momens ; cet art magique qui charme les plus cruelles peines, suspend les ennuis les plus vifs, éteint le flambeau de la haine, entretient dans nos ames le feu sacré de la sensibilité, fait couler ces larmes plus précieuses, plus douces, plus chères aux cœurs tendres que les plaisirs, & fait naître de beaux jours, au milieu de nos jours nébuleux. Toutes les plaies que vous avez faites, vous avez donné de quoi les guérir; vous avez, en quelque forte, diffipé tous les maux que vous avez fait naître.

De la Nature de la Musique.

CONSIDÉRONS la Musique en elle-meme; voyons-la indépendamment du goût des peuples qui l'ont cultivée, & du style des grands maîtres qui l'ont fait fleurir. Quelle est sa nature? Qu'a-t-elle été après que les passions ont eu inventé ses différentes parties? Avant de répondre, il faut établir & expliquer la différence qu'il y a entre un son & un bruit.

Quelque rapproché que le son puisse être du bruit; quelque foible que soit ce dernier, & quelque fort que soit le son, il n'est aucune oreille exercée qui ne distingue aisément l'un de l'autre. Cependant si l'on demande à celui qui sent si bien, la différence qui existe entre le son & le bruit, sur quoi il fonde le jugement qu'il en porte, & d'après quel caractère il sépare l'un de l'autre; il ne pourra, le plus souvent, rapporter son opinion qu'à un sentiment vague, qu'à une espèce d'instinct. Il est cependant un caractère qui accompagne toujours le son, qui n'appartient jamais au bruit, & qu'il eſt on ne peut pas plus aiſé de reconnoître.

Toutes les fois qu'on entend un ſon, toutes les perſonnes dont la voix eſt juſte peuvent aiſément chanter à l'uniſſon de ce ſon, ou à l'uniſſon de quelqu'une de ſes octaves, ſi le ſon eſt trop grave ou trop aigu ; au lieu qu'il eſt toujours impoſſible de trouver l'uniſſon d'un bruit. On ſent bien que le bruit qu'on entend eſt plus haut ou plus bas que le ſon qu'on forme en tâchant d'y atteindre, mais on ne peut jamais y arriver préciſément, ni en ſaiſir aucune octave : on ne le rencontre d'une manière préciſe, dans aucune partie de quelque gamme que ce puiſſe être. Nous en verrons la raiſon dans un moment. Ce caractère eſt le ſeul ſigne bien ſenſible, d'après lequel il eſt poſſible de reconnoître un ſon, & de le diſtinguer du bruit. Nous n'adopterons donc point les diverſes définitions que l'on a données de ces deux effets des corps ſonores, & nous dirons que le ſon eſt ce qui frappe l'organe de l'ouie, de manière qu'il ſoit toujours aiſé de chanter à l'uniſſon ou à l'octave de ce que l'on entend ; & que le bruit eſt ce qui agit ſur ce même organe, de manière qu'on ne puiſſe jamais en saisir l'uniſſon ni aucune octave.

Mais quelle eſt la cauſe de cette différence? Quelle eſt la vraie nature du ſon & du bruit? Toutes les fois qu'un corps ſonore eſt frappé de manière à agir ſur l'organe de l'ouïe, il ne produit jamais un effet unique; il en fait naître un plus ſenſible que les autres, mais ce dernier eſt toujours accompagné de deux effets qui, quoique plus foibles, ſe font cependant remarquer, lorſque l'on veut y faire attention. Le premier effet, l'effet générateur des deux autres, doit néceſſairement, par ſa nature, occuper une place dans une gamme ou échelle muſicale quelconque, puiſque tout ce qui vient d'un corps ſonore, doit néceſſairement être grave ou aigu. Les deux effets ſonores qui accompagnent néceſſairement le premier, & qui en découlent, en ſont ſéparés par un intervalle que l'on nomme *douzième* & *dix-ſeptième*, dans la gamme muſicale que l'on a adoptée, & ils ſont toujours placés dans le haut: on les appelle les harmoniques du premier, parce qu'ils ſont la ſource de toute l'harmonie qui peut l'accompagner. Ce que nous venons de dire, eſt conſtaté par l'expérience: ce n'eſt pas dans un ouvrage de la nature de celui-ci qu'on doit en rechercher la cauſe; il suffit, pour ce que nous avons à dire, qu'on ne puisse pas en douter (*a*).

Un son se fait entendre toutes les fois qu'un corps ne laisse vibrer, d'une manière très-sensible, que celles de ses cordes sonores dont la longueur & la tension sont combinées de manière à ne produire en quelque sorte qu'une vibration ; par-là on ne remarque d'une manière très-sensible qu'un effet unique ; & les effets secondaires qu'il fait naître, ne l'accompagnent que d'une manière sourde & cachée. Le bruit au contraire a lieu toutes les fois qu'un corps sonore laisse vibrer toutes ses parties capables d'agir sur l'organe de l'ouie. Alors on n'est plus uniquement affecté par un effet très-sensible, & par ses harmoniques ; mais on l'est par une multitude d'effets sonores, & d'harmoniques, les uns graves, les autres aigus, qui se combattent & se confondent. Toutes ces impressions se détruisent mutuellement, ou, pour mieux dire, il en naît une espèce d'impression générale que l'on ne sait à quelle partie de l'échelle musicale rapporter, parce qu'aucune impression

___

(*a*) L'on verra dans notre Physique générale & particulière, ce que l'on peut dire relativement à l'origine de ces effets.

particulière

particulière ne domine affez fur les autres, & ne forme un objet faillant dont l'oreille puiffe aifément déterminer la place. De-là vient qu'on ne peut pas chanter à l'uniffon ni à l'octave du bruit. Pour trouver l'uniffon de quelque effet fonore que ce foit, ou, ce qui eft la même chofe, pour fe placer à une diftance déterminée de ce même effet, ne faut-il pas néceffairement avoir auparavant déterminé la place qu'il occupe dans la gamme ; de même que, pour reconnoître fur une ligne la diftance d'un objet à un autre, il faut avoir fixé la place du premier ? Dans le fon au contraire, il n'y a qu'une impreffion dominante ; il n'y a de bien fenfible que l'effet générateur ; l'oreille le place aifément fur l'échelle, & la voix en rencontre aifément l'uniffon ou l'octave.

C'eft l'unité ou la confufion des effets produits & des impreffions communiquées, qui conftitue uniquement la différence qu'il y a entre la nature du bruit & celle du fon. La force n'y eft pour rien. L'effet fonore le moins fenfible, celui de l'eau qui tombe goutte à goutte, n'eft que du bruit, & devient un fon s'il va frapper contre quelque voûte qui repréfente un corps fonore bien difpofé, qui reçoive tous les effets, mais n'en renvoie qu'un d'une manière bien diſtincte. L'effet ſonore du tonnerre, celui du canon, ne ſont non plus que des bruits, quelque grands qu'ils puiſſent être; & ils ſe changent cependant en ſons, lorſqu'ils ſont reçus par des corps capables de les réfléchir, de manière à ne leur faire produire qu'une impreſſion unique.

L'élévation ou l'abaiſſement n'établiſſent non plus aucune différence entre le bruit & le ſon. Le bruit de deux morceaux de fer qui ſe choquent, eſt ſouvent très-aigu ſans ceſſer d'être bruit; & celui des chars qui roulent, ou du tonnerre qui gronde, eſt ſouvent très-grave quoiqu'il ne ſoit pas changé en ſon.

Ce que nous avons dit ſert à expliquer pourquoi les ſons très-aigus fatiguent quelquefois l'oreille & la déchirent, tandis que les ſons très-graves ne l'affectent preſque jamais d'une manière déſagréable, quoiqu'ils ſoient également éloignés du milieu de l'échelle muſicale, & par conſéquent des ſons que nous pouvons ſaiſir le plus aiſément. Un ſon ne nous affecte délicieuſement, qu'autant qu'il paroît avec ſa ſuite ordinaire, qu'il ſe préſente avec les harmoniques qui doivent l'accompagner, & que ſon action ſur l'organne de l'ouïe ſe fonden partie dans l'action foible, mais ſenſible de ces mêmes harmoniques. La nature a placé ces sons secondaires au dessus du ton générateur, & les en a séparés par une distance assez considérable. Lors donc que le son est très-aigu, ses harmoniques sont si élevés que nous ne pouvons plus les saisir : c'est pour notre oreille, comme si le son se présentoit sans ses compagnons naturels. Les sons graves au contraire, ont presque toujours leurs harmoniques placés vers le milieu de l'échelle; leurs sons secondaires doivent par conséquent échapper plus difficilement ; on doit même dire, que plus les sons deviennent graves, pourvu qu'ils ne soient pas placés trop bas, & plus leurs harmoniques se rapprochent du milieu de l'échelle musicale, plus par conséquent ces mêmes sons harmoniques sont saisis aisément, & plus les sons graves générateurs produisent des impressions agréables.

Maintenant qu'est-ce que la musique ? C'est un langage plus touchant, plus énergique que le langage ordinaire ; c'est une langue qui n'est composée que de simples sons, au lieu de renfermer des sons articulés & joints ensemble pour former des mots. Par-là il est susceptible de bien plus d'expression que le langage ordinaire, puisqu'il peut offrir bien plus de variété. Les sons non articulés, c'est-à-dire, ceux qui n'ont encore fubi aucun changement, ne peuvent-ils pas, en effet, être modifiés de bien plus de façons que des fons articulés, c'eft-à-dire, auxquels on a déja donné une manière d'être?

Le langage mufical paroît avoir été deftiné à renforcer & à accompagner fans ceffe le langage ordinaire, puifque c'eft en répétant des paroles dont le fouvenir étoit cher, qu'il a été inventé : il peut cependant en être féparé & exifter feul ; & quoique ifolé, il peut produire de bien grands effets.

Le langage mufical diffère effentiellement du langage ordinaire, en ce que celui-ci eft de convention dans prefque tout ce qui le compofe, tandis que le langage mufical ne l'eft en quelque forte dans aucune de fes parties. Il n'eft pas plus poffible en mufique de convenir qu'on emploiera de nouveaux fignes pour peindre telle ou telle paffion, qu'on ne peut convenir en peinture, de repréfenter une furface carrée vue de face, par une furface triangulaire apperçue de même.

La mufique confidérée en elle-même, n'eft autre chofe que le langage ordinaire dont on a ôté toutes les articulations ; au lieu d'y prononcer des fons fugitifs & inftantanés, qui cessent aussitôt qu'ils commencent, on a soutenu tous les tons qu'on a employés : au lieu de ne leur faire parcourir que deux ou trois parties d'une échelle quelconque, on les a élevés aussi haut que l'ont souffert la voix qui devoit les former, & l'oreille qui devoit les saisir ; on les a portés dans le grave, aussi bas que l'organe de l'ouie & celui de la parole ont pu le permettre. Par ces deux moyens, on a eu une expression plus forte, puisqu'elle a été plus durable, plus étendue, composée d'un plus grand nombre de signes, & par conséquent plus variée.

Pour peindre d'une manière plus fidèle, la promptitude avec laquelle se succèdent nos mouvemens, nos passions, nos agitations intérieures, & pour en représenter le désordre, on ne s'est pas contenté, comme dans le langage ordinaire, d'aller d'une portion quelconque de l'échelle musicale, à une portion très-voisine, mais suivant qu'on l'a cru nécessaire, on a franchi de très-grands intervalles, & passé avec rapidité des tons les plus graves, aux tons les plus élevés. On a recueilli avec soin, tous les sons que la nature fait entendre, les cris que la passion arrache, ceux de la douleur, ceux de la joie, tous les tons, enfin, que la nature a deftinés à accompagner, & par conféquent à caractérifer les effets que la mufique veut peindre. On n'a rejeté que les bruits, quoiqu'on puiffe quelquefois les employer, au moins avec certaines précautions. On a mêlé ces cris, ces fignes, ces fons fimples, ou ces combinaifons de fons, avec le langage qu'on avoit déja arrangé & dégagé de fes articulations ; & ils y font devenus des mots inaltérables, indépendans de toute convention, & les feuls dont on doive fe fervir pour rendre les idées qu'ils défignent. Il a auffi fallu dans la langue muficale, des efpèces de mots pour exprimer tous les fentimens, toutes les fituations auxquels la nature n'a donné aucun cri & aucun fon pour leur fervir de figne ; nous tâcherons bientôt de montrer l'origine de ces mots.

Tel a été, tel eft cet affemblage magique que nous nommons Mufique. Ce n'eft pas qu'il ait été inventé par la réflexion, ainfi qu'on pourroit le foupçonner d'après ce que nous venons de dire ; nous avons vu que le fentiment feul l'avoit produit ; mais la réflexion eft venue achever l'ouvrage imparfait du fentiment ; & le monument immenfe dont nous venons de tracer une partie du plan, a été élevé.

Ce nouveau langage plus foutenu, plus étendu, plus varié, plus touchant, plus expreffif que le langage ordinaire, n'eft pas deftiné à être proféré par une feule voix : réduit ainfi à une feule partie, il ne formeroit qu'une mélodie belle, pure, pathétique; mais il feroit dénué de la moitié de fon pouvoir. Il acquiert une force nouvelle, lorfque l'harmonie vient réunir fa puiffance à la fienne, lorfque divers inftrumens, différentes voix font réfonner les harmoniques des fons qui fe fuccèdent, rendent ainfi l'effet de ces fons plus fenfible, l'impriment plus profondément dans notre ame, & ajoutent de nouvelles jouiffances aux plaifirs enchanteurs que procure une belle mélodie.

La mufique eft donc, non-feulement un langage qui ne préfente que des fons non articulés, une langue foutenue, variée, formée des cris des paffions, & des divers tons qui caractérifent les différens fentimens; mais elle eft encore, le plus fouvent, un langage compofé de plufieurs parties entendues enfemble, un heureux mélange de la premiere langue muficale inventée par la douleur, avec l'harmonie, c'eft-à-dire, en quelque forte avec une feconde efpèce de langue muficale. Et en quoi confifte cette dernière langue? A rendre plus sensibles les tons foibles dont la nature accompagne toujours les sons que l'on produit, & à altérer quelquefois cet effet naturel, en y introduisant des tons de convention, différens de ceux que la nature fait entendre ; soit que l'on veuille par ce changement éviter la monotonie qui sème toujours l'ennui au milieu des plaisirs les plus agréables, ou soit que l'on cherche à rendre plus touchans les accords naturels, en les embarrassant de temps en temps au milieu de sons étrangers, & en les en retirant ensuite.

Avant d'aller plus avant, jetons les yeux sur une partie de la musique bien peu remarquée jusqu'à présent, bien digne cependant d'être observée, & dont nous traiterons plus au long dans un ouvrage différent de celui-ci.

A peine la musique fut-elle inventée, qu'on chercha à avoir une mesure commune, d'après laquelle on pût aisément trouver le rapport des différens tons qu'on employoit : on imagina, pour ainsi dire, une table sur laquelle on pût les ranger de manière que toutes leurs distances fussent aisément apperçues. On rapporta à la voix humaine tous les sons formés par les instrumens ; on se dirigea sur cette même voix pour trouver l'échelle qu'on cherchoit, & qu'on nomma *gamme;* & cela ne fut-il pas très-naturel ? La voix ayant ses limites marquées par la nature, & ne pouvant jamais les franchir, ne peut être réglée sur les instrumens ; tandis que ces derniers ne sont asservis qu'aux bornes mobiles que l'art & les inventions des hommes leur ont données; & par conséquent, peuvent aisément être réglés sur la voix.

Si la voix humaine avoit été plus étendue qu'elle ne l'est, on auroit pu choisir une table plus considérable que celle qu'on a adoptée ; mais cette même voix ne peut, ni s'élever, ni descendre beaucoup ; on a donc dû préférer une échelle assez courte : on l'a divisée dans la suite de manière qu'elle renferme huit sons différens, qu'on a désignés chacun par un nom particulier, & que nous nommons *ut, re, mi, fa, sol, la, si, ut.* La dernière note de cette gamme, ou le dernier son qui la compose, porte le même nom que le premier. Si l'on continue de chanter & de s'élever au dessus de cette dernière note, on parcourt une nouvelle gamme semblable à la première, quoique plus élevée, & dont la première note est la dernière de l'échelle précédente. De même, si l'on veut chanter plus bas que la gamme adoptée, on parcourt encore, mais en sens contraire, une gamme semblable, quoique plus grave, & dont la note la plus haute est la plus basse de l'échelle préférée.

Lorsque l'on entend à-la-fois la première & la dernière note de notre gamme, on les confond si bien, qu'on croiroit n'en entendre qu'une. Elles paroissent ne former qu'un seul ton ; elles se mêlent aussi parfaitement que l'unisson. D'où viennent ces effets ? C'est une question assez intéressante.

Y-a-t-il dans la nature, quelque cause qui fasse qu'un son & son octave soient en quelque sorte le même son ? Si l'on avoit choisi une échelle plus étendue que la nôtre, auroit-elle présenté un point de repos avant d'être terminée, auroit-elle montré un son presque le même que le premier, un son après lequel il auroit fallu parcourir des intervalles en même nombre, & rangés dans le même ordre qu'auparavant ; enfin auroit-elle été composée d'une gamme complette, & du commencement d'une seconde gamme ? Ou bien, les phénomènes que nous venons d'exposer, ne dépendent-ils que d'une première convention ; & l'habitude seule a-t-elle rendu en quelque sorte les mêmes, tous les sons qui sont à la tête d'un égal nombre d'intervalles placés dans le même ordre ?

Cette grande ressemblance que nous trouvons entre un son & son octave, n'est pas l'effet de quelque convention ; mais elle vient de la nature, & voici comment. Lorsqu'un son est produit, la nature le fait accompagner non-seulement par deux sons foibles dont nous avons parlé, mais encore par son octave. L'oreille ne reçoit donc jamais l'impression d'un ton, sans entendre en même temps son octave. Elle les unit tellement par-là, & indépendamment de toute convention, que l'octave ne peut pas agir sur cet organe, sans réveiller, & par conséquent produire toutes les impressions que le son principal peut faire naître. Ils n'ont par-là, tous les deux, que des propriétés communes, qu'un caractère commun, qu'un pouvoir commun : ils doivent donc se ressembler, & par conséquent être aisément pris l'un pour l'autre.

On me dira peut-être que les deux autres sons foibles que le son principal fait naître, & qui font sa douzième & sa dix-septième, doivent être liés avec le son générateur, d'une manière aussi forte que son octave, puisqu'ils l'accompagnent aussi souvent ; par conséquent l'oreille devroit prendre la dix-septième pour ce même son générateur, & l'on pourroit recommencer après la dix-septième une nouvelle gamme semblable à la précedente, ce qui cependant est contraire à l'expérience, & déchireroit les oreilles les moins délicates.

Il est aisé de répondre à cette difficulté. La liaison que l'oreille établit entre deux sons, par l'habitude de les entendre toujours à-la-fois, n'est pas la seule cause qui concoure à les rendre semblables au point qu'on les prenne l'un pour l'autre. Ne considérons les sons qu'en eux-mêmes, & indépendamment de toute habitude de l'oreille, nous verrons qu'il en est des sons, comme des couleurs : plus les couleurs sont rapprochées, & plus il est aisé de les confondre : on prendra bien plus facilement un vert pâle, pour un vert un peu foncé, que du rouge bien vif, pour du violet. De même un son qui ne sera éloigné d'un autre que de six tons ou de six nuances, se confondra bien plus facilement avec ce dernier, tout étant d'ailleurs supposé égal, qu'un son qui, par exemple, en sera séparé par douze tons. L'octave ne doit pas être distinguée plus difficilement du son générateur, que la douzième ou la dix-septième, si l'on ne considère que la liaison que l'habitude lui donne avec le ton principal; mais elle doit être prife pour ce dernier fon plus facilement que ces dernières, parce qu'elle en eft féparée par un intervalle moins confidérable, ainfi que cela eft évident : & ce qui prouve en faveur de cette raifon, c'eft que la douzième étant plus voifine du fon générateur que la dix-feptième, fe confond auffi plus aifément avec ce premier fon. Il eft bien plus facile de fe tromper & de croire qu'on n'entend qu'un fon unique, lorfque l'oreille eft frappée par le fon principal, & par fa douzième, que lorfqu'on reçoit, en même temps, l'impreffion de ce même fon, & celle de fa dix-feptième.

Mais fi la nature n'avoit point affigné des limites pour une échelle, on auroit pu en établir, & l'échelle n'en auroit pas moins exifté. De même que dans l'arithmétique on eft convenu qu'après un certain nombre de chiffres, on feroit reparoître ceux qu'on auroit déja employés, qu'on les arrangeroit dans le même ordre, mais que leur valeur feroit différente, par leur manière d'être placés relativement aux premiers chiffres écrits; de même en mufique on auroit pu imaginer & convenir d'employer un certain intervalle qu'on auroit divifé jufqu'à un certain point, comme on l'auroit voulu.

Lorſqu'on auroit achevé de parcourir l'intervalle adopté, on auroit fait revenir les portions employées pour la diviſion de cet intervalle, dans le même ordre où on les auroit déja placées; mais ces portions auroient acquis une nouvelle valeur par leur ſituation, relativement aux premières.

En arithmétique, au lieu de ſe ſervir de dix ſignes qu'on fait enſuite reparoître, on auroit pu n'en employer que cinq, que quatre, ou en adopter douze, treize, &c : de même, en muſique, au lieu de terminer l'échelle à l'octave du premier ſon, on auroit pu la prolonger, ou la couper à la quinte, à la ſixte, &c. L'habitude, cette grande dominatrice de nos ſenſations & de nos goûts, ainſi que de nos forces, auroit bientôt rendu naturelle cette gamme arbitraire; & à force de voir deux ſons placés à la tête d'un même ordre d'intervalles ſemblables, on auroit fini par les confondre & les prendre l'un pour l'autre. On doit même regarder ce pouvoir de l'habitude comme ſi grand, que peut-être les inventeurs de la muſique, ou pour mieux dire, ceux qui ont fixé ſa nature, auroient pu introduire cette inſtitution de convention, malgré l'inſtitution naturelle qui s'y feroit oppoſée, & qu'ils ont suivie : peut-être l'oreille auroit-elle fini par regarder comme données par la nature, des limites différentes de celles que cette même nature a établies, & auxquelles nous nous conformons.

Quelle variété n'auroit pas introduite dans la musique une plus grande étendue dans l'échelle ! En ajoutant seulement un ton à la gamme, quel nouveau pouvoir n'auroit-on pas donné à l'art dont nous traitons ! Quelle source de modulations nouvelles n'auroit-on pas ouverte ! Combien la mélodie, & par conséquent l'expression n'y auroient-elles pas gagné ! Il auroit toujours fallu cependant proportionner l'étendue de l'échelle adoptée, à celle de la voix humaine, & des instrumens qui peuvent l'accompagner ou la remplacer. Au reste ceci ne peut être jugé que d'après les lumières de la raison ; on ne doit point, pour le décider, n'avoir recours qu'à l'organe de l'ouïe, quelque délicat qu'il puisse être, & quelque confiance que nous devions avoir, en musique, dans les jugemens d'une oreille exercée : nous sommes maîtrisés par une habitude trop forte & trop ancienne, pour que nos sens puissent juger sainement de ce qui pourroit tendre à détruire cette même habitude.

L'étendue de l'échelle muſicale ayant été fixée, il fallut ſonger à la diviſer ; cette échelle n'avoit été établie que pour connoître le rapport des ſons, c'eſt-à-dire, pour meſurer leur diſtance ; mais, en quelque ſorte, on n'avoit encore rien fait pour y parvenir, puiſque tous les ſons devoient être compris dans la gamme. A la vérité, on auroit pu voir ſi le ſon qu'on vouloit comparer avec un autre, étoit plus près ou plus loin que ce dernier du ſommet de l'échelle ; mais on n'auroit pas pu énoncer d'une manière préciſe, de combien il en étoit plus ou moins éloigné. La diviſion de l'échelle fut en partie naturelle, & en partie arbitraire. Lorſqu'on s'arrêta à la tierce & à la quinte qui repréſentent la dix-ſeptième & la douzième, on choiſit des points réellement indiqués par la nature. Non-ſeulement ces deux ſons que donne cette même nature ſe trouvèrent ainſi dans l'échelle, & par conſéquent dans la muſique dont ils auroient été exclus ſans cela ; mais même on s'arrêta à de véritables points de repos ; on préféra des ſons qui ſe confondent preſque avec le premier ton de la gamme, quoiqu'ils ne ſe mêlent pas auſſi bien que l'octave avec ce premier ton.

On ne s'en tint pas à diviſer la gamme en trois parties,

parties, en s'arrêtant à la tierce & à la quinte, & en prenant ces dernières pour les points de séparation de la gamme : si l'on n'avoit reconnu que cette division, la seule qui soit indiquée par la nature, la gamme d'*ut*, par exemple, n'auroit présenté qu'*ut, mi, sol, ut,* & le plus petit intervalle de cette échelle auroit été d'une tierce mineure. On a établi de nouveaux points de partage dans chacun des intervalles formés par ces quatre premiers sons : ils ont été fixés d'une manière purement arbitraire, & on ne pouvoit pas les déterminer autrement, la nature n'indiquant rien à ce sujet. On a, par exemple, partagé en deux le premier des intervalles qui s'est présenté, celui de l'*ut* au *mi*, & on a eu par ce moyen ce qu'on appelle un ton. Le ton a servi de mesure commune pour tous les autres intervalles, qu'on n'a divisés, à quelque chose près, qu'en tons ou en semi-tons.

On auroit pu couper différemment le premier intervalle ; on auroit pu, par exemple, le diviser en trois, en cinq, en sept, &c. au lieu de le partager en deux. On a cependant mieux fait de préférer la manière de le couper qu'on a employée, cette dernière pouvant servir plus aisément à diviser d'une manière à peu près exacte, l'intervalle qui restoit entre le *mi* & le *sol*, & celui qui se trouvoit entre le *sol* & l'*ut* d'en haut.

Cette division arbitraire des intervalles compris entre le premier son, sa tierce, sa quinte & son octave, ne doit avoir paru que long-temps après l'invention de la Musique. Nous pourrions le conjecturer d'après ce que nous savons relativement aux gammes employées par les anciens; mais d'ailleurs ne devrions-nous pas le conclure de la nature des intervalles que cette même division a produits?

Lors de la première origine de la Musique, toutes les parties de cet art ont dû être inventées & dirigées par les passions qui en avoient découvert l'ensemble, & qui avoient, pour ainsi dire, fourni la matière de l'ouvrage. Les cris, les sons qui sont propres aux divers sentimens qui nous agitent, auroient donc dû présider à la division de l'échelle: mais la plupart de ces cris ne sont pas composés d'intervalles aussi grands que des semitons; ils sont formés de nuances imperceptibles qui se succèdent avec plus ou moins de rapidité. D'ailleurs nous avons vu que les sons propres au langage ordinaire, ont aussi servi à composer le fond de la Musique; mais ils ne font la plupart féparés les uns des autres que par des intervalles très-petits, par des demi-quarts de ton, &c. La divifion arbitraire dont nous venons de parler, n'a donc pu avoir lieu que long-temps après l'invention de la mufique, & lorfque l'habitude, & des goûts fondés fur des circonftances particulières, dirigeoient, en quelque forte feuls, ce qui d'abord n'avoit été réglé que par les paffions.

Ceci nous fait voir combien notre mufique feroit plus expreffive, & rendroit avec plus de vérité l'image des fentimens qu'elle veut peindre, fi, au lieu de nous contenter de divifer les tons en deux, & d'avoir des femi-tons, nous les partagions en quatre, en huit, &c.

On nous dira peut-être que nos oreilles auroient peine à faifir des différences auffi peu confidérables; mais il eft aifé de faire voir le contraire. Quand bien même, dans ce moment-ci, nos oreilles endurcies en quelque forte parce qu'elles ne font frappées que par des nuances tranchantes, & par des fons que féparent d'affez grands efpaces, ne pourroient pas apprécier de plus petits intervalles, l'habitude de recevoir les impreffions occafionnées par ces petits intervalles, les y rendroit bientôt auffi fenfibles qu'aux tons & aux femi-tons, au moins si la division n'étoit pas étendue trop loin : ce qui le prouve, c'est que, parmi les personnes qui n'ont entendu de la musique que depuis très-peu de temps, il en est qui ne peuvent pas distinguer les semi-tons, & qui y parviennent cependant sans peine, même au bout d'un temps assez court. Mais d'ailleurs pour peu que l'organe de l'ouie soit exercé, il est déja sensible aux plus petites différences qu'on devroit introduire dans la musique ; & ceci paroîtra certainement hors de doute à ceux qui voudront réfléchir à la facilité avec laquelle on accorde les instrumens à cordes.

La musique, ou pour mieux dire, le morceau qu'elle emploie, le tableau qu'elle montre, le discours qu'elle offre, peut présenter plus ou moins d'ordre & de régularité dans les modulations.

Voyons ce que c'est que moduler. Pour donner à la musique une nouvelle source de variété, on imagina d'élever ou de rabaisser l'échelle qu'on avoit trouvée, c'est-à-dire, on employa toujours en chantant un égal nombre de sons, séparés les uns des autres par des intervalles semblables; mais on essaya de hausser plus ou moins la voix, dans le moment où l'on faisoit entendre le premier son de la gamme. On imagina même d'élever ou d'abaisser ce premier son dans un même morceau de musique : c'est-à-dire, après avoir chanté pendant quelque temps suivant les divisions de l'échelle adoptée, on continua de chanter suivant ces mêmes divisions, mais en prenant pour le premier ton de la gamme, celui qui en avoit été le troisième, le quatrième, le cinquième, &c. C'est ce qu'on appelle *changer de mode*, ou *moduler*.

L'espèce de nouvelle gamme qu'on produit en changeant de mode, peut renfermer plus ou moins de sons entièrement semblables à ceux qui étoient compris dans la gamme précédente. Supposons, par exemple, que chaque son de la gamme précédente eût été formé par un tuyau dont le ton ne pût ni hausser ni baisser ; on peut se servir d'un nombre plus ou moins grand de ces tuyaux, pour rendre les sons qui appartiennent à la nouvelle gamme. Lorsqu'on en emploie un grand nombre, il est plus aisé de confondre la nouvelle gamme avec la gamme précédente ; le changement de mode est moins sensible ; la modulation est moins tranchante. Un morceau de musique peut offrir plus ou moins dans la succession des modulations, une certaine suite, un certain ordre, une certaine régularité de retours, suivant que l'on veut donner à l'ame le plaisir de la symétrie, lui faire voir une peinture du calme & des sensations agréables, lui montrer une image de sentimens faits pour revenir les uns après les autres, avec une sorte de régularité, ou lui présenter un tableau des passions ardentes & tumultueuses.

Lors de l'origine de la musique, la chanson & le chœur de joie, qui n'est qu'une chanson à plusieurs parties, furent les seuls morceaux véritablement mesurés ; ils furent les seuls qui accompagnèrent la danse, & la danse seule pouvoit donner l'idée d'introduire la mesure dans le chant. Mais dans la suite, le desir de réunir toutes les sources de plaisir fit appliquer à la vraie musique, à ce composé des signes de tous les sentimens, le caractère distinctif de la musique uniquement destinée à la danse ; on voulut réveiller par ce caractère saillant & marqué, toutes les sensations agréables qui appartiennent à la danse, & les joindre à toutes les jouissances que procure la vraie langue des passions.

Un morceau de musique, indépendamment de ce qu'il est par sa nature que nous avons déja exposée, & des qualités que nous lui avons déja attribuées, peut donc être mesuré. Il peut aussi être phrasé, & avoir, par-là, le dernier caractère que nous ayons à lui assigner.

Une phrase, dans l'art dont nous traitons, est cette portion de chant ou d'un morceau de musique qu'il est impossible de partager & de ne faire entendre qu'à demi, sans laisser quelque chose à desirer à l'oreille. C'est ce qui compose un sens entier; c'est ce qui se termine sur l'accord parfait du mode où l'on se trouve. Il est impossible qu'un morceau de musique, quel qu'il soit, ne contienne pas des phrases; ou pour mieux dire, de quelque manière qu'il soit composé, il n'est formé que par un certain nombre de phrases ajoutées l'une au bout de l'autre. Mais il ne mérite proprement le nom de phrasé, que lorsque les phrases qui le composent présentent une certaine forme, observent un certain ordre, offrent une certaine régularité, obéissent à des proportions, & reconnoissent des lois dans leur enchaînement.

Un morceau de chant ou d'harmonie peut être très-beau & très-expressif, sans être phrasé, ainsi que nous nous en convaincrons dans la suite; mais jamais la musique ne produit tous les effets qu'elle peut faire naître, que lorsque le morceau qu'elle emploie pour toucher & pour plaire, réunit le mérite d'être phrasé, à tous ceux qui peuvent lui convenir. Il est alors ce qu'on appelle *un air*, ce qu'on doit nommer un morceau de musique par excellence. Voilà pourquoi on termine toujours par un air à une ou à plusieurs parties, les monologues & les scènes où une passion véhémente croissant toujours, & s'élevant insensiblement au-dessus de celles qui l'avoient troublée & combattue, parvient enfin à régner seule, & à exercer sans crainte son redoutable empire.

Mais quelles sont les règles que les musiciens doivent suivre relativement aux proportions des phrases ; sujet qui ne me paroît pas avoir été éclairci autant qu'il auroit dû l'être ? Faisons-les découler des deux sources de ces mêmes proportions.

La proportion d'une phrase n'est autre chose que son plus ou moins de grandeur ou d'étendue relativement à une autre. On ne peut mesurer cette étendue que par le nombre des mesures qui la composent, c'est-à-dire, par le temps plus ou moins long pendant lequel on l'entend ; car le nombre des notes qu'elle renferme, leur qualité, leur élévation, appartiennent à toute autre chose qu'à sa grandeur.

On a eu deux raisons pour souhaiter qu'il existât un rapport déterminé entre l'étendue des phrases musicales. On a voulu joindre entièrement les charmes de la chanson à la puissance de la vraie musique; & en second lieu on a desiré d'obéir aux lois de la symétrie, cette souveraine de nos goûts, qui règne dans tous les arts avec plus d'empire qu'on ne le croit, qui en règle presque toutes les beautés, qui y ajoute tant de charmes, & dont la puissance est d'autant plus grande qu'elle doit le jour à la nature, qu'elle en est la fille chérie, & qu'elle en orne presque toutes les productions.

La chanson n'étant née qu'avec la danse & pour l'accompagner, on peut dire que la danse & la symétrie ont réglé le rapport qu'on a établi entre les phrases d'un morceau de musique. La danse exige que tout morceau de musique qui lui est destiné, soit coupé en petits intervalles tous égaux. D'après cela, si on n'a pas divisé tout morceau de musique en phrases très-courtes & toutes égales, on a dû au moins composer ses phrases de manière qu'il fût aifé à l'oreille de les divifer ainfi, foit après les avoir regardées comme ifolées, foit après les avoir confidérées comme réunies.

La fymétrie demande, de fon côté, que l'on trouve le même ordre & le même nombre de portions dans les endroits qui fe correfpondent; il a donc fallu, au moins, que les phrafes d'un morceau de mufique fuffent compofées de manière que l'oreille pût aifément les divifer ou les combiner, & trouver enfuite le même arrangement & le même nombre de parties dans les places qui lui paroîtroient fe correfpondre. On n'a pu parvenir à ces deux buts, ainfi que ceux qui y réfléchiront le verront évidemment, qu'en prenant pour mefure de la longueur des phrafes, le nombre *deux*, & ceux qui le contiennent plufieurs fois exactement. On a donc arrêté que toutes les phrafes feroient compofées de deux, ou de quatre, ou de huit, ou de feize mefures, &c. Par-là il eft aifé à l'oreille de couper tous les morceaux qu'on lui offre, en phrafes égales de quatre ou de deux mefures, ou de le croire compofé de phrafes de quatre, fuivies de phrafes de deux, &c., fuivant qu'elle veut fe diriger d'après les lois de la chanfon, ou celles de la fymétrie.

Telle est la règle que les plus grands maîtres de tous les pays ont suivie, & dont ils ne se sont écartés que dans quelques parties de leurs ouvrages, où des considérations particulières ont pu, d'après ce que nous dirons bientôt, la leur faire oublier pour un moment. Au reste, c'est le caractère de grandeur ou de simplicité du sujet que l'on traite, c'est l'étendue du lieu dans lequel le morceau de musique doit être entendu, qui doivent décider si l'on adoptera de préférence les phrases de seize, ou de huit, ou de deux mesures, &c. De même qu'en peinture les petits traits, les coups de pinceau délicats sont employés pour les sujets agréables & petits qu'on doit voir de très-près, tandis que les grands traits, les coups de pinceau étendus sont réservés pour les grandes scènes qu'on veut montrer de loin ; de même, en musique, il faut se servir de petites phrases, c'est-à-dire, de celles de quatre, de deux, de huit mesures, pour ces morceaux qui ne seront joués que dans de petits appartemens, ne présenteront que des peintures en miniature, & ne devront en quelque sorte charmer les oreilles que de ceux qui les exécuteront ; tandis que les phrases les plus longues, pourvu qu'elles ne soient pas gigantesques, composeront ces grands morceaux destinés à répandre les charmes de la mélodie & de l'harmonie dans un vaste théâtre, ou à faire retentir les louanges de l'Eternel sous les voûtes élevées d'un temple immense.

Malgré tout ce que nous avons dit, les musiciens qui voudront introduire une grande variété dans les morceaux de musique qu'ils composeront, pourront quelquefois y semer de loin à loin des phrases coupées sur un autre modèle que celles que nous avons déja indiquées ; ils pourront se servir de phrases de sept, de cinq, de neuf mesures, &c. Mais qu'ils ne les emploient que très-rarement, & qu'ils n'usent de cette espèce de licence, que lorsque ces phrases nouvelles présenteront la plus belle harmonie, la mélodie la plus agréable ou la plus touchante. Ils doivent d'ailleurs prendre la précaution de placer à la suite l'une de l'autre deux ou quatre de ces phrases irrégulières. Lorsqu'on se sera servi, par exemple, de phrases de cinq mesures, l'auditeur séduit par leur beauté, pourra se faire illusion à lui-même ; & au lieu de croire entendre deux ou quatre phrases de cinq mesures, il pourra imaginer en entendre cinq de deux ou de quatre.

Il est essentiel de remarquer qu'on peut très-aisément se dispenser d'observer ces règles de proportion, lorsqu'elles feroient languir le morceau, & lorsqu'il s'agit de ces portions de musique qui ne sont que de légères ombres, ou des liaisons sacrifiées, & sur lesquelles par conséquent l'attention ne se porte guère, ou ne fait que glisser. Le compositeur ne peut-il pas encore, ne doit-il pas même s'exempter de ces règles, lorsqu'il sera entraîné par la marche interrompue & irrégulière des passions violentes qu'il aura à peindre; & n'est-ce pas alors que la perfection ne produiroit que de la froideur ?

Des Effets de la Musique.

Le pouvoir de la musique paroît presque sans bornes, si l'on ne considère que la facilité avec laquelle elle nous fait éprouver les sensations les plus remarquables que font naître les différens objets de l'imitation des arts, & avec laquelle elle nous oblige, par ce moyen, à les regarder comme présens. Mais si nous ne faisons attention qu'à la vertu qu'elle a de peindre réellement ces mêmes objets, son pouvoir se trouve tout d'un coup resserré par des limites bien rapprochées.

La poësie ne peint rien, au moins à la rigueur, & en ce sens qu'elle ne montre rien de ce qu'elle cherche à peindre; mais elle représente tout de telle sorte qu'on croit le voir ou l'entendre, &c. La peinture peint véritablement tout ce qui peut avoir un corps; elle représente tout le reste de manière à faire illusion, en y conduisant la pensée plus ou moins rapidement. La musique montre véritablement tout ce qui peut agir sur l'ouïe; elle le fait entendre réellement; elle représente, de manière à faire illusion, tous les tableaux que la nature vivante préfente, tous ceux qu'offre la nature inanimée, & fur-tout toutes les paffions & tous les fentimens. Le refte n'eft pas de fon reffort. Voyons comment elle produit ces différens effets.

Tout ce qui peut être entendu, la mufique le peint en le faifant entendre, en produifant exactement le nombre, l'ordre & la nature de fons qui compofent l'objet qu'elle veut montrer. C'eft ainfi, par exemple, qu'elle imite le murmure de l'eau qui coule, le chant des oifeaux, le fracas du tonnerre, le retentiffement des rivages battus par les vagues violemment agitées. Mais les paffions, comment les repréfente-t-elle ? Nous le verrons en détail dans les articles fuivans ; faifons cependant appercevoir ici en général une partie des moyens quelle emploie pour les peindre.

Les paffions ne font que des modifications intérieures, ou des êtres moraux que la poëfie feule peut faire voir à l'efprit : la mufique ne peut donc pas les repréfenter elles-mêmes ; mais elle fe fert en quelque forte pour les peindre, d'un moyen femblable à celui que nous emploierions, fi nous étions privés de l'ufage de la parole, & fi nous voulions montrer un sentiment intérieur qui nous agiteroit. Nous exécuterions les divers mouvemens, nous ferions les divers gestes qui accompagnent ordinairement notre discours, lorsque nous voulons exprimer par des paroles cette même passion qui règneroit en nous : notre visage en porteroit l'empreinte ; pâle & alongé, il indiqueroit l'étonnement & la crainte ; enflammé & contracté avec force, il désigneroit la colère & la fureur : notre démarche seroit plus ou moins précipitée ; nous jetterions des cris plus ou moins aigus, plus ou moins rapides ; le trouble intérieur qui nous agiteroit, se manifesteroit au dehors par des trémoussemens, par des convulsions, &c. Enfin nous suppléerions à la peinture d'une passion qui ne peut tomber sous les sens, par tous les signes extérieurs qui l'accompagnent, & qui réveilleroient si fort son idée dans ceux qui nous entoureroient, que tous la reconnoîtroient au point d'en être fortement émus.

La musique fait de même : elle offre les signes des sentimens, pour peindre les sentimens eux-mêmes, qui se dérobent à ses pinceaux ; & comme toutes les passions ont des signes extérieurs plus ou moins forts qui les caractérisent, elle peut les représenter toutes. A la vérité,

vérité, elle ne peut pas employer tous les signes extérieurs qui accompagnent les passions ; elle ne peut pas faire tout ce que nous ferions, si le don de la parole nous étoit enlevé ; & voilà pourquoi ses tableaux manquent toujours d'une certaine précision, ainsi que nous le verrons dans la suite. Elle n'a que des sons à son commandement ; elle ne peut agir que par des sons. Aussi, pour qu'elle puisse retracer les signes de nos affections, faut-il qu'ils soient eux-mêmes des sons, comme les inflexions & les cris que les passions font naître, ou bien est-il nécessaire qu'on puisse les regarder comme liés avec des sons ou du bruit.

Par exemple, que le musicien veuille peindre une douleur mortelle, qu'il fasse voir Ariane expirante : le tourment qui oppresse cette amante infortunée, ne lui permet d'exhaler ses plaintes qu'en accens entrecoupés : le musicien fera entendre ces sons déchirans, tantôt se succédant avec rapidité, parcourant de petits intervalles, & s'élevant avec effort, jusqu'à ce qu'ils soient parvenus à n'être que des cris aigus qui arrachent le cœur ; tantôt plus lents, plus graves, exprimant le sombre désespoir qui succède de temps en temps aux vives atteintes de la douleur cruelle qui dé-

Tome I. F

chire Ariane, il fera entendre ses sanglots, ses gémissemens, ses soupirs ; toutes ces choses-là sont des sons : il peindra sa démarche égarée, incertaine, tantôt lente & tantôt précipitée, la palpitation de son cœur oppressé, les transports qui l'agitent, l'abattement & l'espèce de calme que de nouveaux cris viennent bientôt troubler. Ces signes ne sont pas tous ceux qui caractérisent la douleur mortelle ; mais ils suffiront au musicien pour la faire reconnoître, pour la présenter aux yeux de ceux qu'il voudra émouvoir.

Mais comment peindre ce qui n'est pas un son, ce qui le plus souvent n'est accompagné d'aucun bruit, ce qui n'offre que des objets en mouvement, comme la démarche égarée, la palpitation du cœur, l'agitation, &c ? Par les mêmes moyens que nous allons indiquer pour représenter tant d'autres objets que la nature offre, & qui ne font naître aucun son, ni par eux-mêmes, ni par ce qui les accompagne.

Que la musique veuille peindre le murmure des eaux, celui d'un vent léger, les bois touffus, une prairie émaillée de fleurs, & un berger qui erre dans cet asyle champêtre ; le murmure des eaux, le bruit du vent sont en quelque sorte des sons, du moins ils peuvent être rendus par des sons; la musique les peindra sans avoir recours à aucun artifice. Mais la démarche d'un berger qui ne foule que des fleurs, ne fait naître aucun bruit sensible. Cela est vrai; mais elle pourroit en produire: on peut supposer qu'elle est accompagnée de quelque effet sonore; on peut imaginer que chaque pas fait entendre un son qui revient toujours après un temps égal, car une démarche tranquille suppose de l'égalité dans les pas. Ce sont ces sons également éloignés l'un de l'autre, dont la musique s'emparera pour faire naître la seule idée qu'elle puisse donner de la démarche de ce berger. Les troupeaux qui bondissent autour de leur conducteur, seront représentés de même; c'est-à-dire, on en réveillera l'idée, en faisant entendre les sons qui peuvent être liés avec leurs sauts vifs & joyeux. Mais le berger lui-même; mais ses innocentes brebis, lorsque, pendant la chaleur du midi, elles sont couchées à l'ombre sur le bord des fontaines; mais les bois, mais les fleurs; comment les peindre? ils ne produisent aucun son; le murmure le plus foible ne peut être supposé les accompagner: comment les représenter? En retraçant les sentimens qu'ils inspirent.

C'est ici que le muſicien a principalement beſoin de la ſenſibilité la plus profonde, & en même temps la plus exquiſe. Non-ſeulement il doit être vivement ému par toutes les ſcènes que ſon imagination lui préſente, par toutes les images qu'elle lui offre, mais il doit encore en diſtinguer les plus légères nuances, les rapporter chacune à la cauſe qui la produit; ſans cela il retracera un objet différent de celui dont il voudra réveiller l'idée; il détruira tout l'effet qui pourroit exiſter déja par un effet différent qu'il viendra y joindre; & bien loin d'atteindre ſon but, il ne fera des pas que pour s'en éloigner. C'eſt ici que le muſicien qui ne ſera que ſavant, ne fera jamais naître que le dégoût & l'ennui. Ah! on naît muſicien comme on naît poëte; ou, pour mieux dire, il faut être né poëte pour être muſicien. Que ceux que la nature n'aura point choiſis pour ſentir ſes beautés; qui jamais n'éprouveront d'émotion profonde, dont l'ame ne s'embrâſera point aux feux des divers ſentimens qui l'entoureront, ne portent jamais une main profane à la lyre ſacrée de la muſique; inſtrument inutile entre leurs doigts glacés, il ne feroit plus entendre que des ſons ſans force, trop indignes d'un langage céleſte.

Que le muſicien ſe repréſente donc vivement le payſage qu'il veut peindre & imiter; qu'il ſe pénètre profondément de tout ce que cette ſituation inſpire; qu'il s'abandonne à la douce paix, au calme ſéduiſant, à la tendre mélancolie qui cherchent à s'emparer de ſon ame, à toutes les affections que produiſent la verdure & les bois, à tous les tendres ſouvenirs qu'ils font naître; qu'il ſuive tous les mouvemens de ſon imagination, ſoit qu'elle orne & anime le payſage qu'il a devant les yeux, ſoit qu'elle le terniſſe & le rembruniſſe en y mêlant de triſtes images; & lorſqu'il ſera bien ému, bien affecté; lorſque tout ce qu'il verra, aura, pour ainſi dire, paſſé dans ſon cœur, qu'il peigne ce qu'il éprouve : il tracera les ſentimens que fait naître le payſage qu'il veut repréſenter; ces ſentimens en réveilleront l'idée, & l'on croira voir le payſage.

Que le muſicien emploie toujours des moyens ſemblables, lorſqu'il voudra peindre les objets qui n'agiſſent point ſur l'organe de l'ouïe, & autour deſquels on ne peut ſuppoſer aucun ſon; qu'il ſe repréſente fortement ces objets; qu'il diſtingue les impreſſions qu'il en reçoit; qu'il peigne les ſenſations qu'ils font naître; que, pour montrer le tableau de ces ſenſations, il ait recours au moyen que nous lui avons indiqué pour peindre les paſſions qui ne ſont que des ſenſations fortes & prolongées ; & qu'il ſoit toujours ſûr que néceſſairement liées avec les objets qu'il veut repréſenter, elles en retraceront l'image au point qu'on croira les avoir devant les yeux.

Quant aux paſſions qu'il ne peut ſaiſir que par leurs ſignes viſibles ; ſi quelques-uns de ces derniers ne rendent point de ſons, & ſe refuſent par conſéquent à une imitation immédiate, qu'il les retrace par les ſons qui peuvent naître en même temps que ces ſignes, qui les accompagnent en effet quelquefois, & qui doivent par conſéquent en renouveler les impreſſions & l'idée.

Tous les autres objets, je veux dire ceux qui n'agiſſent en aucune manière ſur l'oreille, ceux qu'aucun ſon ne peut être ſuppoſé accompagner, ceux qui n'inſpirent aucun ſentiment, ſont pour la muſique comme s'ils n'exiſtoient pas, & elle ne peut les peindre en aucune manière. Que les muſiciens ſe gardent bien de les choiſir pour ſujets de leurs tableaux : ils n'atteindroient jamais à leur but, & ne préſenteroient d'ailleurs que des peintures froides, parce qu'elles ne reſſembleroient à rien. Voilà pourquoi tout ce qui ne renferme que des traits d'esprit, quelque agréables ou quelque forts qu'ils puissent être, n'a jamais pu convenir à la musique, ni faire produire un morceau intéressant. Comment ce qui n'est que de l'esprit pourroit-il faire naître le sentiment le plus léger, l'affection la plus foible? Toute scène de pur raisonnement sera donc bannie des ouvrages destinés à être mis en Musique : la plus belle scène de politique ne produiroit aucun effet dans un drame lyrique, à moins que les deux interlocuteurs ne fussent agités par des passions violentes qui fournissent de grands tableaux au musicien. Si cependant ces scènes de politique portoient un caractère de grandeur qui inspirât l'étonnement & l'admiration, elles pourroient être embellies par la musique qui peut fort bien peindre ces deux sentimens, ainsi que nous le verrons bientôt; & je pense qu'une grande partie de la belle scène de Sertorius & de Pompée par Corneille, feroit un très-bel effet en musique.

Mais tous les traits que nous venons d'indiquer au musicien, pour peindre les objets qu'il lui est possible de représenter, ne peuvent former que le dessin du tableau qu'il doit offrir. Toutes les formes sont terminées, mais il faut les revêtir des couleurs qui leur font propres ponr achever la reffemblance. Et d'ailleurs, ces couleurs ne font-elles pas quelquefois néceffaires pour affoiblir la vérité des premiers traits ? Il ne faut rien préfenter, dans les arts d'agrément, qui foit oppofé à ce que la nature nous offre ; mais il ne faut pas toujours la dévoiler en entier : lorfqu'elle eft hideufe ou défagréable à voir, il faut jeter fur fes tableaux un voile affez clair pour que l'imagination devine aifément ce qu'on lui cache, mais qui n'en dérobe pas moins aux yeux les détails trop révoltans. Si les cris des paffions n'étoient ni affoiblis ni tempérés, ils pourroient quelquefois être plus défagréables par eux-mêmes, que l'impreffion qu'ils feroient naître n'auroit de charmes ; ils révolteroient l'oreille plus qu'ils ne déchireroient le cœur.

Cherchons quelles font ces couleurs qui doivent fervir aux muficiens à lier les différentes parties de leurs tableaux, & à tempérer les effets trop violens que produiroit la nature imitée d'une manière trop parfaite. Nous verrons qu'elles confiftent dans une efpèce de nouvelle mufique née du premier langage mufical, dont perfonne n'a encore remarqué l'exiftence, & dont le pouvoir, s'il eft moins

DE LA MUSIQUE. 89

fort que celui de ce premier langage, est peut-être plus universel.

Pour bien entendre ce que nous avons à dire à ce sujet, que chacun de nous se retrace les sensations qu'il éprouve lorsqu'il goûte les charmes de la musique. Si, lorsque nous entendons un air, nous sommes affectés d'une manière plus ou moins vive par quelque objet étranger; si nous éprouvons des sensations plus ou moins fortes, plus ou moins agréables, nous ne pourrons jamais entendre de nouveau cet air, sans ressentir les mêmes douleurs ou les mêmes plaisirs; nous sentirons du moins que ces plaisirs & ces peines se renouvellent en partie.

Par exemple, dans un moment où un époux infortuné vient de perdre le seul objet qui l'attachoit à la vie; lorsque égaré, éperdu, il traîne dans un bois sombre & solitaire la douleur amère qui le dévore, que le son d'un chalumeau vienne frapper son oreille, & lui faire entendre le chant le plus simple, le moins propre à le toucher; il l'écoutera froidement, ou, pour mieux dire, il ne s'appercevra même pas de l'impression qu'il en recevra. Mais lorsque sa douleur sera calmée; lorsque l'image de celle qu'il aura perdue ne sera pas si vive dans son cœur; lorsque la consolation sera descendue dans ce cœur saignant & déchiré ; que ce même air qui, comme un vain bruit, avoit ébranlé son oreille sans pénétrer jusqu'à son ame, que ce même air se fasse entendre, & il sera saisi d'une douleur soudaine ; une tristesse profonde s'emparera de lui : que l'air résonne encore, & ses yeux seront baignés de larmes, & l'image de celle qu'il a tant chérie viendra de nouveau se présenter à lui avec toute sa force, & les nouveaux regrets auxquels il se livrera ne disparoîtront qu'avec peine, même long-temps après que l'air aura cessé de retentir à son oreille. Il n'est personne né avec un cœur sensible qui n'ait ressenti cet effet, ou qui n'ait éprouvé des effets semblables, sans en connoître la cause : il n'est personne qui n'ait souvent répandu des larmes, en entendant des airs peu propres à le toucher par eux-mêmes.

L'air qui a acquis tant de force, n'a pas même besoin de reparoître en entier pour exercer son empire : nous n'avons besoin, pour être vivement émus, que d'entendre quelques-unes de ses portions, ou, ce qui est la même chose, que de recevoir les impressions d'un air qui ait une grande ressemblance avec celui qui s'eſt attaché des impreſſions ſi profondes. Il faut que le nouvel air ait un rapport bien foible avec le premier, pour qu'il ſe borne à en réveiller l'idée, & qu'il ne retrace pas la ſituation qui l'accompagnoit.

Ceci n'a pas peu contribué à cacher la cauſe que j'expoſe aujourd'hui, & doit montrer la ſource de ces larmes abondantes qu'un morceau de muſique tout nouveau, fait quelquefois répandre à un certain nombre d'auditeurs étonnés de l'affection profonde qu'ils éprouvent, tandis que les autres, auſſi ſenſibles que les premiers, auſſi épris des charmes de la muſique, auſſi exercés à en reconnoître les beautés, ne l'écoutent qu'avec la plus grande froideur. Il y a même plus; ſi on fait abſtraction des cris des paſſions, de l'harmonie naturelle, & des chants qu'elle peut dicter, un air par lui-même peut indifféremment produire tel ou tel effet; il n'offre véritablement aucune expreſſion; il eſt uniquement ſuſceptible de les préſenter toutes; il ne tire ſa force que de ſa reſſemblance avec les airs qui l'ont précédé, & des circonſtances qui accompagnoient ces mêmes airs.

Pour avoir une idée nette de ce que nous venons de dire, ſuppoſons, par exemple, un sauvage qui n'ait jamais entendu aucune espèce de chant. Un air frappe son oreille : il ne produit aucun effet sur son ame ; tout au plus il l'étonne comme une chose nouvelle : mais ne faisons point d'attention à sa surprise. Si, dans ce moment, l'homme sauvage n'éprouve aucun sentiment déterminé, il n'attachera aucun sens à l'air ; & lorsqu'il l'entendra de nouveau, il n'en sera pas plus ému que la première fois. Mais s'il est agité par quelque passion, si la fureur le transporte, si la crainte l'abat, cet air se liera avec la fureur ou avec la crainte ; il se confondra si fort avec ces sentimens, qu'il les renouvellera toutes les fois qu'il sera renouvelé lui-même : il deviendra, pour ainsi dire, un mot, qui voudra dire *fureur* ou *crainte* : mais il deviendra, si je puis parler ainsi, un mot magique, dont l'effet ne consistera pas uniquement à faire penser à la crainte ou à la fureur : non-seulement il aura été uni avec l'idée de ces sentimens, ainsi que les mots qui composent les langues ordinaires, mais encore il aura été joint avec les mouvemens que les passions font naître ; il leur donnera l'être ; il les produira dans le cœur du Sauvage.

Si l'homme que nous venons de supposer

est dans une situation tranquille lorsqu'il entendra l'air pour la seconde fois, rien ne changera le pouvoir de ce même air qui, en agissant pour la troisième fois, fera naître une impression aussi forte qu'en paroissant pour la seconde. Mais si l'homme dont nous parlons, est encore agité par la fureur lorsque l'air frappe son oreille pour la seconde fois, & si sa fureur est aussi violente que lorsqu'il a commencé de l'entendre, le pouvoir de l'air est augmenté du double; & lorsque cet air agira de nouveau sur l'organe de l'ouïe, il causera une émotion deux fois plus vive. Si, au contraire, la douce paix & la joie pure répandent leurs fleurs autour du Sauvage, le pouvoir que l'air avoit d'exciter & de peindre la fureur s'affoiblira; il pourra même s'anéantir; il pourra même se changer en celui de faire naître le calme & la gaieté, suivant que la situation douce égalera ou surpassera la situation furieuse; & cet air qui inspiroit la fureur, ne sera plus qu'un signe de joie & de paix.

Il en sera de même, si l'air agit deux fois ou trois fois sur l'organe de l'ouïe, au milieu d'une situation tranquille, après avoir été entendu une fois dans une situation terrible, quoique cette dernière l'emporte sur l'autre par la vivacité des impressions qu'elle aura produites ; & enfin on remarquera des effets semblables toutes les fois que les situations se balanceront, se détruiront, ou se surmonteront par leur force ou par leur nombre.

Il est clair qu'on peut en dire autant de toutes les espèces de pouvoir que l'air peut acquérir, & de tous les effets des airs semblables à ce premier. Ces effets approcheront plus ou moins de ceux du premier air, suivant que les airs qui les produiront, auront plus ou moins de ressemblance avec le premier. Et à l'égard des airs qui ne ressembleront en rien au premier qui aura été entendu, on doit leur appliquer tout ce que nous avons dit de ce premier air; on doit les regarder eux-mêmes comme de premiers airs propres indifféremment à une expression tout comme à une autre, & susceptibles d'être liés avec tous leurs accessoires.

En ne considérant les airs que sous le point de vue sous lequel nous venons de les examiner, on peut remarquer sans peine que rien n'est aussi variable que leur expression, & que rien ne peut changer aussi vite que le sens de ces espèces de mots, qui même dans un instant, peuvent dire le contraire de ce qu'ils fignifioient : nous verrons bientôt ce qui peut fixer cette inconftance qui auroit fait perdre à la mufique une fi grande partie de fa force.

En continuant d'examiner les airs ou les chants comme nous venons de les confidérer, on voit que, quoique leur caractère foit variable, il eft toujours très-déterminé pour tel ou tel inftant, & lorfqu'il ne s'agit que d'une feule perfonne ; de telle forte que fi l'on pouvoit favoir l'hiftoire des différentes impreffions qu'elle auroit reçues, on pourroit compofer pour elle une mufique dont tous les chants feroient des mots auffi précis que ceux de la langue la plus exacte, au moins lorfqu'il ne s'agiroit que de fentimens, & qui jouiroient en même temps d'une puiffance bien fupérieure.

Mais que peuvent être des chants pour le public ? quel caractère peuvent-ils avoir ? N'arrivera-t-il pas qu'étant pour les uns des marques de douleur, pour ceux ci des expreffions d'amour, & pour ceux-là des fignes de haine, ils ne repréfenteront rien & feront abfolument froids, parce qu'ils peindront trop bien des chofes oppofées & qui fe détruifent ?

Cela arriveroit ainfi, fi la fuppofition que

nous avons faite pour nous faire entendre, étoit réelle. Mais dès le moment de notre naiſſance, il exiſte autour de nous une harmonie naturelle dans tous les ſons qui agiſſent ſur nous, dans le chant des oiſeaux, &c. Les différentes paſſions font entendre les ſons qui leur ſervent de ſignes ; les affections heureuſes nous charment par leurs tendres accens ; les ſentimens infortunés déchirent nos cœurs par leurs ſons plaintifs. Le premier air que nous entendons, n'eſt plus un air également ſuſceptible par lui-même d'une expreſſion ou d'une autre ; il n'eſt plus uniquement propre à repréſenter dans la ſuite les ſentimens qui l'accompagnent dans le premier moment où il paroît. Son expreſſion eſt déja déterminée. Suivant qu'il ſe rapproche des ſons du bonheur, ou de ceux de l'effroi, il exprimera l'un ou l'autre ; & il en ſera de même de tous les airs qui lui reſſembleront plus ou moins dans la ſuite. Bien plus, les circonſtances qui l'accompagneront, pourront bien modifier ſa première expreſſion, lorſqu'il ne s'agira que d'une perſonne iſolée, ainſi que nous l'avons vu ; mais, quelque fortes que ſoient les modifications particulières que diverſes circonſtances feront naître, elles ſe

perdront

perdront, s'effaceront, ou feront détruites, lorsqu'il s'agira du public. Il ne restera, au moins le plus souvent, pour les hommes rassemblés, que la première expression donnée aux airs ou aux chants, par leur ressemblance avec l'harmonie naturelle, ou les cris des passions.

On me demandera peut-être comment une ressemblance avec l'harmonie naturelle peut établir une expression particulière & la donner à un air ? quel rapport il y a entre un air & cette harmonie, & entre cette harmonie & telle ou telle affection ?

Il est aisé de voir, ce me semble, qu'un chant aura plus ou moins de ressemblance avec l'harmonie naturelle, lorsqu'il en parcourra les divers sons d'une manière plus ou moins rapide, ou plus ou moins compliquée ; lorsqu'il passera plus ou moins d'un ton à ses tons secondaires, ou à ceux qui les représentent, &c.

A l'égard de la liaison qui peut exister entre les sentimens & l'harmonie naturelle, cette dernière ne doit-elle pas s'unir à une affection douce, calme, paisible ? ne doit-elle pas, en quelque sorte, être l'image du bonheur, au moins d'un bonheur mêlé d'une tendre mélancolie ? car, où n'y a-t-il pas un peu de tristesse ? Nous l'avons entendue en naissant ; nous l'avons nécessairement liée avec les sensations délicieuses que nous avons éprouvées dans ces momens tranquilles, où la vie ne s'est présentée à nous qu'avec tous ses charmes, où nous nous sommes livrés sans trouble au plaisir d'exister : & d'ailleurs, quand est-ce que cette harmonie a frappé nos oreilles d'une manière plus sensible, que dans ces beaux jours de printemps, où le cœur s'ouvre si aisément à la joie, où la nature rajeunie porte si facilement dans nos ames flétries l'oubli de nos maux & de nos peines, où nous croyons renaître avec la verdure, où les tableaux les plus touchans & les plus gracieux sont offerts à nos yeux, où les oiseaux voltigeans sur les arbres fleuris, font entendre, à l'envi, leurs doux & tendres ramages ? Aussi cette harmonie naturelle ne domine-t-elle jamais dans notre musique, sans produire tous les effets que nous venons de décrire : elle est cependant trop pure, trop simple, trop peu variée pour ne pas faire naître quelque monotonie, malgré toute sa beauté, si elle essaie de nous charmer pendant trop de temps.

Chaque air, ou pour mieux dire, chaque chant représente en quelque sorte un mot d'une langue; les différens chants, mêlés & joints ensemble, doivent donc former une espèce de langage qui auroit en quelque sorte varié pour chaque auditeur, & d'un moment à l'autre; mais que sa grande analogie avec les cris des passions, avec les sons qui représentent les sentimens, & avec l'harmonie naturelle, fixent & rendent au moins presque entièrement invariable. C'est cette langue par excellence qui non-seulement indique les objets, les nomme & en réveille l'idée, mais qui les fait voir, les rend pour ainsi-dire présens, & grave leurs traits dans les cœurs; c'est cette langue que doit étudier avec soin celui qui se destine à cultiver l'art sublime dont nous nous occupons. Qu'il cherche à en connoître, ou pour mieux dire, à en créer le plus de mots qu'il pourra; & pour cela, qu'il n'oublie jamais d'où ils tirent leur force.

Au reste, que ce mot de langue dont nous nous servons ici, pour désigner la musique, ne fasse illusion à personne; qu'on ne s'imagine pas qu'elle soit, ainsi que les autres langages, l'ouvrage d'une convention. Elle n'est formée que par la ressemblance des chants, avec les sons que la nature a donnés aux sentimens pour les faire reconnoître. On ne trouve pas un chant triste, parce qu'on est convenu qu'il remplaceroit le mot *tristesse*, ni, ce qui reviendroit presque au même, parce qu'on a toujours ouï dire qu'il peignoit le sentiment désigné par ce mot. Il peut y avoir des conventions dans ce qui ne concerne que l'esprit ; dans ce qui ne doit que réveiller l'idée des objets, sans en présenter la vive image, sans faire éprouver toutes les sensations qu'ils peuvent faire naître : on auroit pu convenir, par exemple, en françois, que le mot *fureur* voudroit dire *douceur*, & que le mot *douceur* désigneroit la *fureur*. Mais quelle convention pourroit avoir lieu, dans ce qui n'est fondé que sur le sentiment ? Comment convenir que ce qui nous affecte d'une manière triste, que ce qui nous cause de la douleur, ne nous fera plus éprouver qu'une sensation agréable ? C'est cependant ce qu'il faudroit faire, puisque les mots de la langue musicale agissent sur nous d'une manière si vive, & nous émeuvent si profondément, même lorsqu'ils sont isolés & dénués des effets qui proviennent de leur liaison avec d'autres mots. Dans les langues ordinaires, ce n'est point le mot *douleur*, par exemple, qui nous afflige ; il n'agit qu'avec ce qui le suit, & avec ce qui le précède; cela est si vrai, que chaque jour on parle de *l'abſence de la douleur*, & on prononce par conféquent ce mot *douleur*, ſans inſpirer d'autre ſentiment que celui de la joie & de la gaieté; au lieu qu'en muſique, l'air qui veut dire *douleur*, non-feulement en réveille l'idée, toutes les fois qu'il eſt entendu, mais même il la fait naître & reſſentir, quoique placé dans un morceau de muſique propre à peindre des affections oppoſées: en un mot, un air ne nous paroît triſte ou gai, que parce qu'il a accompagné des choſes gaies ou triſtes, dont il renouvelle les impreſſions.

Que l'on mêle à la langue ſublime formée par les chants, des morceaux d'harmonie deſtinés à les faire reſſortir; qu'on les charge de diſſonnances plus ou moins déchirantes, plus ou moins capables de repréſenter les paſſions, ou de faire deſirer le morceau plus conſonnant qui porte l'expreſſion ſouhaitée. Ces morceaux d'harmonie forment auſſi un langage, par la même raiſon que les chants en compoſent un; ou pour mieux dire, ils entrent comme nouveaux mots dans celui qui eſt formé par les airs ou les chants; ils l'accroiſſent, & unis avec ces mêmes chants, ils conſtituent ce que nous avons déſigné par le mot de *couleur*, ce qui doit fervir au muficien à achever les tableaux que nous avons déja tâché de lui apprendre à deffiner.

Tout ce qui nous préfentera l'image du mouvement, fans nous donner aucune crainte, tout ce qui nous remuera nous-mêmes, fans nous fatiguer, & fur-tout ce qui nous mouvra d'une manière variée, nous procurera toujours une véritable jouiffance. Voilà une fource du plaifir avec lequel nous entendons un morceau de mufique, même lorfqu'on n'y a cherché qu'à enchaîner des chants agréables, & à les revêtir d'une harmonie pure, fans vouloir préfenter aucun tableau à l'ame. Mais d'ailleurs, il eft aifé de voir, d'après ce que nous venons de dire, pourquoi nous devons des plaifirs fi vifs à ces morceaux de mufique qui ne font deftinés à rien peindre, à ces difcours en apparence vides de fens. Chacune de leurs parties eft un mot expreffif, ou pour mieux dire, un petit tableau trop fugitif, trop peu préfenté pour nous affecter fortement, affez apperçu cependant pour commencer à nous émouvoir. Quand même le compofiteur ne l'auroit pas voulu, nous ne pouvons entendre un morceau de mufique bien fait, que nous ne voyons paffer devant nous, un très-grand nombre de peintures touchantes ou agréables, que nous ne foyons doucement agités en différens fens par plufieurs fentimens tous propres à nous féduire, que des jouiffances variées ne fe fuccèdent fans effort, & fans que nous ayons d'autre peine à prendre, que celle de nous laiffer aller au charme qui nous entraîne.

Mais que les muficiens connoiffent les limites de leur art. Qu'ils ne s'aveuglent point fur les effets qu'ils peuvent produire; que non-feulement, ils n'aient pas la folle prétention de tout peindre, mais même qu'ils n'aient pas celle de déterminer d'une manière bien précife les objets de leurs peintures, ainfi que le fait la poëfie. Ils pourront repréfenter la fureur ou la tendre pitié; ils pourront faire deviner ces fentimens fans le fecours de la parole; ils les graveront même, par la force de la repréfentation, dans le cœur de ceux qui les écouteront; on pourra par le moyen de la mufique feule, connoître fi ces fentimens appartiennent à un vieillard, ou à un jeune homme, à un roi ou à un citoyen obfcur, parce que de grandes différences dans l'état en apportent de très-marquées dans les fentimens, & propuifent, en quelque forte, des affections nouvelles. Mais on ne faura jamais, fans le fecours de la parole, fi ce roi eft d'Athènes ou de Corinthe, &c. à moins que le doute ne porte fur deux nations de caractère & de mœurs affez différens, pour influer fur leurs affections d'une manière très-fenfible. Enfin, toutes les différences qui n'exiftent que pour l'efprit, & qui ne produifent aucune diverfité dans les paffions, feront toujours nulles pour le muficien, & fon art fera toujours nul pour les exprimer.

La peinture a ici une affez grande fupériorité fur la mufique : elle n'a pas befoin, comme cette dernière, d'emprunter le fecours de la parole; elle fe fert, pour déterminer les différences que nous venons d'indiquer, d'emblêmes & d'hiéroglyphes, toutes chofes interdites à la mufique, puifqu'elles ne concernent que l'efprit. Il faut cependant excepter les hiéroglyphes & les emblêmes qui pourroient confifter dans des fons, ou être montrés par des fons : ils font alors pour la mufique, une grande fource de vérité de repréfentation, & d'imitation fidèle. Par exemple, la douleur d'un guerrier fera diftinguée de celle d'un roi, par les accens de la trompette ; la douleur d'un berger, de celle d'un homme obscur, par le son du chalumeau, &c.

Nous avons assez considéré la musique en elle-même, & d'une manière générale : voyons-la-maintenant sous divers points de vues particuliers, & commençons par nous occuper de la musique de théâtre.

LIVRE II.

DE LA MUSIQUE DE THÉATRE.

Nous entrons dans le sanctuaire de la musique vocale ; elle nous montre les enfans qui lui doivent le jour. A leur tête, la Tragédie lyrique fière, terrible, majestueuse, sublime, s'avance un poignard dans une main, & la lyre dans l'autre ; sa démarche est altière & animée ; ses cheveux sont épars ; souvent elle verse des larmes. A ses côtés la Comédie lyrique, gaie, vive, folâtre, paroît au milieu des Jeux ; les Graces répandent des fleurs autour d'elle, le sourire est sur ses lèvres, & la finesse dans ses yeux ; sa démarche est noble, mais piquante, son air affable & familier ; elle peint les mœurs & les ridicules avec les couleurs que lui fournit la gaieté ; & si quelquefois elle répand quelques larmes, elles sont bientôt essuyées par le plaisir. A leur suite, vient la Pastorale ; elle ne chante que les bergers ; elle ne peint que les scènes champêtres ; elle ne se plaît qu'au milieu des bois & sur les bords des fontaines ; les mufettes & les hautbois font réfonner les échos, par tout où elle porte fes pas. Entre elle & la Tragédie lyrique paroît la Paftorale héroïque qui, par des routes femées de fleurs, rapproche les bergers, les héros & les dieux; la trompette & le chalumeau font dans fes mains; des guerriers la précèdent, & de tendres bergères l'accompagnent.

Plus loin, on apperçoit la Mufique uniquement confacrée à chanter les louanges de l'Eternel : fa démarche augufte & religieufe eft cependant pleine de graces; elle n'élève guère fa voix, que dans les temples : la trompette facrée annonce fon approche; elle aime furtout à entendre autour d'elle, des voix chanter en chœur; les accords céleftes de la harpe fainte qui réfonne entre fes doigts, accompagnent la mélodie douce, noble & touchante dont elle fe fert pour exhaler fes affections. Quelquefois elle gémit; quelque fois, redreffant fa tête majeftueufe, elle célèbre le Très-Haut & fes Saints; prefque toujours d'une voix tendre & d'un air recueilli, elle adreffe au Ciel les vœux des peuples.

Enfin, paroît la Mufique dont l'emploi eft de répandre mille charmes dans nos demeures, foit que raffemblés en grand nombre, nous voulions goûter en commun, les doux & innocens plaifirs de la mélodie & de l'harmonie, foit que dans la folitude, nous cherchions à égaier feuls les jours que nous y paffons, & que nous interrompions par des chants agréables & tranquilles, le filence d'une retraite paifible. Approchons-nous de toutes ces filles de la mufique vocale, pour en mieux recevoir les leçons & les doux préfens. Commençons par écouter la Tragédie lyrique.

De la Tragédie Lyrique.

De l'ensemble de la Tragédie Lyrique.

Nous ne pouvons mieux indiquer les différens moyens que le musicien doit employer pour produire, dans la tragédie, tous les effets qu'on peut attendre de lui ; nous ne pouvons mieux exposer les beautés qu'il peut y répandre, & les défauts qu'il doit y éviter, qu'en suivant en détail les différentes parties de la tragédie, au moins celles que le musicien doit faire naître, ou embellir. Mais faisons précéder ces considérations particulières, par une vue générale : examinons la tragédie en elle même, & jettons les yeux sur l'ensemble qu'elle doit offrir : objet le plus important de tous ceux dont le musicien doit s'occuper, & qui lui offre le plus de difficultés à vaincre.

Il n'est pas nécessaire que le musicien joigne à ses talens, l'art de faire des vers ; cet art n'est essentiel qu'au poëte avec lequel il travaille, & dont il tient le sujet qu'il doit animer. Mais il doit en quelque sorte posséder au même point que le poëte, le talent d'exposer & de mettre sous les yeux le sujet de la tragédie, l'art de ne présenter qu'une action, de la montrer toujours grande, de la fondre dans les scènes & dans les actes, de telle sorte qu'aucun acte ne finisse sans qu'on ait été conduit plus près du dénouement, & qu'aucune nouvelle scène ne paroisse que pour offrir ou annoncer un évènement, un dessein, ou un sentiment nouveau. Il doit, comme le poëte, connoître le moyen de faire croître depuis le commencement de la pièce jusqu'à la fin, l'admiration, la terreur & la pitié, les trois grandes passions que la tragédie doit peindre; il doit, comme le poëte, savoir éviter les longueurs, les épisodes inutiles, tout ce qui pourroit refroidir l'auditeur. Comme le poëte, il doit savoir motiver les entrées & les sorties des personnages ; faire qu'il n'en paroisse aucun d'inutile ; que tous ceux qui jouent un rôle important soient annoncés nécessairement, ou par l'évènement, ou par un acteur. Il doit connoître, comme le poëte, l'art d'établir & de peindre vivement les caractères, de les faire contraster sans affectation, de les soutenir depuis le commencement jusqu'à la fin, de rendre les situations déchirantes, terribles, attendrissantes, &c.

& enfin, de produire un dialogue coupé par intervalles plus ou moins longs, fuivant que le fentiment qui anime les perfonnages eft plus ou moins rapide, plus ou moins concentré, plus ou moins contenu.

Pourquoi le muficien doit-il réunir les talens & l'habileté que nous venons d'indiquer? Premièrement, pour bien entrer dans l'efprit du poëte, ne nuire en rien à fon ouvrage, n'en effacer aucune beauté, donner même un nouvel éclat à fa tragédie ; & en fecond lieu, pour pouvoir le remplacer en quelque forte, lorfque des circonftances particulières auront empêché le poëte d'obferver entièrement ce qui eft néceffaire à la perfection d'une pièce de théâtre ; &, lorfque cependant un grand fond d'intérêt, ou de très-belles fituations auront engagé le muficien à travailler fur l'ouvrage du poëte. Mais comment le muficien pourra-t-il avec fon art fuppléer au poète, lorfque ce dernier n'aura point rempli les différens devoirs dont nous venons de parler, & qui ont été tracés depuis long-temps? Je dis *avec fon art* ; car, s'il cherche à corriger le poëme en lui-même, ce n'eft plus comme muficien qu'il travaille, c'eft comme poëte, & notre ouvrage ne peut le regarder.

Premièrement, le muficien doit remplacer le poëte relativement à l'expofition du fujet. A la vérité, fi le poëte n'a fait abfolument aucune expofition, il fera impoffible au muficien de cacher ce grand défaut; mais fi le poëme offre une expofition imparfaite, il fera le plus fouvent facile au muficien de la compléter. Si le poëte n'a fait que gliffer fur quelque évènement important, le muficien fera reffortir avec le plus grand foin, l'expreffion foible qui indiquera cet évènement prefque oublié. Il facrifiera en quelque forte au morceau qu'il voudra faire paroître, quelques-unes des mefures qui précéderont; il s'arrêtera à l'endroit où il fera parlé de l'évènement; il y déploiera toute la puiffance de la mélodie, & toute celle de l'harmonie : fi cet évènement eft de nature à demander une peinture un peu longue, & fi les mots dont le poëte fe fera fervi pour en parler ne peuvent pas être dits plufieurs fois fans affectation, le muficien aura l'art de faire taire la voix pendant quelque temps, & de placer dans l'orcheftre les répétitions néceffaires à l'expreffion qu'il defirera. Si ce même évènement doit être peint avec une mélodie très-variée, une harmonie chargée,

chargée, un enfemble bruyant; le muficien pour le rendre plus fenfible, ne fera entendre auparavant, pendant quelques mefures, qu'une mélodie très-fimple, & en quelque forte monotone, fur laquelle même le plus fouvent il ne placera aucun accompagnement. Si au contraire cet événement intéreffant demande un chant fimple & une harmonie douce, fon tableau ne devra être précédé que par un tas de notes qui parcourront, avec bruit & avec rapidité, de très-grands intervalles.

Si le poëte n'a pas négligé dans fon expofition, les événemens déja paffés, ou ceux qui doivent avoir lieu pendant le cours de la pièce, il peut avoir deffiné d'une manière inexacte ou trop foible, les caractères des divers perfonnages, foit de ceux qui font l'expofition, foit de ceux qui y font annoncés. Le muficien pourra alors le remplacer en peignant les caractères, non-feulement avec des couleurs analogues à l'expreffion du poëte, mais même avec des couleurs un peu plus fortes, afin de compenfer d'un côté ce qui manquera de l'autre. Il faudra cependant qu'il prenne garde de ne pas outrer fon expreffion, de peur qu'il ne faffe naître un trop grand contrafte entre le ton qu'il emploiera

& celui du poëte, & qu'il ne rende plus frappant le défaut du poëme au lieu de le cacher. Au reste, le musicien se servira pour la peinture des caractères, des moyens que nous lui désignerons bientôt.

Mais non-seulement le musicien doit observer ce que nous venons d'indiquer, lorsque le poëte a laissé quelque chose à desirer dans son exposition ; mais il doit l'observer aussi, lorsque l'exposition est telle qu'elle doit être, afin de bien seconder les intentions du poëte, & de faire produire à la pièce tout l'effet qu'elle peut faire naître; mais qu'il n'emploie pas alors, des couleurs plus fortes que celles que le ton du poëme peut demander. Voyez dans l'Iphigénie en Tauride de M. le chevalier Gluck, avec quel art il a présenté l'exposition faite par le poëte, & suivi le dessein de ce dernier ! On doit admirer de même la manière dont M. Sacchini a mis en musique, dans l'opéra de Chimène, la narration du combat contre les Maures. Une narration n'est pour le musicien, qu'une exposition plus ou moins animée.

L'auteur d'une pièce de théâtre ne doit jamais cesser de tendre à exciter la curiosité de l'esprit, à ménager sa paresse, à prévenir sa légéreté & son inconstance. Le sujet d'une pièce de théâtre doit donc être intéressant, un, & varié. Dans une tragédie où l'on s'attend toujours à de grandes choses, le sujet ne peut intéresser qu'autant qu'il offre un caractère de grandeur ; l'action de la tragédie lyrique doit donc être grande, une, & variée. Comment le musicien pourra-t-il suppléer au poëte, au moins jusques à un certain point, lorsque ce dernier aura peint une action intéressante & touchante par elle même, mais qui n'offrira pas le caractère de grandeur qu'elle doit présenter? Il y parviendra de deux manières : premièrement, en donnant plus de force aux événemens, je veux dire, en les peignant plus horribles ou plus agréables, en agrandissant les effets qui en découlent ; & secondement, en employant un moyen plus puissant que celui que nous venons de lui proposer, en animant dans ses peintures toutes les passions qui agitent les personnages, en donnant plus de vivacité aux feux de la haine & à ceux de l'amour, en représentant d'une manière plus énergique que le poëte, tous les sentimens qui doivent paroître sur la scène. Tout sentiment porté à un très-haut degré, devient un grand objet, de même qu'il s'annoblit par sa cause.

A l'égard de l'unité d'action, le musicien peut, par ses couleurs, affoiblir l'événement qui pourroit interrompre cette unité, au point qu'il se fonde, qu'il soit caché pour ainsi dire, dans l'événement principal, & qu'il soit presque impossible de ne pas les confondre ensemble. Le musicien fortifiera de même l'unité d'intérêt, s'il ne présente pas d'une manière aussi vive, les traits des personnages sur lesquels l'attention & l'intérêt pourroient être détournés, & si au contraire il cherche les nuances les plus fortes pour peindre les traits du personnage, qu'on doit avoir uniquement en vue. Il parviendra à remplir ce dernier objet, s'il sacrifie en quelque sorte à son projet le rôle du personnage qu'il voudra empêcher de ravir l'attention, ou pour mieux dire, s'il tâche de rendre ce rôle aussi parfait qu'un autre dans son genre, mais s'il affoiblit les sentimens du personnage, s'il n'en peint l'amour que comme une tendresse, la douleur que comme une peine, l'inquiétude que comme un souci, &c. De même, lorsqu'il devra montrer l'événement qui pourra nuire à l'unité d'action, il ne déploiera pas toute la force avec laquelle il peut représenter les objets. Au reste, le musicien doit également observer tout ce que nous venons de dire, lorfqu'il n'a qu'à feconder le poëte. Voyez comment M. Goffec dans fon opéra de Théfée, a affoibli tout ce qui auroit pu tenir à la tendreffe dans le caractère de Médée, afin qu'on ne vît en quelque forte dans l'amour de cette magicienne, que vanité, jaloufie & fureur; qu'elle ne détournât pas l'intérêt, & que tous les cœurs fuffent pour Eglé, qui toutes les fois qu'elle chante, exprime par des chants paffionnés, mais doux, les tendres agitations de fon ame.

Pour ce qui eft de la variété que le fujet doit préfenter, le muficien trouvera dans cet ouvrage différens moyens de la faire naître.

La gradation dans les fcènes & dans les actes, fi néceffaire à l'effet d'une pièce de théâtre, eft peut-être l'objet de l'art dramatique, pour lequel il eft le plus aifé au muficien de remplacer le poëte, & de fuppléer à fes oublis ou à fes négligences forcées. Une fcène qui n'offre ni n'apprend aucun événement intéreffant, & où les fentimens font les mêmes que ceux qui ont déja été exprimés, ne peut que nuire à la pièce de théâtre dont elle fait partie; non-feulement elle ne produit pas un effet fupérieur à celui de la fcène qui l'a précédée, & par conféquent elle interrompt la gradation que l'on desire; mais elle détruit absolument cette gradation : elle est absolument froide, elle ne peut que répandre l'ennui : elle diminue par conséquent l'intérêt qu'on étoit déja parvenu à faire naître. Il est cependant possible au musicien de suppléer ici au poëte; non-seulement il fera écouter cette scène avec plaisir; mais il la rendra plus intéressante que la précédente. Il ne pourra y raconter aucune action, y développer aucun nouveau sentiment, y peindre aucun événement nouveau; mais tout ce qu'on sait déja, il le dira d'une manière si nouvelle, il le dira d'une manière si touchante, il le dira avec tant de charmes, il répandra tant de beautés musicales, qu'il fera naître l'illusion la plus complette : on croira voir ou entendre des choses nouvelles, parce que celles que l'on verra ou que l'on entendra paroîtront sous une forme absolument neuve. Si l'on vient à s'appercevoir qu'on n'a devant les yeux que les mêmes choses cachées sous de nouveaux ornemens, on ne pourra cependant s'empêcher de les voir avec un intérêt presque aussi vif que si elles étoient nouvelles : tant il est difficile en tout, & principalement dans les arts, de ne pas rapporter au sujet les charmes de ses accessoires ! Ce seront même en quelque sorte, des événemens & des sentimens réellement nouveaux, puisqu'ils n'avoient pas encore été exprimés d'une manière aussi forte, & par conséquent puisqu'ils n'avoient pas encore existé tout entiers pour le spectateur.

En général, le musicien parviendra à établir entre les morceaux de musique, entre les scènes & entre les actes, la gradation qu'on doit y trouver, si, lorsqu'il pourra choisir entre deux manières de représenter un objet, il réserve toujours l'expression la plus forte pour le morceau du même genre, qui devra paroître le dernier ; & même s'il affoiblit les traits des tableaux offerts dans le commencement de la pièce, lorsque tout autre moyen lui sera interdit. Il gardera pour la fin de la tragédie, ou pour les scènes qui en feront le plus voisines, les accords les plus déchirans, les transitions les plus hardies, les accompagnemens les plus expressifs, les traits d'orchestre les plus marqués, les chants les plus étendus, les plus beaux, les plus pathétiques, les oppositions les plus fortes, ces abandons, ces oublis sublimes de la plupart des règles, ces cris touchans, toutes ces sources des vraies beautés & des grands effets de la musique. Peut-être M. Rousseau avoit-il raison d'écrire à M. Gluck, que son opéra d'Alceste auroit été encore plus beau & auroit produit plus d'effet, s'il avoit ménagé ses couleurs dans le commencement, & s'il eût réservé pour la fin, les fortes teintes de tristesse, de désolation & de douleur.

Lorsque le poëte aura négligé d'établir entre les passions qu'il produira sur la scène, cette gradation si nécessaire pour l'effet d'une tragédie, ou lorsqu'il n'aura pas pu faire naître cette même gradation, quelle sera la ressource du musicien, pour remplacer les soins du poëte?

Le poëte a deux moyens pour faire paroître les passions plus ou moins fortes. Il peut les peindre comme extrêmes, non pas en se contentant de faire dire aux personnages, qu'ils sont animés par une passion violente de haine, d'ambition, de jalousie, &c; mais, premièrement, en les faisant parler comme des hommes vraiment passionnés; & secondement, en employant un moyen avec lequel il produira bien plus d'effet, en les faisant agir comme ceux qu'une passion violente transporte.

Lorsque le poëte aura négligé de faire parler ses acteurs d'une manière d'autant plus passionnée que l'action avancera plus vers la dénouement, il fera aifé au muficien de fuppléer à fon défaut ; le muficien n'a-t-il pas à fes ordres, un langage bien plus expreffif que le langage ordinaire, lorfqu'il s'agit des fentimens, & par conféquent des paffions ? Il n'a qu'à donner d'autant plus de force au langage mufical, que la fin de la pièce eft plus voifine, & l'on ne s'appercevra certainement pas que le langage du poëte ne va pas en augmentant de force.

Lorfque c'eft le défaut d'action de la part des perfonnages, qui fait languir les paffions dans une tragédie, il eft très-difficile au muficien de voiler ce défaut, & d'en détruire le mauvais effet. Il peut bien peindre vivement tout ce qu'on lui offre, il peut bien repréfenter des actions qui n'exiftent pas, mais il ne peut pas en attribuer à ceux qu'on voit ne pas agir : il ne peut pas faire qu'un acteur qui differte lorfqu'il faudroit aller combattre, paroiffe cependant les armes à la main au milieu d'une bataille : il ne peut alors qu'avoir recours au moyen que nous lui avons déja indiqué. Qu'il donne aux acteurs une manière de parler plus animée que celle qu'ils tiennent du poëte ; il fera naître une certaine illufion dans l'ame des fpectateurs : affectés, transportés même par les accens véhémens de l'acteur, ils ne s'appercevront peut-être pas qu'il falloit alors des actions, & non pas des paroles. Lorsqu'un héros devra aller se mettre à la tête de ses troupes, ils ne verront pas qu'il reste inutilement sur le théâtre, si la manière dont il s'exprime respire l'ardeur militaire, & allume dans leurs cœurs le noble feu de la gloire. C'est ainsi qu'un grand poëte peut sauver les scènes froides & dénuées d'action, par un charme de style si séduisant, par des expressions si animées, qu'on ne s'apperçoive pas que les acteurs devroient agir au lieu de parler.

Que les musiciens ne négligent jamais les moyens que nous venons de leur indiquer, quoiqu'ils n'aient aucun défaut à reprocher au poëte, quoiqu'ils desirent uniquement de faire paroître dans tout leur jour les beautés de son ouvrage, s'ils veulent au moins que la tragédie dont ils s'occupent, puisse leur acquérir toute la gloire qu'ils ambitionnent. Voyez comme dans Iphigénie en Aulide, M. Gluck a mis dans la bouche de Clytemnestre, des expressions d'autant plus terribles & d'autant plus déchirantes, que le dénouement est plus voisin; & comment il a observé cette gradation defirée, même depuis le moment où Clytemneftre eft inftruite du facrifice affreux qui menace les jours de fa fille. A l'égard des couleurs dont le muficien doit fe fervir pour toutes les peintures que nous venons de lui indiquer, nous en parlerons en traitant de la manière de repréfenter les paffions.

Lorfque le poëte aura laiffé dans fa pièce quelque moment froid, dénué d'action ou de fentiment, que le muficien redouble fes efforts pour empêcher qu'on ne s'en apperçoive : qu'il foutienne lui feul l'attention du fpectateur prête à s'affoiblir. Si ce fpectateur s'ennuyoit un moment, toutes les beautés qui auroient précédé cet endroit funefte pourroient être oubliées, toutes celles qui le fuivroient pourroient ne produire que la moitié des effets qu'elles auroient fait naître. Que le muficien déploie alors toute la magie de fon art, qu'il faffe entendre les plus beaux chants, la mélodie la plus douce, la plus fraîche, les accompagnemens les plus agréables, les inftrumens les plus féduifans ; qu'il prodigue même la fcience muficale, pour fournir à l'auditeur toutes fortes d'objets d'attention, pourvu cependant que cette fcience ne nuife pas aux charmes qu'il aura d'ailleurs répandus : qu'il y rappelle, fans que le spectateur s'en doute, les morceaux les plus touchans de ceux que l'on aura déja entendus; que par ce moyen adroit, il prolonge, pour ainsi dire, les sensations qu'on aura éprouvées, l'émotion qu'on aura ressentie; & qu'il couvre de cette émotion renouvelée, l'endroit qui par lui-même ne devoit faire naître que de la froideur: pourvu que le spectateur soit attendri, il ne dispute sur rien, il ne demande pas qui fait couler ses larmes.

Le musicien peut rappeler ces morceaux touchans déja entendus, ou en plaçant au milieu des chants de ses personnages, les chants les plus marqués de l'air qu'il veut rappeler, & dont il veut faire revivre l'effet, ou en répandant ces chants dans les accompagnemens qu'il fait entendre, ou en rappelant simplement les accompagnemens du morceau dont il invoque le secours, & en les faisant servir d'accompagnemens ou de chant, dans le moment où il a besoin de beautés étrangères. D'ailleurs, ne liera-t-il pas davantage, par ce moyen, les différens morceaux qui composeront son opéra? Souvent, si le musicien emploie avec adresse le pouvoir de son art, l'endroit froid de la tragédie sera celui où le spectateur fera attiré par plus de charmes, entraîné par plus de variété, féduit par une mélodie plus enchantereffe, touché par des accens plus pathétiques : tant les chants qu'on entendra auront acquis une grande puiffance, pour avoir été liés, dans le même opéra, avec une fituation touchante !

Cette manière de rappeler des phrafes agréables, des chants expreffifs déja entendus, ou des tableaux déja préfentés, pourra fervir au muficien, à lier avec la pièce les épifodes que le poëte y aura introduits ; il devra furtout y avoir recours, lorfque ces épifodes feront trop longs ou trop éloignés du fujet, pour ne pas nuire à l'unité d'action, & ne pas interrompre l'intérêt. Il pourra encore arriver au même but, en mêlant à l'expreffion des fituations & des fentimens que l'épifode renfermera, la peinture des fentimens & des fituations qu'il pourra fuppofer dans l'action principale, pendant l'intervalle rempli par l'épifode : par là, l'action ni l'intérêt ne feront fufpendus qu'à demi.

Le muficien aura cependant befoin d'un certain art, pour employer ces deux peintures fouvent oppofées ; fans cela, l'auditeur trop occupé de l'une & de l'autre, trop partagé entre les deux tableaux, n'en pourroit voir ni saisir aucun : aucune expression ne règneroit; & au lieu d'un épisode étranger à l'action principale, mais qui auroit pu être très-agréable, & faire naître un très-grand plaisir, il ne resteroit qu'un morceau souvent trop long, mais du moins toujours froid & ennuyeux.

Le plus souvent, le musicien qui voudra que ces deux peintures ne se nuisent point, pourra placer dans le chant le tableau fourni par l'épisode, & représenter par les accompagnemens, la portion de l'action principale qui peut être supposée se passer dans le même temps.

Toutes les entrées & toutes les sorties des acteurs doivent être motivées ; lorsqu'elles ne l'auront pas été par le poëte, le musicien pourra le remplacer, en peignant, par le moyen de son orchestre, quelque événement analogue à la pièce, qu'il sera aisé de deviner, qui sera supposé avoir lieu derrière le théâtre, & qui sera de nature à obliger un des acteurs à paroître sur la scène, ou à la quitter.

Lorsque les motifs d'entrée ou de sortie assignés par le poëte seront trop foibles, le musicien les fortifiera en peignant avec des couleurs plus vives les événemens introduits ou racontés par le poëte, ou en exprimant avec plus d'énergie les sentimens qu'il aura mis sur la scène.

Le théâtre ne doit jamais rester vide, c'est-à-dire, que pour la plus grande liaison des scènes, un acteur ne doit jamais sortir sans avoir laissé sur le théâtre un second acteur, avec lequel il ait même dialogué d'une manière ou d'autre. Lorsque le poëte aura été forcé de manquer à cette règle du théâtre, le musicien pourra représenter, par le moyen des instrumens, quelque événement remarquable relatif à la pièce, à l'action, ou au lieu de la scène, aisé à deviner, & que le compositeur peindra comme se passant au moment même où il en offrira l'image. Le tableau que le musicien en présentera pourra, en quelque sorte, tenir lieu d'un acteur; il occupera seul la scène pendant un moment, & s'il est grand & bien fait, il attachera d'autant plus les spectateurs, qu'ils jouiront non-seulement du plaisir de voir le tableau même, mais encore de celui de deviner, au moins à demi, le sujet de la peinture. L'acteur qui devra sortir s'entretiendra de ce tableau, pendant que le spectateur commencera d'en jouir; le tableau régnera ensuite seul, & l'acteur qui viendra sur la scène devra pouvoir s'en occuper pendant quelque temps, avant de le voir disparoître. Par-là, le tableau mis à la place d'un acteur qu'on auroit introduit, suivra exactement les mêmes règles auxquelles on auroit assujetti ce dernier.

Le musicien ne doit cependant se servir que rarement du moyen que nous venons de lui indiquer. Il doit le comprendre parmi ceux dont la magie dépend en grande partie de leur rareté, qui en quelque sorte ne peuvent plaire que par leur nouveauté, & par conséquent qui ne doivent jamais être employés fréquemment.

Le musicien pourra-t-il rendre nécessaire à l'action, un personnage inutile amené sur la scène ? Non ; mais s'il ne peut pas ôter le défaut introduit par le poëte, il peut le voiler; il peut faire entendre une si belle mélodie, par ce personnage inutile ; il peut lui faire chanter des morceaux si touchans ou si agréables, qu'il sera impossible au spectateur de s'appercevoir de son inutilité. Et comment même le spectateur ne seroit-il pas fâché de ne pas voir un acteur qui, à la vérité, ne vient pas satisfaire sa curiosité, ou appaiser l'inquiétude de son ame, mais qui vient lui

parler

parler d'une manière enchanteresse, qui déploie en quelque sorte, tous les moyens de séduction qui sont au pouvoir de la musique; qui calme, par les charmes les plus doux, le trouble affreux des cœurs déchirés par une douleur trop vive ; qui vient faire naître un heureux contraste entre des situations trop fortes ; & qui augmente l'effet des situations pathétiques qui doivent suivre, en remuant déja le cœur par les accens les plus expressifs, en le ramollissant par une mélodie plaintive, & en le disposant ainsi à la tendre pitié ?

Le musicien ne pourra cependant employer le moyen délicat que nous venons de lui proposer, que lorsqu'il pourra avoir une certaine confiance dans ses forces, lorsqu'il sera assuré de peindre les principaux personnages avec des couleurs assez vives, pour qu'elles ne soient point ternies par le voisinage des couleurs éclatantes avec lesquelles il aura présenté le personnage inutile.

Il pourra encore lier, en quelque sorte, ce dernier personnage avec l'action de la tragédie, en plaçant avec adresse dans le chant que ce personnage fera entendre, ou dans les accompagnemens qui y seront joints, des phrases musicales qui rappellent quelque partie frappante de l'action qu'on a déja eue sous les yeux, ou pour mieux dire, quelque phrase qu'on ait déja entendue pendant l'événement intéressant, quelque phrase qui y ait été par conséquent liée, & qui ait acquis par-là le pouvoir de faire éprouver les mêmes sensations.

Tel est l'avantage de la musique sur plusieurs arts d'imitation : ayant à ses ordres plusieurs parties, chacune susceptible de peindre les sentimens & les événemens d'une manière plus ou moins forte, elle peut, quand elle veut, exprimer à la fois plusieurs choses différentes, sans même que ces expressions dissemblables se nuisent beaucoup, & qu'il soit difficile de les distinguer. A la vérité, il faut pour cela que l'artiste ait une certaine adresse, qu'il sache présenter plusieurs expressions dans le même morceau, & souvent même les offrir à la fois ; mais le plus souvent, qu'il les fasse passer successivement, & les remplace l'une par l'autre avec tant de délicatesse & de rapidité, qu'on croie en recevoir l'impression dans le même temps.

Les musiciens ne peuvent pas faire qu'un personnage qui paroît dans les derniers actes de la tragédie, ait été annoncé dans les premiers ; mais ils peuvent, en quelque forte, faire preffentir fon arrivée, en offrant dans le morceau des premiers actes, où l'annonce du perfonnage feroit le mieux placée, quelque peinture de l'action qu'il viendra raconter, ou à laquelle il viendra prendre part. Lorfque ce perfonnage dont on n'a pas prononcé le nom dans les premiers actes paroîtra fur la fcène, le muficien rappellera le chant ou l'accompagnement qu'il aura employé pour la peinture dont nous venons de parler : & ainfi, ce perfonnage ne fera-t-il pas lié avec ce qui aura précédé, par la reffemblance des fenfations qu'il fera naître, avec celles qu'on aura déja éprouvées?

A l'égard des caractères qui n'auront pas été tracés par le poëte d'une manière affez forte, & qui ne feront pas affez diftincts l'un de l'autre, le muficien leur donnera le degré d'énergie dont ils manqueront, en fe fervant des moyens que nous lui indiquerons dans un article particulier

Mais comment le muficien pourra-t-il embellir les fituations imaginées & préfentées par le poëte ? Les fituations intéreffent & frappent, ou par le caractère des perfonnages qui fe rencontrent fur la fcène ; ou par la nature des sentimens que les événemens leur inspirent.

Si les situations tirent leur beauté du caractère des personnages, le musicien n'aura qu'à ajouter par ses couleurs, à la force du dessin du poëte, & la situation sera embellie. Par exemple, que deux héros, fiers, intraitables, & ennemis mortels l'un de l'autre, se rencontrent sur la scène, la situation est belle; mais elle le deviendra bien davantage, si le musicien emploie tout son pouvoir pour représenter, de la manière la plus vive, la fierté, la hauteur, & le courage ardent des deux héros : plus ils paroîtront redoutables, & plus on sera attaché par la situation, plus elle paroîtra & sera réellement belle.

Si cette même situation tire sa force des sentimens que les événemens inspirent aux personnages ; que le musicien redouble d'efforts pour peindre ces mêmes sentimens, pour agrandir & animer leur image, pour les allumer plus vivement dans l'ame des spectateurs.

L'intérêt d'une situation vient-il de ce qu'un personnage ignore ce qu'il lui importe le plus de savoir, & dépend-il de l'opposition des sentimens que l'acteur éprouve avec ceux qu'il devroit avoir, que le musicien donne au personnage des sentimens encore plus opposés à ceux dont il devroit être pénétré. Par exemple, dans *Cyrus*, tragédie lyrique de Métastase, lorsque Mandane a vu, pour la première fois, son fils Cyrus, elle l'a pris pour le meurtrier de ce fils si chéri ; elle a cru que l'amour maternel qui s'est élevé dans son ame, n'étoit qu'un sentiment de pitié ; elle a trompé ce Cyrus qu'elle a tant desiré ; elle a feint de le reconnoître pour son fils ; sous prétexte de l'entretenir sans crainte, elle l'a engagé à se rendre dans un lieu sauvage & écarté où il doit recevoir la mort de la main de Cambyse, son propre père, qui ne le connoît pas & qu'il n'a jamais vu ; elle n'écoute plus que sa haine contre le prétendu meurtrier de son fils ; elle ne respire que vengeance ; & bien loin de songer qu'elle vient elle-même de se priver, de la manière la plus funeste, du seul bien qui l'attache à la vie ; bien loin de penser qu'elle a livré à la mort ce fils pour lequel elle répandroit mille fois son sang, elle s'adresse à Mithridate qu'elle croit père du meurtrier, & auteur de la mort de Cyrus ; elle lui peint, avec l'amertume d'une ironie cruelle, toute l'horreur de la situation dans laquelle elle croit qu'il va être plongé ; pour se venger de lui de la manière la plus affreuse, elle cherche, en quelque sorte, à lui enfoncer à loisir un poignard dans le sein ; & dans le moment où les spectateurs, hors d'eux-mêmes, sont prêts à lui crier, *malheureuse ! tu parles de toi*, elle lui dit, *apprends ce qu'il en coûte de perdre, de pleurer un fils* (1).

Le Musicien ne peut-il pas ajouter quelque nouveau degré de force à cette situation, l'une des plus déchirantes & des plus belles qu'on ait vues sur aucun théâtre ? Qu'il exalte le sentiment de haine & de vengeance qui s'empare du cœur de cette mère infortunée ; qu'il lui donne cette espèce de contentement si éloigné du désespoir affreux auquel elle va être livrée, lorsque tout son malheur lui sera dévoilé ; qu'il ne laisse dominer le cri de la tendresse maternelle qui retentit dans le cœur de Mandane, que pour montrer combien la fureur qui la transporte étouffe tous les sentimens qui devroient régner dans son ame, combien ce même amour de mère, égaré par une erreur funeste,

---

(1) Ces deux vers sont tirés d'un opéra françois intitulé *Cyrus*, imité de Métastase par M. Paganel, & qui n'a pas encore été imprimé.

éteint tous les feux qu'il devroit allumer : & cependant, pour que le spectateur ne perde jamais de vue tout ce que la situation a de déchirant & d'horrible, que les accompagnemens fassent entendre la voix de la nature révoltée qui lui crie, d'un ton terrible & plaintif, *malheureuse ! tu immoles ton fils.*

Lorsque le dialogue ne tiendra pas du poëte la marche rapide qu'il doit avoir, que le musicien écarte tout ce qui pourroit empêcher ses peintures de se suivre avec vitesse ; qu'il les substitue l'une à l'autre avec promptitude, & qu'il soit presque toujours sûr que le spectateur, frappé de la rapidité avec laquelle ses images se succèderont, ne s'appercevra pas de la lenteur avec laquelle celles du poëte paroîtront à la suite l'une de l'autre.

Tels sont les moyens que le musicien me paroît pouvoir employer pour suppléer au poëte, lorsque ce dernier aura été, en quelque sorte, forcé de ne pas introduire dans sa tragédie toutes les beautés qu'on desire avec tant de raison dans une pièce de théâtre. Que le musicien se serve aussi de ces mêmes moyens, ainsi que nous l'avons déja indiqué, lorsqu'il devra travailler sur un ouvrage parfait : comment, sans cela, pourroit-il seconder les intentions du poëte, rendre toutes les sources d'intérêt plus abondantes, bien loin de les dessécher ; augmenter la vivacité de l'expression, & l'éclat des couleurs employées?

Nous avons vu quelles doivent être les attentions du musicien, relativement à l'ouvrage du poëte ; cherchons à présent ce qu'il doit faire, pour que l'ouvrage qui n'appartient qu'à lui, présente cette liaison & cet ensemble, sans lesquels il n'obtiendra jamais tout le succès auquel il peut aspirer.

Cherchons d'abord comment il doit lier les différens morceaux de musique qui composent son ouvrage, les récitatifs, les airs, les duo, les chœurs, les ballets, &c. Ne considérons encore tous ces différens objets, que comme des morceaux de musique qui font partie d'un même ouvrage, & ne faisons aucune attention à la diverse manière dont nous verrons qu'ils doivent être composés, lorsque nous les examinerons en eux-mêmes.

Premièrement, toutes les parties musicales d'une tragédie lyrique, doivent former un ensemble, & être liées par leur manière-d'être, c'est-à-dire, par le caractère qu'elles présentent, par les couleurs qu'elles offrent, par la texture particulière qu'on peut y remarquer, en ne les considérant point encore comme diversifiées par leur nature, en ne les regardant point comme des chœurs, comme des duo, &c.

En recommandant la liaison dont je viens de parler, je ne veux pas dire uniquement que les différens morceaux de musique qui composent une tragédie, doivent être réunis par les chaînes de l'harmonie, de telle sorte qu'un morceau commence dans le même ton que le précédent a fini, ou dans un ton très-voisin : je ne veux pas non plus uniquement qu'ils soient liés par la mélodie, de telle sorte qu'une phrase de chant qui finit un morceau, commence le morceau suivant, & qu'elle soit commune à tous les deux. Cela peut être une beauté dans plusieurs circonstances : c'est en partie en cela que consiste l'art des transitions musicales, dont nous nous occuperons bientôt ; mais ce n'est pas l'espèce de liaison que nous demandons ici.

Cette liaison dont nous faisons le premier moyen de réunir toutes les parties de la tragédie lyrique, ne doit pas uniquement dépendre du commencement & de la fin des morceaux, mais de toutes les portions que ces mêmes morceaux présentent ; & en cela, elle est bien différente de la liaison que donne l'art des transitions.

Non-seulement les morceaux de musique doivent être retenus à leur place par leur commencement & par leur fin ; mais ils doivent être attachés à cette même place par toutes leurs portions. Il faut donc que les différentes parties qui composent un morceau, soient faites pour les différentes parties qui en composent un autre ; que tous les morceaux de musique qui forment une tragédie, aient en quelque sorte un air de famille, qu'on puisse aisément voir qu'ils ont été inventés par le même compositeur, & destinés à la même pièce de théâtre. N'est-il pas nécessaire, d'après cela, qu'ils aient quelque chose de commun, ou dans la mélodie proprement dite, ou dans la manière dont les chants seront coupés, ou dans la quantité de notes qu'ils offriront, ou dans la nature des instrumens employés de préférence, ou dans la manière dont les basses seront faites, soit qu'elles chantent, ou qu'elles soient réduites à de simples notes ; ou dans la nature de l'harmonie remplie & présentant tous les accords qu'elle peut offrir, ou ne faisant entendre que ceux dont l'effet est le plus marqué ; ou enfin dans le genre des accompagnemens simples ou chargés, se mêlant & se confondant avec le chant, ou s'en séparant & présentant des tableaux plus ou moins différens des peintures offertes par la mélodie ?

Mais en donnant aux divers morceaux qu'il produira cet air de famille & cette grande ressemblance, que le musicien ne cesse de répandre par-tout la plus grande variété ; sans cela, au lieu d'avoir fait une tragédie dont toutes les parties s'accorderoient, il n'auroit composé qu'un morceau unique bien long, bien monotone, bien ennuyeux. Qu'il n'oublie jamais que la première règle est de plaire, & qu'il vaut mieux faire un ouvrage qui intéresse & qui touche avec des parties incohérentes, qu'une tragédie dont toutes les parties seront parfaitement liées, mais qui ne produira que le dégoût & l'ennui.

Heureusement le musicien a un très-grand nombre de moyens pour lier, d'une chaîne commune, tous les morceaux dont il compose son opéra. Lorsqu'il aura choisi quelqu'un de ces moyens, il lui en restera encore un très-grand nombre dont il pourra, dont il devra même faire un usage opposé : il s'en servira pour répandre entre tous les morceaux autant de variété qu'il y aura mis de ressemblance par le moyen unique qu'il aura adopté.

C'est sur-tout entre les différens morceaux qui composent un acte, que le musicien doit établir cette union dont nous parlons ; c'est sur ces divers morceaux qu'il doit répandre ces couleurs uniformes & ces couleurs variées dont nous ne cesserons de lui parler. Un acte est un tout que rien ne divise : le plus petit espace de temps n'en sépare aucune partie : d'ailleurs il n'est jamais assez long pour qu'on n'en voie pas aisément le commencement, le milieu & la fin, pour que toutes les parties ne s'en présentent pas à-la-fois, & pour qu'on ne puisse pas aisément juger de leurs rapports, de leurs ressemblances, & de leurs différences.

On peut en quelque sorte comparer un acte dans une tragédie, à une des faces d'un bâtiment : c'est un côté de l'édifice qu'on voit aisément tout-à-la-fois, quelque étendu qu'il puisse être : c'est ce côté dont toutes les portions doivent observer entr'elles le plus grand rapport, présenter une grande ressemblance, & cependant offrir une très-grande variété, pour qu'on puisse dire que l'architecte y a déployé toutes les beautés de son art.

On m'arrêtera peut-être ici, & on me dira : pourquoi cet ensemble est-il si fort nécessaire dans la musique ? Ne suffit-il pas qu'on puisse aisément y passer d'un morceau à un autre, qu'on y ait bien observé l'art des transitions, qu'on y trouve une grande variété, & qu'on y ait répandu un grand nombre de riches détails ?

Ce seroit beaucoup sans doute, mais cela ne suffiroit pas. Que l'on excepte ces beautés sublimes qui transportent & ravissent, quelque part qu'elles soient placées, mais qui paroissent si rarement, & qui même perdent une grande partie de leur prix, lorsqu'elles n'entrent pas dans l'ensemble d'un ouvrage ; l'on verra qu'en musique, plus encore que dans tous les autres arts, l'ame n'est véritablement émue que lorsqu'elle a eu, pour ainsi-dire, le temps de se familiariser avec les objets qu'on lui présente : elle ne jouit véritablement du tableau qu'on lui offre, que lorsqu'il a été pendant quelque temps devant ses yeux. Si les divers morceaux de musique qui composent un acte, manquent de cet air de famille qui fait croire qu'ils nous ont déja affecté, quoiqu'on n'ait encore entendu que ceux qui leur ressemblent, l'ame ne fait que parcourir des objets toujours nouveaux pour elle : elle n'a pas le temps de s'ennuyer sans doute ; elle peut être réjouie ; elle peut même goûter un grand plaisir; mais aucune sensation n'a le temps de devenir profonde: l'ame ne fait que passer d'une impression à une impression étrangère; vaguant sans cesse, elle est en quelque sorte dans une erreur perpétuelle; si l'on veut, elle est enchantée, mais elle n'a pas le temps d'être touchée, encore moins d'être profondément émue. Et peut-on se flatter alors d'avoir atteint le but de la tragédie lyrique ?

D'ailleurs, l'ame ne doit-elle pas souffrir de ne pas retrouver la source de ses jouissances, lorsqu'elle commence à la connoître, à goûter tous les charmes qu'elle peut faire naître, & de s'en voir privée, sans qu'on lui présente, à la place, rien qui ressemble à ce dont on l'éloigne ? Si une constance trop longue l'ennuie & la dégoûte, un changement trop rapide & trop marqué ne doit-il pas l'affecter d'une manière désagréable, l'impatienter, la tourmenter ?

Non-seulement les différentes portions qui composent les actes, doivent présenter cette liaison dont nous avons parlé, mais les actes doivent être unis par quelque partie commune; c'est ainsi qu'on fait véritablement naître l'ensemble d'une pièce de théâtre ; c'est ainsi qu'après avoir commencé de le créer par l'union des portions qui forment les parties principales de la tragédie, on achève de le produire par la liaison de ces mêmes parties entre elles. Une tragédie lyrique est comme un grand bâtiment dont l'ensemble n'est vraiment beau, que lorsque d'abord tous les membres d'architecture qui composent une façade, offrent le genre d'accord qui doit régner entr'eux, & qu'ensuite toutes ces façades observent entr'elles les rapports qui leur conviennent.

Mais les actes sont séparés par un assez grand intervalle de temps, & par une cessation absolue de tout ce qui peut faire naître ou entretenir l'illusion : d'ailleurs, un acte compose à peu près l'étendue que le spectateur peut saisir à-la-fois, & voir d'un seul coup-d'œil. Le musicien ne doit donc pas s'attacher à réunir les différentes parties d'un acte avec celles d'un autre, de la même manière qu'il doit lier les portions de chaque acte considéré comme isolé ; il ne feroit que prendre une peine inutile. Mais lorsqu'il aura suivi, pour chaque acte en particulier, la route que nous lui avons indiquée, que le musicien ne voie plus dans chacun de ces actes les parties qui les forment : lorsque, par exemple, il y en aura cinq, qu'il ne les confidère plus que comme cinq grands morceaux de mufique, entre lefquels il doit établir une liaifon & un rapport femblable à ceux qu'il aura fait naître entre les portions de chaque acte : c'eft en quelque forte un nouvel acte dont il lui faut unir les cinq parties ; & quoiqu'au premier coup-d'œil, il femble plus difficile de mettre de l'enfemble dans cinq actes que dans un acte en particulier, le muficien n'y parviendra-t-il pas avec bien plus de facilité, au moins lorfqu'il n'aura à travailler que fur des actes dont les portions feront déja liées ? Il ne doit employer, pour en venir à bout, que les moyens dont il s'eft fervi pour unir les portions de chaque acte en particulier ; & ici ce ne font que cinq morceaux auxquels il doit donner un air de reffemblance, tandis qu'il eft prefque impoffible qu'il n'en ait pas eu un bien plus grand nombre à enchaîner.

Si l'on fe repréfente le bâtiment qui a déja été pour nous un objet de comparaifon, on verra fans peine pourquoi il ne faut pas faire accorder les parties d'un acte avec les parties d'un autre : dans ce bâtiment, on ne cherche pas à lier les membres d'architecture d'une façade, avec ceux d'une autre, parce que

ces

ces deux façades sont entièrement distinctes l'une de l'autre, & que l'on ne peut les voir ensemble qu'obliquement & d'une manière bien imparfaite : mais ces deux façades, considérées uniquement comme deux membres d'architecture, ne doivent-elles pas être unies par de certains rapports, sans lesquels elles ne pourroient pas convenir au même bâtiment ?

Nous venons de voir la manière d'enchaîner non-seulement les petites parties qu'une tragédie renferme, mais même les grandes portions qui la composent : il est encore des soins que le musicien doit se donner pour que son ouvrage présente l'ensemble le plus parfait.

Non-seulement les différens morceaux qui forment une tragédie, doivent avoir un air de famille, pour pouvoir appartenir à la même pièce ; mais ils doivent offrir une apparence qui leur soit commune à tous, & d'après laquelle on puisse en quelque sorte, sans le secours des paroles, deviner les divers objets dont nous allons parler. Cette apparence, cette forme générale doit être analogue à ces objets, non-seulement pour produire la liaison qui est l'objet de nos réflexions, mais encore pour faire naître l'illusion, ou du moins pour l'augmenter, pour empêcher le spectateur de voir qu'il n'assiste qu'à une représentation théatrale, pour lui persuader qu'il est réellement le témoin de ce qu'on lui présente, & qu'il a réellement devant les yeux l'événement dont on lui offre la peinture.

Indépendamment des nuances particulières aux situations, tous les morceaux d'une pièce de théâtre doivent présenter des couleurs propres au sujet que l'on traite. Une tragédie dans laquelle il s'agit principalement de combats, ne doit pas être écrite, par le musicien, comme une tragédie où l'on ne voit que des actions touchantes & des événemens particuliers à un petit nombre de personnes : non-seulement les morceaux de musique qui y seront entendus, devront être déchirans, lorsque la situation l'exigera, mais encore ils présenteront toujours un caractère militaire, parce que dans cette tragédie, tout doit se rapporter aux combats, & parce que des combats, ou des actions dependantes d'une bataille, en sont en quelque sorte tout le sujet.

Si, par exemple, les trois premiers actes des *Horaces* de Corneille, composoient le fond d'une tragédie lyrique, il faudroit que la musique eût une couleur bien différente que dans un opéra tiré de la *Phèdre* de Racine ; le muficien devroit, dans chaque morceau, joindre à l'expreffion de l'événement raconté, de la fituation offerte, ou du fentiment préfenté, une efpèce de ton martial qui ne conviendroit pas dans un opéra de Phèdre.

Tous les morceaux qui compofent une tragédie lyrique, doivent avoir un nouveau trait de reffemblance, ils doivent indiquer le lieu de la fcène. Il faudra que la mufique ait un ton bien différent, lorfque l'action fe paffera dans la Grèce civilifée, à Athènes, chez le peuple le plus fpirituel & le plus poli de l'univers, ou dans la Grèce encore à demi-barbare ; à Rome, ou au milieu des Parthes perfides ; parmi les Perfans efféminés, ou parmi les Turcs conquérans d'une partie de l'Afie & de l'Europe, &c. Lorfque le muficien voudra peindre la fureur, il devra employer des nuances bien différentes, fi cette paffion tranfporte un Sauvage de l'Amérique, fi par conféquent elle fe déploie avec toute fa force, avec toute l'énergie que peut lui donner une nature brute que rien ne contraint, ou fi elle règne fur une Sibarite efféminé, où tout refpire la molleffe & en porte l'empreinte, où la nature dégradée n'a pu produire qu'un caractère sans vigueur, où tous les sentimens n'offrent plus que des traits effacés, & où la fureur est à peine le commencement d'une foible colère.

Voyez quelle différence de ton général M. Gluck a su mettre entre Iphigénie en Aulide, Iphigénie en Tauride, & Armide, & remarquez dans ce dernier opéra, comme le ton de la musique change, lorsque la scène est transportée du royaume de Damas, dans la demeure de la magicienne Armide qui cherche à charmer Renaud, & comme dès ce moment tout offre le caractère illusoire ou enchanteur.

Les divers morceaux de musique qui composent la tragédie lyrique, doivent aussi présenter une expression relative au but de la pièce, & qui leur soit commune à tous; le musicien peut, par exemple, vouloir exciter la terreur plus particulièrement que la pitié, l'attendrissement plus que la terreur, l'admiration plus que l'attendrissement; pour y parvenir plus sûrement, le musicien ne doit pas négliger, dans chaque morceau en particulier, de tendre à faire naître ce sentiment unique qu'il a en vue : il doit cependant prendre garde de ne pas nuire par-là à la peinture des sentimens particuliers que chaque morceau doit présenter ; si même il ne peut faire entrer dans chaque morceau, la peinture de la passion qu'il a devant les yeux pendant tout le cours de la pièce, qu'en nuisant à l'expression des sentimens particuliers qui s'offrent successivement à ses crayons, il vaut mieux qu'il ne songe pas à faire naître le sentiment général : sans cela, il arriveroit que le sentiment général domineroit dans les tableaux particuliers, & que le musicien pourroit ne composer qu'un opéra monotone ; ou que les deux expressions seroient égales, se détruiroient mutuellement, n'en laisseroient aucune à leur place, produiroient un morceau qui ne voudroit rien dire, par conséquent froid & ennuyeux ; & la première règle au théâtre, est de plaire & d'amuser.

Chaque morceau d'une tragédie lyrique doit présenter d'ailleurs une couleur propre au rang du personnage qui le fera entendre ; il ne faut pas qu'il soit composé pour un roi comme pour un berger, quoiqu'ils aient tous les deux, en apparence, les mêmes sentimens à exprimer. Je dis en apparence ; car ces sentimens, qui paroissent si semblables, sont cependant très-différens dans la réalité : la colère d'un berger n'est pas celle d'un roi : elle se confond dans le berger avec plusieurs demi-sentimens bien différens des affections avec lesquelles elle est mêlée dans le roi. Et ici il y a deux considérations à faire. La première, c'est que chaque morceau en particulier doit offrir une couleur propre au personnage qui paroît pour le chanter ; & la seconde, c'est que tous les morceaux d'une tragédie lyrique doivent offrir, indépendamment de cette couleur particulière à chaque rôle, une physionomie commune, analogue au rang des personnages principaux ; & c'est cette seconde considération qui est vraiment essentielle pour l'ensemble de la pièce.

Lorsque, par exemple, les principaux personnages d'une tragédie règnent sur de grands empires, la teinte générale de la pièce doit être différente, que lorsque les principaux personnages sont d'un rang moins élevé : toutes les passions, tous les sentimens doivent, dans la première, présenter un plus grand air de dignité, &, si je puis me servir de ce terme, un appareil plus imposant ; la même magnificence qui paroît alors dans les décorations, dans les habits des acteurs, & dans la suite nombreuse qui les accompagne, doit en quelque sorte régner dans les morceaux de musique qu'on entend ; & par exemple, un général d'armée qui fera animé de la même passion, qui en éprouvera la même violence, & qui sera exactement placé dans la même situation, ne doit pas chanter tout-à-fait de la même manière dans une pièce où les principaux personnages sont des rois, que dans une tragédie où leur état n'est point aussi illustre.

Mais comment le musicien pourra-t-il donner aux différens morceaux de son ouvrage, cette apparence de dignité, & cet éclat qu'ils doivent offrir ? En se servant dans son chant, de proportions plus grandes qu'à l'ordinaire ; en plaçant plus souvent dans les accompagnemens, dans les parties des basses, ou dans les autres, des traits fermes, des passages décidés ; en employant de temps en temps les instrumens qui annoncent le plus les accessoires de la royauté & de la puissance, tels que des timbales, &c. ; en ne souffrant pas que les paroles qu'il mettra en musique paroissent entassées ou trop répétées, ce qui sur-tout seroit très-contraire à la dignité des personnages ; & enfin en ayant recours à plusieurs autres moyens qu'on devinera sans peine, lorsque nous traiterons des caractères.

Il reste encore au musicien bien des observations générales à faire. Il doit rechercher les sentimens qui dominent dans chaque personnage, & la passion qui le captive, non-seulement pour que chaque rôle porte, en particulier, l'empreinte de cette passion qui règne sur l'acteur avec plus d'empire que les autres; (ceci appartient à l'art de tracer les caractères) mais encore afin que toutes les portions de son ouvrage présentent quelque trait de la passion qui entraîne le plus les principaux personnages. L'influence de cette passion maîtrise le poëte dans la composition de toute la pièce; ne doit-elle pas régner aussi dans la manière d'en nuancer tous les morceaux de musique?

Le compositeur doit considérer les différentes actions répandues dans la tragédie dont il s'occupe, & sur-tout la catastrophe, l'événement le plus important, celui auquel toute la pièce va aboutir, celui pour lequel toute la pièce est faite, & qui décide du sort de tous les personnages. Que le musicien traite les différens sujets qui s'offrent à lui dans le cours de la pièce d'une manière plus ou moins différente, suivant la nature de ces événemens : le même personnage soumis à la même passion, & maîtrisé absolument par les mêmes circonstances, devra chanter bien différemment dans un opéra d'*Atrée & Thieste*, que dans celui de la Clémence de Titus. Quand bien même la fureur qui, dans ce dernier opéra, agite quelquefois Vitellie, pourroit égaler celle d'Atrée, elle devroit être exprimée bien différemment ; il faudroit qu'elle présentât toujours, quoique foiblement, un certain caractère qui s'accordât avec le ton général de la pièce, & des événemens qui y sont répandus.

Le musicien pourra aisément jeter, sur les divers tableaux qu'il présentera, cette nuance tirée des événemens les plus remarquables. Il n'aura qu'à considérer si cette nuance, ou pour mieux dire, si le sentiment que ces événemens font naître, si cette affection qui seule peut les peindre, & la passion qu'il voudra représenter dans le morceau auquel il travaillera, sont du même genre, ou d'un genre opposé, ou d'un genre différent. Si le sentiment inspiré par les événemens, est du même genre que la passion que le musicien voudra montrer dans un morceau particulier, il la fortifie ; le musicien n'aura qu'à rendre ses couleurs plus vives. Si le sentiment produit par les événemens, est d'un genre opposé à la passion propre au morceau particulier, il la diminuera; le muſicien devra affoiblir les traits qu'il préſentera. Si enfin les deux ſentimens ſont d'un genre différent, le muſicien les peindra tous les deux, en obſervant cependant toujours de laiſſer la ſupériorité à la paſſion du moment, à celle pour laquelle le morceau eſt compoſé.

C'eſt ici une de ces occaſions qu'il eſt aiſé de remarquer d'après tout ce que nous avons dit, où la muſique montre une certaine ſupériorité ſur la poëſie, & une certaine égalité avec la peinture, dans la facilité avec laquelle elle peut exprimer pluſieurs choſes à-la-fois, facilité qu'elle doit à la réunion du chant & des accompagnemens, & au pouvoir dont tout compoſiteur peut jouir avec de l'adreſſe, à celui de faire regarder comme un chant chaque partie de ces mêmes accompagnemens.

Pour faire mieux ſentir tout ce que nous venons de dire relativement à cette apparence ſemblable que les divers morceaux d'une tragédie doivent préſenter, empruntons encore le ſecours de la comparaiſon que nous avons due à l'architecture.

Afin qu'un bâtiment faſſe le plus grand honneur à ſon architecte, non-ſeulement dans chacune de ſes faces, toutes les parties que l'on peut voir à-la-fois, doivent se ressembler assez pour qu'on les juge faites les unes pour les autres, & cependant être assez différentes pour offrir la variété la plus agréable ; non-seulement les diverses faces, regardées ensuite comme des portions particulières, doivent se ressembler & différer les unes des autres en certains points, ainsi que les parties qui les composent; mais encore faut-il que le bâtiment considéré en son entier, ou, pour mieux dire, que toutes les parties qu'il présente apprennent par leur caractère, leur décoration, leur grandeur, &c., si le bâtiment est le palais d'un roi, ou la demeure d'un sujet ; s'il est destiné à loger des guerriers, ou à servir de sanctuaire aux ministres de la justice ? A quelque objet qu'on veuille employer le bâtiment, on y trouvera toujours des colonnes, des péristiles, des galeries, &c. ; mais ces péristiles, ces galeries, ces colonnes ne se ressembleront-ils pas assez peu, suivant les divers usages du bâtiment ; n'offriront-ils pas des ornemens & des accessoires d'un genre assez différent, pour que la destination de l'édifice soit désignée, & jusqu'à un certain point clairement apperçue ?

De même, dans une tragédie lyrique parfaite, non-seulement les divers morceaux qui composent un acte, & qui forment cette partie de la tragédie que le spectateur peut en quelque sorte saisir à-la-fois, doivent offrir un air de famille, & cependant une très-grande & très-agréable variété ; non-seulement les actes, considérés ensuite comme autant de morceaux particuliers, doivent se ressembler, & cependant différer assez les uns des autres, pour empêcher la monotonie de naître, & pour faire croître à chaque instant l'intérêt ; mais il faut encore que tout l'ensemble de la tragédie, que toutes les parties que l'on peut y remarquer, tiennent de leurs accessoires, doivent à quelqu'une de leurs portions, ou reçoivent par quelque moyen que ce puisse être, une couleur qui leur soit commune à toutes, qui fasse aisément deviner le sujet de la pièce, le lieu de la scène, le sentiment principal que le musicien veut produire, le rang des personnages que le poëte a introduits, la nature des sentimens qui règnent avec le plus de force dans leurs ames, & les événemens les plus remarquables répandus dans la tragédie.

Que l'on ne craigne pas, si le musicien est adroit, qu'un grand nombre d'expressions dif-

férentes réunies dans le même morceau, se
nuisent au point de ne laisser à leur place qu'une
source froide d'ennui. A la vérité, si ces expressions ne se dégradent pas l'une dans l'autre,
si elles se heurtent, si elles sont trop distinctes,
si elles sont toutes également vives, elles partageront l'attention, l'attireront de trop de
de côtés, & l'affoibliront, par-là, au point
de l'anéantir : mais si la couleur principale du
sujet domine sur les autres, & si ces dernières
sont fondues avec art dans les diverses nuances
de la première, il arrive bien que cette couleur principale est différente de ce qu'elle auroit été, si elle avoit paru toute seule ; mais
elle n'offre qu'une beauté de plus ; mais cette
couleur altérée n'en paroît pas moins en quelque sorte unique ; on n'a pas moins devant
les yeux un objet unique, sur lequel l'attention doit nécessairement se porter toute entière.

Par exemple, qu'une belle fleur, qu'un beau
lis s'élève au milieu d'un champ : s'il étoit isolé, sa blancheur continueroit de nous frapper
seule ; mais il est placé sous un berceau de roses
& de feuillages toujours verts ; le vert & le
rouge tendre vont mêler d'agréables nuances
à la blancheur du lis : le soleil éclairant pai-

fiblement de ſes rayons dorés un ciel pur & ſerein, vient ajouter une couleur d'un beau jaune, à celles qui changent déja la blancheur de la fleur ; & l'azur des cieux, en s'y réfléchiſſant, vient encore la bleuir. Regardez ce lis ; il a changé pour vous ; ce n'eſt plus le même objet ; ſa blancheur n'eſt plus la même ; elle a été altérée par tout ce qui l'entoure. Mais ce ne ſont point pluſieurs objets différens qui partagent & détruiſent l'attention ; ce n'eſt point un ciel azuré, un ſoleil bien pur, des roſes & des feuillages verts que vous êtes obligé de voir à-la-fois : vous ne remarquez que les couleurs qu'ils font naître ; vous ne voyez que celles qu'ils envoient ſur le lis ; vous n'avez devant les yeux qu'un ſeul objet, vous n'appercevez qu'un lis qui, à ſon éclatante blancheur, mêle les agréables nuances du rouge tendre des roſes, d'un beau vert, de l'azur céleſte, & d'un jaune doré. De même, ſi le muſicien veut uſer des reſſources de ſon art, on ne ſera pas obligé de faire attention au caractère du perſonnage, au lieu de la ſcène, & aux autres objets repréſentés dans le même morceau ; on entendra, à la vérité, un air différent de ce qu'il auroit été, ſi le muſicien, en le compoſant, n'avoit eu devant les yeux qu'un feul objet; mais cet air n'offrira jamais qu'une feule image. Et quelle différence n'y auroit-il pas en peinture, entre préfenter à-la-fois plufieurs tableaux, ou n'en montrer qu'un où plufieurs objets feroient difpofés avec ordre?

Muficiens, tout ce que vous ferez obligés de repréfenter, ne vous donnera en quelque forte que des fentimens à montrer: examinez donc en quoi les paffions que vous avez à peindre fe reffemblent, ou diffèrent; en quoi elles fe fortifient, ou fe détruifent: fupprimez tout ce qui fe détruit; donnez une nouvelle force à tout ce qui aura été augmenté par le mélange de quelque affection nouvelle, & ne touchez point à ce qui n'aura fubi aucune altération. Vous produirez par-là, & vous créerez pour ainfi dire, un fentiment nouveau; ce fentiment nouveau fera véritablement l'affection qui réfulte de toutes celles que vous aurez à montrer, la paffion qui furnage au-deffus des autres, & qui naît de leurs combats.

Le moyen que nous venons de recommander aux compofiteurs exige de la fagacité pour être employé; peut-être aucun muficien n'y a-t-il encore fongé; mais il n'eft cependant pas auffi difficile de s'en fervir qu'on pourroit le croire; d'ailleurs, il me semble qu'il est nécessaire d'y avoir recours, pour ne présenter qu'une image nette, pour ne pas offrir perpétuellement des traits mêlés, des portraits confondus, dans lesquels on ne pourroit découvrir aucune ressemblance (a), & pour que l'art puisse parvenir à la hauteur à laquelle il doit atteindre.

L'ensemble d'une tragédie lyrique ne seroit pas parfait, si le musicien n'ajoutoit pas de nouvelles précautions à celles que nous venons de lui indiquer.

Il doit, dans chaque acte, à moins qu'il n'en soit détourné par quelque raison, il doit, dis-je, faire une telle distribution de morceaux de musique de différens genres, tels que récitatifs, airs, duo, chœurs, &c., que tous ceux du même genre ne soient pas placés à la suite les uns des autres; qu'on ne voie pas, par exemple, plusieurs airs, plusieurs duo de suite, mais que ces divers morceaux soient mêlés avec goût; que, par exemple, d'un air on passe à un récitatif, d'un récitatif à un duo, &c.

―――――――――

(a) Voyez l'exemple que nous donnerons à ce sujet avant de cesser de parler de la tragédie lyrique.

Si le poëme est bien fait, il sera aisé au musicien d'observer cet ordre agréable & varié, parce que, si le poëme n'est point dénué des beautés qu'il doit offrir, il présentera partout des sentimens ou des passions, & que tout ce qui est passion ou sentiment, peut être aisément représenté par un air, & souvent par un duo, ainsi que nous nous en assurerons dans la suite. Mais lorsque le poëme sur lequel le musicien travaillera, ne contiendra que des scènes froides & dénuées de sentiment, comment fera le compositeur pour y placer des airs, des duo, &c ?

Il devra choisir, dans chaque scène, les morceaux qui approcheront le plus de la peinture du sentiment, qui en auront le plus l'apparence ; il devra s'attacher à ceux où l'on raconte quelque événement important, ceux où l'on rappelle un sentiment passé, mais violent, ceux où l'on annonce un sentiment encore à venir, mais qui doit avoir beaucoup de force. Il se servira de ces morceaux pour faire chanter ses personnages, au moins pendant un moment, pour faire entendre un air, quelque court qu'il puisse être ; il donnera à cet air tout l'éclat dont il pourra le revêtir ; il tâchera de sauver, par-là, la longue monotonie du reste de la scène, qu'il ne pourra traiter qu'en récitatif; ou, s'il lui est absolument impossible de placer le plus petit air dans les scènes froides qu'il rencontre, que du moins il ne néglige rien pour couper son récitatif par des traits d'orchestre mesurés, brillans & variés; qu'il remplace ainsi, le plus possible, les airs qu'il ne pourra pas faire entendre; & qu'il offre enfin ce qu'on a appelé un récitatif obligé, & dont nous nous occuperons.

Le musicien doit aussi faire ensorte qu'en ne regardant chaque acte que comme une scène, ou, pour mieux dire, en ne considérant tous les actes d'une tragédie que comme un tout, on ne voie pas d'un côté trop d'airs, de l'autre trop de duo, ou trop de chœurs, de récitatifs, &c. Le mieux seroit, que le sujet permît au musicien de répandre dans les actes considérés comme ne formant qu'un ensemble, cette agréable variété qu'il devra tâcher de présenter par-tout; mais qu'il ne contraigne jamais son sujet, & qu'il ne se permette point de contre-sens pour obtenir ce surcroît de beauté; qu'il ne fasse pas chanter par deux ou par plusieurs personnes, ce qui ne peut convenir qu'à une seule; qu'il ne fasse pas réciter ce qui peint un sentiment très-vif, tres-déterminé, & qui demande nécessairement un air, &c. Il est assez difficile de voir d'un seul coup-d'œil tous les actes d'un opéra, pour qu'il soit très-libre au musicien de s'écarter, relativement à ces actes, de l'espèce de règle que nous venons de lui indiquer.

Ne sera-t-il pas aussi avantageux au musicien, de prendre garde à l'étendue qu'il donnera à ses duo, chœurs, récitatifs, &c. considérés uniquement comme morceaux de musique, afin que lorsque son expression n'en souffrira pas, il puisse établir entre les longueurs de ces morceaux, une certaine proportion qui les rende analogues les uns aux autres, & y produire en même temps une assez grande variété pour fournir à l'auditeur toute espèce de plaisir ?

Il est encore une voie que le musicien doit suivre pour faire régner dans sa tragédie, le plus grand ensemble, & pour y ouvrir les sources les plus abondantes de beautés & d'illusion. Qu'il soumette à une liaison musicale les divers morceaux qui composent un acte : l'art de cette liaison n'est autre chose que celui des transitions, ainsi que nous l'avons dit.

Pour qu'elle exiſte, il ne ſuffit pas que chaque morceau de muſique finiſſe par un accord très-voiſin de celui par lequel le morceau ſuivant commence: la liaiſon ſeroit trop foible ; il faut encore, pour la plus grande perfection des tranſitions, que la fin d'un morceau puiſſe en quelque ſorte ſervir de commencement au morceau ſuivant, au moins lorſqu'ils ſont du même mouvement & du même genre; ou bien, (car une obſervation exacte de ce que nous venons de preſcrire au muſicien, pourroit bientôt faire naître la monotonie & l'ennui,) il faut qu'il y ait entre la fin d'un morceau, & le commencement du morceau ſuivant, le même rapport que nous verrons qu'on doit mettre entre les deux parties d'un air : c'eſt-à-dire , il eſt néceſſaire d'annoncer le ſecond morceau, & de le faire deſirer, ſoit par la modulation, ſoit par le genre des accompagnemens, ſoit par la nature du chant, employés dans la fin du premier. Nous expoſerons en détail, en parlant des airs, les moyens que la muſique fournit à ce ſujet.

Mais le compoſiteur doit faire ici des obſervations bien plus délicates, bien plus fines, & qui demandent la hardieſſe du génie jointe à la justesse du goût & à la sagacité de l'esprit. Nous venons de voir que les morceaux qui composent un acte doivent être liés ensemble ; mais dans un opéra bien fait, & où il y a par conséquent une grande variété de sentimens, on n'a pas toujours besoin de ces liaisons ; souvent les morceaux de musique, bien loin d'être fondus l'un dans l'autre, doivent être tranchés & séparés d'une manière bien distincte. L'ensemble de la pièce doit alors dépendre de toute autre chose que de la liaison musicale ; il doit être uniquement produit par les divers moyens dont nous avons déja traité.

Deux morceaux qui se touchent & se suivent, sont tous les deux la peinture d'un sentiment. La première chose que le musicien devra faire, sera de considérer attentivement les deux sentimens représentés, de les comparer, de bien examiner leurs ressemblances & la distance qui les sépare. Lorsqu'il aura déterminé le degré de leur éloignement, qu'il tâche de mettre entre les deux morceaux de musique la même distance qu'entre les sentimens qu'il devra peindre ; il pourra y parvenir par le moyen du chant, des accompagnemens, des modulations, &c. Lorsque les deux sentimens feront très-voifins, que tout l'art des tranfitions foit employé, que tout foit nuancé, que l'on paffe, fans s'en douter, du premier morceau à celui qui le fuit, de même qu'on fe laiffe aller d'un fentiment dans celui qui l'avoifine, fans s'appercevoir du changement qu'on éprouve ; plus le paffage fera infenfible, & plus le muficien aura montré d'habileté, au moins fi les fentimens ne font féparés que par une foible nuance. Mais lorfque ces mêmes fentimens feront oppofés l'un à l'autre, lorfqu'il devra faire fuccéder les feux de la haine à toute la tendreffe de l'amour, foit que le même perfonnage paffe ainfi, avec rapidité, d'un fentiment à une paffion contraire ou que deux perfonnages différens, & dont l'un aime autant que l'autre hait, fe livrent l'un après l'autre aux tranfports qui les animent, que le muficien abandonne toutes les liaifons muficales ; plus la modulation du fecond morceau fera éloignée de la précédente, plus fon chant fera différent de celui qu'il aura employé, plus fes accompagnemens feront inattendus, & plus l'effet qu'il produira fera grand, plus l'illufion qu'il fera naître fera complette, plus fon tableau fera fidèle. Dans l'opéra d'Armide, Renaud vient d'être enchanté fur un lit de gazon; les démons, sous les formes les plus agréables, l'entourent de chaînes de fleurs; la musique fait entendre les sons les plus doux, elle montre le charme qui se répand autour du héros, le funeste ravissement dans lequel on le plonge, le beau lieu où on retient ses pas. Voyez comme M. Gluck a peint tout d'un coup l'arrivée d'Armide, qui, un poignard à la main, & ne respirant que haine & que vengeance, s'avance d'un air terrible pour immoler Renaud: il n'y point de transition pour lier les deux tableaux; rien n'est plus tranché que les deux morceaux de musique; rien ne contraste mieux, & ne produit plus d'effet.

Il faut cependant prendre garde de ne pas outrer l'éloignement qui doit séparer les deux morceaux; sans cela, le début du second révolteroit l'oreille par sa dureté, tant les accords, les chants & les accompagnemens y seroient différens des accompagnemens, des chants & des accords qui les auroient précédés: il ne faut jamais cesser de plaire, ou, pour mieux dire, il ne faut jamais révolter le spectateur, si l'on ne veut pas que l'illusion soit détruite.

Il y a encore une autre considération à faire, qui n'est cependant, dans le fond, qu'une extension de ce que nous avons déja dit. Lorsque les sentimens opposés qui se suivent, ne se succèdent pas d'une manière brusque, mais s'affoiblissent l'un & l'autre par des nuances insensibles, & se fondent de manière à ce qu'il soit impossible de les séparer par une ligne bien distincte, il faut que les deux morceaux composés par le musicien, se dégradent & s'unissent de la même manière. Toutes ces nuances par lesquelles passent ces sentimens opposés, ne forment-elles pas une suite de plusieurs sentimens, d'une durée très-courte & très-voisins l'un de l'autre, & ne doivent-elles pas, par conséquent, être représentées par une suite de petits morceaux très-voisins, très-courts, ou, ce qui est la même chose, par deux morceaux qui, quoique opposés par leur nature, se fondent & se mêlent insensiblement l'un dans l'autre?

Un grand nombre de musiciens, sans songer beaucoup à réunir les chants ni les accompagnemens, ne se sont guère occupés que de la manière de lier les morceaux de musique par les modulations, de la même manière qu'on joint ensemble les parties qui composent un air. Au lieu d'établir uniquement quelles étoient les modulations qui, après certains modes, devoient choquer le moins l'oreille, lui donner le plus de plaisir, lui paroître les plus agréables, & par conséquent qu'on devoit employer le plus souvent après ces mêmes modes; les musiciens auroient dû s'occuper d'une espèce de table qui pourroit être bien utile aux compositeurs, & dont voici l'idée.

On détermineroit avec soin la distance de tous les modes à un mode donné : l'on consulteroit & l'on suivroit pour cela, le plaisir plus ou moins grand avec lequel l'oreille les entendroit après ce même mode. On les placeroit d'un côté de la table, rangés suivant l'ordre qu'on auroit trouvé.

On tâcheroit aussi, & ceci seroit plus difficile & demanderoit une bien grande sagacité, on tâcheroit, dis-je, de déterminer les différens degrés d'éloignement de tous les sentimens relativement à un sentiment quelconque qu'on pourroit prendre au hasard pour le premier de l'échelle, & par exemple, relativement à la pitié. On arrangeroit les sentimens suivant leur éloignement plus ou moins grand de la pitié, & on les placeroit de l'autre côté de la table. Lorsqu'on voudroit déterminer le ton dans lequel un morceau de mufique devroit commencer, on examineroit dans quel ton le morceau précédent auroit fini, & quel fentiment l'un & l'autre morceau devroient peindre. Si les deux fentimens affignés par le fujet étoient fur la table, éloignés, par exemple, de quatre degrés, on choifiroit pour le ton ou pour le mode du fecond morceau, celui qui feroit éloigné de quatre degrés du mode qui auroit terminé le premier morceau ; & on le trouveroit aifément par le moyen de la colonne qui exprimeroit l'ordre des modulations. Je n'ai pas befoin d'infifter fur l'utilité d'une pareille table.

Lorfque le muficien aura fuivi les différentes routes que nous venons de lui indiquer, il aura mis dans fa pièce toute la liaifon dont elle eft fufceptible, il aura exécuté la plus grande partie de ce qui peut avoir rapport à l'enfemble ; & fi la richeffe des détails répond à la beauté du tout, fa tragédie devra avoir un très-grand fuccès : mais il lui reftera encore à faire des obfervations générales.

Il ne fuffit pas au muficien de connoître toutes les reffources de fon art, d'avoir une heureufe facilité à imaginer des tours de chant nouveaux & agréables, de pouvoir aifément créer une mélodie belle & touchante, qui enchante même indépendamment de fes acceffoires, de favoir répandre fur tous les morceaux qu'il compofera, le genre d'accords qui leur fera le plus propre, & de ne pas ignorer le moyen de produire une harmonie impofante lorfqu'il aura befoin de fon fecours; ce n'eft pas affez pour lui, qu'il fache donner à toutes les parties des actes de fa tragédie, & aux actes eux-mêmes, la reffemblance qui doit les unir, & cependant la grande variété qui leur eft néceffaire pour plaire, qu'il fache proportionner fes couleurs au fujet plus ou moins tragique de fa pièce, au lieu de la fcène, au but de la tragédie, au rang des perfonnages, aux fentimens qui règnent avec le plus d'empire fur leurs âmes, aux événemens répandus par le poëte dans fon ouvrage; ce n'eft pas affez que la longueur des divers morceaux qu'il produira, & la place qu'ils occuperont dans les différens actes, offrent précifément cette analogie & cette variété qu'ils doivent préfenter; & qu'enfin il connoiffe & emploie à propos l'art de fondre enfemble deux morceaux de mufique, ou de les oppofer l'un à l'autre, de les faire contrafter & de les féparer par une ligne bien distincte. Non-seulement il doit savoir comment sa tragédie doit être composée, mais encore comment elle doit être jouée : sans cela, comment pourroit-il achever de remplir sa tâche ? Il doit, en quelque sorte, connoître l'étendue du théâtre pour lequel son ouvrage est destiné, savoir quels sont les morceaux qu'un débit conforme aux lois de la nature exige qu'on dise rapidement ou avec lenteur, qu'on répéte ou qu'on se contente de faire paroître une fois ; qu'il règle d'après cela, la longueur de ses divers morceaux, de ses chœurs, de ses duo, de ses airs, & sur-tout de ses ritournelles, l'une des choses dans lesquelles on doit le plus faire attention à la manière dont la pièce doit être jouée, parce que c'est une de celles où le jeu de l'acteur peut être le plus contrarié, & où, par conséquent, l'on peut nuire le plus à l'effet de la tragédie.

Un musicien qui n'aura aucune idée de la vraie manière de représenter une pièce de théâtre, mais qui sera doué d'un jugement exquis & d'une ame sensible, verra aisément sans doute, si un air est nécessaire dans la situation qu'on lui offrira, si le sentiment exige qu'on chante, ou simplement qu'on récite ; mais c'est uniquement d'après la connoiſſance de l'art de jouer les pièces de théâtre, que l'on peut décider de la longueur du morceau. Le muſicien, ſaura ſans ſon ſecours, s'il doit peindre la fureur par un air; mais s'il ne connoît pas le jeu violent, la pantomime effrayante qui doit néceſſairement accompagner la peinture de cette fureur & la rendre plus expreſſive, ou il fera un morceau trop court, & il ne donnera pas le temps à ce jeu terrible de ſe déployer & de produire tout ſon effet, ou il compoſera un morceau trop long, & l'acteur excédé ou embarraſſé pour varier ſon jeu, deviendra froid ou révoltera, & détruira toute l'illuſion qu'il auroit déja pu faire naître.

Ne peut-on pas en dire autant des duo, des chœurs, &c. & ſur-tout des ritournelles, c'eſt-à-dire, de cette muſique purement inſtrumentale, de cette eſpèce de ſymphonie qui commence ou qui termine un morceau d'une tragédie lyrique, ou quelqu'une de ſes parties principales? La ſenſibilité & le diſcernement pourront faire ſoupçonner au muſicien, la place où elles devront être employées; de même qu'avec le ſecours de l'art muſical, il pourra les compoſer de la manière la plus propre à faire reſſortir le morceau qu'elles suivront ou qu'elles précéderont ; mais c'est uniquement la connoissance du jeu théatral qui doit servir à décider absolument de leur nécessité, & à déterminer leur place & leur longueur. Si le compositeur n'est pas doué de cette connoissance, l'acteur pressé d'exhaler sa passion, & plus entraîné peut-être à la peindre par son discours, que le sentiment seul ne pourroit le faire imaginer au musicien, sera obligé d'attendre froidement ou d'une manière contrainte, qu'une ritournelle déplacée ou trop longue ait été entendue : & lorsqu'il ne devra déployer que peu à peu le sentiment qui le pénètre & qui l'agite, mais dont l'expression ne doit-être exhalée qu'après avoir été long-temps contenue, & qu'après un grand nombre d'efforts pour l'étouffer, que fera-t-il, s'il n'y a point de ritournelle, ou si elle n'a pas une longueur proportionnée à la manière dont il doit laisser échapper le feu qui le dévore, longueur dont le musicien ne peut pas juger d'après la connoissance seule du sentiment qu'il doit peindre ? Ou bien l'acteur ne pourra en aucune manière faire voir cette suite de nuances, cet enchaînement de sentimens plus ou moins retenus, plus ou moins exaltés, si propres à jeter le trouble dans l'ame de tous les spectateurs, &

la situation perdra une grande partie de sa beauté ; ou il ne pourra développer qu'à demi les sentimens qui ne doivent paroître que successivement, & pour mieux dire, toutes les gradations du même sentiment qui doivent être remplacées l'une par l'autre ; au lieu d'embrâser tous les cœurs, il n'y répandra que le froid & l'ennui.

Au reste, il est aisé de voir qu'il n'est pas nécessaire que le musicien puisse lui-même représenter ses opéras, comme les Baron, les Garrick, les le Kain jouoient les tragédies : il n'est pas nécessaire que son bras se prête à tous les gestes, sa voix à toutes les inflexions, son corps à tous les mouvemens ; mais, ne faut-il pas, en quelque sorte, qu'il n'ignore aucune de ces inflexions, qu'aucun de ces mouvemens ne lui soit inconnu ? Ne faut-il pas qu'il puisse en déterminer la place, en assigner la durée, en marquer la force, en un mot, qu'il soit en état de prévoir tout le jeu qu'un grand acteur emploieroit dans une situation donnée ?

Ne faut-il pas de plus, & ceci est peut-être plus nécessaire qu'on ne le penseroit, qu'il sache en quelque sorte, non-seulement quelle doit-être la pantomime d'un acteur dans telle ou telle situation, mais encore quel est le nombre de pas que cet acteur doit faire avant de faire entendre un nouveau morceau ? Ne faut-il pas qu'il connoisse la meilleure manière de faire arriver ses acteurs sur la scène, de contenter l'œil en même temps que l'oreille, de s'emparer de tous les sens, de présenter le spectacle le plus magnifique, de distribuer avec goût le nombreux cortège qui accompagne quelquefois ses acteurs, d'y répandre une cour nombreuse, une armée, ou tout un peuple, d'en amener avec art les flots sur le théâtre en leur laissant cependant l'air de s'y répandre au hasard, de les y entasser dans plus ou moins de temps, d'en composer les plus beaux tableaux ? Le nombre des mesures des divers morceaux de musique, ne doit-il pas être en quelque sorte proportionné à toutes ces choses ? & comment pourroit-il l'être si le musicien les ignore ?

Que de précautions à prendre, que de soins à se donner, que d'observations à faire, que de détails à remplir ! Comment le musicien occupé par tout ce que son tableau considéré en lui-même exige de lui, pourra-t-il donner à ses différentes peintures, cette couleur que nous avons vu qu'elles doivent avoir ? Comment

ment tant d'attentions n'éteindront-elles pas son génie ? Comment pourra-t-il lui rester assez de feu pour peindre avec force, lorsqu'il sera toujours contraint par des règles multipliées, par des préceptes qui paroissent se combattre & se détruire ? Comment, toujours entouré de précipices, osera-t-il marcher avec cette assurance qui seule peut entraîner à sa suite ceux qu'il veut s'asservir ? Ah ! que le musicien qui tend à produire un grand & bel ouvrage où le génie ait allumé tous les feux du sentiment, se garde bien de songer à ce que nous venons de lui exposer, dans ces momens d'enthousiasme & de délire où il va créer ; mais qu'il médite profondément son sujet, avant ces instans heureux où l'homme jouit véritablement de toute sa grandeur & de tous ses privilèges ; où il peut être fier d'être homme : qu'il se rappelle alors nos principes, qu'il les applique au tableau qu'il va faire, avant que sa tête ne soit exaltée & que la chaleur de la création n'ait encore embrâsé son ame ; qu'il se pénètre de la situation qu'il a à peindre ; qu'il voie quel est celui qu'il va faire parler ; qu'il se transporte au lieu de la scène ; qu'il se mette à la place du personnage ; qu'il soit comme lui, roi, général, chef d'un grand peuple, héros, &c. qu'il fe revête de tout fon caractère, qu'il en embraffe tous les fentimens, qu'il s'enflamme de toutes fes paffions : infenfiblement fon ame s'embrafera, & fon génie exalté élèvera fes idées. Qu'il fe livre alors fans réflexion, au feu qui le confume & au tranfport qui le domine; qu'il ne fonge plus qu'il eft muficien, & qu'il compofe une tragédie, mais qu'il fe croie dans la fituation affreufe où il va dépeindre fes héros; qu'au milieu des larmes, ou des tranfports de la colère, il exhale les fentimens trop puiffans qu'il ne peut plus contenir; qu'il écrive tout ce que lui infpirera cet état d'enthoufiafme, qu'il ne rejette aucune des images qui fe préfenteront à lui, qu'il faififfe tous les traits qu'il verra, ou pour mieux dire, qu'il trace tout ce qu'il éprouvera lui-même, & qu'il ne mette aucune borne à l'expreffion des tranfports qu'il ne peut plus modérer.

Infenfiblement cet état violent s'appaifera; le fentiment fe diffipera à force de fe répandre; fon génie fatigué refufera d'élever & d'animer fes idées, le calme renaîtra dans fon ame & dans fon cœur, fes larmes cefferont de couler, l'illufion dans laquelle il étoit plongé s'évanouira; il diftinguera peu à peu le héros qu'il viendra de peindre, d'avec l'artiste qui aura fait le tableau ; il verra de sang froid son ouvrage, il en remarquera d'une vue saine les beautés & les défauts, il jugera en quelque sorte un ouvrage étranger à son génie & à son cœur.

Que le doigt sévère de la critique vienne lui retracer alors les règles qu'il avoit méditées, & que nous avons tâché d'établir ici ; qu'il polisse son ouvrage d'après ces mêmes règles, qu'il en retranche ce qui leur seroit trop opposé ; mais qu'il sache que tout ce qui produit le plus grand effet, est toujours ce qu'il y a de plus beau ; que toutes les règles doivent céder à ces élans sublimes du génie, que le génie lui-même ne peut quelquefois justifier qu'en les rapportant à la puissance magique qui l'a entraîné. Qu'il sacrifie tout à ces morceaux éclatans, & qu'il abandonne toutes les règles plutôt que d'en ternir la vive lumière. Mais aussi, lorsqu'il ne sera pas arrêté par cette marque auguste & sacrée du génie, ou par l'empreinte brûlante d'un sentiment sublime, qu'il revienne donner à son ouvrage le degré de perfection que les règles lui présenteront ; qu'il y ajoute s'il le faut ; mais lorsqu'il aura de grands changemens à faire, qu'il ne s'amuse pas à polir une statue dont autant de parties feront défectueuſes; qu'il rallume le feu de ſon génie & de ſes ſentimens, qu'il faſſe un moule nouveau, & qu'il refonde ſa ſtatue.

Des Passions considérées relativement à la Tragédie Lyrique.

Nous voici à la partie la plus intéressante, peut-être, de cet ouvrage ; à celle où tout l'art du muficien doit venir à son secours, où tout son talent doit être employé ; à celle qui consiste à peindre, à toucher, à transporter ; à cette partie sublime où le génie est tout, où le génie & la sensibilité font tout, sans laquelle une pièce de théâtre ne produira jamais aucun effet, & avec laquelle la pièce la plus incorrecte, la plus remplie de défauts, arrachera toujours des applaudissemens & des larmes.

C'est ici que nous devons dire à ceux qui se destinent à parcourir la brillante carrière que nous décrivons: Voyez fi vous êtes nés muficiens ; sachez fi vous avez reçu le don céleste d'une ardente sensibilité, fi la nature a mis dans votre ame de quoi imaginer & de quoi sentir ces chants heureux, faits pour aller retentir dans tous les cœurs; fi le vôtre peut distinguer aisément toutes les nuances des sentimens & des passions, s'en pénétrer profondément, s'en émouvoir fans peine. Si vous n'avez pas été ainfi deftinés par la nature, pour l'art fublime de la mufique, fi vos doigts n'ont pas été formés pour manier les cordes de la lyre, n'effayez pas de vous avancer à la clarté de quelques flambeaux que nous allons tâcher de placer fur la route du génie. Vous ne parviendrez jamais qu'à créer de ces ouvrages fans défauts, mais auffi fans beautés, qui fouvent même ne font pas naître l'eftime la plus froide. Nous ne devons parler que pour ces êtres favorifés de la nature, qui ont reçu cette heureufe & fi rare facilité à être amollis par les feux des fentimens, & à les allumer fans peine dans les cœurs de ceux qui les entourent. Et à ces êtres privilégiés que pouvons-nous leur dire, en traitant de tableaux qui, en quelque forte, ne font pas foumis à la réflexion, dont la réflexion ne doit au moins rien diriger lorfque le muficien commence de les peindre, & pour lefquels l'abandon feul des paffions qu'il veut repréfenter, doit conduire fes pinceaux?

Ce n'eft pas à nous à frayer ici une route au génie; la nature feule doit tracer cette route difficile à fuivre, interrompue par tant d'intervalles, dont on ne peut franchir les piécipices qu'avec les aîles du sentiment, & qui conduit à tant de fausses voies, au milieu desquelles, peut-être, un heureux instinct peut faire seul deviner celle qu'il faut prendre. Nous ne devons que tâcher d'écarter quelques-uns des obstacles qui pourroient arrêter le génie & le sentiment.

Ne considérons encore les passions qu'en général; formons-nous-en une idée nette, avant de parler de la manière de les peindre. Qu'est-ce que les passions ? Toute affection de notre ame qui l'ôte de son état naturel, qui l'émeut, qui la réjouit, l'attriste, l'enflamme, &c. est un sentiment : lorsque ce sentiment dure pendant un certain temps, ou pour mieux dire, lorsque plusieurs sentimens semblables se succèdent presque sans interruption, une passion est allumée. Comment la représenter ? Comme on peindroit un des sentimens qui la composent.

Mais comment représenter un sentiment ? Que l'on se rappelle ici ce que nous avons dit en parlant des effets de la musique : nous y avons donné les premières idées relatives à la manière de l'exprimer. Il faut, premièrement, avoir recours au chant. La nature n'a-t-elle pas toujours destiné quelque cri, quelque son particulier, à être le signe des affections ? Il faut l'employer de préférence ; le faire entrer dans le chant dont on se servira, former ce chant des phrases qui auront le plus de rapport avec ce cri ou avec ce son ; des phrases qui s'en rapprocheront le plus, ou pour mieux dire, qui le renfermeront d'une manière plus marquée, ou un plus grand nombre de fois. Un chant ainsi composé, exprimera nécessairement le sentiment qu'on voudra peindre, il en réveillera l'idée, il en fera même passer tous les feux dans l'ame des spectateurs, il les émouvra de même que les cris, les sanglots d'un homme qui se plaint amèrement nous touchent & nous déchirent.

Mais le musicien n'atteindra pas véritablement à son but, s'il se contente de montrer dans son chant, la peinture du sentiment qu'il veut représenter ; il faut encore que cette peinture soit agréable à l'ame, qu'elle ne la révolte jamais ; il faut que le musicien ait l'adresse de conserver tous les signes du sentiment qu'il veut peindre, tous les accens qui sont propres à cette affection, toutes les phrases qui renferment ces accens ou en portent la ressemblance : & cependant, lorsque les passions seront trop fortes ou trop exaltées, lorsqu'elles ne pourroient plus être exprimées que par des cris forcenés, ne faut-il pas qu'il cache en quelque forte ces cris fous le voile d'une mélodie agréable, fous le voile d'une mélodie affez régulièrement coupée, qui renferme des intervalles aifés à parcourir, & qui préfente enfin tous les traits qui peuvent plaire ? Que cependant ce voile foit affez clair pour qu'on puiffe aifément diftinguer, au travers, ce qui doit véritablement fervir à l'expreffion, dont on doit chercher à affoiblir les teintes, mais qu'on ne doit jamais anéantir ?

Le muficien emploiera auffi pour la peinture du fentiment, les accompagnemens dont il fe fervira pour faire reffortir fa mélodie : comme ils forment toujours des efpèces de chant, ne pourront-ils pas offrir les cris & les fons propres au fentiment, les phrafes qui peuvent repréfenter ces fons & ces cris ? Ces phrafes & ces fons feront plus ou moins cachés dans les accompagnemens ainfi que dans le chant, par des traits agréables, fuivant que la peinture nue & fidèle du fentiment pourroit plus ou moins révolter, & nuire au plaifir qu'on doit trouver à toute repréfentation théatrale.

Le muficien fe fervira auffi des accompagnemens pour peindre tous les acceffoires du sentiment, comme la démarche plus ou moins précipitée, les geftes violens, les larmes, les fanglots, les battemens de cœur ; &, fuivant ce que nous avons dit en traitant des effets de la mufique, il fera entendre pour cela, des notes plus ou moins entaffées, & qui reparoîtront plus ou moins fouvent dans le même ordre. Le mouvement que le muficien choifira pour fon morceau de mufique ne fera pas non plus indifférent pour la vérité de l'expreffion, à caufe de la reffemblance plus ou moins grande qu'il pourra avoir avec les mouvemens que les fentimens ou les paffions font naître.

Le mode que le muficien adoptera, ne contribuera-t-il pas auffi à la fidélité de fon tableau ? Nous avons déja vu ce que c'étoit qu'un mode en mufique ; nous avons remarqué que la différence entre les divers modes, ne confiftoit que dans l'élévation plus ou moins grande de la gamme, & dans ce qu'on en plaçoit la note la plus baffe, tantôt plus haut, tantôt plus bas. Mais il y a encore une autre fource de variété pour les modes, dont nous devons nous occuper ici.

Non-feulement un ton quelconque placé plus ou moins haut, peut fervir de première note à la gamme ; mais il peut être la tête d'une gamme majeure ou d'une gamme mineure; & voilà l'origine du mode majeur & du mode mineur. Voyons ce qui les diverfifie.

La gamme que nous avons adoptée, eft coupée d'après les notes, dont la nature accompagne la réfonnance de tout corps fonore; elle eft deftinée à employer & à faire paroître ces notes : les deux premiers intervalles qu'elle a préfentés fous la première forme qu'on lui a donnée, font une tierce majeure, c'eft-à-dire, une tierce compofée de deux tons, & une tierce mineure, c'eft-à-dire, une tierce compofée d'un ton & demi. Pour introduire dans la mufique une plus grande variété, & de nouvelles fources d'expreffion, on imagina de changer l'ordre des tierces qui compofoient ces deux premiers intervalles ; au lieu de rencontrer la tierce majeure la première, on réfolut d'arranger la gamme de manière qu'on y trouvât d'abord la tierce mineure : pour cela on baiffa d'un demi-ton la feconde note qu'on rencontroit dans cette gamme primitive : on eut donc une nouvelle gamme dont on remplit dans la fuite les intervalles, à peu de chofe près, comme ceux de la gamme dictée en entier par la nature : on l'appela la gamme mineure : on l'éleva plus ou moins, ainfi que la gamme majeure ; & le mode mineur lui dut fa naiffance, comme le mode majeur dut la fienne à la première gamme naturelle.

Lorfque le muficien voudra repréfenter un fentiment où il entrera un peu de trifteffe, il fera bien, fi d'ailleurs tout eft égal, d'employer de préférence le mode mineur ; il fera bien du moins de ne s'en fervir jamais, ou prefque jamais, pour peindre des fentimens gais, & des affections dont on ne voudra montrer l'image qu'avec le plus petit nombre poffible de couleurs triftes.

Le mode mineur par lui-même, repréfente très-fidèlement la trifteffe, & par conféquent il la fait naître facilement : en voici la raifon. Lorfqu'on entend un mode mineur, l'ame n'eft jamais contente, & ne peut jamais l'être. Elle fouhaite toujours quelque chofe, & la finale la plus complette du morceau de mufique, en apparence le mieux terminé, lui laiffe toujours quelque chofe à defirer. Tous les muficiens doivent avoir obfervé cet effet : tâchons de l'expliquer.

L'oreille n'eft véritablement contente lorfqu'on lui préfente un morceau de mufique, que lorfqu'on lui fait entendre des accords parfaits, femblables à ceux que la nature produit : tout autre accord n'a été imaginé & n'eſt employé que pour faire reſſortir ces accords naturels & primitifs. L'ame s'inquiète en entendant tous les autres ; ou du moins, ſi en jouiſſant des accords factices, elle goûte quelquefois un grand plaiſir, ce n'eſt que parce qu'elle ſent qu'elle va bientôt revenir ſur les accords purs, parfaits & naturels, que le ſujet de ſon inquiétude va bientôt diſparoître, & qu'on ne lui a enlevé ce qu'elle aime, que pour le lui rendre bientôt, que pour le lui faire trouver plus beau & plus touchant, que pour la promener pendant quelques momens d'erreur en erreur, de ſurpriſe en ſurpriſe, &c. Sans cela, elle ne ceſſe de ſe tourmenter, & n'a d'autre jouïſſance que celle qu'on peut trouver dans l'émotion produite par des peines très-légères, que celui d'être livré à une douce mélancolie. Mais le mode majeur eſt le ſeul dans lequel on puiſſe entendre l'accord parfait, dicté par la nature. L'accord le plus parfait que le mode mineur puiſſe préſenter, n'eſt, à cauſe de la nature de ſa gamme, qu'un accord un peu altéré : la mélodie & l'harmonie ne peuvent être dans ce mode qu'une ſource de peine ſecrette : l'oreille ne peut jamais y trouver de repos abſolu & véritable ; l'ame doit être un peu inquiète en l'entendant ; elle doit toujours defirer quelque chose, toujours se livrer à la mélancolie au lieu de jouir d'un plaisir pur. Le mode mineur doit donc toujours inspirer & peindre la tristesse, toujours jeter une espèce de crêpe sur l'objet qu'on veut représenter.

Les musiciens, & sur-tout les musiciens françois qui nous ont précédés d'environ un siècle, & même ceux qui sont venus quelque temps après, plus voisins de la nature que nous, moins éloignés de l'origine de l'institution arbitraire des dissonnances & du mode mineur, entendant moins souvent de la musique, ne reconnoissant les lois que d'une habitude bien moins invétérée, sentoient si fort combien peu il y avoit de repos sur un accord mineur, & combien il y restoit encore de choses à desirer pour l'oreille, qu'ils terminoient par un accord parfait majeur, tous les morceaux qu'ils composoient dans le mode mineur ; ils rétablissoient l'ordre de la nature.

Dans les ouvrages de musique composés antérieurement, dans ceux même de ces ouvrages qui sont le plus imposans, qui forment nos airs d'église, & qui restent de ces siècles, où l'on renouvela en quelque sorte les conventions muſicales, preſque toujours les compoſiteurs n'ont point trouvé que les morceaux pour leſquels ils employoient le mode mineur, fuſſent bien terminés, ſi ces mêmes morceaux finiſſoient ſur l'accord mineur, ſur le premier du ton qu'ils avoient choiſi : ils ont préféré de les terminer par le ſecond accord du ton, qui eſt majeur dans les deux modes, par l'accord que les harmoniſtes appellent *accord de grande dominante* ; ils l'ont fait entendre ſans diſſonnance, pour y établir le plus grand repos qu'il étoit en leur pouvoir d'y produire. C'eſt ainſi qu'a été compoſée la fin de l'air du *Pange, lingua*.

D'un autre côté, que l'on examine la nature des airs que les Nègres chantent pour charmer leurs travaux & leurs malheurs. Eſclaves, enlevés à leur patrie & à leurs parens dès l'âge le plus tendre, arroſant de leurs ſueurs la terre à laquelle ils ſont attachés & que leurs mains doivent remuer ſans ceſſe, toujours infortunés, toujours ſoumis à un joug de fer, s'ils chantent, s'il leur reſte encore quelques momens où leurs ſouffrances ſoient ſuſpendues, ne doivent-ils pas donner à leur chant, & à leur eſpèce de joie, la triſte empreinte de leur état malheureux ? Tout ne doit-il pas, dans leurs chanſons, peindre la mélancolie, & préſenter la ſombre image d'une ſervitude cruelle, & d'une infortune qui ne doit jamais finir? Que ſont, cependant, les airs que la nature leur a indiqués? quel genre de chants leur ont dicté leurs malheurs? Des chants preſque toujours compoſés dans le mode mineur. N'eſt-ce pas une grande preuve de ce que nous venons de dire?

Le muſicien aura dans les tierces mineures, un nouveau ſecours pour exprimer toutes les affections où il entrera de la triſteſſe. Il n'eſt aucun muſicien qui n'ait remarqué que les tierces mineures portent toujours dans l'ame, une impreſſion triſte, & il eſt aiſé d'en voir la raiſon. En effet, ou elles appartiennent à un accord mineur, & elles doivent faire naître à peu près la même impreſſion que l'accord dont elles forment le commencement; ou elles ne font pas entendre le ſon fondamental de l'accord, elles n'offrent pas le ton qui fait réſonner tous les autres, & que l'on ne peut que ſouhaiter. Elles ne peuvent donc pas contenter entièrement l'oreille; elles lui laiſſent toujours quelque choſe à deſirer; elles ne peuvent pas lui fournir un vrai point de repos; elles doivent donc attriſter l'ame.

Au reste, dans tout ce qui regarde la manière de peindre les passions, nous ne pouvons qu'indiquer aux musiciens, les mots qu'ils doivent employer ; c'est au génie, c'est à la sensibilité à rassembler ces mots suivant leurs sublimes inspirations. Nous ne pouvons être que comme ceux qui ont donné des préceptes sur la rhétorique ; comme ceux qui ont appris aux orateurs les tournures & les figures les plus faites pour peindre les diverses affections. C'est au génie & au sentiment à faire naître l'éloquence : eux seuls peuvent connoître, enseigner & employer la manière de mettre en œuvre les matériaux que nous leur présentons. Eux seuls savent comment on marche dans leur noble & brillante carrière : nous le répéterons sans cesse ; nous ne pouvons que leur montrer la route, les avertir des écueils, des abris, & des secours.

Suivons à présent en détail, les diverses passions que le musicien peut avoir à peindre ; présentons une image nette de chaque sentiment. Evitons aux compositeurs, la peine de rechercher la nature des affections ; ne leur laissons que le soin de choisir des traits pour les exprimer ; & indiquons-leur en détail, les couleurs propres à chaque passion, au moins lorsque ces couleurs pourront être déterminées d'une manière générale & convenable à un ouvrage de la nature de celui-ci.

Il est essentiel d'observer de nouveau, auparavant, que le musicien ne peut rien peindre de ce qui ne concerne que l'esprit; il représente uniquement ce qui tombe sous les sens; il ne montre avec une certaine force que ce qui ne renferme que des affections. Ecartons donc ici, de ce mot *passion*, & de la peinture que nous allons tâcher de faire de chaque passion en particulier, tout ce qui ne seroit fondé que sur des objets relatifs à l'esprit ou au raisonnement, & qui n'auroit pas son origine dans le cœur. Ne parlons point des passions qui diffèrent de celles dont nous allons nous occuper, en ce qu'elles ont un but différent, & qu'elles font naître dans l'esprit d'autres idées, mais qui ne sont composées que de sentimens de la même nature, qui ne nous affectent que de la même manière, qui ne produisent dans l'ame que les mêmes impressions, ne paroissent au dehors qu'avec les mêmes signes, ne profèrent que les mêmes sons. Ne traitons pas non plus de ces passions factices uniquement l'ouvrage de notre imagination, & qui ne sont formées que par la réunion, l'altération & une espèce de mélange des passions naturelles: ne décrivons donc ni l'avarice, ni l'ambition, &c. toutes passions plus ou moins composées de celles que nous dépeindrons, & qui n'en diffèrent que par les objets qu'elles recherchent. Ne nous occupons enfin, que des passions qui font vraiment l'ouvrage de la nature, c'est-à-dire, qui ne sont en quelque sorte, mêlées avec aucune autre, dans lesquelles il n'entre aucune idée de convention, qui ne consistent que dans une suite de sentimens, & qui sont uniquement composées des impressions ressenties & prolongées plus ou moins vivement.

Commençons par la fierté. Il est bien rare de ne pas trouver dans l'ame des héros, cette passion qui accompagne presque toujours le courage, & une haute idée de soi-même. La résistance l'aigrit, le mépris la change en fureur; le respect, la soumission & les hommages la désarment. Combinée avec des idées morales, elle devient orgueil dans les grandes ames, & vanité dans les petites. La tragédie offre des caractères atroces, mais elle n'en présente guère que de grands: le musicien n'aura donc presque jamais la vanité à peindre ; il rencontrera souvent l'orgueil au milieu des objets de ses tableaux ; mais comme les idées ajoutées aux passions naturelles ne le regardent point, il ne cherchera point alors à peindre l'orgueil, il ne repréſentera que la fierté.

 Cette fierté preſque toujours héroïque dans la tragédie ne redoute ni le danger, ni la mort, ni la fortune. Pour le muſicien, elle ſe confond avec le courage & avec la bravoure ; en combinant la peinture qu'il en fera avec celle d'une froide tranquillité, & avec de grands traits qui inſpirent l'admiration, le muſicien repréſentera la grandeur d'ame. Le plus ſouvent, la fierté ne ſe plaint ni ne menace ; elle n'a donc guère de ſons qui lui ſoient propres, & qui puiſſent la caractériſer ; le muſicien les recherchera cependant ; il ne négligera rien pour les découvrir, & pour les introduire dans le morceau qu'il compoſera : d'ailleurs, que ſon ouvrage ait un certain caractère décidé ; & qu'il le lui donne par la nature du mouvement dont il ſe ſervira, par celle du chant, par le genre des accompagnemens, par un heureux emploi de notes exécutées avec une certaine fermeté, qu'il placera de diſtance en diſtance, par des paſſages fort courts & ſaillans qu'il y ſemera, par des traits fortement ononcés, des tranſitions aſſez peu liées, &

enfin par la suppression de tous les ornemens trop délicats, de toutes les nuances trop foibles, trop douces, trop tendres.

Comme l'idée de la fierté réveille toujours celle du courage; &, par la même raison, comme l'idée du courage, l'idée d'un guerrier, ou d'un caractère martial, font naître celle de la fierté, le musicien pourra peindre cette même fierté, en donnant à sa musique un ton militaire; en y introduisant les mouvemens d'une marche; en y faisant entendre des airs guerriers, des accords belliqueux, tels que des tierces majeures mêlées avec des quintes; en ne souffrant pas qu'aucune note étrangère vienne altérer ces accords simples & faits pour les guerriers; en se servant enfin des instrumens à vent, & sur-tout de ceux qui retentissent le plus souvent à la tête des armées, comme les timbales, les clarinettes, &c.

La colère est un état violent de l'ame, que les circonstances peuvent faire naître; elle diffère de la fierté, en ce que celle-ci n'a point d'objet particulier : on est fier, sans songer à l'être, sans que sa fierté soit dirigée vers quelqu'un, au lieu que la colère a toujours un objet sans lequel elle s'anéantit. Ces deux passions diffèrent encore, en ce que la fierté est une affection permanente qui forme un caractère constant dans celui qu'elle maîtrise : elle peut régner dans son ame avec plus ou moins de puissance, suivant que les circonstances la développent avec plus ou moins de violence, ou qu'elle est obligée de partager son empire avec d'autres passions ; mais elle ne cesse jamais d'y produire ses effets ; tandis que la colère passe aussi vîte qu'on l'excite aisément : elle est un feu véhément que le moindre souffle peut allumer, mais que le moindre souffle peut éteindre ; tandis que la fierté est une chaleur puissante qui peut bien être de temps en temps tempérée, mais qui ne cesse jamais de consumer la substance à laquelle elle s'attache.

Toutes les fois qu'un des personnages introduits sur la scène lyrique donnera des marques de fierté, cette passion devra nécessairement faire partie de son caractère ; & toutes les fois que le musicien le fera chanter, il faudra qu'on distingue cette affection qui le domine. Mais la colère la plus forte ne doit pas influer sur les couleurs du musicien, lorsqu'elle cesse d'agir : dès ce moment, il ne reste rien de cette passion, & le musicien ne doit la peindre que lorsqu'elle exerce ses ravages.

La facilité à s'irriter, la disposition à se laisser emporter à la colère, forment bien un caractère moral, mais non pas un caractère que le musicien puisse représenter : rien n'existe pour le compositeur, que ce qui annonce sa présence par des effets ; le musicien ne peut pas peindre une facilité ni des dispositions, à moins que cette facilité ne soit un commencement du sentiment auquel elle conduit, ce qui ne peut avoir lieu, lorsqu'il s'agit de la colère.

Dans la colère tout est animé ; elle éclate souvent ; sa démarche est interrompue, sa voix entrecoupée : le musicien ne devra-t-il pas, d'après cela, la peindre par le moyen d'une musique animée dont le chant ou les accompagnemens soient interrompus, & où, de temps en temps, il mêle des traits bruyans, & de grandes masses d'harmonie ? Je dis de temps en temps ; car si le morceau étoit bruyant d'un bout à l'autre, non-seulement il n'imiteroit pas les accès de la colère, mais même il ne feroit qu'assourdir, que devenir monotone, qu'ennuyer, que présenter le chant & les paroles sous un voile trop épais.

Dans les arts, & sur-tout en musique, rien ne paroît fort ou doux que par son opposition avec ce qui précède ou ce qui suit. Lorsqu'un grand peintre, lorfque M. Vernet a voulu, dans fes tempêtes, faire briller l'éclat terrible de la foudre, quelle obfcurité n'a-t-il pas répandue dans les parties voifines ?

Lorfque la crainte, le refpect, la furprife, quelque autre fentiment, ou la violence de la colère elle-même, ne permettent pas à cette paffion de s'exhaler librement, & de produire tous les mouvemens qui lui appartiennent, le muficien devra repréfenter fa puiffance concentrée & contrainte, fes agitations intérieures, fes efforts & fes combats inteftins, comme un bouillonnement fourd, mais violent, comme un vafte incendie dont les feux font refferrés, contenus & cachés : les fons que ces phénomènes produifent, ne font-ils pas très-femblables à ceux de la colère concentrée ?

L'indignation n'eft qu'une colère fondée fur des motifs plus grands & plus puiffans ; le muficien qui ne peut pas s'occuper des motifs, à moins qu'ils ne foient des fentimens, ou ne puiffent être mis en tableau, ne verra donc dans l'indignation qu'une colère plus forte ; il la peindra comme il repréfentera la colère, mais en rendant les traits plus marqués & plus terribles.

Si l'ame eft foumife avec tant de violence

au pouvoir tyrannique de la colère, qu'elle en perde l'usage de ses facultés, qu'elle ne puisse se connoître elle-même, que tous les objets soient devant elle comme s'ils n'existoient pas, & qu'elle ne voie & ne recherche que celui de sa funeste passion, la colère devient une espèce de délire; elle se change en fureur.

Le musicien peindra cette passion terrible, comme il aura représenté la colère; mais tous les traits devront offrir l'expression la plus vive; la voix sera entrecoupée, parce qu'elle ne pourra suffire à la violence d'un sentiment qui règne avec trop de puissance; le chant, les accompagnemens, tout portera l'empreinte du plus grand désordre : si la musique doit jamais être bruyante, c'est dans la peinture de la fureur; ce sont des flammes dévorantes qu'il faut représenter : une des parties les plus saillantes de l'orchestre, doit sans cesse les faire entendre; qu'en même temps les basses & d'autres instrumens confondus ensemble, viennent, comme des coups de tonnerre, répandre le plus grand trouble; que les notes s'entassent, se pressent, se précipitent comme les flots d'une mer en courroux; que la voix éclate : la fureur seule est en quelque sorte un orage de passions. Que de temps en temps un repos finistre vienne suspendre le bruit & la confusion; mais que pendant cette espèce de calme, une partie soutienne & présente toujours le même tableau; que ce repos ne soit pas la peinture d'un sentiment tranquille; qu'on y voie la fureur aussi vive, aussi véhémente, mais concentrée, mais renfermée en elle-même, mais contrainte par sa propre violence, mais ne pouvant s'exhaler en liberté, parce qu'elle s'efforce, pour ainsi-dire, de déployer tous ses mouvemens à-la-fois : qu'à cette espèce d'affoiblissement & de calme trompeur, succèdent des secousses plus violentes encore; que les grands traits de basse viennent tonner de nouveau; que tous les instrumens parcourent les intervalles les plus grands; qu'ils ne s'arrêtent en quelque manière sur aucune note, mais que semblables à la fureur elle-même, ils aient toujours, pour ainsi dire, l'air de poursuivre un objet unique qui leur échappe toujours; que la voix soit aussi peu réglée que les instrumens; que l'harmonie perde pour un moment sa pureté; qu'elle fasse entendre de temps en temps les accords les plus durs, les plus chargés, les plus extraordinaires, & les suppositions les plus hardies; que les modulations sortent des routes communes : la fureur ne va que par bonds, elle ne fuit point les chemins frayés ; mais elle vague au hafard, renverfant tous les obftacles qui s'oppofent à fa courfe terrible. C'eft ici que, comme en poéfie, un beau défordre eft le fublime de l'art.

Maintenant fe préfente à nous un fentiment malheureufement prefque auffi durable que la fierté, qui, comme elle, influe fur le caractère & en forme une partie, & que les muficiens doivent avoir en vue dans la compofition de leurs couleurs, toutes les fois qu'il s'agit du perfonnage qui eft foumis à fon affreux empire : c'eft la haine, cette paffion qui ronge, qui dévore le cœur où elle règne, qui le brûle continuellement de fes flammes noires, qui fans ceffe enfante & roule des projets finiftres, qui fe déchire elle-même dans l'impuiffance où elle eft de déchirer les objets dont elle voudroit faire fes malheureufes victimes ; qui ne diffère de la vengeance, qu'en ce que fouvent elle ne doit le jour qu'au hafard, ou à un aveugle caprice ; tandis que la vengeance ne tient l'être que des malheurs qu'on a éprouvés, & ne dirige fes coups que fur les auteurs de ces infortunes cruelles. La haine marche le poignard dans une main, & le poifon dans l'autre ; quel-

quefois elle erre au milieu des tombeaux &
dans le sein des ténèbres, méditant ses projets funèbres ; là, elle se nourrit de sang, elle
y dévore ses propres entrailles, en attendant
le jour horrible qui doit éclairer l'exécution
de ses abominables complots ; ici, elle prend
le masque sacré de l'amitié pour enfoncer son
dard acéré d'une main plus sûre ; là, ne respectant plus rien, ne redoutant plus aucun obstacle, appelant la fureur à son secours, elle
va portant le fer & le feu, traînant à sa suite
le ravage & la désolation, & ne laissant sur
son passage que des fleuves de sang, des tas
de morts, & des monceaux de cendres.

Pour peindre cette passion, le tourment de
tant d'infortunés, que le musicien cherche les
couleurs les plus noires, les accords les plus
horribles, les chants les plus propres à inspirer l'effroi & la consternation : que la mélodie
porte ce caractère sombre qui désigne le tourment secret & les sinistres projets de la haine ;
que les accompagnemens peignent en même
temps le feu cruel qui la brûle elle-même, feu
qu'elle n'avoit allumé que pour consumer l'objet
de ses pensées funestes, quelle n'a pas pu jeter
sur une tête innocente mais ennemie, & qui ne
pouvant suspendre son action, la dévore elle-

même, fans jamais l'anéantir: que de temps en temps des cris échappés dans l'orcheftre, de grandes maffes d'une harmonie horrible, amenées quelquefois d'un mouvement affez lent, annoncent les tranfports de la haine qui cherchent à éclater, & fa voix qui ne pouvant être toujours retenue, frappe l'air de cris aigus; & lorfqu'enfin le jour terrible eft arrivé, lorfque la haine ne fe contient plus, lorfque fes horribles ferpens fiflent fur fa tête, qu'elle allume fes brandons, & que la fureur conduit fes pas précipités; que le muficien fe ferve, pour la peindre, des moyens indiqués pour repréfenter la fureur; mais qu'il n'oublie jamais d'y joindre les teintes noires, horribles & effrayantes qui doivent caractérifer la haine.

La vengeance ne diffère de la haine que par fon motif: le muficien qui ne doit pas s'occuper des caufes des paffions, peindra donc la vengeance comme la haine.

Se préfente maintenant à nous une paffion qui peut former le fond du caractère des perfonnages introduits fur la fcène: quelquefois elle affervit conftamment une ame, & y règne feule; d'autres fois elle ne domine qu'au milieu du caractère qui lui eft le plus oppofé, n'exerce qu'un empire d'une courte du-

& ne fait que déployer & perdre rapidement
fa puiffance. C'eft la crainte. Il eft rare qu'elle
s'exhale par des cris, au moins bien aigus ; mais
elle friffonne fouvent ; fa démarche eft incertaine & vacillante ; fa voix fe reffent de fa
démarche ; elle héfite : elle s'arrête comme
pour examiner ; elle avance, & tout d'un coup
s'enfuit précipitamment ; elle porte l'empreinte
de l'attention ; elle écoute le bruit le plus léger, & à chaque fon nouveau qu'elle entend,
elle treffaille, ou recule en frémiffant.

Que le muficien qui voudra repréfenter ce
fentiment obfcur, fuive tous les mouvemens
que nous venons de lui indiquer : que fes
accompagnemens expriment le friffonnement
qui fuit ou précède fi fouvent la crainte, par
des fons rapides qui fe taifent & recommencent
fouvent, & laiffent entr'eux des intervalles fenfibles ; que fa mufique foit rarement bruyante ;
qu'il y emploie, dans les inftrumens à cordes,
les doubles ou les triples croches, dont l'expreffion naturelle eft affez propre au tremblement ; mais pour que cet accompagnement *ne*
convienne pas à la colère & à la fureur, plus
qu'à la crainte, qu'il foit fouvent exécuté très-
doux ; qu'il foit coupé par de fréquens intervalles, afin qu'il ne repréfente point un orage

intérieur & caché, & qu'en se taisant, & reprenant souvent, il exprime les secousses du frémissement, plutôt que l'agitation d'une passion plus violente que la crainte.

Que les chants soient, comme la crainte, vacillans & incertains ; qu'ils changent souvent de rhythme ; que la musique s'arrête en quelque sorte de temps en temps, qu'ensuite elle continue sa marche ; que, pour ainsi dire, elle paroisse quelquefois revenir sur ses pas, en changeant de rhythme ou de genre, & qu'elle présente des traits rapides, & une succession de plusieurs notes, pour désigner la précipitation d'une retraite forcée. Quelquefois, que des sons soutenus marquent l'attention, & fassent place à de nouveaux traits rapides : ceux-ci représenteront le tressaillement qui au moindre bruit succède à l'attention.

Lorsque cette passion augmente, que tous ces effets s'agrandissent, que la consternation s'empare de l'ame, & qu'il se mêle des idées noires, des images sinistres, & des pressentimens mêlés d'horreur, à tout ce que nous avons tâché de dépeindre ; ce n'est plus la crainte que le musicien doit représenter, c'est la terreur. Le musicien donnera alors plus de force à la peinture qu'il auroit faite pour la crainte ;

il y mêlera des tableaux lugubres ; il y répandra tout ce qui peut retracer des images noires.

La terreur s'exprime plus souvent que la crainte, par des cris aigus ou des tons sourds & contenus : le musicien emploiera les uns & les autres pour la représenter. La terreur ne peut point servir à former un caractère : elle naît & passe avec les objets qui la produisent : mais comme c'est un sentiment puissant & profond, comme elle ébranle vivement l'ame, ses impressions ne peuvent pas cesser tout d'un coup ; elles subsistent encore même après que la cause en est dissipée ; de même que les flots d'une mer bouleversée par la tempête, se soulèvent encore long-temps après que les vents ont cessé de souffler ; ce n'est que peu à peu que la mer se calme, & que le repos succède à son agitation. La terreur ne passe ainsi que peu à peu ; la trace en reste pendant long-temps : pour la bien peindre, les musiciens doivent donc avoir le soin de ne pas en faire disparoître les traits tout d'un coup, de les effacer insensiblement, de les laisser subsister pendant quelque temps au milieu des passions qui lui succèdent, & qui ne doivent pas tout de suite la cacher tout-à-fait.

Voici maintenant le sentiment où il est le plus

plus aisé au musicien de représenter : c'est la tristesse, cette affection si ordinaire à l'homme; car quel est celui qui ne se trouve pas plus ou moins triste, plus ou moins mélancolique, lorsqu'il se livre à ses réflexions, & qu'il ne s'arrache pas à lui-même par des occupations fortes & multipliées ? Nous n'avons pas besoin de dépeindre cet état de l'ame, que tout le monde ne sent que trop souvent ; cet abandon mêlé cependant de quelques charmes, en ce qu'il suppose l'absence des douleurs vives & cruelles, & qu'il ne se concilie qu'avec des peines déja émoussées. Qu'ici le musicien laisse aller ses pinceaux d'eux-mêmes ; qu'il évite seulement les traits trop forts, l'harmonie trop déchirante, les accords trop recherchés, les passages trop précipités, les notes trop entassées ; en un mot, qu'il évite tout ce qui pourroit représenter une passion ou un sentiment différent de la tristesse. Qu'en quelque sorte, il ne songe à rien peindre ; qu'il cherche uniquement les chants doux & touchans, les accords suaves ; que de temps en temps, & par intervalles égaux, sa musique s'arrête, comme pour imiter les repos périodiques d'une longue complainte ; qu'en général, le mouvement ne soit pas trop pressé, mais qu'il s'accommode avec cette quiétude extérieure qui accompagne la rêverie, la mélancolie, la tristesse.

Comment la musique qui mêle toujours la peinture de la tristesse à celle de la joie & de la gaieté ; cette langue à laquelle le musicien ne peut jamais ôter entièrement ses plaintes, parce qu'elles en composent la nature ; comment cette musique n'exprimeroit-elle pas fidellement la tristesse, après toutes les précautions que nous venons d'indiquer aux musiciens, & tous les soins qu'ils prendront pour seconder en tout l'expression naturelle de la langue musicale, & pour que rien ne s'oppose à l'effet naturel de cette langue ?

Comme la tristesse & la mélancolie mènent aisément à la tendre pitié ! Lorsque dans des momens de rêverie, nous repassons dans notre mémoire tous les malheurs que nous avons éprouvés, toutes les peines que nous avons ressenties ; lorsque, sans y songer, & conduits par une espèce de mouvement involontaire & secret, nous en suivons les tristes traces, ou nous en considérons au moins une image confuse ; lorsque déplorant en nous-mêmes notre sort infortuné, craignant de perdre les biens dont nous jouissons, ou d'éprouver des maux dont nous sommes encore exempts, nous sommes prêts à donner des larmes aux misères humaines ; lorsque notre cœur s'attendrit, qu'il s'ouvre à tout ce qui l'entoure, qu'il implore du secours, un soutien, une consolation; avec quelle vivacité ne sommes-nous pas émus par les malheurs de nos semblables, qui dans ces momens de tristesse peuvent s'offrir à nos yeux ! Avec quel empressement n'allons-nous pas leur donner un secours que nous réclamons pour nous-mêmes ! Avec quelle tendresse ne pleurons-nous pas sur des maux que nous avons ressentis, ou que nous ressentirons peut-être ! Quelle compassion ne s'élève pas dans notre ame ! La pitié, cette passion, cette vertu céleste, celle qui lie le plus les hommes, celle qu'il faut le plus exciter dans leurs cœurs, celle qu'on ne sauroit trop représenter, trop exalter, trop graver dans nos ames, règne alors avec une douce puissance, & s'empare de tout notre être.

Que le musicien qui voudra la représenter, fasse donc, s'il est possible, précéder son tableau par celui de la tristesse. Comme alors l'ame se portera naturellement vers la pitié ! Comme le spectateur devinera que ce sentiment est le sujet de la peinture qu'on lui offrira, même quand il ne seroit représenté que d'une manière imparfaite !

Pour faire voir & exciter la pitié, que le musicien emploie tous les signes de la douleur, mais d'une douleur douce, d'une douleur qui nous est chère, d'une douleur que nos bienfaits peuvent faire cesser, qui ne nous déchire point, qui ne fait point sur nous de ces impressions horribles qui attendrissent bien moins qu'elles ne révoltent : que le musicien emploie encore ici les couleurs de la tristesse ; non-seulement ce sentiment entraîne vers la pitié ; mais quelle mélancolie, quelle douce tristesse ne se trouvent pas dans la pitié même !

Qu'il imite des gémissemens, mais qu'il les adoucisse ; qu'il les rende touchans ; qu'il y joigne l'expression de la tendresse, qui pour lui n'est que de l'amitié ; qu'il y répande celle du desir ou de l'inquiétude : la pitié se confond toujours avec le desir de soulager les maux qu'elle partage, & avec la crainte de ne pas les voir finir ; que toutes ces nuances soient fondues avec art, ou, pour mieux dire, que le musicien qui voudra les employer, n'écoute que son cœur, qu'il ne suive que la voix de la nature : si ce cœur est sensible, s'il sait compatir aux maux des autres hommes, comment n'auroit-il pas ressenti souvent les mouvemens de la tendre pitié ? Quel est celui qui n'a pas rencontré des infortunés, qui n'a pas eu la triste occasion de gémir sur leur sort, qui n'a jamais donné des larmes à des douleurs étrangères ? Ah ! son cœur l'aura trop bien connue, cette passion si sublime & si touchante, pour ne pas lui en offrir tous les traits, pour ne pas la lui montrer dans toute sa force. Qu'il se rappelle toutes les sensations que cette pitié céleste lui aura fait éprouver, qu'il en suive tous les mouvemens ; & déja exercé à imiter les divers sentimens que la pitié renferme, & à les peindre même sans réflexion, qu'il se livre à l'abandon de son cœur, au sentiment qui le domine & qui l'entraîne ; il aura assez versé de larmes, pour oser chercher à en faire couler.

Que le musicien fortuné que la nature aura destiné à l'auguste emploi de peindre la pitié, de la faire naître dans les cœurs de ses semblables, de soulager ainsi les hommes du poids accablant de leurs misères, que ce musicien privilégié cherche, par des accompagnemens composés de plusieurs notes qui se succéderont rapidement, à peindre le trouble secret & touchant qui accompagne la pitié ; mais qu'il y mêle des sons si plaintifs, des accords si simples & en même temps si tendres, qu'il fasse entendre des instrumens dont le son soit si doux, qu'on voie bien qu'il représente le trouble d'un des sentimens les plus purs qui puissent brûler dans le cœur de l'homme, & non pas les agitations tumultueuses des passions forcenées qui le tourmentent & le déchirent.

La pitié nous conduit à cette passion sublime, ce sentiment des grandes ames, ce bonheur du monde, devant lequel tous les maux disparoissent ou s'affoiblissent, & tous les biens s'embellissent & s'accroissent. O divine amitié! ton nom seul me rappelle tous les charmes de ma vie. Passion héroïque, dont le feu toujours pur est allumé par le sentiment, & animé par l'intelligence; vertu consolatrice que le souverain Être a accordée à l'homme, pour le dédommager des suites funestes d'une raison égarée; sentiment bienfaisant, sans lequel il ne peut exister aucun bien pour nous; car qu'est-ce qu'un bien dont on ne peut pas parler à son ami? vertu céleste, dont le nom a été si souvent prostitué, dont l'image a été si souvent altérée, que les mortels adorent, même lorsqu'ils t'ignorent ; paffion généreufe & fublime qui ennoblis tout notre être, & qui ne nous fais vivre que pour l'ami que notre cœur a choifi ; c'eft toi que le muficien a maintenant à peindre.

Jamais celui dont le cœur eft brûlé par les douces flammes de la fainte amitié, n'éprouve un fentiment fi vif, que lorfque l'ami qu'il chérit a le plus befoin de fon fecours ; il le fuit au milieu de l'infortune la plus cruelle ; il s'attache à lui pour ne jamais s'en féparer ; les froideurs même de celui qu'il a choifi, ne peuvent éteindre le feu célefte dont il eft embrâfé ; il l'aime même ingrat, même infidèle aux faintes lois de l'amitié ; il le plaint, il lui pardonne tous les maux qu'il en reçoit ; il en eft défolé, mais il ne l'en chérit pas moins ; il immole tout fon bonheur au fien ; il veut mourir pour fon Orefte, & confent qu'il l'ignore. Son ame fe confond avec celle de fon ami ; elle n'a plus que les mêmes defirs, les mêmes mouvemens, les mêmes affections ; & lorfque la mort qui vient tout défunir, lui enlève l'objet de fes tendres & immortels fentimens, il l'accompagne avec courage jufqu'au bord de fa tombe ; il lui dérobe fes pleurs ; il fème de quelques charmes ces inftans funeftes ; il le confole au moment où tout va lui être ravi sans retour ; & lorsque la porte fatale du tombeau est fermée, désolé & sans espoir, il ne retient plus ses larmes ; mais seul au milieu du silence des bois les plus épais & les plus solitaires, il va pleurer celui qu'il a perdu, se nourrir de ses regrets & de l'image de son ami, & consumer dans la douleur un cœur dont les sentimens ne peuvent plus s'épancher, une vie qui n'étoit pas pour lui, & qui lui est devenue inutile. Quelquefois, lorsque les ombres règnent sur la terre, il croit distinguer son ami au milieu d'une foible lumière ; il lui parle, hélas ! comme s'il pouvoit l'entendre ; il charme sa douleur par cette douce & cruelle illusion ; il court embrasser cette ombre si chérie, il ne rencontre que des ténèbres insensibles, & ne trouve dans son cœur que les regrets les plus cuisans : il le redemande à la nuit ; il le redemande au jour ; & ne pouvant plus supporter le faix de ses amertumes, de ses chagrins & de sa perte, il succombe enfin à sa douleur, & meurt en prononçant le nom de son ami. O céleste amitié ! pourquoi tes flammes pures ne consument-elles pas toutes les ames ? Pourquoi si peu de mortels t'ont-ils dans le cœur, lorsque tous t'ont sur leurs lèvres ? & pourquoi ton nom, que la vertu feule devoit prononcer, a-t-il fi fouvent fervi à voiler de noires trahifons, & des complots finiftres? Sentiment divin, paffion qui véritablement nous élève au-deffus de nous-mêmes, comment le muficien te peindra-t-il? Ah! l'amitié aura allumé fes feux facrés dans fon ame; il aura eu un ami; il aura connu la douce confiance; fon cœur fe fera ouvert à cette tendreffe pure que les plaifirs accompagnent, & que les remords ne fuivent jamais. Qu'il aille chercher dans fon ame ces fons touchans, ces accens mêlés de tant de charmes, avec lefquels il a parlé à fon ami de fes tendres fentimens; qu'il en compofe le fond de l'expreffion qu'il voudra employer. L'amitié, cette paffion fainte & fi rare, eft mêlée avec beaucoup d'autres affections; il faut ajouter à fes traits, ceux des fentimens qui lui font joints. Qu'une douce inquiétude, que le défir d'augmenter les biens ou de diminuer les peines de fon ami, viennent mêler leurs tons & leurs fignes à ceux que nous avons déja indiqués; que quelquefois la mélancolie y répande fes teintes rembrunies; que le trouble y règne auffi quelquefois; mais que le muficien n'oublie jamais que c'eft l'amitié qui fait naître toutes ces passions dont l'expression doit accompagner la sienne ; que l'amitié les ennoblit, les purifie, les élève, les métamorphose : que tout paroisse accompagné de l'air touchant & consolateur ; que tout offre l'image de cette paix & de cette tranquillité que goûte une ame échauffée par la douce amitié, de cette sérénité qui n'abandonne jamais ce sentiment, même au milieu des peines les plus vives, & qui est le caractère de sa pureté & de son origine céleste. Voyez, dans l'Iphigénie en Tauride, de M. Piccini, l'air que chante Pylade, *Oreste, au nom de la patrie*, & dans celle de M. Gluck, le duo de Pylade & d'Oreste ; ce sont deux tableaux de l'amitié, que les musiciens devroient avoir toujours présens.

A cette amitié que nous venons de tâcher de dépeindre, se joint quelquefois un sentiment fondé sur de plus grands rapports ; le cri de la nature se mêle à ses accens ; les liens du sang fortifient ses nœuds ; & à toutes ses douceurs se réunit celle de la reconnoissance, de cette affection qui ne diffère de l'amitié que par sa durée, ses motifs & sa force, & qui par conséquent doit être peinte de la même manière par le musicien. Cette reconnoissance est inspirée par les soins que l'enfance foible a reçus de ceux à qui elle doit le jour, par le lait qu'elle a sucé dans ses premiers momens, par les attentions multipliées, les secours de toute espèce, l'éducation, les conseils salutaires, les exemples utiles dont elle a été l'objet dans un âge un peu plus avancé; ou elle naît des secours qu'une vieillesse débile ou infirme doit recevoir à son tour de ceux qui étoient foibles, dénués de tout, privés de lumières, d'instruction & de plaisir, & qu'elle a secourus, nourris, instruits, encouragés, amusés, comblés des plus tendres caresses; elle est fondée sur l'espoir de voir ses cheveux blancs honorés par la vive tendresse de ceux pour qui on a tout fait, & ses infirmités soulagées par des secours réels & de douces consolations peut-être plus réelles encore. Souvent un sentiment nouveau se mêle à toutes ces affections si touchantes : elles se confondent avec le souvenir si doux pour des cœurs sensibles, de toutes les scènes tendres dont les pères & les enfans ont été les acteurs, de la joie qu'ils ont partagée, des pleurs qu'ils ont versés ensemble, des pertes qu'ils ont faites en commun, & qu'ils se sont fait mutuellement oublier. L'amitié devient alors plus vive

& plus animée ; elle se change en tendresse paternelle & filiale ; elle joint à plus de chaleur dans ses feux, à plus d'agitation & de tendre inquiétude, un caractère encore plus auguste & plus sacré.

Pour peindre cette tendresse, le premier des sentimens dont l'Etre suprême ait gravé la loi dans nos cœurs, le musicien emploiera les mêmes traits que pour représenter l'amitié ; mais il les creusera plus profondément ; & en travaillant, il n'oubliera pas qu'il a devant les yeux un sujet encore plus saint, un objet vraiment religieux, & auquel il ne doit rien faire perdre de tout ce qui le rend auguste, respectable & touchant.

Voyez dans l'Alceste de M. Gluck, le moment où Alceste s'adressant à ses enfans, leur dit, *Mes enfans, mon cœur se déchire :* il me semble que M. Gluck y a parfaitement exprimé la tendresse maternelle.

La surprise a trop peu de durée, pour pouvoir, en quelque sorte, porter le nom de passion ; elle ne consiste, pour ainsi-dire, qu'en un sentiment, ou qu'en un très-petit nombre de sentimens qui se suivent. Le musicien sera cependant souvent obligé de la peindre. Elle est trop connue, & renferme trop peu de traits, pour avoir besoin d'être décrite ; le musicien la représentera, & la fera naître aisément. Il n'a, pour cela, qu'à passer tout d'un coup dans une modulation étrangère, dans une mélodie nouvelle, dans un genre d'accompagnemens différent. Plus la surprise sera grande, & plus il faudra qu'il ait recours à une mélodie, à une modulation, à des accompagnemens éloignés, pourvu cependant qu'il ne révolte pas l'oreille.

A l'égard de l'admiration, c'est en quelque sorte une suite de surprises mêlées avec un caractère de grandeur. Le musicien la peindra plus difficilement que la simple surprise ; mais il y parviendra cependant, en représentant plusieurs surprises à la suite l'une de l'autre ; en ménageant ses moyens dans le commencement, en ne peignant d'abord la surprise que par le chant, en ne la montrant ensuite que par le moyen des accompagnemens, en se servant ensuite des modulations, &c. Ne devra-t-il pas d'ailleurs employer des traits de musique grands, hardis, soutenus, bien harmonieux, qui puissent donner à son morceau un air de majesté ? Ne devra-t-il pas même se servir de plusieurs des signes propres à représenter la fierté, & par conséquent à désigner la grandeur, dans un art où les motifs des sentimens, ne changent pas les sentimens eux-mêmes?

Le désir se présente maintenant à nous; sous ce nom, nous devons comprendre en musique, tout ce qui jette l'ame dans un état d'inquiétude plus ou moins violent, & ne lui laisse du repos que lorsqu'elle a enfin obtenu ce qu'elle ambitionnoit. Si l'on considère attentivement cet état de trouble & d'anxiété, & si l'on n'a point égard aux motifs qui peuvent le faire naître, on verra qu'il ne consiste qu'en une douleur habituelle plus ou moins vive, plus ou moins interrompue par des repos & des intervalles de tranquillité, au milieu desquels l'ame cesse pendant quelques momens de souffrir, & de sentir l'absence du bien qui lui manque. Cet état demande qu'on exprime de temps en temps l'espérance qui vient mêler aux soucis ses charmes consolateurs, & qui fait naître des élans de joie. D'après tout cela, il est aisé de voir que pour peindre le désir ou l'inquiétude, il faut avoir recours aux signes des passions dont il nous reste à parler.

Amour, c'est de toi maintenant que nous avons à traiter, de toi, tel que tu règnes sur nos théâtres tragiques. Passion aveugle & impérieufe, qui ne fouffres point de partage, qui veux feule tyrannifer le cœur ou tu règnes, qui fais porter tes dures & pefantes chaînes à tant de mortels malheureux; paffion qui, au moral, ne renfermerois rien de bon, fi l'amitié ne fe joignoit prefque toujours à toi; paffion funefte qui promets tant de plaifirs, & fais éprouver tant de tourmens, qui ne vis que de défirs, de trouble & d'inquiétude, devant qui fuient prefque toujours le doux repos, l'heureufe tranquillité, & les vertus paifibles; toi qu'on a tant célébrée, parce qu'on t'a méconnue, & qu'on t'a confondue avec la célefte amitié; toi qui confumes & dévores tout ce qui reffent la chaleur de tes feux, qui quelquefois développas de grands talens & fis éclore des vertus fublimes, mais qui le plus fouvent enlèves à ceux fur qui tu domines, la prééminence de leur rang, de leurs talens, de leur génie, affujettis ceux qui font faits pour commander, & peux les entraîner vers les crimes les plus atroces; qui ne vois jamais que ton funefte objet, & répandrois le fang & la flamme pour parvenir jufqu'à lui; toi que cependant tant de charmes accompagnent en apparence; toi que, dans l'âge des erreurs, on nomme le bonheur fuprême; qui fais répandre une illusion flatteuse ; qui, lorsque tu fais ressentir quelques momens de félicité, donnes un bonheur sans partage, parce que tu t'empares de toutes nos facultés & de toutes nos pensées; toi qui conserves & perpétues les êtres, qui aurois dû abandonner ton empire à l'amitié, & ne retenir une partie de ta puissance, que pour remplir les vues de la nature ; passion factice, & cependant allumée par cette même nature ; sentiment composé de tant d'autres sentimens, & que la vanité ne cesse de fomenter ; contraste éclatant & bizarre ; être qu'il est si difficile de décrire, & si dangereux de sentir, comment le musicien peindra-t-il tes grands & redoutables effets ?

Le musicien qui devra représenter l'amour sur la scène tragique, devra toujours le peindre en grand, le faire voir toujours produisant de grands événemens, toujours allumant des flammes dévorantes, toujours à la tête des grandes vertus, ou toujours suivi de grands crimes. Que ce sentiment ne paroisse pas sur la scène, s'il ne doit pas y régner ; & de tous les théâtres, c'est sur-tout sur le théâtre tragique qu'il ne doit jouer que le premier rôle. Que le musicien renforce donc les traits qu'il peut employer, lorsqu'il voudra peindre cette passion :

que,

que, pour la repréfenter, il mêle l'expréffion de la joie avec celle de l'inquiétude, qu'il y joigne le tableau de l'amitié ; & quelquefois même celui de la pitié : qu'il répande au milieu de ces expreffions, celles de la crainte, du trouble, de l'horreur, de la fureur, de la terreur même ; nous lui avons déja indiqué les couleurs pour peindre ces fentimens : qu'au milieu de ces peintures, paroiffe celles de la jaloufie, de la douleur, de la rage, du défefpoir, compagnons trop inféparables de cette paffion terrible & funefte.

Jaloufie, toi que la vanité & le befoin firent naître, mère de tant de tourmens & de noires fureurs, comment te repréfenter ? Malheureux le cœur qui a reffenti fes cruelles atteintes ! Dès qu'une fois elle eft entrée dans une ame, dès qu'elle a commencé d'y établir fon empire, elle ne ceffe jamais d'y régner ; elle peut laiffer refpirer pendant quelques momens l'être infortuné dont elle tient le cœur dans fes mains cruelles, mais ce n'eft, le plus fouvent, que pour lui faire éprouver des tourmens encore plus affreux. Plus de repos, plus de plaifir, plus de joie, plus de tranquille paix. Sans ceffe inquiète, fans ceffe écoutant tout, elle crée elle-même des fantômes qui la déchirent; les lieux les plus solitaires, les plus reculés, sont ceux où elle va composer ses noirs venins, pour les répandre ensuite ; mais ce venin si actif, ce venin si funeste aux malheureux objets de sa rage, se répand sur elle-même, l'infecte & la dévore : elle est la première victime de ses projets horribles & inhumains : la vengeance la plus atroce ne peut arracher le trait qui l'a blessée ; elle ne fait que l'agiter, & agrandir la plaie : sans cesse en proie à l'horrible serpent qui la couvre de ses poisons, elle fait de vains efforts pour s'en débarrasser : le monstre la saisit, la serre au milieu de ses horribles contours, & sans cesse perçant son cœur de son aiguillon infecté, il lui fait éprouver des maux plus cruels que tous ceux que préparent ses haines & ses vengeances. Rien n'est sacré pour elle : si elle marche presque toujours dans l'ombre, la rage & le désespoir font briller devant elle leurs torches funestes ; presque toujours elle porte ses coups d'une main assurée, & son poignard altéré de sang, ne frappe presque jamais en vain. Comment peindre ses horreurs ?

C'est la douleur véhémente qu'il faut représenter; c'est la rage, c'est le désespoir, la fureur, l'inquiétude, le désir ardent ; ce sont même au milieu de toutes ces affections dévorantes, des mouvemens de tendresse ; c'est un trouble affreux ; & tout cela doit être revêtu d'une teinte lugubre ; tout cela doit être présenté avec les accords les plus tristes, avec tout ce qui peut peindre le deuil, & offrir des images noires. Que le mouvement soit tantôt violent & rapide ; que tantôt plus lent, il marque cette démarche sinistre & couverte qui cache, médite, & bientôt va produire de grands & d'horribles forfaits. C'est ainsi que le musicien pourra représenter la jalousie ; c'est ainsi qu'il pourra montrer ses fureurs, & en mêler la peinture à celle des fureurs de l'amour.

Et la douleur comment la peindre ? Le musicien aura ici à employer tous les sons que la nature a donnés pour signes à ce sentiment, ses cris touchans, ses gémissemens plaintifs ; que le chant en porte l'empreinte ; que quelquefois il s'élève pour les imiter ; mais que le plus souvent ces cris déchirans soient entendus dans les accompagnemens. C'est là que des formes, presque toujours les mêmes, présentant toujours ces cris de détresse, produiront un bel-effet, & achèveront de toucher les cœurs déja émus par une douce & tendre mélodie. Que le musicien éloigne ici de sa peinture tout ce qui pourroit repréfenter le défordre & le trouble ; que les notes entaffées & trop multipliées en foient bannies ; que tout s'y plaigne, que tout y gémiffe ; que les baffes mêmes produifent des fons triftement accentués ; que les accords tendres, que les tierces mineures y foient prodigués ; que le ton mineur paroiffe de préférence : la trifteffe & la douleur vont fi fouvent enfemble ! que le muficien ait recours à ces *forte* modérés, fréquens, mais d'une très-courte durée, qui peignent fi bien les fanglots & les gémiffemens, à ces fons foutenus avec effort, qui s'enflent avec la douleur qui augmente, & qui retombent enfuite lorfque la douleur commence à fe calmer, ou lorfque la voix ne peut plus fuffire à la plainte, ni préfenter l'expreffion de cette même douleur ; que tous ces fignes fi vrais, fi naturels paroiffent ; que les accords déchirans foient même entendus, mais qu'ils prennent un caractère touchant, par la nature des inftrumens dont on fe fervira ; que l'on cherche auffi à exciter la pitié : les maux auxquels on donne des larmes, s'agrandiffent toujours dans l'imagination de celui qui pleure, & leur peinture en devient plus vive. Voyez dans l'opéra d'Alexandre dans l'Inde, comme M. Piccini intéreffe tous les cœurs, par le tableau fi touchant de la douleur qu'il préfente dans l'air, *s'il ciel mi divide* ; comme le rhythme, comme le caractère de la mufique y préfentent tous les moyens que nous venons d'indiquer ; comme le mouvement de l'air, la longueur des phrafes muficales, la manière dont elles tombent, tout y peint l'abandon de la douleur ; comme tout y retrace cette paffion foutenant des fons plaintifs, gémiffant, élevant fa voix avec effort, & la laiffant retomber enfuite, pour marquer l'accablement dans lequel elle eft plongée ; & enfin avec quel art le muficien a répandu au milieu de tous ces moyens magiques, des chants touchans qui implorent en quelque forte du fecours, qui font naître la pitié la plus tendre, & émeuvent les cœurs les moins fenfibles !

Voyez un autre modèle de la peinture de la douleur, dans ce bel air fi touchant, fi expreffif, fi déchirant & fi fublime, qui termine la fcène *fè cerca che dice*, de l'opéra de l'Olympiade par M. Sacchini.

Lorfque les maux qui nous accablent font trop violens, lorfque la douleur que nous devons fouffrir eft au deffus de nos forces, elle fe change en rage.

La rage ne peut point être un état constant, comme la douleur; elle est courte & passagère. Pour qu'elle régnât plus long-temps, il faudroit que la cause qui la fait naître pût durer; il faudroit que la douleur aiguë se soutînt long-temps avec la même force, & alors la rage deviendroit désespoir.

La rage passe donc bientôt, ou pour faire place au calme, & à l'espèce de tranquillité que donne une douleur moins vive, ou pour se changer en désespoir. Elle n'est autre chose que la douleur aiguë mêlée avec de la fureur. Tous les signes que nous avons indiqués pour ces deux passions, doivent donc être employés ici par le musicien. Il est impossible qu'en les réunissant, il ne représente pas la rage; mais qu'il ait le soin d'en suspendre l'expression par intervalles; que de temps en temps il fasse succéder aux coups les plus violens & les plus terribles, quelques mesures qui représentent un calme sensible, mais cependant toujours mêlé d'une agitation douloureuse. Ces intervalles seront autant d'ombres qui feront ressortir les grands traits qui peindront la rage; le musicien devra bientôt affoiblir cette passion extrême; il ne devra pas la faire durer long-temps, à moins que les maux qui la produisent, ne croissent toujours, & qu'elle ne doive devenir désespoir.

Le désespoir ! cet état violent qui cependant dure long-temps, qui exerce presque toujours son empire jusqu'au moment où les peines cruelles qui le font naître, disparoissent, ou jusqu'à celui où la victime infortunée de ce terrible sentiment, n'ayant plus de force pour souffrir, & toujours accablée sous les coups les plus redoutables, expire enfin dans des tourmens affreux.

Il est bien rare de voir sur la scène une image véritable du désespoir ; il est bien rare que le musicien ait à le peindre au moins dans toute sa force ; mais aussi, lorsqu'il doit en montrer les horribles traits aux spectateurs, qu'il ne ménage plus rien : c'est ici qu'il doit se servir des ressources les plus terribles de la musique. Rien n'est au dessus du désespoir, rien ne doit être au dessus de sa peinture. Que le musicien ramasse les traits les plus forts parmi ceux que nous avons indiqués pour la fureur, pour la haine, pour la jalousie, pour la douleur aiguë ; qu'il les mêle tous ensemble ; &, s'il est possible, qu'il les rende encore plus énergiques. Si le désespoir vient d'un malheur sous lequel on est accablé, qu'on fasse une peinture courte de ce malheur, qu'on la renferme dans quelques mesures, qu'on la rende vive & sensible; qu'afin de la faire mieux reconnoître, on y mêle le chant qu'on aura fait entendre sur les paroles terribles qui auront raconté ce malheur, & qu'ensuite l'orchestre ne cesse de présenter cette peinture horrible & funeste au malheureux livré au désespoir. Que les paroles entrecoupées de cet être infortuné ne cessent, que pour donner à cette peinture effrayante le temps de paroître : qu'on la lui fasse voir par force, qu'on lui fasse remarquer les circonstances les plus affreuses de son malheur : que sans cesse il l'ait devant les yeux; qu'on cherche ainsi à augmenter son tourment; qu'il ait beau détourner la tête, fuir; que l'orchestre le poursuive pour ainsi dire, & lui présente toujours cet effroyable tableau. Que, comme une furie inexorable, il vienne sans cesse faire retentir à ses oreilles les accens les plus terribles; & lorsque cet objet déplorable, en proie au désespoir, ne pourra plus résister aux coups horribles qui l'assaillent de toutes parts, lorsqu'il tombera expirant sous le poids affreux qui l'atterrera, que cette furie sans pitié le tire par sa chaîne, qu'elle le ranime par les mêmes accens horribles, qu'elle ne fouffre pas que fon fentiment s'affoibliffe, pour que fon défefpoir ne puiffe pas diminuer, & qu'elle ne l'abandonne & ne ceffe de le tourmenter, que lorfque la mort viendra l'enlever de fes mains cruelles & impitoyables.

Si au contraire le défefpoir eft produit par la perte d'un bien, fans lequel on ne pouvoit vivre, le muficien emploiera les mêmes couleurs ; mais pour rendre plus affreux les traits qu'il produira, que l'orcheftre forme ici l'image du bonheur qui a été ravi à la victime du défefpoir : que cette image de tout ce qu'elle fouhaite fe préfente à elle dans le moment où le défefpoir le plus cruel règne dans fon ame : elle volera vers ce fouverain bien, vers ce bien qui feul feroit difparoître fi rapidement fes peines les plus vives ; qu'alors, pour ainfi dire, une main féroce & cruelle l'arrête, que ce tableau lui foit enlevé, & qu'au lieu de cette image fi chère, l'orcheftre lui offre les traits les plus hideux. Lorfque fa douleur fera aigrie, que l'objet chéri reparoiffe encore devant fes yeux : que fans ceffe elle vole vers lui ; que fans ceffe elle en foit repouffée ; qu'elle foit à chaque inftant replongée dans de nouveaux malheurs ; que fans ceffe on foulage la plaie de son cœur, pour la faire saigner de nouveau. Qu'on présente à une mère infortunée l'image des enfans qu'elle a perdus ; qu'on fasse entendre à ses oreilles leurs cris touchans, qu'elle reconnoisse leur voix plaintive qui l'appelle à leur secours, qu'elle y vole ; & qu'au moment où elle voudra précipiter ses pas, des sons terribles lui disent que ses fils ne sont plus, qu'ils lui ont été ravis pour toujours : qu'une nouvelle foudre tombe alors sur sa tête ; que son malheur sans cesse renaisse pour l'accabler de nouveau ; qu'on ne fasse briller devant elle quelques lueurs d'espérance, que pour rendre plus horrible la nuit affreuse de son désespoir ; que les plaintes déchirantes de ses fils viennent toujours retentir à ses oreilles, & que toujours des obstacles barbares arrêtent son ardeur maternelle : que son cœur soit ainsi sans cesse déchiré, & qu'elle expire enfin au milieu de ces tourmens, de ces agitations, de ces horreurs cruelles.

C'est ainsi que le musicien pourra représenter l'état le plus affreux où la misère humaine puisse être réduite : & s'il peut réunir les deux grands & terribles moyens que nous venons de lui indiquer pour peindre le désespoir, quels effets ne produira-t-il pas sur l'ame de tous fes fpectateurs? Mais ceffons de préfenter des images horribles : calmons des agitations trop funeftes : n'exifte-t-il donc que des fentimens affreux à éprouver? n'avons-nous à parler que de fureur & d'objets finiftres & déplorables? Agréable férénité, calme heureux, douce paix, venez à votre tour régner fur la fcène, venez embellir les tableaux du muficien; que vos douces influences fe répandent. Quelle mélodie douce, pure & tranquille annonce votre approche! Quels fons céleftes & fuaves gliffent pour ainfi dire dans les airs autour de vous! Un mouvement modéré règle ces chants : j'entends les raviffans accords de la harpe. A peine préfentent-ils la diffonance la plus foible. Quelle fimplicité! c'eft l'harmonie la plus douce ; c'eft prefque uniquement celle que la nature offre par-tout, & que l'art rend ici plus fenfible. Les chants qui fe développent au milieu de ces accords fi fimples mais fi harmonieux, ne franchiffent point de grands intervalles, ils ne s'élèvent point à de grandes hauteurs ; peu de notes y font répandues ; des flûtes douces, des cors peut-être plus doux encore y mêlent des tons enchanteurs : on n'y diftingue ni cris, ni traits précipités, ni fignes particuliers aux affections que nous avons déja dépeintes ; c'est, en quelque forte, la peinture de l'absence de toutes les passions. Comme l'ame se repose avec plaisir au milieu de ces peintures fraîches, pures & délicieuses! comme elle y oublie tout ce qui l'a agitée & tourmentée! C'est un beau jour qui luit après une tempête affreuse : les feux du tonnerre ont brillé de toutes parts ; des torrens sont tombés des nuées ; les vents ont bouleversé l'horizon : le soleil se lève maintenant dans un ciel pur & serein ; la vapeur la plus légère ne ternit pas l'éclat de ses rayons dorés, & ne les détourne pas de leur route azurée ; ils tombent sur une terre qui brille d'une nouvelle verdure : les végétaux que la tempête avoit courbés, relèvent leurs têtes fécondes ; ils se couronnent de nouvelles fleurs & de nouveaux fruits ; le vent le plus foible ne trouble point la paix de ce beau jour. Tel est le tableau de la tranquillité : en le contemplant, on se pénètre insensiblement de ce qu'il représente, & le calme passe du tableau dans le cœur. L'ame s'ouvre insensiblement à la gaieté & à la douce joie, & bientôt elle passe à une joie plus vive, dernier des sentimens dont nous ayons à parler.

Pour peindre la joie, & même celle qui

est la plus sensible, le musicien n'a qu'à jeter du mouvement dans la peinture de la tranquillité, qu'à l'animer, qu'à la rendre plus légère. La joie a ses cris ; il les répandra soit dans le chant, soit dans les accompagnemens quelquefois même il chargera ces accompagnemens, pour exprimer des transports ; il y mêlera des fusées de notes, des traits précipités, &c. ; il y évitera avec grand soin les accords déchirans, les cris des passions tristes ; & même le plus souvent il n'emploiera dans l'expression de la joie pure, de la joie qui ne sera mêlée d'aucun autre sentiment, ni mode mineur, ni un grand nombre de tierces mineures. Mais comme la danse & la joie vont presque toujours ensemble, & qu'elles réveillent mutuellement l'idée l'une de l'autre, le musicien observera de faire présenter aux airs de joie, l'apparence d'un air de danse ; il leur donnera la régularité de la chanson, il y en emploiera les retours périodiques, il y introduira de temps en temps les mouvemens les plus propres à la danse, ceux dont on s'est servi le plus souvent pour cette sœur de la gaieté, & qui peignent fort bien, par leur nature, les élans redoublés de la joie.

Si la joie devient si vive qu'elle se change

en délire, le muficien donnera toujours plus de force aux traits de fa peinture; il les animera par des fens plus vifs, par un plus grand nombre de notes, & des traits plus rapides; il finira même par avoir recours à un beau défordre, pour peindre celui du fentiment. Il n'y a d'autres règles à lui prefcrire, pour ces momens où la paffion eft au comble, que celle de ne jamais ceffer de plaire, de ne fe livrer jamais de fang froid à peindre le défordre, & de ne chercher à le repréfenter, que lorfqu'il fe fera mis parfaitement à la place du perfonnage abandonné à tous les tranfports de la joie, & qu'un noble enthoufiafme fe fera emparé de fon ame.

Des caractères des personnages dans la Tragédie lyrique.

L'on entend communément par caractère, non-seulement l'espèce de sentiment ou de passion que quelqu'un éprouve le plus souvent, mais encore le plus ou moins de facilité avec laquelle on peut lui imprimer une affection plutôt qu'une autre, soit que cette facilité vienne de sa manière d'être physique, de l'éducation qu'il a reçue, des idées qui ont pu se lier avec force dans sa tête, ou soit qu'elle dépende de quelque autre cause.

Mais lorsqu'il s'agit d'un art où l'on ne peut représenter que ce qui forme un tableau & tombe sous les sens, ou compose un sentiment & remue le cœur d'une manière plus ou moins vive, l'on ne doit point faire attention aux dispositions de ceux qu'on peut avoir en vue. Les caractères des personnages ne sont donc pour le musicien, qui travaille à une tragédie lyrique, que le genre des sentimens plus ou moins profonds qu'ils éprouvent le plus souvent.

Si l'on vouloit dire que les dispositions que

nous voulons rejeter du domaine des compositeurs, ne sont ordinairement que des sentimens plus foibles, qui conduisent à des affections plus fortes; ne seroit-il pas toujours vrai que le caractère, relativement au musicien, ne consiste qu'en sentimens ? & ne suffiroit-il pas d'ajouter, *soit que ces sentimens soient plus ou moins développés, & que les circonstances les fassent régner avec plus ou moins de force ?*

Lorsque l'on parle aux musiciens, on doit donc exclure des caractères du théâtre, tout ce qui n'est fondé que sur des idées morales ou abstraites; & il n'existe réellement pour eux, que ce qui est établi sur des affections. Le caractère d'un ambitieux est donc nul pour le musicien. L'ambition n'est que l'état habituel de celui dans l'ame duquel la fortune a allumé un violent désir. Le musicien ne doit voir dans ce caractère que celui d'un homme qui souhaite avec ardeur. Ce n'est pas que le caractère d'un ambitieux ne puisse faire un bel effet dans une tragédie lyrique; mais par le moyen de la musique, il ne produira d'autre impression que celle d'un désir véhément, & musicien ne pourra le peindre qu'avec les mêmes couleurs qu'il auroit employées pour ce désir brulant.

Non-seulement ceci est important pour le musicien, afin qu'il ne fasse pas des efforts inutiles pour représenter diversement ce qui doit être montré avec les mêmes traits, & pour qu'il n'adopte pas un portrait infidèle qui ne réveilleroit point l'idée de l'original, & par conséquent ne produiroit aucun effet; mais encore le poëte ne doit pas le remarquer avec moins de soin. Sans cela ne pourroit-il pas croire avoir jeté une grande variété dans ses caractères, lorsqu'il auroit donné à un de ses personnages l'ambition, & à un autre quelque passion qui dans le fond ne seroit qu'un desir de la même force, mais déterminé vers un autre objet ? Et cependant n'arriveroit-il pas que la pièce offriroit des peintures monotones, parce que le musicien auroit été obligé d'employer à peu près les mêmes coups de pinceau pour les deux caractères ?

Deux causes peuvent concourir à produire un caractère ; premièrement, les passions qui agitent plus ou moins un personnage, qui règnent presque toujours dans son ame, qui la tyrannisent, & qui l'auroient également tourmenté dans quelque état que le sort l'eût fait naître; & en second lieu, le rang, la dignité, l'état, le sexe de ce personnage. Cet état,

cette dignité, ce rang, doivent faire naître nécessairement dans son ame, des affections qui
animent, détruisent ou diminuent les autres
sentimens qui peuvent s'y élever sans leur devoir leur origine; & comme l'état d'un personnage est une chose assez durable, cette
dernière cause est aussi constante que la première; elle doit donc non-seulement agir sur
les sentimens auxquels le personnage peut de
temps en temps être soumis, mais même sur
tous ceux qui peuvent être allumés habituellement dans son ame; & par conséquent elle
doit modifier en tout son caractère, ou pour
mieux dire, lui en donner un nouveau.

Il est aisé de voir que ceci ne contredit point
ce que nous avons déja tâché d'établir; ce
n'est pas par des causes morales que l'état ou
le rang influe sur le caractère, mais uniquement par les affections qu'ils font naître.

Le musicien doit avoir le plus grand soin
de soutenir le caractère de ses personnages,
depuis le commencement de la tragédie jusqu'à la fin, & de seconder ainsi les intentions
du poëte: qu'il voie avec le plus grand soin,
quelles sont les passions qui composent le caractère de son personnage; je dis les passions,
car il est très-rare qu'un caractère ne soit

composé que d'une seule affection. Un sentiment en réveille presque toujours un autre, & le force pour ainsi dire à régner avec lui. N'est-il pas bien rare, par exemple, que celui qui ressent les charmes de l'amitié, n'ouvre pas aisément son cœur à la pitié tendre & consolante?

Que le musicien ne cherche pas à peindre toutes ces passions à la fois : le grand nombre de tableaux différens qu'il produiroit, pourroit quelquefois faire naître un effet agréable ou imposant; mais il seroit impossible qu'il produisît de l'intérêt, pendant tout le cours de la pièce.

Le musicien devroit en quelque sorte, faire paroître l'image du caractère de ses personnages pendant tout le temps qu'ils sont sur sur la scène; mais chaque morceau de musique doit offrir un si grand nombre de teintes, ainsi que nous l'avons vu, que si le compositeur le revêtissoit continuellement encore de la couleur propre au caractère, celle que demanderoient le sujet du morceau & le sentiment pour lequel ce même morceau auroit été composé diparoîtroit bientôt; la principale expression s'évanouiroit, & la tragédie ne feroit couler aucune larme. Le musicien fera donc bien d'attendre les momens où le fentiment paffager eft un peu affoibli, pour introduire la peinture du fentiment conftant & compofé qu'il aura déja formé par la réunion des paffions qui conftituent le caractère.

Le muficien aura un moyen bien puiffant pour foutenir ce caractère & pour ne point ceffer d'en préfenter la reffemblance, pendant tout le temps que le perfonnage auquel il appartiendra fera fur la fcène : il en peindra continuellement les effets ; & voici comment. Les diverfes paffions qui forment un caractère produifent par leur mélange un fentiment unique. Le muficien fe le repréfentera : à chaque morceau qu'il compofera, il comparera ce fentiment qu'il aura, pour ainfi dire, créé, avec celui que le morceau devra montrer & faire naître : il examinera leurs reffemblances & leurs différences : il verra en quoi ces deux fentimens fe détruifent, en quoi ils fe fortifient, & en quoi ils ne s'altèrent pas. Il mêlera ces deux fentimens l'un avec l'autre: il ôtera de ce mélange, fi je puis me fervir de ce terme, tout ce qui fe détruira ; il fortifiera, il animera tout ce qui devra être agrandi ou augmenté ; il laiffera les portions qui n'agiffent point les unes fur les autres, & il composera ainsi un nouveau sentiment qui sera un objet unique, & qui sera seul le but de l'expression qu'il emploiera. Il fera enfin, pour chaque morceau de musique, ce que nous pensons qu'il doit faire pour l'expression générale du caractère.

D'un autre côté, il considérera que lorsque quelqu'un est animé par un sentiment semblable à celui qui résulte du caractère de son personnage, il doit rechercher certains objets qui, auparavant, n'auroient fait aucune impression sur son ame. D'après cela, il ne laissera rien paroître qui puisse agir sur le caractère qu'il produira, sans montrer son personnage comme plus ou moins ému. Il verra aisément, lorsque nous parlerons des caractères en particulier, quels sont ces objets. C'est dans l'attention que nous lui recommandons ici, que sa sagacité, & souvent son génie pourront se déployer. C'est ainsi que le caractère d'Achille caché à Scyros, sous un habit indigne de lui, se décèle à la vue d'une épée.

De même, un grand nombre d'objets qui ordinairement agitent l'ame, qui la transportent, & qui l'entraînent, perdent tout leur empire sur elle, lorsque tel caractère y domine, lorsque tel sentiment l'anime & l'échauffe. Uniquement occupée de sa passion, elle dédaigne tout ce qui n'y est pas lié avec force. Celui, par exemple, qui ne desire que la gloire, n'est guère ému par ce que recherche la cupidité des autres hommes. Que d'après cela, le musicien observe avec grand soin dans sa tragédie, les objets faits par eux-mêmes pour émouvoir l'ame & pour y allumer un sentiment, & qui cependant ne doivent produire aucune impression sur le caractère qu'il veut représenter. A la vue de ces objets, son personnage, au lieu d'être ému, demeurera froid & tranquille : il sera uniquement livré au sentiment qui fait le fond de son caractère; & l'absence seule de l'affection qu'auroient dû produire dans son ame, ces objets qu'il n'apperçoit qu'avec des yeux indifférens, ne contribuera pas peu à soutenir, pendant le cours de la pièce, le caractère produit sur la scène. Musiciens, voulez-vous le rendre digne de la tragédie ? donnez-lui de la grandeur; donnez de la force aux passions qui le composeront ; & pour cela, représentez d'autres passions violentes qui les combattent, mais qui soient vaincues.

Si l'on ne devoit compter de caractères,

qu'autant qu'il y a de fentimens foumis au pouvoir du muficien, le nombre n'en feroit pas bien confidérable : mais cependant, quelle multitude de caractères le muficien ne pourra-t-il pas être obligé de peindre, quoique l'on ne doive pas faire atttention à ceux qui font fondés fur des idées morales ou abftraites, fur des chofes de convention, fur les divers objets de nos defirs, fur les motifs de nos fentimens, & qui ne regardent point l'art dont nous nous occupons ici ?

Un caractère, ainfi que nous l'avons dit, n'eft prefque jamais le produit d'une affection unique; il eft prefque toujours compofé de plufieurs paffions : mais en combinant deux à deux, trois à trois, quatre à quatre, toutes les paffions que nous avons indiquées au génie du muficien, quel nombre infini de combinaifons ne doit-on pas trouver ? & par conféquent, quel nombre infini de caractères ne peut pas être offert aux crayons du muficien ? Mais ce n'eft pas tout : chaque rang, chaque dignité, chaque état modifient toutes les paffions qu'on éprouve ; c'eft comme s'ils donnoient une certaine habitude d'affections, comme s'ils faifoient naître conftamment un fentiment qui leur fût particulier. Infpirez, par exemple, les mêmes fentimens à un roi & à un berger : ces affections feront néceffairement altérées par leur mélange avec la paffion que donne le fceptre & celle que donne la houlette ; & les nouveaux fentimens que cette altération crée, pour ainfi dire, dans le cœur du roi & dans celui du berger, font bien différens. C'eft ainfi qu'une liqueur jaune fait naître du verd en fe mêlant avec de l'eau colorée en bleu, & produit de l'orangé avec de l'eau teinte en rouge.

Chaque état, chaque rang, donnent donc naiffance à un caractère différent : quel nombre prodigieux de caractères cela feul produiroit ! Quelle variété impoffible à déterminer n'en découleroit-elle pas ? Mais il y a plus : chaque paffion eft fufceptible d'une infinité de nuances ; que de degrés, que de différences réelles ne peut-on pas compter depuis le commencement le plus foible d'une affection à peine fenfible, jufqu'au moment où elle règne fans contrainte, & où, entièrement développée, elle exerce toute fa puiffance ? Chaque paffion produiroit donc elle feule, un nombre infini de caractères : que fera ce nombre, lorfque toutes ces nuances feront combinées enfemble ? Que fera-t-il encore, lorfqu'elles feront jointes avec toutes celles qui peuvent être fondées fur des idées morales & abftraites ? Ici l'imagination même eft confondue. Mais ne nous occupons que des caractères produits par des fentimens, & qui ne proviennent que des paffions ou de la différence du rang, des dignités & de l'état des perfonnages. Ne trouvons-nous pas toujours un nombre immenfe, jufqu'aux limites duquel la vue de l'efprit le plus perçant ne peut atteindre ? Comment pourrions nous donc fonger à traiter de tous les caractères que le muficien pourra peindre, & à les expofer ici à peu près comme nous avons décrit les paffions ? Ne fuffit-il pas, d'ailleurs, pour parvenir au but de cet ouvrage, que nous nous occupions des caractères tels qu'ils feroient produits, fi les paffions feules les faifoient naître, & s'ils ne confiftoient chacun que dans un affez petit nombre de paffions ? Les caractères qui découlent du rang du perfonnage, font toujours femblables à quelques-uns de ceux dont nous parlerons. Le génie, la fagacité & l'obfervation fuppléeront aifément à ce que nous ne dirons pas; & ceux qui, avec les fecours que nous leur offrirons, ne pourront pas s'avancer feuls dans la brillante carrière que nous décrivons, y feroient-ils quelques pas, quand bien même nous leur proposerions ici des ressources plus puissantes, & plus multipliées ?

Mais, si nous ne parlons pas des caractères qui tiennent à la différence des dignités & des rangs, du moins nous allons nous occuper de quatre états que tous les poëtes ont représentés, mais que personne n'a encore dépeints sous le point de vue qui nous intéresse. Tout personnage introduit sur la scène doit nécessairement jouir d'un de ces états; ils doivent donc modifier toute espèce de caractère; & il est par conséquent, on ne peut pas plus important de les décrire ici. Ces quatre états sont, l'enfance, la jeunesse, l'âge viril, & la vieillesse.

L'enfance ne peut guère paroître sur nos théâtres, & sur-tout sur le théâtre tragique, le seul qui nous occupe maintenant: lorsqu'elle y est offerte, ce n'est pas pour y agir, mais pour rendre plus touchantes & plus sensibles, tous les affections qu'elle fait naître. Cependant on pourroit quelquefois l'y présenter agissante; mais lorsqu'on l'y montrera, qu'on ne lui donne aucun sentiment profond, aucune affection assez marquée pour constituer une passion. L'enfance est trop molle pour conserver les empreintes qu'elle peut recevoir ; les affections du jeune enfant ne doivent dépendre que de ce qui se présente à lui : elles doivent ne découler que des impressions qu'il reçoit encore ; elles doivent donc être aussi passagères que les objets extérieurs sont mobiles pour lui. Et comment ces objets ne le seroient-ils pas, pour un petit être qui à chaque instant change de place ou d'attitude, s'approche ou s'éloigne de ce qui l'entoure, & fait ainsi varier & se mouvoir relativement à lui, tout ce qui l'environne ? Ses sentimens doivent être aussi fugitifs & aussi inconstans que sa démarche est encore incertaine, que ses paroles sont vacillantes, que ses gestes sont peu décidés. Il doit se porter avec promptitude vers tout ce qui s'offre à lui, parce que tout doit remuer avec force, ce qui n'est jamais ému vivement par un sentiment durable ; tout agite aisément, ce qui par lui-même n'a aucun mouvement déterminé ; tout trouve aisément une place dans ce qui est encore presque entièrement vide d'impressions & d'images.

Que le musicien donne donc à sa musique un caractère léger, & pour ainsi dire incertain : qu'elle ne demeure pas long-temps fixée dans les mêmes modulations, qu'elle ne préfente pas long-temps le même genre; qu'elle n'offre aucune phrase d'une proportion trop confidérable; qu'il évite tout ce qui pourroit donner un air de grandeur à ce qui ne montre encore que de la foibleffe, de la gentilleffe & de l'agrément; à ce qui peut promettre beaucoup, mais qui ne peut encore rien tenir. Que le muficien évite avec foin de faire parcourir à la voix de l'enfant, des intervalles trop confidérables, & trop incompatibles avec la foibleffe de fes organes, & avec la légèreté & la délicateffe de fes affections.

Cependant l'enfant peut être rempli d'agrément, de graces & de charmes, fi une éducation mal entendue n'a pas contraint fes mouvemens; fi la fimple nature a développé librement fes membres, s'il a pu en faire ufage par tous les exercices qui conviennent à cet âge tendre, mais ami de l'agitation & du changement dans tous les genres: les proportions les plus agréables, c'eft-à-dire, les proportions les plus naturelles règnent dans fes membres; il n'a pas encore appris à les tenir repliés par convenance, à les roidir par bon air, à leur donner des attitudes bizarres par convention : les travaux forcés ne les ont pas encore viciés, déformés & altérés; fa main n'a pas encore manié des inſtrumens peſans; ſon dos n'a pas été courbé ſur une charrue ou ſur un atelier : ſes cheveux flottent au gré des vents & de la belle nature, ſans avoir été décolorés bizarrement, brulés avec art, & ſouvent ridiculement contraints; ſa peau n'a pas été ternie par un ſoleil ardent, ou gercée par le froid; la tempête n'a pas encore fondu ſur ſa tête; il ne voit la vie qui ſe préſente à lui, que comme une route ſemée de fleurs; il ne prévoit aucun des dangers & des malheurs qui l'attendent; le chagrin n'a pas ridé ſon front, & effacé la nobleſſe de ſes traits; l'on y diſtingue encore la première origine du roi de la nature; la défiance n'a pas rendu ſa démarche arrêtée & ſuſpendue, ſon regard inquiet, ſon coup-d'œil fixe & ſiniſtre; ſon eſprit dégagé de préjugés & de ſoucis, ne lie que des idées agréables, n'enfante que des images gracieuſes; ſi quelques peines légères viennent troubler les beaux jours qui ſont tiſſus pour lui, elles ſont toutes hors de lui; elles ne laiſſent aucun ſouvenir, elles ſe diſſipent rapidement avec les objets qui les ont fait naître : que lui manque-t-il pour offrir l'image la plus fidèle des graces, de la gaieté, de l'agrément, des charmes, & de la gentilleſſe?

Que le muficien peigne donc l'enfance en employant des chants agréables, & même quelquefois touchans : nous ne pouvons être témoins du bonheur de l'enfance, fans être attendris : nous fommes toujours forcés de faire un retour fecret fur la perte de cet état heureux ; fur le fort infortuné qui y a fuccédé pour nous, & qui attend auffi ces cœurs fi jeunes, fi innocens, & par conféquent fi dignes d'intérêt : ce retour, toujours mêlé de triftefſe & de mélancolie, nous émeut & nous touche.

Que le muficien joigne toujours à ces chants agréables, les inftrumens les plus doux, les traits les plus délicats, les accompagnemens les plus fuaves, l'image de la joie, celle de la tranquillité & de la candeur qui n'eft que la peinture de la douce paix.

Malgré la légèreté des affections de l'enfance & la mobilité qui lui eft fi naturelle, qui eft même néceffaire au développement de fes organes & des facultés de fon efprit, & fans laquelle elle pafferoit à la jeuneffe fans idées & fans connoiffances, il eft des fentimens qu'elle éprouve conftamment, & qui, s'ils ne font pas bien profonds, compenfent par leur efpèce de durée, ce qui peut manquer à leur vivacité. Telle eft la tendreffe qu'ils ressentent pour ceux dont ils ont reçu le jour, pour ceux qui les ont nourris, pour ceux qu'ils voient souvent & qui leur témoignent de l'empressement, pour ceux qui les élèvent, & qui savent mêler un tendre attachement, un intérêt véritable à leurs soins & à leurs leçons. Cette tendresse constante qui devient même une petite passion, dépend de la cause même qui produit la légèreté naturelle de toutes leurs autres affections : elle tient à la facilité avec laquelle tous les objets extérieurs agissent sur leurs organes encore tendres, & par conséquent aisés à ébranler, & à celle avec laquelle les nouvelles impressions que reçoit cette cire molle, effacent bientôt celles qui y avoient déja été produites. Ils ont à chaque instant sous les yeux, les diverses personnes dont nous venons de parler ; à chaque instant ils en reçoivent des secours, ou des plaisirs : à la vérité l'impression qu'ils éprouvent est foible, mais elle est renouvelée à chaque instant ; chacune de ces impressions successives leur inspire une certaine affection, car les enfans sont naturellement aimans ; ils ne se méfient de personne ; toute marque d'affection les touche, parce qu'ils ne soupçonnent pas qu'elle puisse être fausse ; ils s'attachent aisément ; tout ce qui agit sur leurs cœurs, les détermine vers ceux qui les environnent : ces objets doivent donc bientôt leur devenir bien chers, & leur inspirer une tendresse assez vive. A la vérité, ceux qui les entourent n'ont pas fait sur des cœurs trop jeunes & peu susceptibles d'une trace profonde, une impression assez forte pour n'avoir rien à craindre de leur changement : mais ils les remuent & les attendrissent à chaque instant ; ils produisent une succession de sentimens semblables, qui équivaut à un sentiment unique & permanent. Ce n'est point ici l'effet qui dure ; les enfans ne peuvent présenter aucun effet bien constant : mais c'est la cause qui ne passe pas ; ce sont les objets de leur tendresse filiale ou reconnoissante, qui les entourent sans cesse, & réveillent sans cesse leur attachement.

Que le musicien qui représentera l'enfance sur le théâtre lyrique, la peigne donc toujours pleine de tendresse & de reconnoissance pour ses parens, ses maîtres, & même ses compagnons : que l'expression de la douce amitié accompagne celle de l'enfance ; mais qu'il ne montre qu'une amitié encore foible, peu susceptible des grands mouvemens qu'éprouve si souvent cette passion noble & sublime ; & qu'elle soit en quelque sorte proportionnée

née à la délicatesse des organes de l'enfance.

Que les enfans soient toujours peints sur le théâtre tragique, comme nous venons de les représenter ; qu'ils n'y paroissent que pour intéresser, & ceci est autant pour les poëtes que pour les musiciens. Les enfans que des circonstances malheureuses ont dégradés, qui n'offrent que des défauts & quelquefois même que des vices, doivent donc être bannis de la tragédie : ils ne pourroient inspirer, ni l'admiration, ni la pitié, & on ne pourroit pas leur attribuer d'assez grands crimes, pour qu'ils fissent naître la terreur.

Maintenant se présente à nous la brillante jeunesse ; cet âge où la nature morale & la nature physique développent & étendent leurs forces, où l'esprit se déploie, & où les impressions seroient plus profondes que jamais, si la réflexion les accompagnoit ; la réflexion, cette faculté qui seule peut arrêter nos idées, fixer nos sentimens, & durcir véritablement leur empreinte. C'est alors que les passions commencent à exercer leur empire orageux: c'est alors que tous les objets règnent si aisément sur l'ame : rien ne la remue foiblement comme dans l'enfance ; tout la secoue violemment : le jeune homme ne vit que d'élans

& de transports; heureux quand ces transports ne l'entraînent que dans la route qu'il doit parcourir! heureux lorsque les mains sages qui le dirigent, ne s'efforcent point d'éteindre le feu qui le dévore, & qu'ils ne pourroient parvenir à étouffer, mais qu'elles cherchent à contenir ce feu, à le lancer vers les vertus sublimes, vers tout le bien auquel la jeunesse peut atteindre!

Venant d'un âge où personne n'a eu besoin de se défendre contre lui, où personne n'a pu le redouter, ou par conséquent rien ne lui a résisté, sentant chaque jour de nouvelles forces qui se développent en lui, imaginant qu'elles augmenteront toujours, ne les ayant encore mesurées avec aucun obstacle, pensant que rien ne peut les égaler, croyant que tout doit s'applanir devant lui, fier, indomptable, & voulant secouer entièrement le joug sous lequel sa foiblesse l'a retenu pendant son enfance, le jeune homme est l'image de la liberté & de l'indépendance. Il fuit tout ce qui peut lui retracer ce qu'il appelle son esclavage, tout ce qui peut lui peindre son ancienne soumission: il dédaigne des demeures trop resserrées où son corps & son esprit se trouvent à l'étroit; il ne se plaît que dans une vaste campagne où il peut en liberté exercer ses forces à courir, son courage à dompter des coursiers sauvages, son adresse à les dresser, & son intrépidité à vaincre & immoler des animaux féroces. Là, il saute de joie sur la terre qu'il peut maintenant parcourir à son gré : il agite ses membres vigoureux ; il s'essaye à transporter de lourds fardeaux : il croit avoir beaucoup fait, lorsqu'il a renversé avec effort un bloc de rocher, abattu avec vigueur un arbre, ou devancé ses chiens à la course. Ses traits ne sont plus l'image de la grace & de la gentillesse, comme dans l'enfance, mais celle de la fierté. Son corps, dont les contours sont plus durement exprimés, offrent des muscles dessinés avec force, & dont le jeu rapide & puissant annonce sa supériorité : ses cheveux brunis par le soleil dont il se plaît à affronter les ardeurs, sont plus longs & plus touffus : ses yeux pleins de feu, brillent de courage ; ses bras portent déja les dures empreintes, non pas de ses travaux utiles, mais de ses travaux capricieux ; sa démarche est ferme, sa tête élevée, son ton de voix imposant ; il a l'air du fils d'un Hercule, & paroît destiné à remuer sa massue & à dompter les monstres. Impétueux, remué aussi souvent que l'enfance, mais toujours agité violemment, transporté à la préfence de chaque objet nouveau, changeant à chaque inftant de place, de projet & de defir, franchiffant tous les obftacles, impatient de tout retardement ; qui pourroit s'oppofer à fa courfe rapide & vagabonde ? La voix feule du fentiment eft affez forte pour le retenir. La nature qui parle dans fon cœur, plus haut que tous les objets qui l'entourent, lui fait reconnoître, chérir, & vénérer la voix de celui qui lui donna le jour, & qui foigna fon enfance : c'eft un lion qu'on conduit avec une chaîne couverte de rofes, fans qu'il fonge à rompre de fi doux liens. Heureux le jeune homme, lorfque la tendreffe paternelle eft le feul frein donné à fon courage ; lorfque les paffions fi dangereufes, fi vives à cet âge des erreurs, ne s'emparent pas de fon ame & ne la livrent pas en proie à toutes les illufions, à toutes les fauffes efpérances, à tous les tourmens ; lorfque la plus terrible de ces paffions ne vient pas le dominer ! Elle commence par le féduire ; elle lui peint tous les objets en beau ; elle préfente la nature plus riante & plus belle aux yeux fafcinés du jeune homme trompé ; elle conduit fes pas dans une route en apparence femée de fleurs ; par un pouvoir fantaftique, elle lui fait voir au bout de cette fatale carrière, les portes du temple du bonheur ouvertes pour le recevoir; elle lui montre fa place marquée à côté de l'objet de fa paffion funefte : c'eft Armide qui conduit Renaud dans une île enchantée, qui le retient éloigné de fes guerriers, de fon devoir & de fa gloire, & qui, en l'entourant de guirlandes, l'enlace dans des chaînes dont bientôt il fentira tout le poids.

Quelquefois au milieu des ardeurs brûlantes de l'été, lorfqu'un foleil fans nuages répand de tous côtés des rayons enflammés, le jeune homme déja plongé dans fa fatale ivreffe, cherche un abri paifible contre les feux de l'aftre du jour : il s'enfonce dans une forêt; il y rencontre une fource claire & limpide, autour de laquelle les oifeaux chanteurs font entendre leur douce & agréable mélodie : le calme de ces lieux, la fraîcheur qui y règne, l'obfcurité, le murmure des eaux, tout l'invite au fommeil : à peine eft-il endormi, que la paffion qui le domine, lui préfente en fonge l'objet qui règne fur fes fens : il fe réveille plongé dans une illufion entière ; il voit dans tout ce qui l'entoure, l'objet pour lequel il foupire, ou pour mieux dire, il ne voit que lui ; il n'eſt plus que de flamme. L'illuſion ceſſe bientôt, mais ſa bleſſure profonde reſte : rien ne peut en appaiſer les vives douleurs ; partout il porte avec lui le trait fatal qui l'a bleſſé ; il traîne en rugiſſant ſa chaîne cruelle ; il veut la rompre, & elle réſiſte à ſes ſecouſſes ; il veut s'en débarraſſer, & tous ſes efforts n'aboutiſſent qu'à s'en entourer davantage ; livré au déſeſpoir, à des fureurs, à des tourmens horribles, il ſent à chaque inſtant qu'une main ennemie & inviſible le couvre de nouvelles bleſſures : ſes yeux ſe creuſent, ſes joues ardentes portent l'empreinte de la flamme dévorante qui le conſume ; la joie, la douce paix, tout a fui loin de lui : il veut ſe fuir lui-même ; il gravit ſur les monts les plus eſcarpés ; il pénètre dans les ſolitudes les plus profondes, & rien ne peut éteindre le feu allumé dans ſes veines par un funeſte poiſon : égaré, hors de lui-même, il rugit, il fait entendre des cris forcenés, il appelle la mort.

C'eſt ainſi qu'il doit être montré ſur la ſcène tragique, pour y produire de grands événemens, pour y exciter de grandes paſſions, pour y faire naître un grand intérêt. Comment le muſicien pourra-t-il peindre ce tableau ſi difficile ? C'eſt ici qu'il doit réunir les images

& les traits des diverses passions que nous venons de nommer. Qu'il leur donne cette effervescence & cette impétuosité que la jeunesse met dans tout ce qu'elle fait : chez elle, tout est mêlé d'un certain trouble ou d'une certaine impatience; que les mouvemens employés par le musicien les désignent : que des traits rapides se succèdent, que les chants se pressent, qu'ils n'offrent que peu de repos ; que le rhythme adopté présente aussi l'image de l'inquiétude, des élans & des transports ; que l'on ne néglige pas de se servir de doubles croches, d'un grand nombre de notes : que de temps en temps, des chants décidés se fassent entendre, pour marquer la force du corps & l'assurance du courage ; que les cris de joie soient aussi quelquefois entendus : la jeunesse se plaît à la chasse, au bruit des armes, au milieu des combats : que l'on emploie des tons fiers & des airs guerriers, que des instrumens militaires résonnent ; que l'on imite le bruit & les clameurs de la chasse ; que les cors retentissent.

A la suite de la jeunesse, se présente l'âge mûr. L'homme jouit ici de toutes les forces de son corps & de son esprit : les passions tumultueuses, & que l'ivresse ne cesse d'accompagner, ne règnent plus avec affez de force fur lui pour offufquer fa raifon : le rayon divin qui l'anime, brille de tout fon éclat : fon intelligence échauffée par les feux que le trouble de fa jeuneffe a laiffés dans fon imagination, jouit de tous fes droits, & foumet tout à fa puiffance. Son ame animant alors un corps parfait dont tous les organes ont reçu un jufte degré de développement, où la force & la foupleffe fe trouvent réunies, & où tout feconde les divers mouvemens qui l'agitent, s'élance vers les fpéculations les plus fublimes, découvre les grandes vérités, entreprend, exécute, achève les plus grands travaux; alors l'homme, véritable emblême de la majefté & de la puiffance, élevant fa tête droite & augufte fur un corps robufte & endurci, marche, parle, agit en maître de la nature, lui commande & la fait fervir à fes nobles deffeins.

Mais fi les paffions folles de la jeuneffe ne déchirent pas fon ame, elle eft en proie à des paffions prefque auffi redoutables, moins vives, mais bien plus conftantes. L'ambition fait briller devant lui, des couronnes de toute efpèce; elle l'engage dans des routes épineufes pour arriver au but éclatant qu'elle lui offre, but illusoire & fantastique, qui fuit presque toujours devant ceux qui cherchent à y parvenir, & qui disparoît enfin aux yeux de ceux qui sont près de l'atteindre. Il suit la voix de cette ambition cruelle & celle de la fausse gloire; il médite des projets sanguinaires; il forge des chaînes pour des voisins dont tout le crime est d'être trop près de lui; il court aux armes; il aiguise le fer meurtrier; il va la flamme à la main cueillir au milieu des horreurs d'une guerre injuste & barbare, des lauriers teints de sang: assis sur les débris d'une ville fumante, entouré des victimes infortunées de sa passion forcenée, il contemple avec des yeux féroces & cruels, le ravage qui couvre au loin les campagnes; & tous ses gestes sont des signes de mort & de désolation. Ici, avide d'or & de vaines richesses, quels dangers ne brave-t-il pas pour assouvir sa brutale avarice? Dans sa rage féroce, il répand le sang de tout un monde nouveau que le génie n'avoit pas découvert pour des forfaits horribles; il le change en un vaste désert, court semer les crimes les plus atroces dans une partie immense de l'ancien monde, en réduit sous le joug les malheureux habitans, & les transporte chargés de chaînes, sur le nouveau monde qu'il a dévafté, & où il a cru, dans fa fureur infenfée, faire venir de l'or en l'abreuvant de fang.

D'un autre côté, la gloire & fouvent la vertu, l'appellent dans de nouvelles routes interrompues par un grand nombre de précipices, mais dont le but, bien loin d'offrir un vain fantôme, préfente l'image facrée de l'utilité publique. Alors, prince jufte, bon & généreux, il donne la paix & le bonheur au monde, & ne compte fes jours que par fes bienfaits; ici, difpenfateur des graces d'une religion confolatrice, ou des lois facrées de la propriété & de la fûreté publique, il reçoit dans les acclamations des citoyens qu'il confole, & qu'il protége, la touchante récompenfe de fes vertus. Là, il appelle l'agriculture, le commerce & les arts utiles, & leur dit de fertilifer, de peupler un pays inculte: par fes bienfaits, fes travaux & fon induftrie, il unit les états les plus reculés; il les enrichit par fes foins; il les protège par fa puiffance guerrière, fes talens militaires, fes vertus héroïques; faifant naître les arts agréables, il répand mille charmes au milieu des tranquilles habitations de fes femblables; il les réunit, radoucit leurs caractères & en affoiblit la dureté, leur infpire les vertus aimables, calme leurs peines par de vives & d'innocentes jouissances, leur retrace leurs anciens héros, leurs guerriers illustres, leurs grands hommes, fait revivre leurs hauts faits & leurs sublimes pensées. Recueilli enfin, dans une paisible retraite, consultant en secret la nature, abandonnant pour ainsi dire sa dépouille mortelle, s'élevant sur les ailes de son génie & de la contemplation, il découvre & montre à ses semblables, les vérités les plus cachées & les plus utiles.

Tels sont les traits augustes ou féroces que peut offrir le caractère de l'homme dans l'âge mûr : tels sont ceux que le musicien doit peindre. Pour y parvenir, que doit-il faire ? Réunir ce qui appartient à la majesté, avec ce qui désigne la force, avec ce qui inspire l'admiration, quelquefois même avec ce qui peut faire naître l'horreur. Que des passages décidés, mais qui en même-temps expriment le trouble, représentent ces passions plus fortes que tumultueuses, plus réfléchies qu'emportées, qui entraînent l'âge viril : pour cela, que les signes qui caractérisent le trouble, se trouvent joints à des sons soutenus & proférés avec force, à des notes marquées, &c.

Mais si l'homme parvenu à l'âge viril, jouit de tout son être, s'il est alors arrivé au plus haut degré de puissance, il va bientôt en déclinant: chaque jour ses facultés s'affoiblissent; les forces de son corps diminuent ; il passe à la vieillesse. Que cet état digne de tous nos hommages ne soit introduit sur la scène tragique, que pour y intéresser, que pour y faire verser des larmes. Le vieux Lusignan, dans la tragédie de Zaïre de M. de Voltaire, est le modèle des vieillards que la tragédie lyrique doit présenter; on peut citer aussi l'Œdipe de M. Ducis, &c.

Que l'on conserve à la vieillesse que l'on produira sur la scène, toute la raison & toutes les lumières de l'expérience; qu'elle présente même quelquefois un corps encore vigoureux; & que, sous ses cheveux blancs, elle offre toujours un front auguste; que le vieillard soit représenté comme un chêne antique qui soutient encore avec force ses rameaux puissans. Qu'il soit plein de douceur & d'une tendre compassion ; que les maux qu'il a éprouvés, que l'expérience qu'il a de la foiblesse humaine, & des dangers de toute espèce qui entourent ses semblables, remplisse son cœur d'une charité douce; qu'il plaigne & qu'il pardonne; que la nature ne cesse de se faire entendre à son cœur.

Comme l'on doit voir avec intérêt cette image de la foibleffe de la tendre enfance, réunie avec toute la majefté, toute la vénufté de l'âge viril, & avec un caractère plus touchant, plus attendriffant, plus facré encore ! Comme tout ce que dira le vieillard fera intéreffant, lorfque des paroles de douceur ne cefferont de fortir de fa bouche uniquement ouverte par une tendre pitié ! C'eft un Dieu confolateur laiffé au milieu de fes enfans, pour y être une image vivante du Dieu qu'ils adorent, pour leur tranfmettre fes bénédictions, pour les aider par fes confeils, pour les foutenir par le fecours de fes encouragemens & de fa tendreffe touchante, lorqu'il reçoit, de leur amour & de leur reconnoiffance, tous les fecours que fes maux peuvent réclamer. Et quel eft le cœur qui ne fera pas déchiré, fi le vieillard augufte & refpectable eft obligé de courber fa tête défaillante fous le poids de la mifère, ou fous celui de l'infortune ?

Pour peindre ces fcènes touchantes, que le muficien ait recours fur-tout aux moyens que nous lui avons indiqués pour repréfenter la tendre pitié : qu'il offre dans fes tableaux la férénité, l'amitié, la tendreffe paternelle

& filiale, la douleur, mais une douleur radoucie, une douleur qui porte pour ainsi dire un caractère sacré & religieux ; que l'on y remarque aussi les signes qui distinguent l'admiration, mais que l'on n'y voie pas l'admiration froide & stérile ; que l'on y trouve celle qui part du cœur, & qui fait verser tant de larmes.

Ainsi le musicien pourra parvenir à peindre les quatre âges de l'homme. Il combinera la peinture de ceux de ces âges qui seront produits sur la scène, avec celle qu'exigera la situation qu'il aura à représenter. Suivons maintenant quelques-uns des caractères les plus remarquables & les moins composés qu'il aura à dessiner.

Mêlons d'abord ensemble la fierté, la colère, l'indignation & la fureur : nous aurons un caractère qui ressemblera beaucoup à celui qu'Homère a donné à Achille. Ce caractère, pour pouvoir être montré sur la scène tragique, devra avoir un air de grandeur. Le musicien qui voudra le représenter, joindra donc des traits imposans à ceux de la fureur, de l'indignation, de la colère & de la fierté. Comme les trois premières de ces passions s'allument rapidement & s'éteignent de même, le musicien ne devra en mêler les signes à ceux de la fierté, que de temps en temps. Il examinera toutes les occasions qui peuvent réveiller ces trois passions ardentes : & toutes les fois qu'il trouvera sur la scène quelque objet capable de les exciter, qu'il ne néglige pas d'en faire tout de suite paroître les signes, quand bien même rien ne l'indiqueroit dans le poëme, à moins qu'il ne contrarie par-là quelque vue du poëte, ou quelqu'une de ses propres intentions.

Les sentimens doux & paisibles, ni même les affections tendres, n'entrent que difficilement dans le caractère que nous exposons : le musicien mettra donc moins souvent dans son tableau les signes de l'attendrissement ; il attendra que son personnage soit devant un objet bien propre à le toucher, & même qu'il ait été pendant quelque temps exposé à ses impressions, pour le faire paroître ému.

Si l'on met ensemble la haine, la crainte, la terreur & la tristesse, on aura un caractère nouveau peu noble, peu relevé, mais qui contrastera singulièrement avec le premier caractère que nous venons d'indiquer, & qui peut être très-propre à la scène, par les grands effets qu'il peut y répandre.

Pour le représenter, le musicien mêlera les

couleurs de la haîne avec celles de la tristesse ; & sur ce fond noir & horrible, il répandra presque à chaque instant les signes de la crainte, ou ceux de la terreur. L'objet le moins propre à effrayer, fera frémir ce caractère foible qui ne s'occupe que d'objets sinistres, & qui n'a de force que pour exécuter les projets sanguinaires de la haîne. Mais à peine la terreur & la crainte qui l'obsèdent, lui laissent-elles quelques momens où il ne soit pas obligé de porter leurs chaînes terribles, qu'attisant ses feux, & exaltant ses poisons dévorans, il va répandre de nouveaux tourmens sur les objets infortunés de sa haîne cruelle. Que l'expression de la haîne soit donc celle qui domine dans la peinture de ce caractère.

Parlons maintenant d'un de ceux qui lui sont le plus opposés : montrons un des caractères les plus aimables & les plus touchans : mêlons la tristesse avec la pitié consolatrice, & répandons-y le charme de l'amitié la plus vive. La tristesse qui se modifie suivant les sentimens avec lesquels elle se trouve jointe, devient ici une douce mélancolie. Pour peindre un caractère aussi séduisant, le musicien ne devra-t-il pas réunir toutes les couleurs suaves,

toutes

toutes les plaintes affectueuſes, tous les gémiſſemens affoiblis, tous les mouvemens de l'intérêt, les douces agitations d'une tendre inquiétude, le trouble enfin de l'amitié compatiſſante, toujours accompagné d'une eſpèce de ſérénité, & même d'une joie pure & ſecrette? Quelle peinture à faire que celle du mélange de deux ſentimens ſi doux, ſi héroïques, ſi ſublimes, qui donnent véritablement à l'homme toute ſa prééminence, le rapprochent de l'être ſuprême, répandent tout le bonheur qui peut convenir à ſa miſère & à ſa foibleſſe, de ces deux premières vertus, de ces deux premiers devoirs, de cette chaîne ſi étroite & en même temps ſi légère, de tous les cœurs, & de toutes les conditions! Pitié, amitié, retentiſſez à jamais aux oreilles de tous les hommes, ſoyez à jamais bénies, régnez à jamais dans nos cœurs. Le voile d'une douce mélancolie qui ſe répand ſur elles, les rend encore, s'il eſt poſſible, plus intéreſſantes: cette triſteſſe paiſible les rapproche de nous; elle les aſſimile davantage à notre état; elle les revêt de nouveaux charmes; elle mêle à toutes les douces affections qu'elles inſpirent, cet attendriſſement ſecret, ſi cher à tous ceux qui ont reçu une ame ſenſible & compatiſſante.

Tome I.   S

Si le muficien trouve la douleur, la rage & le défefpoir réunis, il n'aura pas précifément un caractère à peindre ; ces paffions ne font pas en quelque forte une fuite de la manière dont nous fommes organifés, & de la nature des impreffions habituelles que nous recevons, elles font allumées par des caufes terribles, particulières & paffagères. Mais ces caufes affreufes & funeftes peuvent quelquefois durer long-temps : elles peuvent même quelquefois fe fuccéder avec tant de rapidité, & venir en fi grand nombre à la fuite l'une de l'autre, qu'elles ne ceffent jamais, en quelque forte, de tenir accablés fous leur poids redoutable, ceux qu'elles ont commencé de tourmenter. D'ailleurs, les affections ordinaires d'un perfonnage ne peuvent-elles pas être telles qu'il foit plus fufceptible d'être violemment ému par des événemens horribles, ou d'autres caufes du défefpoir ? Ainfi le muficien peut en quelque forte compofer un caractère avec les malheureufes affections dont nous venons de parler. Pour le dépeindre enfuite, qu'il n'emploie que les traits du défefpoir ; nous avons vu qu'ils renferment les fignes les plus fenfibles de la rage & de la douleur : mais afin de fe rapprocher davantage de la nature, que le muficien ne foutienne pas toujours l'expreffion trop déchirante du défefpoir ; qu'il la faffe difparoître de temps en temps, & ne la remplace que par des peintures de la rage & de la douleur aigue : ce n'eft que pour paffer à ces deux états miférables que le défefpoir paroît quelquefois fe calmer.

Ce caractère s'approchera un peu de celui de Philoctète bleffé par les flèches d'Hercule, fentant toute l'ardeur dévorante du poifon qui le confume, abandonné dans une île déferte, ne devant plus revoir les feuls objets qui peuvent lui être chers, n'ayant aucun efpoir d'être jamais délivré des tourmens affreux qui l'accablent ; mais il faudra pour cela que le muficien y mêle de quoi infpirer de l'admiration, parce que Philoctète, livré au défefpoir, ne ceffe pas d'être un héros, & le compagnon d'Alcide. Cet état fera enfin véritablement celui d'Orefte agité, tourmenté par les furies, fi l'on y répand des teintes de terreur & d'attendriffement, parce que c'eft un criminel pourfuivi par la vengeance célefte, & qui a puni par un crime la mort funefte de fon père.

Le muficien n'aura befoin que de combiner

un petit nombre de fentimens, pour faire fuccéder au caractère affreux que nous venons d'indiquer, un caractère doux & agréable fur lequel l'ame fe repofera avec plaifir, fur-tout après de violentes agitations ; il n'aura qu'à fondre enfemble la joie & la tranquillité. Ce fera le caractère de la vertu pure introduite fur la fcène : que le muficien craigne de faire difparoître cette douce tranquillité, & de la changer en délire ; qu'il ne peigne jamais que foiblement les tranfports de la joie qui l'accompagne : celle de la vertu n'eft qu'une joie en quelque forte célefte, bien différente de la joie agitée & bruyante que donnent les paffions tumultueufes. Mais c'eft affez parler des caractères propres à la tragédie lyrique; paffons aux chants qui lui conviennent.

Des chants considérés relativement à la Tragédie lyrique.

QUELQUE espèce d'ouvrage que le musicien cherche à créer, soit qu'il travaille pour le théâtre, ou qu'il fasse de la musique purement instrumentale, il faut qu'il présente du chant; il faut que tous les morceaux de musique qu'il offre, en renferment; il faut, en quelque sorte, qu'ils en soient uniquement composés. Les accords ne produisent presque aucun effet par eux-mêmes : ils ne font naître des sentimens que parce que leur réunion forme une mélodie agréable, que parce qu'ils accompagnent & fortifient des chants. Le morceau d'harmonie le plus digne d'éloges ne produit aucun effet qu'à cause du beau chant qu'on y remarque.

Le chant, dont le musicien ne doit jamais cesser d'employer la puissance magique, doit toujours être agréable & très-souvent touchant : il doit toujours peindre un sentiment ou une affection ; il doit toujours les faire naître dans l'ame de celui qui l'écoute : voilà ce que le musicien doit avoir présent, de quelque nature que soit son ouvrage ; mais il a d'ailleurs des considérations à faire, lorsqu'il travaille pour la tragédie.

Le chant du musicien doit être varié comme le style du poëte, suivant qu'il appartient à la tragédie, à la pastorale, à la pastorale héroïque, &c. Tâchons de faire remarquer ce qui doit distinguer le chant tragique des autres espèces de chant, & d'indiquer quelques manières de trouver ceux qui sont le plus propres à la tragédie. Je sais combien il est difficile d'inventer de beaux chants, quelque réflexion qu'on ait pu faire sur l'art de la musique, & sur la nature de la mélodie la plus agréable. Je sais qu'on ne doit ceux qu'on imagine qu'à une espèce d'inspiration, qu'à l'habitude constante d'entendre les plus beaux morceaux des plus grands maîtres, de s'en pénétrer, de se les représenter sans cesse, de les graver dans son esprit & dans son cœur : mais celui qui aura acquis ainsi une mine riche de chants heureux, ne pourra-t-il pas plus aisément en tirer les diamans qui y sont cachés, les tailler, les embellir, leur donner tout leur éclat, les produire dans tout leur jour, les orner de tous les accessoires qui leur conviennent, s'il a réfléchi sur les effets de la mélodie des grands artistes ; s'il en a cherché la source ; s'il s'est fait une espèce de modèle auquel il puisse rapporter les chants que son cœur lui dictera, & d'après lequel il pourra les amener vers la perfection, en y ajoutant, ou du moins en en retranchant les portions superflues ou défectueuses ? C'est ainsi qu'en poësie & en éloquence, les règles fondées sur les ouvrages de génie, & sur ce que la nature ne cesse de montrer de tous côtés, viennent polir les productions de l'imagination.

Je vais tâcher d'éviter aux musiciens qui viendront après nous une partie de la peine que ceux qui nous ont précédés ont été obligés de prendre. Mais auparavant, occupons-nous de quelques objets intéressans qui se présentent, & qui concernent la mélodie en général.

On nous dira peut-être : si l'on ôte de la mélodie la peinture des passions qui en fait le fonds, y restera-t-il une beauté réelle & indépendante de toute convention ? Un chant qui représentera la douleur, & qui en montrera tous les signes, fera sans doute répandre des larmes dans tous les pays ; mais un chant qui ne seroit qu'agréable, qui n'auroit pas le mérite de peindre fidèlement un objet touchant, plairoit-il également à deux nations différentes ? affecteroit-il par exemple, à peu près de la même manière des Italiens & des Russes ?

Pour répondre à cette question, il faut distinguer plusieurs objets dans la mélodie. Premièrement, il faut observer qu'il est bien difficile d'ôter d'un morceau de musique tous les signes de la passion que le musicien a voulu y représenter; & on s'en convaincra aisément, si l'on veut réfléchir à tout ce que nous avons déja dit : le compositeur entraîné par le sentiment qui l'a pénétré, a placé un grand nombre de ces signes sans les chercher, sans même s'en appercevoir; tout en porte quelquefois l'empreinte, depuis le rhythme & la proportion qui règnent dans les phrases, jusqu'à l'inflexion la plus foible de la note la plus rapide.

Il sera aisé de remarquer, d'un autre côté, d'après ce que nous établirons relativement au rhythme, & d'après ce que nous avons déja dit des proportions des phrases musicales, que, lorsque l'ame est émue par un morceau de musique bien fait, & dicté par un goût assuré ou par un heureux génie, non-seulement elle goûte le plaisir de voir une passion fidèlement imitée, mais encore elle jouit de hardiesses sublimes propres à faire impression sur les esprits de tous les pays, à agir sur tous les organes exercés, ou de beautés de symétrie qui doivent plaire sous tous les climats, parce qu'elles sont fondées sur la nature.

Lorsque l'on aura ôté de la mélodie ce qui tiendra à l'expression des passions, aux élans du génie, & à la symétrie, il faudra encore distinguer avec soin, dans ce qui restera, les agrémens & le fond du chant. Ce fond du chant doit nécessairement être l'expression de quelque passion, tantôt d'une affection, tantôt d'une autre, suivant que le musicien a été conduit à des notes basses, ou à des tons élevés. A la vérité cette image est bien foible; elle est si peu sensible, qu'il est impossible de deviner le sujet de la représentation; mais elle est toujours assez forte pour que le cœur, sans en sentir l'objet, en reçoive quelque impression: il y a toujours assez de conformité entre les sons de la musique & les signes des passions, pour qu'on soit ému d'une manière délicieuse, si on ne l'est pas avec force. Le fond du chant doit donc convenir également à tous les pays, ainsi que l'expression vive & méditée des passions.

Il ne reste donc que les agrémens qui puissent ne pas réussir également sous tous les climats. Qu'elle est peu considérable cette partie de la mélodie qui, sujette au caprice, à la mode, & aux conventions, peut varier chez les différens peuples ! Voyons cependant encore s'il ne sera pas possible d'arracher une partie des agrémens à l'usage, & de les attribuer à la nature.

On doit distinguer ceux qui sont propres à chaque genre, à chaque sentiment, à chaque affection ; ceux-ci ne sont que de nouvelles notes employées pour achever de peindre un sentiment ; ce ne sont que des complémens de la peinture des passions. Ils doivent donc être les mêmes pour tous les pays, si elles n'y règnent pas avec le même empire.

D'autres agrémens sont uniquement destinés à faire briller la voix, ou la main de ceux qui exécutent les morceaux de musique ; ou à leur faciliter le passage d'une phrase à une autre, &c. Ces agrémens, dont nous ne discuterons pas ici le degré d'utilité, peuvent appartenir de préférence à un peuple, lorsque les voix offrent dans un pays plus d'étendue, de légèreté, de facilité, &c, que dans un autre.

On ne doit plus trouver dans la mélodie, que les agrémens dont on ne peut, en quelque sorte, assigner les motifs, que certaines petites tournures de chant que tout le monde suit, que des terminaisons adoptées sans fondement, ou du moins sans une raison bien forte. Tous ces derniers agrémens peuvent varier, & varient en effet suivant les pays. Mais que sont les agrémens qui peuvent plaire plus ou moins suivant les différens climats, lorsqu'on les compare à toutes les parties de la musique, indépendantes de toute convention, qui ne reconnoissent, en quelque sorte, d'autres lois que celles de la nature, qui sont les mêmes par-tout, & y produisent les mêmes effets ? On peut donc décider la question proposée, en disant que la vraie musique, & même que toute espèce de musique doit affecter tous les peuples de la même manière à très-peu de chose près, au moins lorsqu'il ne s'agira pas de peuples sauvages dont les organes ne seroient pas exercés, & qui non-seulement n'auroient pas joui d'une mélodie semblable à la nôtre, mais même n'en auroient entendu d'aucune espèce.

On a demandé pendant long-temps si, lorsqu'il ne s'agiroit pas de déterminer par une suite de réflexions, le degré de beauté des productions des arts, & qu'il ne faudroit en juger que par sentiment, on devroit avoir recours à la décision des maîtres qui les auroient fait fleurir, ou à l'avis de ceux qui n'en auroient aucune connoissance. On auroit dû répondre qu'il ne faudroit employer, pour en décider, ni les uns, ni les autres.

Les grands maîtres peuvent obéir à des préventions : ils peuvent se laisser entraîner par la haine ou par l'envie ; ils seroient, en quelque sorte, juges dans leur propre cause. Ne pencheroient-ils pas toujours pour les ouvrages de ceux dont la manière de travailler approcheroit le plus de la leur? Quand ils chercheroient à favoriser le genre qu'ils auroient adopté, & par contre-coup à faire valoir davantage leurs propres ouvrages, ne pourroient-ils pas se déterminer ainsi, parce qu'ils sentiroient mieux un genre de mérite qu'ils auroient depuis long-temps sous les yeux, parce qu'ils pourroient voir un plus grand nombre de beautés dans des productions qui ressembleroient aux leurs par plusieurs endroits? D'ailleurs, par quel grand nombre de préjugés ne pourroient-ils pas avoir leurs yeux fascinés, sans qu'ils en soupçonnassent même l'existence?

Mais, d'un autre côté, ceux qui n'ont aucune connoissance relative aux arts, & dont les organes n'ont point été exercés à en voir ou à en entendre les productions, n'en peuvent juger les ouvrages, ni par réflexion, ni même par sentiment. Ils n'y remarqueroient rien ; ils n'en recevroient aucune impression ; non-seulement ils ne pourroient pas déterminer le degré de convenance des affections qui y seroient représentées ; mais ils ne sauroient même pas si elles y seroient peintes : ils ne découvriroient pas si on auroit cherché à retracer quelque sentiment, à imiter quelque objet.

Qu'on leur montre un tableau, par exemple, ils ne distingueront même pas s'il représente une maison ou un arbre, ou une montagne ; ils n'y remarqueront que des couleurs ; elles leur paroîtront à peine plus ou moins brillantes ; ils les confondront presque les unes avec les autres ; il leur sera impossible de les séparer exactement par une ligne qu'ils tireroient.

Qu'on leur fasse entendre un morceau de musique, ils n'y trouveront que du bruit, ils ne sauront seulement pas distinguer les tons aigus d'avec les tons graves : enfin les productions des arts ne feront pas plus d'impreſſion ſur eux, que divers tableaux n'en firent ſur cet aveugle né, dont l'hiſtoire connue de tout le monde, a été rapportée par M. Cheſelden, dans les Tranſactions philoſophiques, & qui commença à voir à l'âge de 22 ou 23 ans. Il fut très-long-temps ſans s'appercevoir qu'il avoit devant les yeux la repréſentation de quelque objet : il ne diſtinguoit que des couleurs plus ou moins vives, & qui lui paroiſſoient confuſément ramaſſées. Comment cet aveugle né auroit-il pu juger le tableau de la transfiguration de Raphaël ? Quelqu'un voudroit-il dire qu'on auroit dû ne choiſir que ce jeune homme, ou des gens auſſi peu exercés, pour décider du mérite de cet ouvrage ſublime ?

Quels ſont donc ceux à la déciſion deſquels il faudra ſoumettre ce qui ne doit être jugé que par le ſentiment ? Que l'on exclue, ſi l'on veut, les maîtres que des préventions pourroient aveugler, mais que l'on n'ait recours qu'à ceux qui ont eu leurs ſens exercés, & qui ont pu admirer pluſieurs productions de l'art dans lequel ils devront être juges. Que celui qui doit décider en peinture, ait vu beaucoup de tableaux : que celui qui doit décider en musique, ait entendu les chefs-d'œuvre des grands maîtres : qu'il ne soit pas compositeur, si l'on veut, ou du moins qu'il n'ait pas déja donné lui-même des ouvrages dont le genre le force pour ainsi dire en secret, & sans qu'il s'en doute, à préférer un caractère de génie, une nature d'idées, & une manière de travailler ; mais qu'aucun genre ne lui soit inconnu ; qu'il ait exercé son oreille, qu'il l'ait accoutumée à distinguer les plus petits traits, & à reconnoître les effets les moins sensibles.

Il faut cependant ajouter à tout ce que nous venons de dire, que lorsqu'il s'agira de beautés sublimes, & de productions du génie, ce n'est, en quelque sorte, qu'au jugement des hommes de génie qu'on peut avoir recours. Les ouvrages de ces hommes privilégiés sont d'une étendue immense ; ils sont si vastes que la vue seule du génie peut les parcourir. Si l'on ne veut pas les faire juger par des compositeurs, des poëtes, des peintres, il ne faut cependant jamais les soumettre qu'à l'opinion des gens de génie, & des gens de génie exercés.

Nous avons dit que tout morceau d'harmonie devoit présenter un chant, afin de produire de beaux effets. L'on ne doit pas entendre uniquement par chant une phrase musicale régulière. Ce feroit attribuer au chant en général ce qui ne convient qu'au chant le plus parfait. Nous devons dire que le chant en général ne confifte que dans un affemblage de tons qui fe fuccèdent. D'après cela, il eft aifé de voir que tout morceau d'harmonie préfente néceffairement un chant. Mais nous devons aller plus loin, & nous devons ajouter qu'un morceau d'harmonie ne peut jouir de quelque puiffance, fans offrir un chant bien diftinct, bien fenfible & agréable.

Il n'eft pas néceffaire pour cela, que pendant qu'un certain nombre de parties forment un morceau d'harmonie, il y en ait une bien diftincte qui faffe entendre une belle mélodie : ce ne feroit plus un morceau d'harmonie ; ce feroit un beau chant bien marqué, bien décidé, bien tranché, qu'on auroit vraifemblablement compofé avant fon harmonie, & qu'on accompagneroit d'une manière plus ou moins chargée. Ce feroit exclure de la mufique tout ce qu'on a appellé jufqu'à préfent *morceau d'harmonie*, & qui cependant agit avec tant de force, foit par foi-même, foit en faifant reffortir la mélodie douce, agréable ou pathétique, qui précède ou qui fuit. Mais voici les précautions que le muficien doit prendre.

Lorfqu'il

Lorsqu'il aura composé son morceau d'harmonie, il en observera les notes les plus hautes ; il remarquera la succession de toutes ces notes plus élevées, soit que ces notes supérieures soient produites pour la même partie, ou qu'on doive les rapporter à plusieurs, & que ces parties se croisent & s'élèvent tour à tour au dessus les unes des autres. Lorsqu'il aura, pour ainsi dire, recueilli ces notes plus élevées, il les regardera comme isolées, comme détachées du morceau d'harmonie auquel elles appartiendront ; il examinera l'effet qui résultera de leur succession ; il les considérera comme un chant ; il fera attention au nombre des mesures, à l'ordre & au rapport des diverses notes, au retour plus ou moins fréquent des mêmes tons, à la grandeur des intervalles parcourus, à tous les objets que nous allons suivre en détail ; il tâchera enfin de faire que les notes supérieures composent un chant agréable ou touchant ; & si elles ne forment pas une belle mélodie, il peut être sûr que son morceau d'harmonie, quelque bien fait qu'il puisse être d'ailleurs, ne jouira pas de sa puissance. Leur impression percera au travers de l'harmonie : on ne pourra pas empêcher l'oreille de les remarquer, parce qu'elle se porte toujours vers tout ce qui a l'apparence d'un chant ; & quelque susceptible que l'harmonie puisse être par elle-même, de toucher ou de plaire, on recevra toujours du chant qui y sera joint, des impressions assez désagréables, pour qu'on ne puisse faire aucune attention au plaisir qu'elle pourra donner. Si au contraire les notes hautes considérées séparément, forment un beau chant, non-seulement le plaisir donné par l'harmonie ne sera point troublé ; mais ce plaisir conservé dans toute sa pureté, se réunira avec celui qui proviendra de l'espèce de mélodie qui y sera liée.

Au reste, le musicien ne devra pas se contenter d'examiner les notes supérieures pour juger du chant qu'elles produiront ; il devra, avant d'en déterminer l'effet, considérer les notes les plus basses du morceau d'harmonie, & les comparer avec les notes les plus élevées. Soit qu'une seule partie fasse entendre ces notes les plus basses, ou qu'elles soient produites successivement par plusieurs parties, elles forment véritablement la basse du morceau ; & la basse étant la partie de l'accompagnement la plus saillante, ne doit-elle pas nécessairement contribuer pour beaucoup à la beauté du chant, l'altérer ou l'embellir ?

Si l'on suppose tout égal d'ailleurs, on verra qu'un chant n'est agréable que par l'impression plus ou moins gracieuse que produit chacune des notes qui le composent : chaque note ne doit-elle pas offrir une expression différente, & par conséquent exercer une action plus ou moins variée, suivant qu'elle sera l'unisson, la tierce majeure, la tierce mineure, la quinte, la seconde, &c. de la basse ? L'impression communément assez foible, que chaque note produit par elle-même, à cause de sa douceur plus ou moins grande, de sa place plus ou moins élevée, ne se réunit-elle pas alors à celle qui résulte de l'intervalle qu'elle forme avec la basse ? & cet intervalle ne doit-il pas renouveler telle ou telle affection, peindre tel ou tel sentiment, être plus ou moins agréable, suivant qu'elle s'éloigne plus ou moins de l'harmonie naturelle ?

Le musicien doit observer aussi, que non-seulement le chant formé par les notes supérieures d'un morceau d'harmonie, doit être beau en soi, mais qu'il doit l'être relativement à la nature de la tragédie, & qu'il doit offrir toutes les qualités que nous croyons devoir assigner au chant tragique.

T ij

Quelles font-elles ces qualités qui doivent diftinguer le chant de la tragédie ? Premièrement, il doit être compofé à plus grands traits.

De même que dans la tragédie le poëte doit donner à fes vers plus de pompe & de majefté, & à fes idées plus d'élévation & d'étendue ; de même le chant, qui eft pour le muficien ce que les idées & les vers font pour le poëte, doit offrir un caractère de grandeur plus déterminé & plus impofant. Pour donner à fon chant ces grands traits, & cette grande apparence, le muficien a deux moyens qu'il pourra même réunir. Premièrement, il y parviendra en donnant à fes phrafes muficales une plus grande longueur, en les formant d'après des proportions plus confidérables, en les compofant d'un plus grand nombre de mefures ; &, en fecond lieu, il pourra y réuffir en ne changeant pas fi fouvent d'accord, en plaçant en quelque forte chaque mefure dans la même harmonie. Qu'arrivera-t-il de-là ?

L'oreille eft naturellement portée à divifer en intervalles, & en petites portions, les chants qu'elle entend, & elle les partage ainfi pour pouvoir les faifir avec plus de facilité, & s'en rendre compte plus aifément. Elle n'établit guère ses divisions même les plus petites, que sur les différens accords qui accompagnent le chant ; c'est-à-dire, elle sépare ce qui n'entre pas dans le même accord, & place ensemble tout ce qui offre la même harmonie. Lorsque les accords changent souvent, & lorsqu'ils ne sont pas entendus pendant un temps bien long, l'oreille doit nécessairement diviser le morceau de musique qu'on lui présente, en intervalles assez petits ; mais ceux qui sont un peu exercés dans les arts, savent que tous les objets qui sont divisés en plus petites parties, ne présentent jamais le même caractère de grandeur, quoique par eux-mêmes, ils offrent la même grandeur réelle : lors donc que les accords ne changeront que rarement, l'oreille divisera les chants en plus grandes portions, & le morceau de musique obtiendra une plus grande apparence.

C'est ici le lieu de placer tout ce que nous avons à dire relativement à la proportion des chants, ou pour mieux dire, relativement à la formation des phrases musicales. Nous avons vû, en traitant de la nature de la musique, ce qu'étoient les proportions des phrases musicales considérées l'une relativement à l'autre.

Nous avons établi qu'elles doivent être composées de deux mesures, ou d'un nombre de mesures qui contienne plusieurs fois exactement le nombre *deux*, comme quatre, huit, douze ; c'est-à-dire de deux fois deux, de quatre fois deux, de six fois deux, &c. Nous avons ajouté que si quelquefois le desir d'introduire de la variété, engageoit le musicien à donner à ses phrases trois mesures, cinq mesures, &c, à les former enfin d'après un nombre impair, il falloit qu'il plaçât toujours deux ou quatre de ces phrases irrégulières à la suite l'une de l'autre, afin que l'oreille pût aisément se faire illusion, & qu'au lieu de deux phrases de cinq, elle crût en entendre cinq de deux, &c. Nous n'avons pas besoin d'insister sur tous ces objets que nous avons développés. Mais considérons ici une phrase musicale en elle-même ; regardons-la comme formant elle seule un tout ; nous verrons les parties qui la composent sujettes aussi à des lois de régularité. Tout ne doit-il pas présenter à l'oreille & à l'esprit, les plaisirs de la symétrie ?

Pour rendre plus sensible ce que nous allons dire, supposons que nous ayons devant les yeux, une phrase d'une certaine étendue ; les divisions que nous croirons devoir établir, y feront bien plus remarquables ; & tous les caractères que nous allons indiquer, feront bien plus apparens. Choisissons une phrase de seize mesures : ne la jugeons pas relativement à celles qui peuvent la précéder ou la suivre ; voyons-la comme si elle existoit seule ; examinons-la uniquement, & fachons comment elle doit être composée.

Toute phrase musicale, quelle que soit sa longueur, renferme toujours des repos ; & parmi ces repos, il en est au moins un plus marqué que les autres. Il présente l'accord le plus consonnant de tous, après l'accord parfait du ton dans lequel la phrase est composée, ou il offre cet accord parfait un peu déguisé par la manière dont les différentes parties parviennent à le former. On ne peut pas s'en servir pour la fin d'une phrase ; l'oreille desireroit toujours quelque chose : trop avertie de la modulation qu'on lui offre, elle n'est contente que lorsqu'elle jouit entièrement de l'accord parfait du ton qu'on a choisi. Mais s'il ne peut pas terminer entièrement une phrase, on peut du moins s'y arrêter un moment, avant de recommencer de chanter ; si le sens n'est pas complet, il est du moins suspendu.

Si ce repos très-sensible ne paroît qu'une

fois, il doit être placé au milieu de la phrase, pour établir une égalité rigoureuse entre les deux portions qu'il forme, qu'on peut aisément remarquer à-la-fois, & où doit régner par conséquent la symétrie la plus exacte.

Si cette suspension plus marquée que les autres, paroît trois fois, elle doit couper la phrase en quatre parties bien égales ; & par exemple dans la phrase de seize mesures que nous avons prise pour modèle, elle devra paroître dans la quatrième, dans la huitième, & dans la douzième ; on réservera la dernière pour le repos le plus parfait, pour le repos absolu.

La suspension dont nous nous occupons, doit toujours se trouver au commencement d'une mesure ; elle doit, pour ainsi dire, l'occuper toute entière : sans cela, il faudroit placer la grande terminaison au quart, ou à la moitié, ou aux trois quarts de la dernière mesure, pour que la phrase fût divisée en parties égales ; les changemens d'accord deviendroient trop rapprochés, & la phrase offriroit un trop petit caractère. La suspension ne pourra donc paroître trois fois dans une phrase, que lorsque le nombre des mesures que cette phrase renfermera, pourra être divisé exactement par quatre : trois repos ne doivent-ils pas, en effet, produire quatre portions ?

De même, lorsqu'on voudra introduire deux fois dans une phrase la suspension dont nous traitons, il faudra qu'elle la coupe en trois parties bien égales, & par conséquent que le nombre des mesures puisse être divisé exactement par trois, comme douze, vingt quatre, &c. Si on veut placer ce repos quatre fois, il sera nécessaire que la phrase puisse être divisée exactement par cinq, &c.

Le plus souvent cette suspension ne paroît qu'une fois, & se trouve au milieu de la phrase : de-là vient que l'oreille l'y cherche presque toujours, & qu'elle est toujours bien aise de l'y rencontrer. Voilà pourquoi, indépendamment des raisons que nous avons déja données, les phrases impaires produisent toujours quelque impression désagréable, parce que cette suspension ne pouvant pas être placée au milieu d'une mesure, ne peut pas se trouver au milieu de ces phrases.

Supposons donc notre phrase de seize mesures divisée en quatre portions par quatre repos bien sensibles ; il y a encore des règles à observer pour la formation de ces quatre grandes parties, & pour leur division particulière. Nous avons commencé de montrer la manière de ponctuer les phrases musicales; nous avons dit où l'on devoit employer la virgule & le point, voyons comment il faut placer les virgules.

Chaque portion comprise entre les grands repos a aussi de petites suspensions; elle offre des endroits où le chant est plus ou moins interrompu, & pourroit être plus ou moins arrêté. C'est ici principalement que la symétrie la plus exacte doit être observée, puisque les objets sont très petits & très-rapprochés, & qu'il est par conséquent très-aisé de les voir à la fois. Ces petits repos doivent être placés au commencement des mesures, & les occuper en quelque sorte toutes entières. Ils doivent d'ailleurs diviser la portion de phrase dans laquelle ils se trouvent, en intervalles parfaitement égaux. Lorsqu'il n'y en aura qu'un, il faudra donc le faire entendre exactement au milieu de la portion de phrase; lorsqu'il y en aura deux, il faudra qu'ils coupent cette portion en trois parties bien égales; lorsqu'il y en aura trois, en quatre parties d'une égale étendue; enfin il faudra, ainsi que pour les repos plus remarquables, que la portion de phrases puisse être divisée exactement par cinq, pour qu'il y ait quatre petites fuspenfions ; par quatre, pour qu'il y en ait trois, &c.

Revenons donc à notre phrafe de feize ; fuppofons-la divifée par trois repos ; imaginons chaque portion partagée en deux par une fufpenfion plus foible ; marquons ces petites fufpenfions par des virgules, & indiquons par des virgules avec des points, les autres repos plus fenfibles. Voici comment les fignes de la ponctuation devront être placés dans cette phrafe. A la feconde mefure, on trouvera une virgule, c'eft-à-dire une fufpenfion foible ; à la quatrième, une virgule & un point, c'eft-à-dire le premier repos plus fenfible ; à la fixième, une virgule, & une fufpenfion foible ; à la huitième, une virgule & un point, c'eft-à-dire le fecond repos plus marqué ; à la dixième, une virgule ou une fufpenfion foible ; à la douzième, une virgule & un point, ou le troifième repos plus aifé à diftinguer ; à la quatorzième, une virgule ou une nouvelle fufpenfion foible ; & enfin à la feizième, le repos abfolu qui doit tout terminer.

Il y a encore une confidération à faire relativement à la compofition intérieure des phrases musicales. Elle tient à l'harmonie avec laquelle on les accompagne. Non-seulement, il faut que toutes les grandes portions formées par les repos plus sensibles que les autres, se ressemblent quant à leur étendue; mais le plus souvent, (& en ne prenant pas la règle que nous indiquons pour une loi trop rigoureuse) elles ne doivent varier ni par le nombre, ni par l'ordre, ni par la durée de leurs accords. C'est-à-dire, que si une de ces grandes portions est composée de quatre grands accords égaux en durée, il sera très-avantageux que toutes les autres portions soient formées de même.

Il devra en être de même des petites portions des phrases; il ne sera cependant pas nécessaire dans une phrase musicale, que les petites parties produites par les suspensions les plus foibles, se ressemblent toutes par la durée, l'ordre & le nombre de leurs accords; mais toutes les petites parties qui seront renfermées dans la même grande portion, devront ne présenter aucune différence relativement à ces trois objets.

Au reste, tout ce que nous venons de dire est entièrement fondé sur les exemples des plus grands maîtres de toutes les écoles: qu'on examine leurs ouvrages, & l'on verra que toutes les fois qu'ils ont voulu produire de beaux chants, & qu'ils n'ont point été entraînés par quelque intention particulière, ils ont observé avec soin les règles que nous venons d'établir, soit qu'ils les aient connues, ou soit qu'ils aient été conduits par l'heureux instinct de leur génie.

On imaginera peut-être que tout ce que je viens de prescrire est d'une exécution très-difficile; que je charge d'entraves ceux qui doivent aller à la recherche des beaux chants, des chants heureux, des chants faciles. Je répéterai ce que j'ai déja dit relativement à plusieurs autres règles: il ne faut jamais songer à aucun précepte quand on crée, quand on est livré à un heureux délire, à un enthousiasme presque céleste; il faut alors vaguer en liberté. Mais lorsqu'on a exhalé tout le feu dont on étoit animé, lorsque l'ouvrage est produit, il faut le polir, en retrancher ce qui paroît défectueux ou inutile, &c: insensiblement le musicien s'accoutumera si bien aux proportions les plus sévères, qu'il ne pourra plus composer un morceau de musique, sans les y introduire, de même qu'un peintre ne peut plus faire de fautes contre le dessin, même dans les tableaux où son génie a pris le vol le plus hardi, lorsqu'il ne s'eſt jamais permis de laiſſer paroître aucun de ſes ouvrages, qu'après l'avoir ſoumis aux règles auſtères de ce même deſſin. Ce qui prouve en faveur de ce que nous venons de dire, & montre combien les proportions dont nous venons de parler ſont naturelles, c'eſt que ſi l'on examine les airs que tout le monde retient ſi aiſément, qu'on répète avec tant de plaiſir, & qu'on chante ſi long-temps après qu'on a ceſſé de les entendre, l'on verra qu'ils ſont tous formés d'après ce que nous venons de chercher à établir.

Si je pouvois me ſervir de cette expreſſion, je dirois que le chant où ces proportions ne ſeroient pas introduites, pourroit être comparé à de la proſe, & celui où elles brillent, à des vers : les premiers, comme la proſe, peuvent en quelque ſorte renfermer les plus belles idées ; mais les ſeconds, ainſi que les vers, peuvent ſeuls les préſenter avec cet ordre qui charme nos ſens de toutes les manières. Au reſte, ſi le chant ſe trouve naturellement très-beau, très-touchant ou très-agréable, qu'on ne cherche pas à l'altérer, pour y établir les proportions qui y manquent ; on pourroit le rendre plus parfait, mais on pourroit aussi lui ôter tous ses charmes & toute sa puissance.

Lorsqu'un chant aura reçu ces belles proportions, que par-là il aura été rendu propre, en quelque sorte, à toute espèce de morceau de musique, qu'on aura choisi & employé de préférence les proportions les plus grandes, & les accords d'une longue durée, que restera-t-il à faire au compositeur pour que son chant présente le caractère de grandeur qui convient à la tragédie ?

Il devra encore faire attention à la nature de son chant ; il rejettera toutes les combinaisons de notes qui pourroient produire des effets trop petits, ou réveiller des idées trop peu relevées ; il exclura, par exemple, toutes celles qui ne peindroient les sentimens légers ou gracieux qu'en les rapetissant, qui les représenteroient dans des espaces très-rapprochés. Indépendamment qu'en général ces traits ne peuvent point par eux-mêmes appartenir à la tragédie ; pourroient-ils convenir à la grandeur des salles où les morceaux tragiques doivent être entendus ?

Il est hors de doute que dans les arts, la grandeur des productions doit toujours être proportionnée à l'endroit pour lequel elles sont destinées : personne ne conteste qu'une statue ne doive être plus grande & bien différemment sculptée, si l'on veut la placer au-dessus d'une tour fort élevée, que si elle doit orner un très-petit cabinet. Tout le monde exigera toujours les mêmes convenances dans les tableaux : on a dit les mêmes choses relativement aux productions musicales ; mais on n'a pas déterminé dans quelle partie de ces productions devroit être placée cette différence de grandeur ; on n'a pas assigné les moyens de la faire naître. Tâchons de suppléer à ce qu'on n'a pas dit. Est-ce dans la longueur des morceaux que doit consister ce caractère de grandeur nécessaire pour produire de beaux effets dans un endroit très-vaste ? Non ; le concert demande souvent des morceaux plus longs que le théâtre : au concert, l'auditeur, souvent occupé lui-même à exécuter l'ouvrage qui lui est offert, porte moins son attention sur l'expression de la musique considérée en elle-même ; il n'est point pressé de voir la fin ou le dénouement d'une action ou d'un événement qui l'intéresse & le déchire : il a le temps de tout écouter. Nous avons vu au théâtre tragique les morceaux les plus courts produire quelquefois l'effet le plus grand. Tout le monde a ressenti la force magique dont jouissent, dans Armide, ces paroles chantées à Renaud, *notre général vous rappelle*, & qui cependant n'occupent qu'un très-petit nombre de mesures. On pourroit citer d'autres morceaux du plus grand effet, renfermés dans des temps encore plus courts. La longueur des morceaux, ou leur durée étendue, ne contribue donc en rien à l'effet de la musique en tant que cette dernière est destinée pour nos grandes salles de spectacles; bien loin même de lui donner un caractère de grandeur, le plus souvent elle l'empêcheroit d'être propre à la scène tragique; elle répandroit le dégoût & l'ennui.

Est-ce, comme d'autres musiciens pourroient être tentés de le croire, un caractère bruyant qui peut rendre la musique propre à un vaste vaisseau? Mais combien de fois des morceaux exécutés *pianissimo*, n'ont-ils pas produit les plus grands effets sur nos théâtres? Combien de fois même n'ont-ils pas fait naître des impressions bien supérieures à celles des morceaux les plus bruyans?

Est-ce le nombre ou la nature des instrumens? Est-ce, par exemple, l'emploi des instrumens à vent? Mais combien d'airs touchans & sublimes; combien même de beaux airs dont le caractère étoit bruyant, n'ont été composés que pour des instrumens à cordes. Voyez dans Iphigénie en Tauride l'air que chante Pylade, *unis dès la plus tendre enfance;* M. Gluck ne s'y est servi d'aucun instrument à vent.

Qu'est-ce donc qui produit cette grandeur propre aux vastes endroits ? le chant & les accompagnemens qui analysés ne sont que des chants ; tout ce qui constitue un morceau de musique, excepté sa durée plus ou moins longue.

Mais dans les chants, qu'est-ce qui donne cet air de grandeur ? Premièrement les grandes proportions, ainsi que nous l'avons dit, l'étendue & la durée des mêmes accords, l'absence de tous les traits délicats & de certaines liaisons trop fréquentes ou trop recherchées.

Lorsque dans la tragédie, deux morceaux qui se suivent, ou deux portions de morceau très-voisines & contiguës, expriment des sentimens très-voisins, il faut bien que le musicien fonde les uns dans les autres, le rhythme, la modulation, le chant, & les accompagnemens. Cela est aussi nécessaire dans une grande salle, que dans un petit appartement. Mais le musicien peut avoir cherché à lier son ouvrage par des notes placées de manière que l'oreille ne cesse jamais d'entendre des sons, & que les deux morceaux ne soient jamais séparés par un silence. Ces remplissages peuvent faire un bel effet dans les petits endroits ; mais il ne faut les employer qu'avec réserve, lorsque la musique doit être exécutée sur un très-grand théâtre. Non-seulement ils y seroient souvent perdus, & ne seroient pas toujours distingués par les spectateurs éloignés ; mais d'ailleurs ne pourroient-ils pas nuire aux effets tragiques ? Ne contiennent-ils pas le plus souvent de petits traits ? Les grands traits réunis par ces remplissages, ne cesseroient-ils pas d'être aussi distincts les uns des autres, & de présenter un air de grandeur ? L'oreille ne cesseroit-elle pas d'être déterminée à établir ses divisions dans des endroits qui ne seroient plus marqués par des silences ? Elle n'éloigneroit pas les uns des autres ces points de partage, parce que d'elle-même elle rapproche toujours les proportions & les divisions, afin de pouvoir les saisir plus aisément ; mais elle les rapprocheroit ; les traits & les masses seroient réellement moins grands relativement à l'auditeur, & le caractère de leurs impressions seroit nécessairement rapetissé.

En général, dans tous les morceaux de musique destinés pour un très grand nombre de spectateurs rassemblés, il faut que le musicien espace bien les traits, donne par-là aux formes une expression bien prononcée, détache bien les masses les unes des autres, & empêche que leur ressemblance avec l'objet de la représentation, ne soit étouffée par leur trop grande proximité. Ceux qui en reçoivent les impressions de loin, & c'est le plus grand nombre, jugeroient nul l'éloignement des traits, s'ils distinguoient entre ces mêmes traits quelque remplissage qu'ils regarderoient comme une de leurs parties. Il faut composer en général pour les grands endroits, comme pour les instrumens trop retentissans, & dont les sons durent encore long-temps après qu'on a cessé de les faire naître : ne faut-il pas alors espacer les sons & les phrases, & les séparer par des intervalles & des silences, afin qu'ils ne se confondent pas, & qu'on n'entende pas à-la-fois des notes & des phrases qui ne doivent pas agir ensemble ?

Il faut cependant que le musicien sache bien distinguer les bornes qu'il doit donner aux intervalles dont nous venons de parler ; qu'il n'outre rien de ce que nous venons de dire ;

qu'il ne rende pas les séparations trop fréquentes ; qu'il se rappelle que parmi les morceaux faits pour les plus grands théâtres, il y en a cependant qui ont besoin de ne point offrir de silences ; que quelquefois ces silences ne doivent être placés que dans un certain nombre de parties, pendant que les autres remplissent l'intervalle, & font entendre de petits chants. Ici il n'a rien de mieux à faire que de consulter l'expérience, que de faire exécuter sa musique dans de grands endroits, de la corriger d'après l'effet qu'il remarquera, de bien méditer les ouvrages des grands maîtres, de bien étudier les morceaux les plus propres aux grandes salles, &c.

Les chants de la tragédie doivent, plus que les autres chants, renfermer les signes d'une émotion, soit vive, soit profonde : comme toutes les passions sont plus ardentes & plus impétueuses dans la tragédie, & que dans une pièce de théâtre, tout doit sans cesse porter l'empreinte du caractère indiqué par le genre de la pièce, il faut que le chant, lors même qu'il ne devroit plus offrir une expression particulière, montre qu'il est proféré par un personnage habituellement affecté par quelque sentiment violent, & peut-être même agité intérieurement par une passion brûlante, dans le moment où il paroît sur la scène.

Les signes sensibles des passions ne peuvent point se suivre immédiatement dans le chant ; les différentes peintures des sentimens ne peuvent pas se toucher : il leur faut des cadres pour ainsi dire, il leur faut des liaisons, des transitions purement musicales. Quelquefois, après deux mesures qui ont représenté une passion, on en rencontre qui ne peignent rien, mais qui conduisent à de nouvelles images, ou qui servent à compléter les proportions. Non-seulement la tragédie exige plus de signes d'affections que les autres genres dramatiques, dans les parties du chant qui servent à la peinture des sentimens, mais encore dans ces phrases inutiles à certains égards, mais cependant si nécessaires à tant d'autres. Le musicien répandra dans ces mesures, quelquefois superflues en apparence, des tons soutenus, des notes prolongées avec effort ; il se servira des suspensions, des syncopes, & de tous les autres moyens dont nous parlerons, en traitant des accompagnemens, où ils doivent être employés bien plus fréquemment par les compositeurs.

Que le musicien cependant ne prodigue point ces moyens ; & que pour éviter un défaut, il ne tombe point dans un autre. Dans les arts, il est bien rare qu'on puisse échapper à une manière défectueuse, sans en embrasser une autre souvent plus défectueuse encore. Voilà pourquoi la perfection se montre si rarement ; voilà pourquoi elle ne paroît même véritablement dans aucun ouvrage, pas même dans ceux des plus grands génies. Ces productions sublimes ne diffèrent pas des productions ordinaires, en ce qu'elles sont exemptes de fautes : souvent même les défauts qui s'y trouvent, sont plus considérables que dans les ouvrages médiocres, parce que la rapidité avec laquelle va le génie, ne lui permet guère de faire de chûtes légères ; mais elles s'élèvent au-dessus des productions des hommes ordinaires, parce qu'elles sont remplies de beautés du premier ordre, qu'on ne rencontre pas ailleurs.

Comme rien n'est aussi relevé que la tragédie, que les sujets qu'elle présente, & les personnages qu'elle introduit, tout ce qu'elle offre doit avoir un caractère de noblesse ; & principalement son chant doit en porter l'empreinte. Pour parvenir à la lui donner, le musicien créera une mélodie aussi peu composée que l'expression des diverses passions qu'il devra représenter, le lui permettra; il fuira toute apparence de recherche, la simplicité caractérise si souvent la noblesse; il y placera, le plus qu'il pourra, les intervalles les plus naturels; il y évitera, en général, de séparer les notes par des distances trop considérables; il empêchera que son chant n'aille avec trop de rapidité, des sons les plus aigus que la voix puisse faire entendre, aux plus graves qu'elle puisse proférer; il ne le soutiendra point dans des tons trop hauts, qui le rendroient trop criard, trop forcé, trop éloigné de toute dignité; il ne le contiendra point dans des tons trop bas qui s'accordent peu avec la noblesse, & une certaine bienséance; il imitera, pour l'élévation des sons dont il formera sa mélodie, la manière ordinaire de parler des gens de l'état le plus illustre, manière qui tient à la douceur apparente de leur caractère, à la dignité de leur extérieur, à la décence de leur maintien, & dans laquelle on ne remarque point de cris, comme dans celle du peuple & des états inférieurs.

Le musicien doit aussi faire attention aux agrémens dont il ornera son chant. Pour le rendre aussi analogue à la tragédie qu'il peut l'être, qu'il ne les emploie pas tous indifféremment; qu'il diftingue ceux qui accentuent, en quelque forte, les notes que le chant préfente, qui ne diffèrent que d'un demi ton de celles qu'ils précèdent ou qu'ils fuivent, qui donnent au chant de plus petits intervalles, qui le rapprochent du langage ordinaire, qui le rendent plus propre à imiter les cris des paffions, qui contraignent la voix à fe modifier de la même manière que pour proférer ces cris, & qui font enfin eux-mêmes des fignes de paffions. Le compofiteur pourra les employer auffi fouvent que le morceau de mufique l'exigera; ils ne feront que contribuer à rendre fes peintures plus nombreufes, & à donner à fes productions ce caractère animé & plein d'affections profondes, qui fied fi bien à la tragédie.

Le muficien pourra admettre ou refufer indifféremment les agrémens qui n'ont été imaginés que pour rendre plus facile l'exécution des morceaux de mufique : & à l'égard de ceux qui ne font deftinés qu'à faire briller les talens des acteurs, que lorfque le muficien voudra les employer, il fe fouvienne qu'il ne doit jamais laiffer détruire l'illufion.

Le compofiteur doit en général éviter avec

un très-grand foin une répétition fucceffive & continuée pendant long-temps de traits femblables, fur-tout fi ces traits font très-courts & très-faillans, & s'il eft par conféquent très-aifé de s'appercevoir de cette repétition. Rien ne donne plus aifément le caractère comique à un morceau de mufique, & par conféquent ne doit être moins employé dans une tragédie. Cependant un trait bien expreffif, même très-court, pourra être répété fans inconvénient un très-grand nombre de fois, principalement dans les accompagnemens, s'il préfente une image bien vraie de quelque paffion forte, fur-tout s'il peint quelque fentiment trifte ou déchirant, comme la pitié ou la douleur, & s'il eft impoffible d'y appliquer aucune idée comique. Un trait quel qu'il foit pourra même être répété avec fuccès s'il eft agréable ou touchant, & fi le nombre de fois pendant lequel on l'entendra, eft borné, par exemple, à trois ou quatre.

A l'égard des traits qui ne fe fuivront pas immédiatement, ou qui auront une certaine longueur, non-feulement on pourra les répéter un grand nombre de fois; mais en les faifant entendre très-fouvent, on pourra introduire une très-grande beauté dans la mufique, si on a l'art de les varier par la nature des modulations, par celle des instrumens employés, par la plus ou moins grande élévation du passage, par quelque altération qu'on lui fera subir, assez forte pour écarter la monotonie, mais en même temps trop foible pour empêcher de le reconnoître. Ce passage répété représentera la force & la constance avec lesquelles une passion régnera dans le cœur d'un personnage, & ne lui permettra de se livrer à quelque pensée étrangère, que pour l'arracher aussitôt à cette nouvelle idée, s'emparer de son ame, & l'occuper toute entière.

Ne doit-on pas bannir de la tragédie lyrique les roulades placées dans le chant, les fusées de notes qu'on pourroit y entendre, tous les passages composés d'une très-grande quantité de tons différens exécutés sur la même syllabe, tous les traits enfin auxquels on peut donner le nom de morceaux de *bravoure*, & qui ne sont destinés qu'à montrer la facilité avec laquelle un acteur chante les morceaux de musique les plus compliqués? Tous ces traits n'éteindroient-ils pas toute espèce d'intérêt? ne feroient-ils pas même disparoître la peinture la plus vive des sentimens les plus énergiques ? Lorsqu'on les entend, on ne peut avoir d'autre plaisir que celui de sentir le mérite de l'artiste qui les exécute. On ne peut pas rapporter ce mérite au personnage représenté ; on ne peut pas imaginer que l'on juge dans Agamemnon la manière plus ou moins adroite de chanter un certain nombre de notes : on ne doit avoir que l'acteur en vue : mais dès le moment qu'on ne voit que celui qui représente, on n'est plus en Grèce ; on est dans une salle de spectale ; l'illusion est détruite, & l'intérêt s'évanouit.

La manière dont les paroles & le chant s'accordent ensemble, ne contribue pas peu à donner au chant le caractère propre à la tragédie. Comme dans la mélodie tout doit porter le caractère de la noblesse & de la simplicité, il ne faudra pas que les paroles soient trop pressées ; l'acteur ne devra pas être gêné par le nombre des syllabes qu'il devra chanter dans un certain temps ; il faut toujours qu'il puisse allier une belle manière de jouer, avec la précipitation ou la lenteur marquées par la musique ; que les mêmes paroles ne soient pas trop souvent entendues de suite ; qu'en général le musicien n'isole &

ne fasse répéter les portions de phrases, que lorsqu'elles auront un sens analogue à la situation, ou lorsqu'elles seront composées de mots, d'un mot même dont l'expression sera très-vive, qui seront les signes les plus forts du sentiment indiqué, & qui, en quelque sorte, représenteront tout seuls l'affection qu'on voudra peindre. Il est superflu de dire que les règles de la quantité ne doivent jamais être violées, & de faire observer que les musiciens seront presque toujours à leur aise à cet égard, s'ils veulent considérer que le chant n'est guère changé, & que son effet n'est pas altéré d'une manière bien sensible, lorsqu'on remplace deux noires qui sont sur le même ton, par une blanche, deux croches par une noire, ou une ronde par deux blanches, &c, suivant que l'on veut faire entendre un nombre plus ou moins grand de syllabes brèves ou longues (a).

Il nous reste maintenant à traiter du rhythme,

___

(a) M. de C... amateur, se propose de publier un Essai sur la quantité de notre langue, considérée relativement à la musique ; il m'a communiqué ses idées ; je pense que le public verra avec plaisir un ouvrage qui nous manquoit, où il trouvera des vues & des observations nouvelles, & qui sera d'une très-grande utilité.

& de l'emploi qu'on peut en faire pour rendre les chants analogues à la tragédie.

Le rhythme, en musique, n'est que le nombre & le rapport des notes qui remplissent un certain espace déterminé. Pour qu'une mesure présente le même rhythme qu'une autre, il ne suffit pas qu'elle renferme le même nombre de notes : il faut de plus que les durées de ces notes offrent le même rapport que les durées des notes de l'autre mesure. Que, par exemple, la première soit composée de quatre notes, non-seulement la seconde devra en contenir aussi quatre, pour montrer le même rhythme ; mais si les quatre notes de la première mesure sont des noires, & ont chacune une durée égale, il faudra que celles de la seconde soient des noires, & aient aussi chacune une égale durée.

Nous verrons, en parlant des airs, s'il est nécessaire que le musicien donne absolument le même rhythme à toutes les phrases d'un morceau de musique ; si en le variant quelquefois, il ne trouvera pas une nouvelle source de beautés ; d'après quelles règles, & avec quelles précautions il doit se permettre d'en changer : & il nous suffit de dire ici que le choix d'un rhythme ne peut pas être indifférent au muſicien, & que celui qu'il aura adopté, pourra ne pas peu contribuer à donner aux chants qu'il compoſera, l'apparence de grandeur & le caractère animé qui ſont propres à la tragédie.

Les bornes d'un ouvrage de la nature de celui-ci, ne permettent pas de donner aux compoſiteurs des exemples des rhythmes les plus propres à remplir leurs vues : mais, en général, qu'ils évitent les rhythmes trop compliqués, trop chargés de notes, &c : nous ne ſaurions trop répéter que la ſimplicité eſt ſouvent le caractère de la nobleſſe, & quelquefois de la grandeur.

Au reſte, nous devons avertir le muſicien d'une choſe importante. La nature de la quantité de notre langue réduiroit à un bien petit nombre les rhythmes qu'il pourroit employer, s'il vouloit toujours le marquer & le conſerver dans le chant que la voix fait entendre. Il fera fort bien de le ſoutenir dans ce même chant, ſi rien ne s'y oppoſe ; mais il ne doit pas gêner ſes idées pour y parvenir ; & c'eſt principalement dans les accompagnemens que rien ne contraint, que le muſicien doit placer ce rhythme, & le montrer pendant tout le temps qu'il voudra. Lorſque le rhythme eſt bien préfenté par les inftrumens, il eft prefque impoffible que l'oreille ne le croie pas auffi offert par la voix, fur-tout fi le chant que cette même voix fait entendre, conferve toujours, d'une manière affez exacte, la forme adoptée par le muficien.

Le compofiteur doit choifir affez fouvent une certaine forme de chant déterminée, c'eſt-à-dire compofée de notes placées d'une certaine manière & plus ou moins élevées relativement les unes aux autres. Pour qu'une mefure préfente la même forme de chant qu'une autre, il n'eft pas néceffaire qu'elle renferme le même nombre de notes, ni que ces notes aient le même rapport de durée, cela appartient au rhythme ; & une mefure peut montrer la même forme de chant, fans offrir le même rhythme : mais il faut que chaque temps de cette feconde mefure offre des notes baffes ou des notes élevées de la même manière que la première mefure. Par exemple, fi la première mefure renferme trois temps, fi le fecond eft plus élevé, & le troifième plus bas que le premier, il faut que le fecond & le troifième de la feconde mefure foient également élevés & abaiffés relativement au premier temps.

Nous verrons, en parlant des airs, fi le

muficien

musicien doit conserver pendant long-temps la même forme de chant, l'employer à demi, la faire ensuite reparoître toute entière, &c. Il est aisé de remarquer déja quelle variété le musicien peut tirer du mélange du rhythme, & de la forme adoptée, de leur séparation, de leur réunion, de leurs oppositions.

Tome I.   X

Des accompagnemens considérés relativement à la Tragédie lyrique.

Prenons ici le mot *accompagnement* dans son acception la plus générale, & désignons par ce mot toutes les notes, tous les passages, tous les chants que les instrumens peuvent exécuter, & qui sont destinés à accompagner les voix, & à compléter un morceau de musique.

Soit qu'il s'agisse d'accompagnement, de chant, ou de toute autre partie de la musique, que le compositeur ait toujours en vue de porter vers sa perfection l'art dont nous nous occupons ici. Heureux celui qui pourra le revêtir de toute sa force, en lui donnant toute sa pureté, en en retranchant toutes les fausses idées, toutes les conventions arbitraires, toutes celles qui ne sont pas, en quelque sorte, des développemens ou de nouvelles applications des lois de la nature, en supprimant enfin toutes les choses inutiles, qui par conséquent ne peuvent que cacher des beautés, si elles n'introduisent pas des défauts.

Dans les arts, comme dans tous les objets

que la nature nous préfente, voulez-vous embellir ce dont vous vous occupez; voulez-vous l'élever au plus haut point auquel il puiffe atteindre ? cherchez à en faire difparoître tout ce qui y eft inutile. Vous verrez les beautés naître & fe développer d'elles-mêmes dans l'objet de vos foins, dès que rien d'étranger ne viendra en étouffer le germe ; ou plutôt ces beautés paroîtront & brilleront de l'éclat le plus vif, dès que tous les voiles feront enlevés. Quelle différence même n'y aura-t-il point entre ces beautés & celles qu'on pourroit y porter d'ailleurs, & qu'on voudroit y placer avant d'en avoir arraché toutes les chofes inutiles? Les unes feront femblables à ces arbres vigoureux que la nature fait venir elle-même dans les climats qui leur conviennent; à ces végétaux puiffans qui y croiffent, & y parviennent d'eux-mêmes à la plus grande hauteur, dès qu'on les a débarraffés de toutes les plantes inutiles, de toutes les ronces qui les étouffoient, & qu'on leur a rendu les rayons du foleil, les influences de l'atmofphère, & les fucs nourriciers de la terre : les autres feront comme des arbres que la main de l'art a arrachés au climat qui les avoit vu naître, & où ils fe feroient couronnés en abondance de fleurs & de fruits, qui vont s'élever avec effort, & d'une manière contrainte, sur le nouveau sol où on veut les naturaliser, qui n'y déploient qu'avec peine leur verdure, qui y dépériroient bientôt, qui tomberoient bientôt sur une terre qui ne les connoît pas & ne les nourrit que par force, si la même main qui les a transplantés cessoit un moment de les arroser & de les soutenir.

Et en effet, dans les arts, qu'est-ce que le beau, ce point vers lequel ils doivent tous tendre ? Qu'est-ce même que le beau considéré en général, le beau absolu ? N'est-ce pas la représentation de la nature débarrassée de tout ce qui peut la voiler ? Et le beau relatif à nous, qu'est-il, si ce n'est cette même représentation de la nature dégagée de tout ce qui peut agir sur nos sens d'une manière trop forte, & y faire naître des impressions mêlées d'une frayeur trop grande, d'une douleur trop vive, ou de quelque autre sensation trop fatiguante ? Lorsqu'un grand peintre a voulu peindre un beau paysage, y a-t-il placé des beautés idéales, des beautés étrangères? Non; il s'est contenté d'offrir tout ce qui peut entrer dans une belle campagne ; il en a ôté tout ce qui peut en cacher les principales parties, tout ce qui peut y répandre des images désagréables : à la vérité, il a réuni les traits de plusieurs paysages ; c'est-à-dire qu'il ne s'est pas contenté de dévoiler & d'éclairer plus ou moins vivement les beautés d'une campagne particulière, riante ou pittoresque ; mais il n'a jamais fait que mettre dans tout leur jour les beautés de la nature qui ne consiste pas dans tel ou tel site, mais dans la collection entière des paysages.

Que le musicien qui voudra que la musique fasse sans cesse de nouveaux progrès, songe donc, lorsqu'il travaillera à quelque partie que ce soit de son art, à la débarrasser de toutes les choses inutiles, de toutes celles qui n'auront point de motif, & dont il ne pourra pas se rendre compte. Il devra l'observer d'autant plus, en s'occupant des accompagnemens, qu'ils forment une partie des plus essentielles en musique, ainsi qu'il est aisé de s'en appercevoir d'après ce que nous avons déja dit.

Tous ceux que la nature a rendus propres à goûter le charme de la mélodie & de l'harmonie, ont senti assez souvent le plaisir que peut donner un accompagnement bien fait, pour que nous n'ayons pas besoin de parler de l'agrément ou de la force qu'il répand dans un morceau de musique. Mais quelques personnes appuyées sur des raisons puissantes en apparence, ou pleines d'une admiration aveugle pour la musique ancienne, dans laquelle on prétend qu'il n'y avoit point d'accompagnemens semblables aux nôtres, & sur laquelle cependant on ne peut que conjecturer, ont pensé, & pourront penser encore, que les accompagnemens sont plus nuisibles qu'avantageux à la musique, que s'ils procurent de nouvelles jouissances, ils voilent des beautés, & qu'on verroit bientôt paroître tous les grands effets attribués à la musique des Grecs, si on réduisoit la nôtre à une belle mélodie, & si au moins les accompagnemens y présentoient un caractère plus simple que celui que nous leur donnons. Des hommes d'un grand mérite, des gens célèbres ont même paru pencher vers cette opinion : on diroit qu'ils ont voulu confondre les airs simples & naïfs, uniquement destinés à la peinture d'un sentiment tendre ou délicat, mais jamais bien vif, avec les morceaux destinés à représenter dans la tragédie, les passions bouillantes & impétueuses. On a pensé que la multitude des peintures que les accompagnemens préfentent devoient fe nuire mutuellement, partager l'attention au point de l'anéantir, & l'intérêt au point de l'éteindre.

Il me semble qu'il est aifé de répondre par une fimple comparaifon. Qu'un peintre veuille, par exemple, montrer Tancrède que les enchantemens d'Ifménor ont défarmé. Dénué de tout efpoir de fecours, privé de tout moyen de fe défendre ou de fe fauver, ayant fon courage enchaîné par un pouvoir invincible, éloigné de tout ce qu'il aime, retenu dans une obfcure caverne, au milieu d'une fombre & épaiffe forêt, il n'attend plus que la mort. Que l'artifte ne repréfente fur fa toile que Tancrède; qu'il ifole entièrement ce héros; qu'il ne peigne rien autour de lui : premièrement, il n'y aura aucune illufion. Mais fuppofons pour un moment que l'illufion puiffe naître; fuppofons qu'on puiffe fe repréfenter Tancrède, & qu'on croie le voir. Le peintre montrera fur fon vifage cette douleur tranquille, mais profonde, d'un héros à qui fa valeur captive & l'objet qu'il aime arrachent de triftes regrets, mais qui s'arme de cette intrépidité qu'il a portée fi fouvent au milieu des batailles, qui friffonne cependant en penfant qu'il va être féparé pour jamais de tout ce qui peut lui être cher, & qui ne peut, malgré son courage, envisager sans pâlir la mort qui s'avance vers lui toute nue, sans que la gloire & l'ardeur des combats puissent jeter sur elle un voile éclatant. Je veux que par une puissance magique, tout aussi surprenante que celle d'Isménor, le peintre puisse faire lire tous ces sentimens sur le visage de Tancrède. Mais que de beautés perdues, que de sources d'effets taries!

Au lieu de faire voir cette peinture isolée, que l'artiste représente tout ce qui environne Tancrède dans ce moment affreux : qu'il montre la forêt sombre & solitaire où il attend la mort : qu'il y répande les ombres de la nuit ; que la clarté la plus foible vienne seulement y faire distinguer l'entrée d'une caverne affreuse, noire & horrible : l'imagination la peuplera bientôt de tout ce qui peut inspirer l'effroi & la terreur : le spectateur sait que c'est une forêt enchantée ; il croira bientôt y voir errer des fantômes ; il pensera entendre sortir de chaque arbre de tristes gémissemens. On verra alors Tancrède, sur lequel le peintre aura ramassé tout ce qu'il aura pu recueillir de clartés éparses, on le verra s'attendrir en entendant ces accens plaintifs qu'il croira reconnoître ; le spectateur sera lui-même dans une situation mêlée de douleur, de frémiffement, d'attendriffement & d'horreur : il fera trop ému par la peinture de tout ce qui environnera Tancrède, pour n'être pas déchiré, en voyant ce héros infortuné. Il partagera fes plaintes ; il friffonnera avec lui ; & fes yeux, comme les fiens, fe rempliront de larmes. Tous les acceffoires ne détourneront pas l'attention de deffus Tancrède ; ils ne feront que montrer la caufe des fenfations qu'il éprouvera ; le fpectateur portera néceffairement fur le héros, toutes les affections qu'il recevra des objets qui l'environnent.

Ayant déja leurs cœurs ramollis ; ayant déja reçu les atteintes de la douleur & de l'horreur ; ayant déja reffenti tous les mouvemens de la pitié, comme les fpectateurs partageront la fituation d'un héros à qui tout va être ravi, & que tout fon courage ne peut défendre ! Bientôt abymé dans fa douleur, appelant la mort dont il ne peut éviter les coups, accablé fous le poids d'une efpèce de défefpoir tranquille, ou pour mieux dire, d'un défefpoir concentré, & retenu par fa fermeté & fa valeur héroïque, pouvant à peine contenir fes larmes, affis à l'entrée de la fatale caverne, fa tête immobile appuyée fur ce bras jadis ſi redoutable, ſes yeux fixés à terre, ou ne s'en relevant que pour chercher encore les objets que ſon cœur lui rappelle & qu'il ne doit pas revoir, Tancrède ne laiſſe plus échapper que quelques plaintes rares : il retient des ſignes inutiles d'une douleur ſans eſpoir ; & faiſant reparoître ſur ſon front auguſte qu'il relève, toute la ſérénité d'un grand courage, il attend en héros le coup qui doit le frapper : le ſpectateur, à qui aucune circonſtance ne peut échapper, reſſent alors juſqu'au fond de ſon ame cette ſituation ſublime & déplorable : il ne penſe ni à la caverne, ni à la forêt ; il ne voit que Tancrède ; mais il le voit au pouvoir d'un enchanteur, & au milieu de ſa noire retraite. Que le muſicien faſſe donc comme le peintre.

Et ſi nous voulons remonter à un objet plus impoſant, la nature nous préſente-t-elle jamais un objet entièrement iſolé ? Lorſqu'elle veut que nous en diſtinguions un au milieu des autres, elle le peint avec des couleurs plus vives, elle le deſſine avec de plus grandes proportions ; mais elle le montre toujours parmi d'autres objets deſtinés à l'accompagner & à en faire reſſortir tout l'éclat.

Pour bien traiter des accompagnemens, il

faut les diviser en deux espèces ; il faut les séparer en accompagnemens qui se confondent, qui s'identifient avec le chant, & qu'il est, en quelque sorte, difficile d'en distinguer, & en accompagnemens qui forment, pour ainsi dire, un morceau de musique à part, qui composent une peinture séparée, & qui cependant, bien loin de nuire au chant, & à l'objet principal de la représentation, le font paroître avec encore plus d'avantage.

Lorsque le musicien aura un chant simple dont l'expression n'exige pas de grands traits, & ne doit pas faire naître de grands troubles, & lorsque ce chant sera fait de manière que plusieurs notes de suite ne devront pas entrer dans le même accord, le musicien fera bien d'employer les accompagnemens que nous pourrons désigner par l'épithète d'*identifiés ;* c'est-à-dire, il placera le plus souvent la partie la plus saillante de son acompagnement, & par exemple celle du premier violon, presque à l'unisson de la voix, ou du véritable chant : le second violon fera ou la même partie, ou une partie qui lui sera entièrement analogue : il la suivra à la tierce ou à la sixte ; s'il présente des intervalles moins consonnans, il conservera à peu près les mêmes formes ; il montrera le même nombre de notes ; il offrira la même durée ; il aura le même rhythme : il fera, en quelque forte, difficile de reconnoître que les premiers & les feconds violons, ou les inftrumens qui les remplaceront, formeront deux parties différentes, & les auditeurs qui ne feront exercés qu'à demi, auront de la peine à s'en appercevoir : la baffe accompagnera cette harmonie fi fimple par des notes plus fimples encore ; elle fe mêlera fouvent auffi avec le chant ; c'eft-à-dire, elle adoptera fouvent le même nombre de notes & le même rhythme. Le plus fouvent l'harmonie fera réduite aux parties que nous venons d'indiquer ; fi on y en ajoute quelque autre, cette nouvelle partie ne s'éloignera pas beaucoup de celles dont nous venons de parler ; elle ne s'en écartera, en quelque forte, que pour préfenter les notes que les autres parties ne pourront pas faire entendre, dans les momens où le muficien fera bien aife de remplir les accords, & de produire une harmonie complète. C'eft ainfi, à très-peu de chofes près, que M. Piccini a accompagné l'air, *Orefte, au nom de la patrie*, d'Iphigénie en Tauride, & que M. Gluck a accompagné l'air d'Iphigénie en Aulide, *Confervez dans votre ame*.

Mais lorsque le muficien aura compofé un chant formé de grands traits, lorfqu'il y aura placé l'expreffion d'une paffion forte & véhémente, que la voix s'y déploiera à fon aife, que les mêmes accords y dureront pendant long-temps, & que le mouvement ne fera pas trop précipité, il pourra au moins fouvent employer les accompagnemens auxquels nous donnons le nom d'accompagnemens non identifiés, qui formeront une efpèce de tableau ifolé, repréfenteront l'objet principal avec de nouvelles couleurs, ou en montreront les acceffoires.

Divifons-les en accompagnemens figurés, & en accompagnemens non figurés.

Les accompagnemens non identifiés, & qui en même temps ne font pas figurés, font des tableaux formés par un morceau d'harmonie, & féparés, en quelque forte, du chant avec lequel cependant ils doivent avoir le plus grand rapport. Le morceau d'harmonie qui les compofe, peut préfenter toute efpèce de notes, de doubles croches, de fimples croches, des noires, fuivant le fentiment que le muficien eft obligé de peindre. Mais il faut le plus fouvent que chacune des mefures qui le composent, présente le même nombre d'accords différens.

Ces accords ne doivent pas être remplis d'une manière inégale ; c'est-à-dire, les uns ne doivent pas faire entendre uniquement deux notes à-la-fois, tandis que les autres en présenteront trois ou quatre : si cependant le musicien met un certain ordre dans l'inégalité des accords, & dans les diverses manières de les remplir ; & s'il mêle, d'après certaines vues, ces accords inégalement chargés, il pourra en faire découler une source vive d'expression pour plusieurs passions & pour plusieurs caractères.

Il faut que le nombre de notes employé dans chaque mesure, soit à peu près égal. Si le musicien en employoit un nombre inégal dans les différentes mesures de son morceau d'harmonie, mais cependant s'il mettoit de l'ordre dans l'inégalité que présenteroient ces diverses mesures, les accompagnemens rentreroient dans la classe de ceux dont nous nous occuperons bientôt.

Chaque partie ne doit parcourir que les plus petits intervalles, en passant d'un ton à un autre : le morceau d'harmonie pourra être composé successivement des accords les plus éloignés ; & cependant il faut qu'on ne s'apperçoive pas de la variété de ces accords : il changera de couleur, en paffant par toutes les nuances intermédiaires ; on croira avoir toujours le même fond de tableau fous les yeux ; l'oreille ne fera jamais detournée du chant qui fe promenera au milieu de cette harmonie ; tout le mouvement paroîtra être dans ce chant, & par conféquent il attirera feul les regards.

Par exemple, que l'on examine une vafte forêt, au milieu de laquelle un arbre s'élève plus haut que les autres, & que l'on foit placé fur une montagne voifine, les yeux fe porteront fans doute fur le grand arbre. Mais on le diftinguera bien mieux ; il attirera bien mieux toute l'attention, fi obéiffant à une puiffance magique, il change de place & erre au milieu des autres arbres immobiles qui formeront le fond ftable du tableau. Si cette même puiffance magique agite tout d'un coup tous les arbres, & les force à fe répandre dans la plaine ; s'ils font tous doués de mouvement, & s'ils obéiffent à des forces inégales, il en naîtra une confufion, au milieu de laquelle il fera prefque impoffible de diftinguer le grand arbre.

Pour achever de rendre nos idées fenfibles ; que l'on refte placé fur la même montagne, mais que la forêt difparoiffe, & faffe place à un champ de bataille. Qu'une armée y foit prête à combattre, & qu'un héros fe place fièrement à fa tête, on le diftinguera aifément à fon air élevé & martial, à fa démarche altière, aux marques de fa valeur & de fa dignité. Mais fi lui feul parcourt les rangs de fon armée toujours immobile, il fera bien plus aifé de le reconnoître ; & toute l'attention ne fe portera-t-elle pas néceffairement vers lui ? L'armée demeurant fans mouvement offre-t-elle aux regards quelque objet nouveau ; & le héros qui s'avance au milieu des bataillons, ne préfente-t-il pas à chaque inftant un nouveau fpectacle ? Que toute l'armée marche, & fe répande en quelque forte fans ordre ; alors mille objets occuperont l'attention & les yeux ; ils les empêcheront de fe porter fur le général, & on le perdra dans la foule.

Mais quels font les rapports que le morceau d'harmonie doit avoir avec le chant qu'il accompagne ? Il doit exprimer le même fentiment que le chant, à moins que le muficien ne foit obligé d'avoir une intention contraire.

Si

Si le chant eſt toujours placé dans le haut, l'accompagnement doit être compoſé de tons bas, & s'élever au contraire, lorſque le chant eſt compoſé de notes baſſes, afin qu'ils ſoient plus aiſément diſtingués l'un de l'autre. Si cependant l'expreſſion du ſentiment que le muſicien voudra peindre, demande des cris ou des ſons aigus, il vaudra mieux quelquefois laiſſer dans le haut le chant & les accompagnemens.

Il ne faudra pas que l'accompagnement ſoit compoſé de notes de même durée que celles du chant, à moins que l'expreſſion des paſſions n'exige le contraire. Par exemple, lorſque le chant préſentera des notes d'une longue durée, on fera bien de ne donner aux accompagnemens que des croches, de doubles croches, &c; & de même, les accompagnemens ne devront préſenter que des rondes, des blanches, &c, lorſque le chant offrira des notes dont la durée ſera très-courte. Le compoſiteur parviendra ainſi à donner une eſpèce d'immobilité aux accompagnemens, à les faire paroître, en quelque ſorte en repos, relativement au chant, & à rendre ce même chant bien plus aiſé à diſtinguer. Il faut obſerver, à ce ſujet, que de doubles croches, de ſimples croches, ou des noires peuvent laisser paroître le chant autant que des blanches ou des rondes, si elles persévèrent sur le même ton pendant tout le temps de la durée d'une ronde ou d'une blanche. Elles représentent des blanches ou des rondes exécutées d'une manière particulière, & qui aulieu d'être composées d'un son unique & soutenu, offrent ces sons agités & frémissans que les Italiens désignent par le mot *tremolo*. On doit encore observer, que lorsqu'il s'agit de produire des effets très-saillans, ou de peindre quelque passion très-forte, l'ouvrage offrira une beauté de plus, si le compositeur donne à l'accompagnement & au chant le même nombre de notes, le même rhythme, & par conséquent des notes de la même durée.

Passons maintenant aux accompagnemens figurés. Ils sont, comme les précédens, des tableaux séparés du tableau principal, ou, pour mieux dire, des objets distincts, des couleurs particulières, destinés à servir de fonds au tableau formé par le chant. Ils diffèrent des accompagnemens non figurés, en ce qu'ils sont bien plus touchans ou bien plus énergiques, qu'ils offrent eux-mêmes une peinture vive, qu'ils forment eux-mêmes un chant, ou, pour mieux dire, qu'ils font compofés de petites images, de petits chants bien expreffifs qu'on fait reparoître une ou plufieurs fois par mefure avec la plus grande régularité.

Pour former ces accompagnemens figurés, au moins pour les produire avec toutes leurs graces & toute leur force, il faut, fi je puis me fervir de ce terme, y avoir préparé le chant : il faut compofer ce chant de manière que ces accords ne changent que rarement, qu'ils comprennent chacun un grand efpace, & qu'ils occupent, par exemple, une mefure, &c. D'ailleurs que le chant foit compofé de peu de notes ; qu'il foit fimple ; qu'on le faififfe aifément, qu'il puiffe produire tout fon effet, fans que l'attention fe tourne vers lui toute entière ; qu'il permette qu'elle fe partage ; qu'il fouffre qu'elle fe porte en partie vers le chant produit par l'accompagnement, & que nous pouvons appeler chant fecondaire.

Lorfqu'on aura ainfi préparé le chant principal à recevoir un accompagnement figuré, ou, pour mieux dire, lorfqu'on aura inventé un chant qui fe trouve formé de la manière que nous venons d'expofer, on choifira un trait expressif & court. Que ce trait ait le plus grand rapport avec le cri attaché par la nature à la passion qu'on voudra peindre, ou que par le moyen de sa conformité avec les accessoires, le mouvement & la démarche de cette passion, il en réveille aisément l'idée : d'ailleurs qu'il ne soit pas d'une exécution très-difficile, parce qu'il doit revenir bien des fois ; & que le plus souvent les notes qui le composent, entrent toutes dans le même accord.

Pour donner plus de force à ce trait, il seroit bon de le choisir parmi ceux qui composent le chant principal ; on obtiendroit un bien plus grand avantage encore, s'il étoit possible de prendre pour l'accompagnement figuré, un trait de ce chant sur lequel on eût déja entendu quelque parole frappante, & qui fut comme le résumé de la passion qu'on voudroit peindre. Ce trait montreroit alors, de deux manières, le sentiment que le musicien auroit en vue ; il le représenteroit par lui-même, & par sa conformité avec les signes de cette affection ; & il en offriroit l'image par sa liaison avec un mot qui exprimeroit cette affection, & par le pouvoir d'en réveiller l'idée que cette liaison lui auroit donné. Par exemple, lorsqu'on voudra peindre la haine, si le chant principal est uni à quelque mot qui la caractérise, comme *immolons*, *qu'il périsse*, &c, il faudroit choisir de préférence le trait qui seroit lié avec ce mot, pour en composer l'accompagnement figuré.

Si le trait qu'on voudroit choisir pour en former le chant secondaire, n'avoit pas toutes les qualités qu'il doit avoir, il faudroit tâcher de les lui donner, ou, pour mieux dire, il faudroit composer un chant qui les eût, & qui approchât le plus possible du trait qu'on auroit voulu préférer.

Lorsqu'on aura ainsi le passage convenable, on le placera dans les accompagnemens, ou, pour mieux dire, on en composera l'accompagnement figuré; on en formera du moins la partie la plus saillante. Mais quelles sont alors les précautions à prendre? quelles sont les règles à observer? quels rapports les accompagnemens figurés doivent-ils avoir avec le chant principal? Tâchons d'indiquer ces rapports, ces règles & ces précautions.

Le trait qui constituera l'accompagnement figuré, & qui peut-être sera quelquefois répété quatre fois dans une mesure, devra toujours reparoître exactement le même; cependant lorsque la beauté du chant, ou quelque circonstance particulière forceront le compositeur à introduire dans son morceau de musique des accords très-rapides, & dont la durée sera plus courte que celle du passage qui compose l'accompagnement figuré, ce trait ne pourra pas être entendu en entier dans le même accord: le plus souvent on sera obligé de l'altérer pour l'employer de nouveau ; mais qu'on le dénature alors le moins possible, & qu'on lui conserve toujours le fonds de sa forme. Supposons, par exemple, que ce trait soit composé d'un quart de soupir, & de trois doubles croches séparées chacune par un intervalle d'une tierce, & dont la première soit la plus basse, & la troisième la plus élevée. Lorsqu'on altèrera ce passage pour le faire entrer dans deux accords différens, qu'on le compose toujours d'un quart de soupir & de trois doubles croches. C'est là l'essentiel de sa forme ; c'est en cela précisément qu'elle réside ; & on le reconnoîtra toujours tant que cette forme subsistera. Si l'on ne peut pas conserver ensuite l'intervalle de tierce entre les trois notes employées, on les rapprochera d'un ton ou d'un demi ton s'il le faut ; on les laissera à la même hauteur si cela est nécessaire ; mais lorsqu'il devra y en avoir quelqu'une de plus élevée que les autres, que ce soit la troisième de préférence, & qu'on tende toujours vers le premier ordre dans lequel la première note est la plus basse, & la troisième la plus haute.

Le passage adopté devra être porté tantôt plus haut & tantôt plus bas, suivant que les accords ou la modulation changeront; mais, soit que ce changement d'accord ou de modulation oblige ou non le musicien à altérer le passage qu'il aura choisi, il faudra toujours que ce trait ne s'élève ou ne s'abaisse qu'en parcourant les intervalles les moins grands. Ceci est fondé sur les raisons que nous avons données en traitant des accompagnemens non identifiés & non figurés : en l'observant, on rendra le changement du chant secondaire moins sensible & sa marche moins remarquable : l'auditeur pourra se faire illusion ; il se persuadera que l'accompagnement est en quelque sorte en repos ; l'attention ne sera pas trop partagée, & se portera avec facilité sur le chant principal.

Pour que l'accompagnement figuré produise tout son effet, le musicien ne doit pas négliger les précautions que nous allons lui indiquer, au moins lorsque cet accompagnement figuré ne sera pas de nature à être placé dans toutes les parties. La première regarde la manière de composer les basses.

Les parties où le musicien ne pourra pas faire entendre l'accompagnement figuré, présenteront, en quelque sorte, un troisième tableau : elles pourroient donc nuire à ce même accompagnement, si elles n'étouffoient pas une trop grande partie du chant principal. La basse étant la plus saillante de toutes ces parties, contrarieroit plus que les autres les vues du musicien. Que le compositeur fasse donc les basses les plus simples ; qu'il les réduise le plus souvent à de simples rondes destinées à indiquer, d'une manière précise, l'harmonie & ses divers changemens ; ou bien qu'il ne les forme que de noires placées à la tête de chaque mesure, ou dans les endroits les plus remarquables par la variation des accords ; & qu'il se contente de marquer la mesure, de déterminer l'égalité du mouvement, & les changemens ou la stabilité de l'harmonie. Si l'accompagnement figuré se tait pendant quelque intervalle de temps considérable, que le musicien se serve de ce vide pour faire entendre la basse ; que quelquefois même il la réduise au silence, lorsque le trait de l'accompagnement figuré recommencera; & quand bien même ce temps de silence ne feroit pas grand, il devra le choifir pour y placer la fimple note dont la baffe pourra être uniquement compofée, fur-tout fi cet intervalle fe trouve au commencement de la mefure. Il y aura cependant des momens de trouble & de grande expreffion, où, malgré les accompagnemens figurés, le muficien pourra fuivre fon génie, s'il eft contraint par cette puiffance prefque toujours invincible, à faire entendre dans fa baffe des paffages étendus & chargés de notes.

A l'égard des parties différentes de la baffe, qui ne feront pas fufceptibles de recevoir, ou n'auront pas reçu l'accompagnement figuré, voici ce que le muficien doit obferver en les compofant.

Un accompagnement figuré que l'on priveroit de tout fecours étranger, pourroit paroître fautillant, aigre ou découfu; fur-tout lorfqu'il offriroit des tons très-féparés l'un de l'autre, & qu'il devroit être joué d'une manière très-détachée. Ce même accompagnement, quoique compofé de beaucoup de notes, quoique préfentant toutes celles que les accords pourroient permettre d'introduire, ne feroit point naître la fenfation d'une bonne & belle harmonie, à cause de la manière avec laquelle ces notes se succèderont, ou avec laquelle on devroit les exécuter.

Pour éviter ces inconvéniens, le musicien établira une espèce de fonds d'orchestre, une espèce de petit accompagnement séparé, non-seulement du chant principal, mais du chant secondaire, ou des accompagnemens figurés; il s'en servira du moins le plus souvent qu'il pourra, & lorsqu'il ne risquera pas de faire naître une trop grande uniformité, ou de s'écarter du but de sa peinture ; & les qualités de ce fonds d'orchestre corrigeront celles qu'on pourroit vouloir réformer dans les accompagnemens figurés.

Le compositeur tâchera de faire que ce troisième tableau concoure au grand effet qu'il aura en vue; & pour le composer, il choisira les parties auxquelles il ne voudra pas donner l'accompagnement figuré, en en exceptant la basse; il y placera les notes de la plus longue durée; il n'y fera entendre, en quelque sorte, que des blanches ou des rondes, & les fera changer de ton le moins possible, lorsqu'il n'aura pas à peindre des sentimens tumultueux.

Lorsqu'il devra allumer des passions furieuses,

il remplacera ces rondes & ces blanches par de doubles & de triples croches qui ne changeront guère de ton ; enfin il obfervera avec la plus grande rigueur pour ce fonds d'orcheftre, ce que nous lui avons recommandé pour les accompagnemens non identifiés qui ne font pas figurés ; il regardera alors comme chant, non-feulement le vrai chant, le chant principal, mais le chant fecondaire, c'eft-à-dire, celui qui fera formé par les traits de l'accompagnement figuré.

Comme ce nouvel accompagnement, comme ce fonds d'orcheftre ne doit pas être faillant, & qu'il doit produire fon effet fans être remarqué, il ne faudra le tenir dans le haut que lorfqu'on y fera forcé ; il fera propre à adoucir les diffonances trop dures du chant principal ou des accompagnemens figurés, ou à fauver celles qui feront placées dans ces mêmes chants principal & fecondaire, & qui ne pourroient pas fuivre les règles de l'harmonie fans que la mélodie en fouffrît.

Il eft aifé de voir combien le muficien pourra l'employer pour ajouter à la peinture des différentes paffions qu'il aura à repréfenter ; & ainfi, non-feulement il fervira à faire adopter par l'oreille les accompagnemens figurés ; mais encore ne pourra-t-il pas être, par lui-même, infiniment utile au muficien ?

On peut dire que dans la peinture offerte par le muficien, le chant principal repréfente les perfonnages les plus intéreffans d'un tableau ; que les accompagnemens figurés font à la place des perfonnages fecondaires, & que les autres accompagnemens, ceux que je viens de nommer fonds d'orcheftre, tiennent lieu du payfage, des bois, des montagnes, ou des bâtimens qui diftinguent l'endroit où fe paffe l'action repréfentée.

Mais les accompagnemens figurés ne doivent-ils pas avoir de certains rapports avec le chant principal, pour ne pas nuire aux intentions du muficien, & pour paroître au contraire avec tous les agrémens & toute la puiffance qui peuvent leur convenir ? Qu'ils diffèrent prefque toujours du chant principal par l'élévation de la plupart des notes qui les compofent. Lorfque le chant principal ne parcourt que des tons élevés, que les accompagnemens figurés foient retenus dans le bas, & lorfque le chant n'eft formé que de notes plus ou moins baffes, que le muficien élève au contraire fes accompagnemens figurés ; fans cela les deux chants pourroient être confondus ; l'effet de l'un détruiroit l'effet de l'autre, & au lieu de deux expreſſions, il n'en exiſteroit aucune. C'eſt pour empêcher une confuſion qui anéantiroit l'effet de toute eſpèce de production, que le muſicien doit obſerver de ne pas donner abſolument la même nature au chant principal & au chant ſecondaire. C'eſt-à-dire, lorſque le chant principal offrira de grands intervalles, il ſera bon que le chant ſecondaire n'en parcoure que de petits: lorſque le chant principal marchera diatoniquement, le chant ſecondaire devra au contraire parcourir des intervalles marqués. Si le chant principal préſente peu de notes, mais ſi elles ſont ſoutenues, le chant ſecondaire pourra en offrir un grand nombre de détachées : ſi au contraire le muſicien a été obligé de compoſer ſon chant principal de beaucoup de notes, & ſi cependant il veut avoir recours aux accompagnemens figurés, ces derniers pourront ne préſenter qu'un petit nombre de notes bien ſoutenues.

Le muſicien n'ajoutera-t-il pas encore à la facilité avec laquelle on diſtinguera les deux chants, s'il a l'attention de remarquer les ſilences & les intervalles du chant principal; s'il place auſſi des ſilences dans l'accompagnement figuré, & s'il compoſe l'un & l'autre de manière que les silences de l'un répondent aux notes de l'autre, & les notes du second aux silences du premier ?

Nous verrons, en traitant des airs, la manière dont le muficien doit s'y prendre pour foutenir un accompagnement figuré pendant tout le cours d'un morceau de mufique, pour ne pas préfenter un grand nombre de petits chants fecondaires fans liaifon, fans correfpondance, fans analogie, mais pour en compofer un grand & fuperbe tableau dont toutes les parties bien liées brillent en même temps de la plus grande variété.

Nous venons de voir que le chant offert par l'accompagnement figuré, devoit confifter dans un paffage très-court : ce trait eft fouvent répété ; il doit donc être très-remarqué ; & l'oreille trouvera aifément toutes les reffemblances qu'il pourra avoir avec les chants qu'elle connoîtra déja. D'un autre côté, quel eft le muficien qui ignore combien il eft difficile d'imaginer de beaux chants, des chants expreffifs, & qui en même temps n'aient point de reffemblance avec ceux qui ont déja été créés par d'autres, lors même qu'ils peuvent avoir une très-grande étendue ? D'après cela ne trouvera-t-on pas bien difficile d'inventer des accompagnemens figurés expressifs & nouveaux ? N'est-il pas plus aisé, dans un discours, d'imaginer une phrase qui n'ait été employée par aucun auteur, lorsque cette phrase est longue, que lorsqu'elle est très-courte, & uniquement composée de trois ou de quatre mots ? Ne doit-on pas retrouver plus aisément chez un autre trois ou quatre mots qui, en quelque sorte, ne composent qu'une idée, qu'un grand nombre de mots qui représentent plusieurs pensées ? Ne doit-on pas rencontrer plus souvent ce qui ne peut avoir jamais que le même ordre comme une seule pensée, que ce qui peut être combiné & arrangé de tant de manières différentes, comme plusieurs idées ? Les musiciens ne se croiront-ils pas obligés, d'après ces considérations, de suivre l'exemple de plusieurs grands maîtres, de se servir d'accompagnemens figurés déja employés par d'autres compositeurs, & de ne varier leurs morceaux de musique que par ce qui ne compose pas ces accompagnemens ?

Il est difficile de s'égarer sur les traces des grands maîtres ; mais faisons cependant voir aux compositeurs toutes les ressources qu'ils peuvent avoir pour présenter de nouveaux accompagnemens figurés.

Les muficiens pourront introduire une grande diverfité parmi des accompagnemens figurés, en variant les traits qui les compofent, fuivant que les cris ou les fignes des paffions qu'ils pourront avoir à repréfenter, le leur permettront. Mais ces cris ne font pas en très-grand nombre, & les accompagnemens figurés tirent leur pouvoir de leur rapport avec ces fignes: cette première fource de variété ne fera donc pas bien abondante pour les muficiens; mais continuons de nous approcher de toutes celles où ils peuvent puifer.

Rien ne borne, en quelque forte, l'étendue des traits qui compofent les accompagnemens figurés; on peut les faire durer pendant plufieurs mefures; on peut les réduire à un temps, &c.; l'effence des accompagnemens figurés exige feulement que les traits déja montrés foient préfentés de nouveau, & que la forme de ces traits reparoiffe au moins prefqu'en fon entier. Voilà déja de quoi varier les accompagnemens figurés, en combinant tous les degrés d'étendue qu'ils peuvent avoir, avec les différences que leur nature peut offrir. On verra fans peine, d'après cela, qu'on peut en faire naître un grand nombre: mais ce n'eft pas encore tout.

On est obligé, lorsqu'on emploie un accompagnement figuré, de faire toujours reparoître les mêmes traits : mais ne peut-on pas former ces traits généraux de plusieurs traits particuliers ? Ne peut-on pas lier ensemble, & placer à la suite l'un de l'autre, deux, trois ou quatre traits différens ? Pourvu qu'ils reviennent dans le même ordre, qu'ils se montrent de la même manière, que le trait qui a été le premier, soit toujours le premier, que celui qui a été le second, soit toujours le second, &c, n'aura-t-on pas toujours un accompagnement figuré ? Et quel grand nombre de variétés n'en découlera-t-il pas ? Quel nombre prodigieux de combinaisons ne naîtra pas de la nature, de l'étendue, du nombre des traits particuliers qu'on pourra joindre ensemble, pour en former un passage principal, pour en composer le véritable accompagnement figuré ? Que sera-ce, si l'on joint à la nature, à l'étendue, & au nombre des petits traits, toutes les manières de les combiner entr'eux ? Et quelle quantité immense de variétés n'aura-t-on pas, si on multiplie le nombre qu'on pourra déja trouver, par celui des combinaisons que nous allons indiquer encore ?

On pourra placer ces accompagnemens

figurés tantôt dans les basses, tantôt dans les violons, tantôt dans les flutes ou dans les hautbois, & tantôt dans les autres instrumens à vent : on pourra les présenter alternativement dans deux ou trois espèces d'instrumens, & en composer une espèce de dialogue : un instrument en offriroit la première mesure ; un nouvel instrument en feroit entendre la seconde ; & cela recommenceroit toujours dans le même ordre.

On peut aussi l'élever, le rabaisser ; on peut n'employer qu'une seule partie pour cet accompagnement ; on peut le placer dans deux parties, dont l'une suivra l'autre à la tierce ou à la sixte ; on peut le faire entendre à-la-fois dans trois parties différentes ; deux seront alors à la tierce l'une de l'autre, & la troisième sera à l'octave de la première ou de la seconde : on pourra y ajouter quelquefois une quatrième partie qui fera entendre l'octave de la seconde ou de la première. On pourra même joindre ensemble plusieurs accompagnemens figurés, pourvu qu'ils soient de nature à ne pas se confondre & se contrarier mutuellement. Si l'on multiplie l'une par l'autre toutes ces diverses causes de variétés, n'aura-t-on pas, ainsi que nous venons de le dire, des nombres au deſſus même de ce que l'imagination peut appercevoir ? & les muſiciens qui nous liront, auront-ils beſoin d'avoir recours aux accompagnemens figurés déja employés par d'autres compoſiteurs ?

Il ne ſuffit pas au muſicien, qui travaille pour le théâtre tragique, de ſavoir comment il doit compoſer & varier ſes accompagnemens figurés, & en général, quelle eſt la forme qu'il doit donner aux accompagnemens qu'il emploiera ; il faut encore qu'il puiſſe les approprier à la ſcène tragique. Il a pour cela deux grands moyens : le premier eſt de choiſir de préférence les traits les plus faits pour donner à ſes morceaux un air de grandeur, & de prendre pour les chants ſecondaires offerts par les morceaux d'harmonie & par les accompagnemens figurés, toutes les précautions que nous lui avons indiquées pour le chant principal, au moins autant que la nature des accompagnemens le lui permettra. Le ſecond moyen conſiſte à ne laiſſer, en quelque ſorte, dans les accompagnemens, que l'expreſſion de quelque ſentiment, de quelque affection, & à n'y peindre que des paſſions faites pour la tragédie.

Non-ſeulement le muſicien rendra ſes accompagnemens propres à la tragédie, en n'y souffrant que des images de quelque affection; mais il obtiendra ainsi un grand avantage, celui de faire faire à son art un grand pas vers la perfection.

Nous ne saurions trop le répéter; on parvient bien plus souvent à amener les arts au plus haut point auquel ils peuvent atteindre, en ôtant les défauts, les détails oiseux, les choses superflues des ouvrages imaginés par le génie, & en y supprimant tout ce qui ne s'avance pas rapidement vers le but, qu'en y ajoutant de nouvelles beautés, qu'en y introduisant de nouvelles manières d'exprimer les sentimens. C'est plutôt en rapprochant les traits dispersés, en leur donnant de la force par leur réunion, qu'on parviendra à frapper de grands coups, qu'en se servant de nouveaux traits. Ils ajouteroient sans doute au nombre des effets : mais tous ces effets trop peu considérables, étouffés & perdus au milieu de la foule des détails inutiles, n'agiroient presque jamais que d'une manière peu sensible. Les traits isolés seroient plusieurs grains de poudre répandus dans un espace immense : on a beau y ajouter de nouveaux grains & y mettre le feu ; tant qu'ils restent dispersés sur une grande étendue, ils ne s'allument que succeſſivement, & à peine s'apperçoit-on qu'ils brûlent. Mais ſi ces mêmes grains ſont réunis, preſſés & dégagés de toute pouſſière étrangère, à la moindre étincelle ils s'enflamment avec rapidité, ils éclatent avec effort, & renverſent les obſtacles les plus puiſſans.

Examinons maintenant en détail les diverſes parties qui peuvent concourir à former les accompagnemens, & commençons par celle des baſſes. On peut réduire à deux toutes les manières de compoſer cette partie. Premièrement, les baſſes peuvent n'être, en quelque ſorte, deſtinées qu'à faire reſſortir les chants. Elles doivent alors être très-ſimples; & la ſeule regle que nous puiſſions ici preſcrire aux muſiciens, c'eſt de choiſir toujours les notes dont ils les compoſeront, de manière qu'elles forment avec le chant, & avec la partie la plus haute & la plus ſaillante, des intervalles touchans ou terribles, ſuivant l'expreſſion qu'ils voudront donner à leurs morceaux de muſique. Souvent ce ſera une beauté de donner à la baſſe une marche oppoſée à celle du chant & des parties ſupérieures, de lui faire parcourir des intervalles qui ſe ſuccèdent en deſcendant, pendant que les autres parties s'élèveront. Par là, toutes les parties seront plus distinctes ; l'oreille trouvera les morceaux mieux remplis ; & ils ne pourront jamais être placés ni trop haut, ni trop bas. Si les dessus élèvent trop le morceau, il sera rabaissé, pour ainsi dire, par l'effet des basses qui descendront ; & dès que ces mêmes parties supérieures seront entraînées par le musicien dans des tons trop bas, les basses, en montant, releveront pour ainsi dire le morceau de musique ; elles le ramèneront à la vraie hauteur qu'il doit présenter, ou ce qui est mieux, à la hauteur dont il doit faire naître l'impression dans l'oreille.

Secondement, les basses peuvent être destinées à agir avec force par elles-mêmes, à présenter des chants, des tableaux, des signes de passions. Que le musicien ne les emploie ainsi que dans les momens où il aura besoin de frapper les plus grands coups. Qu'il n'y place pas des traits trop petits, trop délicats, trop incompatibles avec la nature de l'instrument destiné à les faire entendre, & qui d'ailleurs seroient presque toujours perdus pour l'oreille, à cause de la gravité des sons de ce même instrument.

Afin que les traits placés dans les basses produifent un grand effet, il faut en général qu'ils ne foient pas contigus, mais féparés par des intervalles qui les faffent reffortir. Soit que les baffes faffent entendre des fons foutenus qui fe fuccèdent par demi-tons, qui préfentent les diverfes nuances du fort & du doux, & qui expriment fi bien les gémiffemens, ou foit qu'elles donnent naiffance à ces traits rapides qui répandent le trouble, à ces traits fortement appuyés qui atterrent & épouvantent, à ces traits bruyans & prolongés qui éclatent & tonnent, que les paffages qu'elles offriront foient toujours féparés les uns des autres par des filences ou des fons foibles.

A l'égard des accompagnemens exécutés par les violons, nous n'avons d'autre chofe à ajouter à tout ce que nous avons dit en parlant des accompagnemens en général, fi ce n'eft que le muficien doit éviter, autant qu'il le pourra, de faire parcourir aux violons des intervalles trop défagréables. Ces intervalles trop durs préfenteroient une efpèce de chant qui feroit toujours un peu fenfible, & dont l'effet pourroit nuire aux impreffions que le refte du morceau feroit naître.

Le muficien pourra tirer un grand parti de

ses *alto*, dans les accompagnemens qu'il emploiera : il peut s'en servir pour composer avec les seconds violons ce fond d'orchestre dont nous avons parlé ; il peut les placer à l'unisson, à la tierce, à la sixte des violons, pour faire ressortir quelque passage saillant, ou pour compléter quelque accompagnement figuré. Ne peut-il pas aussi faire entendre ces instrumens en seuls, ou mêlés avec la voix, pour exprimer différens sentimens, & sur-tout pour peindre les affections mélancoliques ? Rien ne peut donner aussi aisément à un morceau de musique une teinte de tristesse, & en même temps un ton pathétique & touchant, que deux *alto* jouant avec une certaine lenteur, & exécutant de beaux chants à la tierce ou à la sixte l'un de l'autre. Le musicien peut aussi les réserver uniquement pour remplir les accords, ou pour soutenir les basses en jouant à leur octave.

Maintenant se présentent à nous les instrumens à vent. Le musicien en emploiera les diverses espèces, suivant la nature des affections qu'il voudra peindre. Il n'a pas besoin que nous lui indiquions les flutes pour les choses douces, tendres, tristes, religieuses ; les hautbois pour les pastorales, pour les morceaux pathétiques, brillans, animés; les clarinettes pour les peintures touchantes, pathétiques, religieuses, militaires &c.; les cors, les baſſons, pour les effets majeſtueux, harmonieux, nobles, touchans, terribles; les trompettes pour les choſes éclatantes, martiales, pompeuſes; les *tromboni* pour les tableaux lugubres, finiſtres, effrayans. Mais en réuniſſant tous les inſtrumens à vent, en ne faiſant plus attention à leur nature particulière, en n'en compoſant plus qu'une claſſe, voyons quel parti le muſicien peut en tirer.

Il peut les identifier avec les autres inſtrumens; il peut faire entendre, par leur moyen, les chants, ſoit principaux, ſoit ſecondaires, qu'il voudra radoucir ou ſoutenir, & auxquels il voudra donner une nature de ſon plus touchante ou plus pathétique.

Que le compoſiteur les emploie auſſi quelquefois en ſeuls; qu'il leur donne des chants analogues à l'expreſſion dont ils ſont le plus ſuſceptibles; & d'autres fois qu'il ne s'en ſerve que pour faire reſſortir davantage les oppoſitions dont nous parlerons bientôt, que pour augmenter les maſſes d'harmonie déja produites, pour les rendre plus ſaillantes par les tenues qu'ils y mêleront, & pour rendre plus sensibles par leurs silences, les endroits où le compositeur n'aura voulu placer qu'une harmonie légère, qu'une mélodie moins remarquable & moins fortement prononcée.

Le musicien ne devra pas négliger d'employer dans ses accompagnemens des syncopes, c'est-à-dire, des notes prolongées & soutenues comme par une espèce d'effort, qui se font entendre pendant plus de temps que l'harmonie ne le demande, qui s'étendent dans l'accord voisin de celui dans lequel elles sont comprises, & y tiennent pendant quelque temps la place de la note qui devroit y paroître. Rien n'anime autant un morceau de musique que ces syncopes; rien ne représente mieux le trouble & l'agitation qui commencent à se manifester, ne peint mieux les mouvemens d'un cœur cruellement blessé, ne prépare & ne se mêle mieux aux grands traits, aux coups violens, & aux tableaux les plus forts & les plus expressifs. Les accompagnemens doivent encore servir au musicien à compléter les phrases musicales qu'il n'aura pas pu terminer, ou qu'il aura été obligé de couper par des intervalles plus ou moins grands, à cause de la nature des paroles, du nombre des mots, du jeu de théâtre, de l'abandon ou du transport de l'acteur. Les accompagnemens, ou pour mieux dire, les parties instrumentales offrent alors un véritable chant soumis à toutes les précautions que nous avons indiquées pour le chant en général. Le musicien choisira dans ces accompagnemens la partie la plus saillante, celle qui pourra rendre les sons les plus analogues au sentiment qu'il voudra peindre, & en montrer l'expression avec plus de facilité ; il y placera un chant, de même qu'il l'auroit placé dans les voix ; & il l'accompagnera avec les autres instrumens, comme si les voix le faisoient entendre.

C'est principalement dans les accompagnemens que le musicien doit observer tout ce que nous lui avons recommandé relativement au rhythme. Ici il n'est gêné ni par les inflexions de la voix que le sentiment peut inspirer, ni par les lenteurs ou les précipitations que le jeu de théâtre peut introduire, ni par la quantité des paroles, ni par le nombre des mots, ni par les silences & les suspensions que la déclamation peut exiger. C'est donc ici que le rhythme pourra paroître dans tout son éclat, offrir un caractère décidé, & jouir de toute sa force.

Quelquefois toutes les parties qui concourent à l'accompagnement, offriront ce même rhythme; & s'il a été bien choisi, si le caractère en est grand, si son expression est celle des passions fortes, furieuses ou tumultueuses, l'effet du morceau de musique sera terrible. D'autres fois le rhythme ne sera marqué que par les parties les plus saillantes; il pourra même ne paroître que dans celles qui se font le moins remarquer; & ce sera principalement lorsque le musicien ne voudra peindre que d'une manière foible le sentiment indiqué par ce rhythme. Que, dans d'autres momens, il soit tout-à-fait interrompu; mais que cependant le musicien en soutienne presque toujours l'image par le moyen au moins d'une partie foible & obscure: sans cela le morceau de musique pourroit languir, à moins que le musicien n'employât de grands moyens étrangers pour le ranimer, pour lui donner une chaleur plus vive, ou du moins pour entretenir celle qui y seroit déja.

Mais tous les morceaux de musique doivent-ils absolument présenter un rhythme? Faut-il que toutes les mesures offrent le même rapport de durée entre leurs différentes notes; & ces mesures ne peuvent-elles varier que par la plus grande ou la plus petite élévation de ces mêmes notes ?

Le rhythme n'eſt pas toujours néceſſaire : pour ſavoir quels ſont le tableaux dans leſquels il doit entrer, il faut conſidérer ſa nature. Le rhythme n'eſt vraiment que la peinture des mouvemens des paſſions, de leur agitation, & de leur démarche. Lorſque les affections que le muſicien devra repréſenter, n'auront point d'agitation tres-ſenſible, de mouvement bien décidé, de démarche bien déterminée, le muſicien ne ſera pas obligé d'avoir recours au rhythme : par exemple, la triſteſſe, la mélancolie, la douce rêverie, la tendreſſe paiſible, l'amitié tranquille n'ont point de mouvemens ni de démarches bien marqués : le muſicien poura donc ne point employer de rhythme pour les repréſenter. Il pourra le négliger auſſi dans la peinture de l'abandon & de l'accablement le plus grand ; mais lorſqu'il montrera la fierté, l'ardeur militaire, la haine &c, il doit peindre avec les traits les plus forts, la démarche fière & audacieuſe, la grande agitation, les mouvemens rapides de ces paſſions énergiques ; qu'il appelle alors le rhythme à ſon ſecours, ou du moins qu'il ne néglige de l'employer que lorſqu'il pourra se servir d'autres moyens bien puissans.

Mais le musicien devra-t-il soutenir jusqu'à la fin le rhythme qu'il aura adopté ? Ici c'est au génie, c'est au goût, c'est à un sentiment exquis à l'inspirer & à le conduire : s'il nous est cependant permis de lui exposer quelques idées à ce sujet, nous lui recommanderons de garder toujours le même rhythme, lorsque celui qu'il aura adopté sera beau & bien choisi, qu'il produira de grands ou de terribles effets, que le morceau sera court & bien varié par tous les objets étrangers au rhythme. Lorsqu'au contraire le morceau de musique sera long ; lorsque le musicien n'aura pas pu y répandre de grandes sources de variétés ; lorsque le rhythme ne devra pas faire naître des affections vives ou terribles, le compositeur pourra, & devra même quelquefois ne pas continuer de le suivre ; mais que cependant il ne l'abandonne jamais lorsque la fin de son morceau de musique approchera, lorsqu'il aura atteint le moment où l'ame s'attend à recevoir le plus de plaisir, & à être émue avec le plus de force. Si le musicien suspend quelquefois le rhythme pour éviter la monotonie, que le plus souvent il le reprenne, lorsque la terminaison approche, & que le moment d'être plus énergique arrive ; ou bien, qu'il tâche de trouver deux rhythmes différens qui puiffent convenir tous les deux à la fituation : il lui fera aifé d'y parvenir, lorfqu'elle préfentera plus d'une affection, ce qui eft le plus ordinaire : qu'il laiffe dominer le plus analogue au fentiment qui régnera dans la fituation avec le plus de force & qui devra être peint avec les couleurs les plus vives ; mais qu'il les faffe entendre fucceffivement tous les deux : qu'il les oppofe l'un à l'autre, pour les faire reffortir avec plus d'éclat ; que ce foit cependant toujours fans affectation ; que l'art fe cache fans ceffe, & qu'il ne laiffe paroître que fes effets. Que le compofiteur choififfe des momens de repos, ou des changemens un peu fenfibles dans le morceau de mufique, pour paffer d'un rhythme à l'autre, & après les avoir montré tous les deux féparément, que quelquefois il les réuniffe, au moins lorfqu'ils ne feront pas de nature à fe contrarier, & à détruire mutuellement leur puiffance. N'aura-t-il pas ainfi une nouvelle manière de répandre de la variété ?

D'autres fois le compofiteur pourra fe contenter de faire reparoître le rhythme qu'il avoit adopté, & qu'il avoit fufpendu ; mais il l'altérera ; il le modifiera ; il en changera quelque portion ; il n'en présentera, en quelque sorte, que l'imitation ; ou il y jettera la plus grande variété par le nombre & la nature des inftrumens qui le feront entendre.

Le muficien devra fouvent animer, en finiffant, le rhythme qu'il aura choifi, & le rendre plus touchant ou plus terrible : il réunira un plus grand nombre d'inftrumens pour offrir l'imitation de ce rhythme, ou pour le préfenter lui-même ; il le placera dans le chant, s'il le peut, & dans les parties d'accompagnement les plus faillantes, comme dans les premiers violons, ou dans les baffes. Il le compofera de notes plus précipitées, d'intervalles plus grands : & lorfque la beauté de la fituation l'entraînera ; lorfqu'il fe fera entièrement mis à la place des perfonnages introduits fur la fcène ; lorfque l'illufion aura féduit & enchaîné fon ame ; lorfqu'un véritable enthoufiafme aura exalté fon imagination, qu'il ne fe fouvienne plus, s'il veut, du rhythme qu'il aura employé ; qu'il l'abandonne ; qu'il lui en faffe fuccéder un tout oppofé, fi fon noble délire le lui dicte ; & qu'il ne fuive enfin que la voix du génie qui fe fera entendre à lui.

Mais

Mais le grand art de rendre les accompagnemens expreſſifs & pleins de charmes; le grand moyen que le muſicien doit avoir ſans ceſſe préſent, ſans lequel il eſt impoſſible de donner à un morceau de muſique une beauté vraiment durable; ce grand moyen commun à tous les arts, & dont tous les grands hommes ſe ſont ſervis, ou pour en avoir vu la néceſſité, ou pour obéir aux mouvemens ſecrets qu'ils ont reſſentis; c'eſt l'art des oppoſitions.

Que ſans ceſſe le muſicien ſonge à oppoſer l'une à l'autre, les différentes portions qui compoſeront ſon morceau de muſique; car c'eſt ici le lieu de parler en général des oppoſitions muſicales, & on fera aiſément aux accompagnemens en particulier l'application de ce que nous allons dire de toutes les parties de la muſique. Mais qu'il ſe garde bien de les rendre peu fondues, peu faites l'une pour l'autre, peu liées entre elles; qu'il ne ceſſe pas de les faire déſirer l'une par l'autre, & d'empêcher que l'oreille ne ſoit révoltée en les parcourant ſucceſſivement: ſans cela il ne feroit que tomber dans un des plus grands défauts; il ne compoſeroit qu'un morceau incohérent, & pourroit être cependant bien éloigné d'obtenir le genre de beauté dont nous nous occupons ici ; car les morceaux les plus liés font souvent ceux qui font le plus opposés l'un à l'autre, dans le sens que nous attribuons ici à ce mot opposé, & ceux dont les diverses portions se font le moins desirer, offrent le moins de ces belles oppositions que nous avons en vue.

 Que le musicien ne néglige de donner aux différentes portions de sa musique aucune des liaisons & des ressemblances que nous lui avons indiquées ; mais qu'il les fasse ressortir l'une par l'autre, en ayant recours aux moyens dont nous allons lui parler. Il composera le chant d'intervalles moins considérables dans une portion de son morceau de musique ; il y emploiera même un plus petit nombre de tons ; il s'y servira de notes rangées suivant de nouveaux rapports, lorsque le rhythme ne sera pas suivi & marqué d'un bout à l'autre. Par-là il commencera d'établir les jours & les ombres : il rendra plus saillantes les portions sur lesquelles il voudra que l'attention se porte de préférence, en les faisant précéder & suivre par des portions affoiblies, pour ainsi dire, par des passages qui ne présenteront qu'un petit nombre de notes ; & alors ces portions où le chant offrira des notes moins multipliées & moins éloignées, feront les ombres, & les autres les jours : lorfque ce rapprochement & cette diminution de notes produiront un chant plus fuave, plus facile, plus touchant, plus pathétique, & que ces affections attendriffantes & douces feront le but de la peinture du muficien, & celles qu'il voudra principalement faire paroître ; ces portions affoiblies feront les jours, & les autres ne feront que les ombres deftinées à les faire regarder avec plus d'attention, & avec plus de complaifance.

Le muficien qui voudra établir entre les diverfes parties de fes ouvrages ces différences qui peuvent produire le clair-obfcur, pourra d'ailleurs avoir recours aux proportions des phrafes muficales : tantôt, lorfqu'il aura de grandes chofes à peindre, il emploiera les plus grandes proportions dans les traits qu'il voudra rendre les plus remarquables ; afin de les agrandir encore, il les fera fuivre & précéder par des proportions très-petites qu'il placera dans les endroits où il ne voudra pas que l'oreille fe plaife le plus : & tantôt, lorfque l'objet de fes peintures demandera des phrafes courtes mais agréables, il les fera entendre

A a ij

auprès de grandes proportions : si même son goût est bien sûr, & s'il peut tenter impunément des choses hardies, il les entourera de proportions impaires, pour les faire paroître avec encore plus d'avantage & d'agrément.

La nature des accompagnemens fournira aussi au compositeur une grande manière de faire naître des oppositions. Il pourra faire briller de nouveaux jours, & placer de nouvelles ombres, par un mélange adroit d'accompagnemens identifiés, & d'accompagnemens qui ne le seront pas : lorsqu'il voudra donner plus de charmes à un chant touchant, il y placera un accompagnement simple, mais plein de graces, de charmes, d'expression ; & pour faire ressortir cet accompagnement identifié, où tout sera doux & touchant, il le fera précéder & suivre par un morceau d'harmonie très-bruyant, & même quelquefois un peu dur.

Si une passion bien forte a besoin d'être exprimée par quelque accompagnement non identifié, éclatant & terrible, le musicien choisira le moment qui précédera celui où la passion devra paroître, pour y placer les accompagnemens les plus simples & les plus identifiés. Parmi ceux qui ne se confondront pas avec le chant, le muficien faura auffi faire reffortir un accompagnement figuré bien expreffif & bien pathétique, par un morceau de pure harmonie qui, en quelque forte, n'offrira l'image d'aucun chant.

Le muficien ne pourra-t-il pas encore diverfifier deux portions d'un morceau de mufique, & les oppofer l'une à l'autre, en variant la manière dont il en remplira l'harmonie ? Tantôt toutes les notes des accords feront répétées par un grand nombre d'inftrumens, & tantôt quelques-unes de ces notes feront uniquement entendues : ici les accompagnemens ne préfenteront, en quelque forte, aucun filence, aucun repos, aucun intervalle ; ils ne cefferont de fuivre le chant dans toutes fes routes : & là le muficien ne fera paroître que quelques notes au commencement de chaque mefure ; il fe contentera de déterminer l'harmonie à chaque changement d'accord ; & pendant tout le refte du morceau, il laiffera aller le chant abfolument feul, & dénué de toute efpèce d'accompagnement.

Lors même que le muficien voudra rendre une portion de fon ouvrage très-faillante, & qu'il défirera qu'un morceau d'harmonie foit très-bruyant & très-remarquable, non-seulement il ne placera dans le passage précédent que quelques notes éparses, pour en déterminer uniquement les accords & les modulations; mais même il sacrifiera, pour ainsi dire, la fin de ce morceau, & la laissera entièrement sans accompagnemens.

Les instrumens à vent ne serviront pas peu au musicien, ainsi que nous l'avons déja indiqué, à marquer ses groupes, & à rendre plus saillans les endroits éclatans qu'il voudra faire ressortir. Pour cela, qu'il ne les emploie que rarement dans les portions qu'il voudra faire regarder comme des ombres ; qu'il les y supprime même entièrement ; que du moins il ne les y place que pour y faire entendre des chants qu'ils peuvent seuls présenter, ou pour y donner une certaine nuance aux tons des instrumens à cordes ; qu'il ne s'y serve pas de ceux qui sont trop bruyans, comme les trompettes. Et au contraire, lorsque le morceau qui devra briller au dessus des autres paroîtra, que le compositeur appelle tous les instrumens à vent, qu'il les emploie suivant que son génie & son goût le lui dicteront ; qu'il les place, par exemple, à l'unisson ou à l'octave du chant, s'il a voulu présenter un unisson général ; ou qu'il leur faffe faire des tenues qui produiront néceffairement de beaux effets au milieu des maffes d'harmonie, & de tous les paffages compofés de grands traits.

Le muficien pourra auffi parvenir au but dont nous nous occupons, en mettant quelquefois tout fon orcheftre à l'uniffon du chant, & d'autres fois en l'employant à préfenter une harmonie complète.

On ne fauroit trop recommander aux muficiens l'ufage des uniffons, pourvu qu'il ne devienne pas exceffif, & que les traits qu'ils offriront ne foient pas trop longs. Rien n'eft faifi auffi aifément ; rien ne frappe davantage ; rien n'introduit plus de beautés, rien ne fait mieux reffortir les autres paffages. On peut s'en fervir, ainfi que des morceaux d'harmonie, dans les expreffions les plus oppofées, pourvu qu'on les varie fuivant le fentiment qu'on veut peindre.

Que la fureur, par exemple, foit fur la fcène ; un uniffon compofé de notes qui fe prefferont & fe fuccéderont avec la plus grande rapidité, ne produira-t-il pas les plus grands effets ?

Qu'il s'agiffe de peindre une fcène lugubre, & l'on verra combien un uniffon très-lent, composé en mineur, qui n'offrira que des notes d'une longue durée, dont le rhythme & le mouvement s'accorderont avec la démarche & les mouvemens de la douleur, de l'accablement, & de la tristesse, qui ne parcourra pas de grands intervalles, qui fera entendre des espèces de gémissemens & des accens plaintifs, qui s'arrêtera de temps en temps pour faire place à des silences, on verra, dis-je, combien cet unisson jettera sur tous les objets une teinte noire & funèbre

Faut-il désigner quelque grand événement, une scène terrible, entendez le commencement de l'ouverture d'Iphigénie en Aulide par M. Gluck, & voyez si les unissons ne peuvent pas y parvenir. La dignité & la majesté ne sont-elles pas également bien peintes par des unissons, & ne pourrions-nous pas en citer plusieurs exemples ?

Enfin les musiciens se serviront de la distribution des *fort* & des *doux*, pour établir dans leur musique toutes les oppositions qui seront nécessaires à son plus grand effet. Lorsque le morceau qu'ils voudront faire ressortir sera tendre, agréable, touchant, ils le feront jouer *très-doux* ; & pour le faire paroître avec plus d'avantage, ils le feront précéder &

suivre par des morceaux exécutés *fort*. De même, si l'objet principal de la peinture est exposé par des passages qui demandent d'être rendus avec force, il les entourera de morceaux qu'il fera exécuter *très-doux*.

Mais que le musicien n'oublie jamais que la véritable manière d'avoir des *doux* & des *fort* bien marqués, est de disposer les morceaux de musique à les recevoir, & de composer ces morceaux de manière que la place des *fort* & des *doux* y soit indiquée par leur nature. Qu'il ait en général le soin de diminuer le nombre des notes entendues à la fois, de ne pas se servir de beaucoup d'instrumens, de choisir les moins bruyans, & de ne pas en employer deux cordes en même temps dans les passages qui devront être joués *doux*; & au contraire, lorsqu'il en sera aux portions que l'on devra exécuter avec force, qu'il prodigue, pour ainsi dire, les instrumens, les accords, les doubles cordes, & le nombre des notes.

Ce n'est pas cependant qu'un passage absolument le même à tous égards, joué d'abord très-fort, & ensuite très-doux, ne puisse produire à chaque fois des sensations bien différentes; mais la véritable manière de mettre une grande différence entre l'impression d'un morceau exécuté *doux*, & celle d'un morceau joué *fort*, me paroît être celle que je viens d'indiquer.

De quelque genre que soit l'accompagnement, qu'il soit toujours expressif; qu'il ne renferme rien d'inutile ; qu'il peigne toujours quelque chose ; qu'il parle toujours au cœur. Ah! le musicien aura toujours tant de choses à lui faire dire; il aura toujours tant d'objets à lui faire représenter ! Que le compositeur montre dans les accompagnemens l'affection que le chant doit offrir : que ces accompagnemens rappellent le sentiment qui ne règne plus avec empire sur l'ame du personnage, mais qui ne doit pas en être entièrement effacé, & qui de temps en temps y ranime ses feux : que l'accompagnement présente au personnage introduit sur la scène, une image vive & sensible de tous les objets dont il s'occupe, de tous ceux qu'il aime ou qu'il hait, qu'il craint ou qu'il désire. Que, pour ainsi dire, il lui annonce quelquefois les malheurs qui l'attendent : qu'il lui offre des traits confus des événemens sinistres qui doivent être encore répandus dans la pièce, ou des événemens heureux qui doivent y paroître. Que dans les peines, il l'accable par des peintures affreuses, ou qu'il le console par des tableaux rians, suivant que le musicien voudra représenter une simple mélancolie, ou une douleur vive & voisine du désespoir. Que l'accompagnement peigne aussi le lieu de la scène, les événemens qui peuvent se passer derrière le théâtre, qu'on n'apperçoit point, mais qu'on peut entendre, comme un combat, les cris des malheureux qui font naufrage, &c. Qu'il représente les grands phénomènes de la nature qui peuvent être mêlés dans l'action, comme un orage, &c. Que comme un autre interlocuteur, si je puis me servir de ces expressions, il soit toujours en scène. Que lorsqu'un seul acteur paroîtra sur le théâtre, il dialogue avec lui; il lui parle, pour ainsi dire; il lui réponde : qu'il représente sa pantomime, afin de donner plus de force à l'expression réservée aux gestes. Si deux ou plusieurs acteurs sont sur la scène, que l'accompagnement ne cesse de dialoguer avec eux, de parler avec eux, de les interroger. Qu'il peigne le jeu muet de celui qui écoute, & la pantomime de tous les deux dans les momens où leurs sentimens devront être exprimés par un silence. Si le jeu muet de l'un s'élève beaucoup au dessus de la pantomime de l'autre par son énergie & la nature de ses effets, il devra aussi dominer dans la peinture que l'accompagnement offrira : & lorsqu'un acteur cherchera à se faire illusion à lui même, ou à cacher à ceux qui l'entoureront, le sentiment qui agitera son ame, lorsqu'il dira le contraire de ce qu'il pensera, que l'accompagnement trahisse alors ses sentimens secrets, qu'il les décèle au moins le plus souvent ; & au lieu de suivre le sens de ses paroles, qu'il montre l'affection qui le maîtrise & le tourmente. Voyez, à ce sujet, l'article *accompagnement* dans l'Encyclopédie.

Pour donner une idée plus nette de la manière dont les accompagnemens doivent être faits, & des divers tableaux qu'ils doivent offrir, représentons nous Alcione incertaine, inquiète, tourmentée par un songe affreux : elle a cru voir son époux, son cher Céix, englouti dans les flots au milieu d'une tempête horrible : éperdue, échevelée, poursuivie par une inquiétude mortelle, elle court sur le rivage de la mer ; elle y erre au milieu des ténèbres : que les accompagnemens expriment le désordre de son ame, la fin d'un orage terrible, l'agitation des flots, les horreurs d'une nuit désastreuse, les éclairs effrayans qui brillent au milieu de l'obscurité, les foudres dont l'éclat est réfléchi par les ondes, & les gémissemens des vagues qui s'élèvent & se brisent contre les rochers. Mais qu'à cette peinture soient toujours mêlés les cris aigus de la douleur, & tout ce qui pourra représenter la vive impatience, la situation affreuse d'Alcione. Qu'alors une voix se fasse entendre sur la mer. C'est la voix d'un dieu : que le chant en soit simple, grand, auguste. Que les accompagnemens aussi simples que le chant, peignent l'horreur religieuse qui naît tout à coup dans l'ame d'Alcione, lorsqu'elle entend cette grande voix qui se répand sur les eaux au milieu des ténèbres, & en impose à la tempête. Cette voix céleste lui annonce que Céix va lui être rendu. La consolation descend insensiblement dans son ame : elle doute encore de son bonheur ; cependant la parole d'un dieu la rassure. Que l'accompagnement montre l'image d'un mélange d'inquiétude & de joie, de ravissement & de peine, de reconnoissance religieuse, & de tendresse vive & touchante. Que dans cette espèce de combat, la joie prenne insensiblement le dessus, & que le trouble & la crainte disparoissent avec les ténèbres qui se dissipent, & le courroux des vagues qui s'appaise. L'aurore se lève & le jour lui succède: Alcione se livre de plus en plus aux mouvemens de la joie : un jour pur se répand sur la plage que la tempête vient de battre : le soleil dore les rochers encore blanchis d'écume. Les nuages se dispersent : que l'accompagnement peigne tous les transports qui s'élèvent dans le cœur d'Alcione ; & que le lieu de la scène soit représenté. Qu'on entende le murmure sourd des ondes qui ne sont pas encore entièrement calmées, mais qui à chaque instant amortissent leurs coups. Les oiseaux que les vents en courroux avoient contraints de chercher un abri sous les pointes avancées des rochers qui se panchent sur la mer, ou sous les feuilles des arbres qui s'élèvent d'espace en espace sur ces rocs escarpés, sortent de leurs retraites ; ils viennent épanouir au soleil levant leurs aîles mouillées, & faire résonner de leurs gasouillemens ces rivages qui naguère retentissoient de l'éclat du tonnerre. Alcione cependant s'avance sur le bord de l'onde amère ; ses regards se fixent sur cette plaine immense : elle tâche de découvrir le vaisseau qui doit lui ramener Céix : ses yeux vont au devant du bonheur que son cœur désire : un cadavre défiguré est jeté sur le sable par les vagues : que l'accompagnement peigne tout d'un coup l'horreur que cette vue doit lui inspirer, le pressentiment secret qui entre dans son ame, & la déchire : cependant toujours rassurée par l'oracle, elle se contente de dire du ton de voix le plus touchant, *tu courois les mêmes hasards, cher époux ; mais les dieux ont détourné l'orage.* Que l'accompagnement soit le plus tendre & le plus doux possible : mais tout d'un coup reconnoissant Céix, elle s'écrie *c'est lui*, & tombe sans mouvement sur le sable. Que le morceau d'orchestre le plus bruyant montre le coup de foudre qui l'accable ; elle se relève furieuse, égarée, hors d'elle-même ; l'accompagnement représentera le plus grand trouble, le plus grand désordre, la violence de son tourment, son désespoir ; elle tient entre ses bras ce corps pâle & défiguré qui vient de lui être rendu : elle appelle Céix d'une voix accentuée par la douleur la plus tendre & la plus vive : elle se livre à de nouveaux transports, à de nouveaux égaremens : elle retombe enfin ; & pendant que sa voix peut à peine prononcer quelques mots, & proférer quelques cris, quelques signes de son état horrible, que l'orcheſtre toujours furieux, ne ceſſe de montrer la violence du coup qui l'atterre. Qu'enfin le muſicien ramaſſe toutes ſes forces ; qu'il peigne, de la manière la plus terrible, cette eſpèce d'effort convulſif que fait Alcione pour s'arracher au poids de ſa douleur affreuſe, & pour ſe précipiter dans les flots, lorſque Neptune vient lui rendre Céix, & la rendre à la vie.

Fin du premier volume.

LA POËTIQUE
DE
LA MUSIQUE.
TOME II.

Se trouve A PARIS,

Chez
{
P. Fr. DIDOT le jeune, Libraire-Imprimeur de MONSIEUR, quai des Augustins.
MÉRIGOT jeune, Libraire, quai des Augustins.
La veuve ESPRIT, Libraire, au Palais-Royal.
THÉOPHILE BARROIS, Libraire, quai des Augustins.
BELIN, Libraire, rue Saint-Jacques.
VISSE, rue de la Harpe.
}

LA POËTIQUE
DE
LA MUSIQUE.

Par M. le Comte DE LA CEPEDE, des Académies et Sociétés royales de Dijon, Lyon, Toulouse, Rome, Stockholm, Hesse-Hombourg, Munich, etc.

La sensibilité fait tout notre génie. PIRON.

TOME SECOND.

A PARIS,
DE L'IMPRIMERIE DE MONSIEUR.

M. DCC. LXXXV.

LA POËTIQUE
DE
LA MUSIQUE.

De l'ouverture de la Tragédie lyrique.

Nous avons déja confidéré tout ce qui peut avoir rapport à la peinture des paffions & des caractères, aux chants & aux accompagnemens. Voyons à préfent, en détail, les diverfes parties de la tragédie où l'on pourra faire ufage des connoiffances que nous avons tâché de répandre.

L'ouverture fe préfente à nous. Ce que le périftile, qui fert de veftibule aux palais des rois, eft à ces grands & fuperbes édifices, l'ouverture l'eft à la tragédie. De même que l'entrée d'un bâtiment indique sa destination par sa magnificence, les ornemens qu'elle offre & les emblêmes qu'elle présente; de même l'ouverture doit annoncer la tragédie, & en montrer le but & la majesté. Il faut donc qu'elle soit imposante, grande, belle, qu'elle offre des proportions étendues & hardies. Ce n'est qu'un morceau de musique instrumentale: le plus souvent au moins les voix ne s'y font pas entendre. Le musicien en la composant a moins de moyens de charmer & de répandre de la variété; il faut donc qu'il ne néglige aucun de ceux qui lui restent, qu'il leur donne toute la force qu'ils peuvent avoir, & qu'il supplée par la nature & le nombre des divers instrumens dont il se servira, aux voix dont il ne pourra pas emprunter la magie.

Comme l'ouverture ne doit pas être liée avec une autre partie de la tragédie autant que les airs, les chœurs & les récitatifs; comme elle n'est pas uniquement destinée à former une portion d'un acte; qu'elle compose un tout; que l'on la considère comme isolée, & qu'elle doit agir seule, frapper par sa seule masse, & produire l'admiration par ses seules beautés, il faut au moins, le plus souvent, que les proportions en soient plus fortes que celles des morceaux répandus dans le cours de la tragédie. Le muſicien doit y placer en général de ces grands traits d'orcheſtre qui en impoſent, qui étonnent, qui raviſſent, de ces beaux chants qui touchent & qui enchantent, mais en même temps qui ont toujours une apparence de majeſté & un caractère tragique. Qu'il y emploie auſſi des traits déchirans; que dès l'ouverture, il commence à ramollir les cœurs; qu'il y prodigue toutes les richeſſes des accompagnemens; mais que tout y ſoit expreſſif; que tout y repréſente quelque affection; que tout y peigne quelque ſentiment : il peut y montrer pluſieurs peintures à la ſuite l'une de l'autre; mais que tout y ſoit tableau; qu'il n'y ait rien d'inutile, rien qui n'ait ſon but, rien qui ne le rempliſſe.

Preſque toutes les ouvertures des tragédies lyriques ont été juſqu'à préſent formées de pluſieurs morceaux de nature, d'expreſſion, de caractère & de mouvement différens. Non-ſeulement on peut les compoſer ainſi; mais lorſque cette diviſion & cet aſſemblage auront été produits par le génie, ils pourront être une ſource de très-grandes beautés par la variété, la richeſſe & l'oppoſition de tableaux qu'ils pourront offrir. Mais le muſicien en compoſant ces parties différentes l'une de l'autre, nous paroît devoir les lier ensemble avec le plus grand soin. Par exemple, lorsqu'une ouverture offrira un morceau lent, & montrera ensuite un morceau vif & animé, il ne faudra pas qu'ils puissent paroître isolés l'un relativement à l'autre, qu'ils puissent être exécutés séparément, & que le premier présente une finale parfaite, une terminaison bien marquée, après laquelle on pourroit, en quelque sorte, omettre le reste de l'ouverture & commencer la piece. On ne produiroit d'autre effet que celui de détruire l'intérêt au moment qu'il commenceroit de naître, en présentant à l'auditeur un morceau vif qu'il ne desireroit pas, à la place d'un commencement de scène qu'il souhaiteroit : ne devroit-il pas en effet s'attendre à ce commencement de scène, puisqu'il auroit cru voir la fin de l'ouverture dans la fin du morceau lent, & que rien ne lui auroit annoncé que l'ouverture devoit offrir une autre partie plus animée?

Mais il faut que le musicien compose les différens morceaux de son ouverture, de manière que de l'un on passe en quelque sorte nécessairement à l'autre ; le premier n'offrira aucune terminaison ; mais il finira, par exemple, sur un accord altéré, de manière à faire encore desirer quelque chose, à bien faire sentir que l'ouverture n'a pas encore paru tout entière, & qu'un second morceau doit la compléter. C'est ainsi que M. Gluck a composé son ouverture d'Iphigénie en Aulide, & celle d'Iphigénie en Tauride : c'est ainsi que dans cette dernière tragédie, il finit le morceau tranquille dans lequel il a représenté le calme, de manière à faire voir que l'ouverture est bien éloignée d'être terminée, & à faire desirer la peinture de la tempête qui se présente ensuite. En un mot, il ne faut qu'une ouverture ; il n'en faut pas deux ou trois placées à la suite l'une de l'autre. On doit bien préparer le cœur de l'auditeur à s'attendrir ; mais on ne doit pas l'ennuyer : & comment ne le lasseroit-on pas avec des commencemens & des terminaisons bien marquées, qui, malgré toute la beauté de la musique, lui en feroient sentir toutes les longueurs, & ne pourroient même qu'y ajouter ? Il ne faut pas lui donner un concert lorsqu'il veut un spectacle, & ne cesser de lui présenter de la musique instrumentale, lorsqu'il croit avoir entendu toute celle qui est nécessaire pour le préparer à ce qui doit suivre, lorsqu'il ne desire plus que de la musique vocale.

Il suit de-là que les ouvertures seroient plus parfaites, si le compositeur n'employoit qu'un petit nombre de morceaux différens ; s'il faisoit toujours paroître les premiers, ceux qui remuent le moins vivement l'ame, s'il ne cessoit d'augmenter la vîtesse du mouvement & la force de l'expression à mesure que l'ouverture avanceroit, s'il ne plaçoit les morceaux lents après les morceaux animés, qu'en les liant toujours parfaitement avec ces morceaux vifs, qu'en les offrant très-courts, & de telle sorte que, sans refroidir l'intérêt, ils jetassent de la variété dans les tableaux, & fissent ressortir les mouvemens rapides.

Un homme qui a bien mérité l'admiration qu'il inspire (*a*), a desiré que l'ouverture commençât par un morceau fort & éclatant, pour qu'elle tranchât vivement avec le bruit que font les instrumens quand on les accorde, & afin qu'aucune de ses parties ne fût perdue pour l'auditeur. Mais ne pourroit-on pas dire, malgré l'autorité de ce grand homme, pourquoi employer un morceau inutile qui n'auroit d'autre but que celui de faire faire silence ?

(*a*) M. Rousseau de Genève.

Est-ce là la destination de la musique ? Et d'ailleurs ne peut-on pas convenir de quelque signe pour avertir du commencement de l'ouverture ? Ne peut-on pas la séparer du bruit des instrumens qui s'accordent, en la faisant précéder par quelques momens de silence ? N'en ressortira-t-elle pas mieux ; & les commencemens de tant d'ouvertures composées par les grands maîtres de différentes écoles, ne sont-ils pas parfaitement entendus, quoiqu'ils soient exécutés très-doux ?

Le musicien, en composant son ouverture, & en s'en servant pour former un grand & vaste tableau, peut avoir en vue cinq buts différens, tous les cinq grands & éclatans, entre lesquels il peut choisir, mais qui me paroissent être les seuls auxquels il doive tâcher d'atteindre.

Premièrement, il peut vouloir faire de son ouverture un tableau abrégé de toute sa pièce : il peut vouloir y représenter toutes les passions, tous les personnages qui paroissent dans la tragédie, tous les événemens qui y sont répandus. Cette manière est séduisante : elle peut offrir de grandes beautés : elle peut rendre l'ouverture des plus variées, des plus touchantes ; on peut, en l'employant, faire un ouvrage

A iv

admirable, à ne confidérer l'ouverture que d'une manière ifolée. Mais en l'adoptant, le muficien ne tendra-t-il pas à détruire le premier effet qu'il fe propofe de produire en compofant une ouverture?

Quel peut être fon projet? Celui de préparer l'auditeur à la pièce qui fuit, & d'augmenter l'intérêt avec lequel on doit l'entendre. Mais écoutera-t-on avec la même émotion une pièce dont on aura vu l'abrégé? Sera-t-on bien touché par des événemens qu'on aura, en quelque forte, déja vu repréfenter? Ces changemens inopinés qui arrivent dans la fortune des perfonnages, & qui produifent de fi grands effets au théâtre, remueront-ils les cœurs lorfqu'on s'y attendra, lorfqu'on en aura déja été inftruit? Les mouvemens des paffions agiront-ils fur l'ame des auditeurs avec la même force lorfqu'on aura déja vu la marche de ces paffions tracée, lorfqu'on aura apperçu tous leurs efforts, & tous les points vers lefquels elles peuvent fe porter?

La feconde manière que le muficien peut employer confifte à préparer le cœur de l'auditeur aux principaux fentimens dont la peinture lui fera offerte pendant le cours de la pièce.

Nous avons vu, en traitant des paſſions, que la triſteſſe conduiſoit à la pitié, à l'amitié, &c. : toutes les affections ont ainſi des affections analogues qui les font naître, les réveillent ou les accroiſſent : elles ſont preſque toutes liées entre elles ; du moins chaque affection eſt unie avec pluſieurs ſentimens.

Que le muſicien recherche avec ſoin les paſſions qui peuvent conduire aux affections principales répandues dans le cours de la pièce, & qu'il en place la peinture dans l'ouverture. Par-là les cœurs ſeront à demi émus lorſque le ſentiment que le muſicien voudra repréſenter, paroîtra ; & quelque foible que ſoit l'image de ce dernier ſentiment, n'agira-t-elle pas preſque toujours avec force, à cauſe des diſpoſitions & de l'eſpèce de trouble que l'ouverture aura déja fait naître dans l'ame des auditeurs ?

Voilà un bien grand avantage qu'offre cette ſeconde manière de faire les ouvertures : elle n'a pas le grand inconvénient que nous avons remarqué dans la première ; mais cependant elle en renferme un. Les ſentimens qui doivent paroître à la fin de la pièce, ſont bien remarquables : le muſicien devra donc y préparer dans l'ouverture. Mais ne ſont-ils pas le plus ſouvent bien différens de ceux qui doivent être représentés dans le commencement de la tragédie ? Ne leur sont-ils pas souvent bien opposés ? Ne peuvent-ils pas être très-tristes, très-douloureux, tandis que ceux des premières scènes sont très-agréables, très-gais ? Lorsque l'ouverture finit, l'auditeur, préparé aux sentimens de la catastrophe, peut donc être ému au point d'avoir peine à retenir ses larmes. Comment pourra-t-il se livrer aux impressions de la gaieté que le musicien veut qu'il reçoive dans le commencement de la pièce ? La peinture de la joie n'aura-t-elle pas besoin d'être deux fois plus vive pour s'emparer des cœurs préparés à la tristesse ? Pourra-t-elle même les remuer ? Ne les révoltera-t-elle pas ? Ne les remplira-t-elle pas d'impatience, plutôt que de les séduire & de s'en emparer ? Ne ressentons-nous pas une vive inquiétude lorsqu'une force puissante nous entraîne vers des sentimens contraires à ceux auxquels nous nous attendions & que nous voulions éprouver ? Cette image de la joie ne tourmentera-t-elle pas d'autant plus une ame déja attristée, qu'elle sera plus parfaite ? & ainsi le musicien ne sera-t-il pas souvent dans la dure alternative de révolter, de déplaire, ou de ne présenter aucune image, & de faire naître l'ennui ?

La troisième manière de faire une ouverture, c'est de préparer uniquement les spectateurs aux principaux événemens qui doivent se passer dans le commencement de la pièce ou aux principaux sentimens qui doivent y être déployés. Le musicien emploiera pour cela la même magie que pour disposer les auditeurs aux principaux sentimens répandus dans tout le cours de la tragédie.

Une ouverture composée de cette manière paroît parfaite au premier coup d'œil : elle rend plus terribles & bien plus touchantes les peintures que le musicien offre dans les premières scènes ; elle s'unit avec la pièce de la manière la plus belle & la plus intime ; elle ne fait qu'un ensemble avec elle ; elle ne compose, pour ainsi dire, qu'une partie de la tragédie ; & par elle-même elle est très-puissante & très-expressive, parce qu'elle n'est, en quelque sorte, formée que de tableaux qui présentent tous un sentiment : cependant, en réfléchissant sur la nature d'une ouverture, on verra qu'il manque encore quelque chose à cette manière.

Le péristile élevé à l'entrée d'un palais, doit porter le caractère de la destination de l'édifice & du genre d'architecture dont on l'a décoré : on doit, en quelque forte, dès le périftile, avoir une idée confufe de tout ce qu'on doit voir dans l'intérieur du bâtiment. L'ouverture eft pour la tragédie, ce que le périftile eft pour la demeure des rois : elle doit donc offrir une notion vague, une idée imparfaite de tous les événemens préfentés dans le cours de la pièce. A la vérité, elle ne doit les annoncer que d'une manière très-foible ; elle ne doit pas empêcher qu'ils étonnent, & qu'ils frappent par leur nouveauté; elle ne doit faire prévoir que le genre des fentimens ou des événemens, & elle doit même l'indiquer de manière qu'il ne foit que foupçonné par les auditeurs. Mais fi les fentimens, qui règnent vers la fin de la pièce, font oppofés ou ne reffemblent pas à ceux qui y dominent dans le commencement, ainfi que cela arrive le plus fouvent, comment pourroit-on en avoir une idée vague & confufe, fi l'ouverture ne fait que préparer aux affections qui occupent les premières fcènes ? Afin que la troifième manière de faire les ouvertures, foit parfaite, il faut donc y répandre des efpèces de preffentimens fecrets de ce qui doit arriver vers la cataftrophe. Si l'ouverture peint des chofes triftes, terribles ou lugubres, & fi cependant le dénouement doit être heureux, que de temps en temps des chants fereins & une harmonie pure, viennent faire briller quelque lueur d'efpérance & de confolation aux yeux des fpectateurs attriftés, & annoncent que toutes les horreurs dont on voit l'image, pourront bien difparoître, qu'elles pourront faire place à des momens plus heureux & plus calmes. Si, au contraire, la cataftrophe doit être terrible, fi, quoique heureufe, elle eft précédée par des événemens affreux, & fi en même temps l'ouverture eft une peinture de la joie, de la douce gaieté & d'une félicité tranquille, que le muficien y place de temps en temps des paffages effrayans, des traits hideux; que ces paffages terribles viennent annoncer des événemens finiftres; qu'ils viennent faire craindre que la joie ne fera que paffagère; qu'ils faffent naître le trouble au milieu du bonheur; qu'ils foient comme ces coups de tonnerre qui fe font entendre de loin dans les plus beaux jours de l'été, préfagent un orage épouvantable & fèment les alarmes; qu'ils reffemblent à ces nuages noirs qui fe ramaffent & s'épaiffiffent à l'horizon d'un ciel encore pur, & doré par les rayons d'un foleil éclatant; que, comme ces nuages, ils aient, en quelque sorte, l'air de receler toutes les horreurs des tempêtes, & menacent de les répandre, &c.; alors la troisième manière de faire les ouvertures sera parfaite, & produira tout l'effet qu'on doit attendre de cette partie de la tragédie lyrique.

La quatrième manière, dont les compositeurs peuvent se servir, consiste, ainsi que la troisième, à préparer les spectateurs aux événemens & aux sentimens qui doivent paroître dans les premières scènes; mais elle présente des moyens différens pour y parvenir. Le musicien qui l'emploiera, n'aura point uniquement recours aux passions qui conduisent aux affections des premières scènes, & qui peuvent les réveiller ou les faire naître : il ne se contentera pas d'ouvrir les cœurs aux sentimens répandus dans le commencement de la pièce, en plaçant dans l'ouverture l'expression des affections analogues : il formera, pour y parvenir, un grand & magnifique tableau des événemens importans qui doivent avoir précédé tout ce qui se passe dès le premier moment de l'action.

Cette manière peut être aussi parfaite que la précédente, offrir de grandes beautés & produire de bien grands effets. Non-seulement le muficien repréfentera dans le grand tableau qu'il montrera, ce qui doit être arrivé à un ou deux principaux perfonnages avant le commencement de la tragédie ; mais il y fera voir tout ce qui doit être furvenu à tous les perfonnages, au moins à tous ceux qui feront faits pour être remarqués. Il peindra leurs actions ; il exprimera leurs fentimens ; il deffinera leurs caractères ; & par-là quelle richeffe, quelle variété & quelle grandeur n'acquerra pas fa compofition ?

Cette manière de faire les ouvertures, n'aura aucun des inconvéniens que nous avons pu craindre, & elle renfermera toutes les beautés qu'on pourroit exiger ; elle montrera, par excellence, ce qui doit principalement caractérifer une ouverture tragique, je veux dire, la grandeur & la magnificence ; elle préparera d'une manière admirable aux fentimens qui devront paroître dans les premières fcènes: en faifant voir aux fpectateurs tout ce qui peut avoir précédé le commencement de la pièce, ne les mettra-t-elle pas entièrement à la place des principaux perfonnages ? Ne les difpofera-t-elle pas parfaitement à la fituation dans laquelle ils devront fe trouver pendant les premières fcènes, & par conféquent aux fentimens que ces situations feront naître & qu'elles renfermeront ?

D'ailleurs une ouverture composée ainsi que nous venons de le dire, n'est-elle pas, en quelque sorte, une superbe exposition ? Quelle facilité ne donne-t-elle pas au musicien pour faire produire à la véritable exposition les effets les plus puissans ? Quelle clarté ne répand-elle pas dans la tragédie ?

Nous avons vu que l'ouverture, pour remplir entièrement sa destination, devoit faire naître des espèces de pressentimens des événemens voisins de la catastrophe, ou de ceux qui devoient la composer. Il sera aisé au musicien, qui emploiera la manière dont nous traitons, de donner des idées vagues de ces divers événemens. Si la pièce est bien faite, ils doivent tous découler du caractère des personnages ; ils doivent tous être produits par leurs passions ; ils ne doivent être l'ouvrage que de leurs sentimens. Le musicien n'exposera-t-il pas, dans l'espèce d'ouverture dont nous nous occupons ici, le caractère de ses personnages & les passions qui les agitent ? Il représentera ces personnages agissans pendant un certain espace de temps : il doit peindre toutes celles de leurs actions qui ont précédé le commencement de
la

la pièce : ne doit-il pas montrer par-là les affections qu'ils ont ressenties, les passions qui les ont tourmentés, les sentimens dont toutes leurs actions n'ont été que la suite, les caractères que ces affections ont fait naître ? Ne peut-il pas aisément mêler à la peinture de ces caractères, à celle des passions qui doivent agir dans la pièce & font l'origine de tout ce qui s'y passera, des pressentimens plus ou moins marqués des événemens ? Ne peut-il pas joindre à la représentation des causes celle des effets ? & le tableau de ces effets ne sera-t-il pas plus animé & plus sensible, lorsqu'il sera placé à côté de l'image de tout ce qui les produit ?

Par exemple, dans l'opéra d'Alcione, si le compositeur vouloit faire une ouverture de cette quatrième manière, il montreroit le bonheur de Céix & d'Alcione, la joie d'une cour empressée à les féliciter sur leur union prochaine, les vœux du peuple, le désespoir de Pélée, la rage de Phorbas, sa fureur secrète & les noirs projets de cet enchanteur. Quelles beautés ne pourroient pas résulter, entre les mains d'un grand maître, de l'opposition & du mélange de ces diverses peintures ! Comme les acclamations d'un peuple heureux & fidèle, les chants de l'Hyménée, les paroles tendres que deux souverains bien aimés adressent à leurs sujets, au moment où tout leur cœur s'abandonne à la plus douce espérance, comme tous ces objets doux, agréables & touchans, formeroient un beau contraste avec la douleur vive, mais généreuse de Pélée, & les accens funestes de la fureur concentrée de l'enchanteur Phorbas! Comme la peinture de cette fureur jalouse & terrible amènera naturellement des pressentimens secrets qu'il sera même bien vraisemblable de supposer dans le cœur d'Alcione & de Céix, & qui annonceront, d'une manière vague, le malheur affreux qui doit accabler Alcione, & qui fait le nœud de la pièce! Comme cette ouverture pourroit présenter l'image d'un grand & magnifique spectacle! Comme elle prépareroit aux scènes qui commencent la tragédie, & dans lesquelles Pélée se livre à sa douleur héroïque, Phorbas découvre ses funestes complots, & Céix, s'avançant avec Alcione au milieu d'une cour pompeuse & des flots d'un peuple qui les comble de bénédictions, va au pied des immortels & dans leur temple auguste, prononcer le serment sacré qui doit l'unir à celle qu'il adore!

Il est une autre manière de composer les

ouvertures des tragédies, ou pour mieux dire, il eſt un cinquième moyen de commencer une tragédie lyrique: il conſiſte à ne pas faire de véritable ouverture, & même, en quelque ſorte, à n'en employer aucune.

Le muſicien ne peut avoir recours à ce cinquième moyen que lorſque la pièce étale en commençant un grand ſpectacle, lorſqu'elle débute par quelque pompe triomphale, par une arrivée impoſante, une entrée magnifique, quelque grand ſacrifice, quelque cérémonie ſolemnelle, quelque grand phénomène de la nature, comme un naufrage, une tempête, un tremblement de terre. Tous ces objets ſont ſi beaux, que le muſicien peut les montrer tout d'un coup ſans les annoncer: ils n'en frapperont même ſouvent que davantage. Que parmi les morceaux de muſique qu'il aſſignera à ſes divers perſonnages dans le commencement de ſa pièce, il choiſiſſe les plus ſaillans; qu'il y place adroitement, le plus tôt qu'il pourra, ces peintures affoiblies, ces repréſentations imparfaites qui doivent préparer aux grands événemens de la fin, mais qui ne les indiquent qu'à demi, & ne peuvent que les faire ſoupçonner; qu'il ne néglige rien pour donner de la pompe, de la grandeur & de la majesté à son ouvrage; qu'il présente, dans toute son étendue, le spectacle imposant qui doit tenir la place de l'ouverture : c'est ainsi que M. Gluck l'a supprimée dans Iphigénie en Tauride, & y a substitué la représentation du premier événement de la pièce. Sa tragédie débute par le grand tableau du calme, d'une tempête qui lui succède, de la foudre qui éclate, de la mer soulevée qui menace de tout engloutir, de la désolation d'Iphigénie & des prêtresses de Diane, dont les cris plaintifs, les voix touchantes, les prières tendres & animées contrastent d'une très-belle manière avec les mugissemens des flots, les sifflemens des vents & le fracas retentissant du tonnerre.

Mais quelque espèce d'ouverture que le musicien adopte, de quelque manière qu'il la compose, qu'il ne cesse d'y répandre de grands traits, de beaux chants, de grandes masses d'harmonie; qu'il emploie tout ce qui peut attirer & prolonger l'attention; qu'il ait recours aux unissons placés adroitement, aux *crescendo* bien ménagés, &c.; qu'elle soit pathétique, toujours noble, souvent même terrible, & que le musicien, en la produisant, songe qu'il élève l'entrée d'un temple consacré à la pitié, à l'admiration, à la tendresse touchante, mais où la terreur fanguinaire a aufſi ſes autels.

De quelque manière que ſoit compoſée une ouverture, le muſicien doit avoir le plus grand ſoin de proſcrire l'ancien uſage de la plupart de nos théâtres, même des plus fameux, où elle eſt exécutée preſqu'en entier pendant que la toile eſt encore baiſſée; qu'il ne ſouffre pas qu'on en joue les premières notes, que lorſque la toile levée permettra de reconnoître le lieu de la ſcène. L'attention que nous recommandons ici au compoſiteur, pourra paroître de peu de conſéquence à ceux qui n'auront pas réfléchi aux différentes cauſes qui font naître l'illuſion; elle eſt cependant eſſentielle. Tant que la toile eſt baiſſée, l'imagination du ſpectateur, qu'aucun objet n'exalte, l'abandonne à lui-même; elle ne lui peint rien que foiblement; elle ne le tranſporte point au lieu où ſe ſont paſſés les grands événemens qui doivent l'émouvoir. Quel effet produira donc l'ouverture? Elle ſera giganteſque pour ceux qui n'auront pas devant les yeux le lieu de la ſcène, & qui ne ſauront pas par-là de quels grands objets il va être queſtion : elle paroîtra trop ſauvage, trop éloignée de nos ſentimens ordinaires, trop terrible, trop lugubre à celui que la vue d'aucune plage lointaine, d'aucune ville, d'aucun temple, d'aucune mer, n'éloigne encore du pays qu'il habite, de fes affections accoutumées, de fes mœurs ordinaires : il fe regardera encore comme en France, en Italie, en Allemagne, &c. lorfqu'il devra être au milieu des déferts de la Sibérie, des contrées féroces habitées par des Tartares vagabonds, des fables brûlans de l'Afrique ou des campagnes nouvelles fécondes & humides de l'Amérique : il fe croira toujours au milieu de fon fiècle, lorfque aucun monument de l'ancienne Rome ne l'avertira qu'il doit quitter les mœurs modernes de fa nation, & revêtir les mœurs auftères des antiques Romains.

Il en eft des illufions comme des paffions & des vérités ; une illufion mène toujours à une autre, & rarement elle naît feule. Vous ne croirez entendre des Grecs, que lorfque le coftume de ces Grecs fi fameux, frappera en même temps votre vue : vous n'agréerez la peinture des paffions de ce peuple, vous ne vous laifferez entraîner par leur repréfentation, que lorfque vous verrez élevés devant vous les bâtimens de la célèbre Athènes ; de même la vue du Portique, la vue du Pirée, ne vous feront véritablement illusion, vous ne vous croirez véritablement transporté dans les champs si renommés de l'ancienne Grèce, & vous ne vous regarderez comme le compagnon, le contemporain de ses grands hommes si vantés, que lorsque tous vos sens vous transmettront à la fois la peinture des passions qui ont agité ces héros.

Qu'on commence une ouverture la toile étant baissée, & le spectateur encore glacé, tranquillement placé dans une salle de spectacle que rien ne lui déguise, l'écoutera froidement, la jugera comme s'il n'assistoit qu'à un concert, n'en goûtera que les beautés froides, si je puis me servir de ce terme, n'en sentira que les détails calculés; & tous les morceaux que les passions auront dictés, que le sentiment aura échauffés, que le génie aura produits, ou glisseront sur une ame qui ne sera pas encore à l'unisson du sentiment, de l'enthousiasme & du génie, ou ne feront que l'effleurer. D'ailleurs, que l'on se rappelle ce que nous avons établi; que l'on ne refuse pas à la musique le pouvoir magique dont elle jouit; mais aussi qu'on ne lui attribue pas une puissance plus grande que celle qu'elle possède réellement : elle peint, elle inspire tous les fentimens, toutes les paffions; elle repréfente, elle donne même, pour ainfi dire, tous les caractères; mais elle ne peut déterminer véritablement l'action & le perfonnage, que lorfque cette action tient à une paffion ou à un caractère particulier, que lorfque ce perfonnage offre des fentimens qui ne font qu'à lui. Et pourquoi cacherions-nous les bornes que la mufique ne peut paffer ? Elle eft affez riche pour que nous difions ce qui lui manque, & que fa nature même l'empêche d'acquérir : elle a donc befoin que l'on fixe ce qu'elle peut avoir de vague, qu'une expreffion étrangère vienne compléter fon fens, qu'un figne, qui ne lui appartiendra pas, applique à tel ou à tel fujet le grand effet qui lui eft propre. Elle a befoin qu'on augmente le feu qu'elle allume dans les cœurs, en en déterminant l'objet. C'eft comme ce feu terrible dont la nature embrâfe les ames dans l'âge des erreurs & des paffions; il ne confume qu'à demi, tant qu'il n'eft entretenu que par l'effervefcence fecrète auquel cet âge dangereux eft fi fujet, & il redouble d'activité & de chaleur à la vue de l'objet pour lequel il a été allumé.

La décoration théâtrale toujours analogue

au sujet, est cette puissance étrangère qui vient nommer le personnage pour lequel on veut intéresser tous les cœurs, qui détermine le lieu de la scène, qui fixe les images incertaines, qui arrête l'attention, qui donne à la musique la force qu'elle ne tient pas d'elle-même, & pour laquelle cependant elle est destinée.

Dès que le spectateur jouit de la vue du théâtre, la salle qu'il est venu garnir disparoît pour lui : il quitte toutes les pensées qui peuvent lui être particulières : il est prêt à se croire dans les contrées dont on lui offre la représentation : que le moindre son analogue à ce qu'il voit & à ce qui se prépare dans son cœur, vienne frapper son oreille, & le voilà qui franchit tous les intervalles des lieux & des temps, qui se transporte entièrement dans la patrie & dans les siècles des héros qui vont paroître à sa vue : le voilà touché d'avance, ou prêt à s'émouvoir de tout ce qui doit affecter leurs ames : il ne pense plus qu'à des chants, qu'à des sentimens, qu'à des passions analogues à ces héros ; aussi, avec quel enthousiasme ne reçoit-il pas toutes les peintures qui lui sont offertes par l'orchestre ? C'est sur une imagination exaltée, c'est sur un cœur déja ému, que les sons du compositeur doivent agir maintenant : non-seulement le spectateur n'est plus remué, attendri difficilement par le musicien ; non-seulement il ne se refuse plus, pour obéir à une froide raison, aux émotions que le musicien lui prépare : mais il va au devant de ces émotions ; il les desire, il les recherche avec empressement ; il saisit avec ardeur tout ce qui peut leur ressembler : il se contente de leur apparence ; son imagination enflammée le trompe, & la lui fait prendre pour la réalité. Ce n'est point une ame froidement raisonneuse, à qui l'on veut présenter les tableaux des passions humaines ; c'est un cœur touché qui se réjouit de sa blessure, qui ne se repaît que de ce qui peut l'augmenter, qui ne se plaît qu'au milieu d'objets attachans & faits pour allumer la sensibilité, qui les découvre où ils sont le plus cachés, qui les crée même, pour ainsi dire, lorsqu'ils n'existent pas. Aussi, que le musicien soit assez heureux pour offrir une vraie peinture de ce qu'il veut représenter, au spectateur dont le cœur sera ainsi disposé ; & avec quel transport cette peinture ne sera-t-elle pas reçue ! Quel effet ne répandra-t-elle pas sur toute la pièce ! Comme elle pénétrera dans l'ame du spectateur, & pour ainsi dire y demeurera attachée pendant tout le cours de la tragédie, pour l'émouvoir, l'attendrir, ou le faire trembler dans les endroits où le musicien voudra faire naître la tendresse, la terreur ou la pitié!

Il se présente maintenant un nouvel objet à examiner. Les ouvertures doivent-elles être liées avec le commencement de la tragédie par toutes les chaînes que la musique, considérée en elle-même, peut fournir, par toutes les transitions qu'elle peut présenter?

Notre ouvrage est le premier qu'on ait fait sur le sujet qui nous occupe; nous chercherions donc en vain, pour nous décider, les règles établies par les grands maîtres. Tâchons de suppléer à ce que l'on n'a pas fait; essayons de découvrir ce qui nous manque; & pour cela, voyons ce que sont les règles dans les arts.

On doit en distinguer deux espèces : les premières ne sont que les résultats de ce que la nature ne cesse de prescrire; elles ne sont, en quelque sorte, que les arrêts de cette nature aussi puissante que belle, que l'on doit suivre sous peine de ne jamais parvenir à son but, & dont il n'est pas permis de s'écarter dans aucune circonstance : les secondes sont celles qui ont été établies d'après les ouvrages des grands maîtres, & les effets qu'ils ont produits. Elles ne consistent que dans les résultats de leurs rencontres heureuses; & pour ainsi dire, elles ne sont que l'indication de leurs succès.

On ne sauroit trop en général suivre ces dernières règles, puisqu'on ne sauroit trop s'avancer sur les traces des grands maîtres; cependant la seule manière de les suivre de près, ou pour mieux dire de les atteindre & de marcher comme eux, est de n'imiter véritablement personne ; lorsque l'on aura l'ame vivement émue, & qu'on se sentira entraîné par son génie, que l'on ne craigne pas de violer ces dernières règles, & qu'on sache que le plus bel hommage qu'on puisse rendre aux grands hommes, est de secouer comme eux les dures chaînes d'une imitation trop parfaite, & par conséquent trop servile.

Si nous voulons assigner, relativement à l'objet qui nous occupe maintenant, les règles qui nous manquent ; si nous tâchons d'établir celles de la seconde espèce ; si nous recherchons pour cela les exemples des grands maîtres, & les effets que leurs diverses manières ont fait naître, nous trouverons de chaque côté des fuccès égaux, & nous devrons dire qu'on peut également lier fes ouvertures avec les tragédies, & les laiffer ifolées.

Cherchons donc les véritables règles, celles qu'il n'eft jamais permis de violer; confultons la nature elle-même; elle ne peut que conduire à leur perfection tous les arts qu'elle dirige; & voyons ce que l'on doit établir d'après fes indications. Une ouverture ifolée, une ouverture qui n'eft point liée muficalement avec la pièce, eft une compofition qu'on peut, en quelque forte, confidérer à part, & qui, de même que toute efpèce d'ouvrage dont l'exiftence eft indépendante d'autres productions, a fon commencement, fon milieu & fa fin.

L'ouverture eft à la tragédie ce que l'exorde eft au difcours. Un exorde peut, en quelque forte, faire un corps à part; il peut, fans que l'effet total du difcours en fouffre, être féparé, d'une manière fenfible, du refte de l'ouvrage: il peut y avoir une efpèce de repos entre la fin de l'exorde & le vrai commencement du difcours. On peut donc dire, même après avoir étudié la nature, ou ce qui eft égal, après avoir confulté la nature des chofes, que l'ouverture peut être isolée & séparée musicalement de la pièce, pourvu qu'elle ait avec la tragédie tous les rapports que nous avons déja indiqués. Mais, d'un autre coté, l'illusion ne sera-t-elle pas plus complète, si l'ouverture est entièrement unie à la tragédie; si vous cachez entièrement au spectateur vos moyens d'enchantement; si vous voilez tout ce que vous employez pour le préparer à être ému; s'il passe, sans s'en douter, de l'ouverture à l'action; s'il ne distingue pas le moment où on cherche véritablement à le toucher, d'avec celui où on ne veut, pour ainsi dire, que le remuer à demi, & le préparer à être attendri; si par-là il ne s'apperçoit pas un seul instant qu'on ait intention de le séduire, qu'on veuille le transporter loin des lieux qu'il habite & du temps qui l'a vu naître, & si rien ne vient l'avertir que tout ce qu'il va voir & entendre ne sera qu'une illusion. Il me semble donc qu'on peut employer les deux manières de composer l'ouverture d'une tragédie, mais qu'il vaut beaucoup mieux la lier avec la pièce, que la laisser isolée.

On peut, en quelque sorte, dire qu'il existe une nouvelle manière de faire les ouvertures, qui tient des deux que nous venons d'indiquer;

dans certaines occasions elle peut produire de grands effets, mais elle demande un grand talent, une imagination ardente, un sentiment vif & prompt, & un véritable enthousiasme. Lorsque le musicien doit représenter quelque grande peinture dans sa première scène, il peut se laisser conduire dans des expressions assez éloignées de celle qu'il doit offrir dans le commencement de la tragédie, y entraîner son auditeur, l'y égarer, pour ainsi dire, oublier & lui faire oublier, en quelque sorte, son sujet; & tout d'un coup comme frappé d'une lumière soudaine, & arrêté par la vue de grands & de nouveaux objets qui se présentent à lui, il ne termine point l'expression étrangère qu'il avoit entreprise, mais il change de mode, de rhythme, de moyens; il emploie un orchestre imposant, une marche d'harmonie hardie, des chants tout neufs; il fait naître le trouble ou de grands mouvemens dans l'ame de l'auditeur, par cela seul qu'il le transporte tout d'un coup, & lorsqu'il s'y attendoit le moins, en la présence d'objets grands, imposans ou terribles, & qu'il l'enlève aux objets simples & gracieux qu'il comptoit devoir considérer encore pendant long-temps. C'est un homme qui seroit livré à la plus douce des rêveries au bord d'une onde pure, dans un vallon tranquille & solitaire, auprès d'une verdure riante, & des fleurs les plus suaves & les plus belles, & qu'une puissance inconnue transporteroit tout d'un coup au devant des flancs entr'ouverts de l'Etna, vomissant d'horribles torrens de flammes.

Mais lorsque le musicien voudra lier son ouverture au commencement de sa tragédie, quelles ressources son art lui fournira-t-il ? quels moyens pourra-t-il employer ? il la laissera sans terminaison bien sensible, & il commencera la première scène sur des phrases de chant qu'on aura déja entendues dans l'ouverture. C'est ainsi que M. Gluck a lié celle d'Iphigénie en Aulide avec la tragédie : au moment qu'Agamemnon paroît, il se sert de passages qui ont pu être aisément remarqués dans l'ouverture : il semble, en quelque sorte, que l'on jouit encore de cette ouverture, & non pas d'une première scène distincte de ce qu'on a entendu.

Le musicien pourra aussi prolonger son ouverture dans la première scène, ou, pour mieux dire, il pourra faire commencer cette première scène avant que l'ouverture ne soit achevée, & la considérer comme une des portions de cette

cette dernière. Afin que la liaison soit plus grande, il n'attendra même pas que l'on ait cessé d'entendre la dernière phrase de l'ouverture, mais il en laissera une partie dans cette même ouverture, & mettra l'autre dans le début de la première scène ; de telle sorte que si les paroles du commencement de la tragédie étoient supprimées, & que les acteurs ne parussent point sur le théâtre, on n'auroit aucune raison de croire l'ouverture terminée. C'est ainsi que M. Gluck a lié celle d'Alceste avec le chœur de peuple qui commence le premier acte.

Enfin le musicien pourra employer tous les moyens de liaison musicale que nous avons déja indiqués, en parlant de l'ensemble de la tragédie lyrique : il aura recours à l'enchaînement des modulations, à la continuation du rhythme, à la ressemblance des phrases, du mouvement, des accompagnemens, des retours, & des diverses formes d'harmonie, &c.

L'ouverture pourra être d'un grand secours au musicien pour augmenter l'expression des airs qu'il répandra dans sa tragédie, au moins des airs touchans, de ceux qu'il destinera à attendrir plutôt qu'à faire trembler, & où il se proposera de faire verser le plus de pleurs.

Tome II.   C

En effet, d'où ces airs tendres tirent-ils leur force ? Qu'est-ce qui en fait le charme ? Dans quel endroit de ces airs les larmes commencent-elles de couler ? Ils doivent leur magie à ces phrases simples, presque diatoniques, qui ne sortent point du mode dans lequel elles commencent, qui peu chargées de notes & offrant des espèces de retours, se gravent aisément dans la mémoire & dans nos ames, qu'on retient sans peine, qu'on répète sans s'en douter, qu'on croit entendre encore long-temps après qu'elles ont cessé, à ces chants qui nous inspirent une volupté si pure, un attendrissement si doux, parce qu'elles représentent, pour ainsi dire, tout ce qui a des droits sur nos cœurs, la tendresse, la naïveté, la douceur, l'heureuse tranquillité, parce qu'elles réveillent ces sentimens, parce qu'elles ressemblent à la belle nature, mais à la nature simple, à la nature des champs, à celle dont nous aimons tant à retrouver les images, à celle qui régnoit dans l'âge d'or, & dont la peinture seule nous console, & nous dédommage de tous les maux auxquels nous sommes destinés.

Le musicien rend ces phrases bien plus touchantes, par la place qu'il leur assigne, par les rapports qu'il leur donne avec les signes des passions, par ces signes eux-mêmes qu'il y répand, &c. Mais il est encore un moyen d'y attacher un grand pouvoir.

Que l'on se rappelle ce que nous avons dit de la cause des effets de la musique, de l'origine & de la nature de sa puissance. Elle ne vient, cette puissance, que des signes des passions que la musique renferme, de l'art avec lequel le musicien peut en réveiller l'idée, du grand nombre de sensations qui se sont unies à un certain chant, & qui doivent être réveillées & produire tout leur effet, toutes les fois que le chant est proféré, ou que l'on entend une phrase qui lui ressemble. D'après cela, le musicien n'augmentera-t-il pas le pouvoir de ses phrases, s'il peut leur attacher, pour ainsi dire, un plus grand nombre d'impressions du genre de celles qu'il veut porter dans l'ame des auditeurs, s'il peut faire que ces phrases réveillent, & par conséquent fassent naître un plus grand nombre de sensations ?

Que doit-il tenter pour y parvenir, sur-tout lorsqu'il s'agira de ces phrases simples & touchantes sur lesquelles l'ame se repose véritablement, & pour lesquelles, par conséquent, on peut employer avec plus de succès le moyen que nous allons indiquer ?

Lorsque le musicien aura trouvé, arrangé, & accompagné une phrase de chant, de manière à produire l'effet qu'il desire, lorsque cette phrase sera bien expressive, & que le musicien la placera dans l'air où il veut attendrir, avec toutes les précautions que nous lui avons déja indiquées, ou dont nous pourrons lui parler dans la suite, cette phrase, en remuant les cœurs, en les ramollissant, s'attachera un grand nombre de sensations du genre de celles que le musicien veut faire éprouver. Qu'elle paroisse de nouveau dans le même air, & elle produira un effet bien plus grand: qu'elle revienne encore après s'être fait desirer, après que l'oreille de l'auditeur a été égarée pendant quelque temps au milieu de chants & de modulations propres à faire ressortir la phrase touchante, & elle fera couler des larmes avec plus d'abondance ; enfin plus le musicien l'emploiera souvent, pourvu que ce soit avec art, & plus il fera naître l'effet qu'il souhaitera. Qu'il se garde bien cependant de dépasser un certain nombre de répétitions, après lequel la monotonie paroîtroit, l'expression iroit toujours en s'affoiblissant, &

l'ennui règneroit à sa place. C'est ici qu'il a besoin de tout son goût pour savoir distinguer ce point, en-deçà duquel les effets ne sont pas encore les plus grands possibles, & au-delà duquel ces mêmes effets commencent à diminuer.

Ce que le musicien peut exécuter dans l'air où il veut que l'expression desirée paroisse, il peut l'exécuter dans l'ouverture avec autant de succès, & sans courir également le danger de faire naître la monotonie. Au lieu de répéter plusieurs fois la phrase qu'il destine à attendrir, dans l'air même où les larmes doivent couler, qu'il place cette même phrase dans l'ouverture ; qu'il l'y rende par ses accessoires, aussi touchante qu'il le pourra ; qu'il y unisse intimement le plus grand nombre de sensations du genre de celles qu'il voudra faire naître ; qu'il la fasse même entendre deux ou trois fois, mais en plaçant les diverses répétitions à quelque distance les unes des autres. Toutes les impressions qu'il y aura liées, se réveilleront lorsqu'elle reparoîtra dans l'air, & il n'aura pas à craindre l'ennui que traîne à sa suite une trop longue uniformité.

D'ailleurs l'oreille sera préparée à la phrase dont on aura cherché à augmenter l'effet ; elle la faisira mieux ; elle en démêlera mieux, pour ainsi dire, toutes les parties. Cette phrase aura pour l'auditeur tout le charme du rondeau le plus agréable, sans que le musicien ait rien à craindre d'un trop grand nombre de répétitions.

Le compositeur pourra placer ainsi dans son ouverture les principales phrases des airs les plus expressifs qu'il voudra faire entendre. Elles lui serviront d'ailleurs à y introduire une grande richesse, de grandes beautés, une grande variété, une grande expression, & elles pourront l'aider à atteindre le but dont nous avons déja parlé, à préparer les spectateurs aux divers sentimens que la tragédie doit offrir.

Du récitatif de la Tragédie lyrique.

LA vraie puissance de la musique réside sans doute dans le chant : non-seulement elle vient du chant pris dans son acception la plus générale, mais même des chants proprement dits, de ceux qui sont le plus souvent réguliers, qui offrent ces formes heureuses, ces retours agréables dont nous nous occuperons en parlant des airs, qui cependant quittent, lorsqu'il le faut, ces formes symétriques, pour suivre la marche irrégulière des passions, qui ne cessent d'en présenter l'image, & d'en faire entendre les signes les plus expressifs, & que de grandes masses d'une harmonie composée avec génie & placée avec goût, rendent encore plus touchans & plus beaux. Mais dans un ouvrage aussi long qu'une tragédie, tout ne peut pas offrir le même genre de beauté ; la musique perdroit son pouvoir à force d'en user dans toute sa plénitude : à force de chercher à toucher d'une manière toujours également vive, elle ne feroit qu'user ses moyens, émousser ses traits, y endurcir les cœurs, & répandre l'ennui, au lieu de sensations attachantes. Toutes les situations, tous les sentimens, tous les instans d'une tragédie ne sont pas propres à présenter ces grands tableaux où le musicien peut véritablement peindre les passions, & leur terrible empire : il y en a même plusieurs, où l'emploi en grand de l'art musical deviendroit ridicule, & produiroit par conséquent un effet tout contraire à celui que l'artiste voudroit faire naître.

La musique ne doit cependant pas cesser de régner dans une tragédie lyrique. Les sujets qu'on y traite sont trop élevés ; ils sont trop au dessus des événemens ordinaires de la vie ; les sentimens y sont trop grands, trop héroïques, ou trop véhémens ; ils sont trop supérieurs à ceux qui dominent la plupart des hommes ; le lieu de la scène est toujours trop éloigné de celui qu'on habite ; les mœurs sont trop différentes, les temps trop reculés, les usages trop antiques, pour que le spectateur n'ait pas besoin d'être continuellement plongé dans une illusion complète. Voilà pourquoi les effets que le jeu des acteurs peut faire naître, sont nécessaires pour qu'on puisse goûter un véritable plaisir à voir jouer une tragédie ; & voilà pourquoi la plupart des pièces tragiques ne jouissent d'un grand pouvoir, que sur les théâtres célèbres, quoiqu'elles soient représentées par des acteurs aussi habiles dans leur genre que ceux auxquels des pièces comiques doivent des succès brillans sur des théâtres moins fameux.

Pour qu'une pièce de théâtre produise une illusion entière, il est nécessaire que le langage adopté ne change pas d'un bout de la pièce à l'autre : si elle est chantée dans le commencement, il faut qu'elle le soit aussi à la fin ; il faut que rien ne puisse avertir le spectateur qu'on ne lui présente qu'une chose feinte, où le langage est arbitraire, où tout peut être aussi à une disposition étrangère, & où il peut n'y avoir rien de réel. Il en est du langage comme du lieu de la scène. L'auteur d'une pièce de théâtre peut établir son sujet où il veut ; mais le spectateur ne sera-t-il pas bien plus séduit lorsque l'on aura observé l'unité de lieu, si fort recommandée par ceux qui ont écrit sur le théâtre ?

D'ailleurs, combien de situations, de momens ou de sentimens dans une tragédie, où l'on ne peut avoir recours à la grande magie des airs, & où cependant celle de la musique est nécessaire !

On a donc adapté à la tragédie lyrique un genre de musique différent des airs, destiné à les lier, à remplir l'intervalle qui les sépare, à y préparer, à leur donner plus de force, à exprimer aussi par soi-même, à peindre même souvent avec plus d'énergie que les airs, mais pendant des temps plus courts, & à composer le fond du bâtiment dont les airs sont les parties saillantes, les ornemens les plus remarquables & les plus imposans. Ce genre de musique n'est que le récitatif. Voyons-en de plus près la nature.

Le récitatif, ou du moins, le fond du récitatif, n'est que la déclamation notée. Le plus souvent, il n'est point mesuré ; ou pour mieux dire, il ne reçoit pas un mouvement constant, régulier, indiqué par le compositeur pour un morceau entier : il ne suit d'autre mesure que celle qui est dictée au chanteur ou plutôt à l'acteur par la passion qui l'anime, la nature de ce qu'il doit dire, & la situation où il se trouve : il doit être fait par le musicien, de manière que l'acteur puisse tantôt le prononcer avec noblesse, tantôt le précipiter avec rapidité, ici le faire tonner, là y mêler une douce langueur & une lenteur expressive ; qu'il puisse enfin y développer toutes les nuances, tous les tons & toutes les ressources de la vraie déclamation tragique. C'est ici que le compositeur a principalement besoin de connoître les diverses manières dont une belle scène de tragédie doit être déclamée & jouée, & que les leçons des Baron & des Garrick lui sont peut-être plus nécessaires que celles des Durante & des Pergolèse.

Pour donner à son récitatif cette forme souple, capable de recevoir les divers genres de déclamation, le musicien devra d'abord consulter la nature des passions ; mais qu'il place souvent des notes sur lesquelles l'acteur puisse se reposer, s'il en a envie, non pas comme on l'a vu, pendant trop de temps, sur la scène françoise, pour y déployer une froide roulade, ou un agrément tout aussi ennuyeux, tout aussi contraire à l'expression, mais pour y appuyer, si je puis me servir de ce terme, sa pantomime & le son de sa voix.

Le musicien ne pourra cependant pas placer indifféremment ces points de repos dans toutes les parties de son récitatif : il devra choisir pour cela, dans les paroles qui lui seront confiées, le mot le plus expressif, celui qui est comme un petit abrégé de la phrase, qui en renferme, en quelque forte, tout le fens, & fur lequel l'acteur pourra, par un feul gefte ou par un feul ton de voix, peindre un petit tableau du fentiment qui l'anime.

Le récitatif n'eft point fufceptible de recevoir le rhythme que le muficien regardera comme le plus convenable à l'expreffion qu'il aura choifie : ce n'eft que dans les airs, dans les chœurs, dans les morceaux de fymphonie, & dans tout ce qui en eft compofé, que le muficien pourra employer ce grand moyen de peindre. Dans le récitatif, le rhythme eft indiqué par la quantité des paroles que le poëte lui fournit : fi le rhythme eft néceffaire à l'expreffion, c'eft le poëte qu'il faut en accufer ; c'eft lui qui devoit le préfenter dans les paroles qu'il a compofées ; le rhythme auroit alors paru dans le récitatif. Le défaut de rhythme ne peut prefque être voilé, en aucune manière, par le muficien, parce que le récitatif doit reffembler le plus poffible à la langue parlée : il ne doit y avoir qu'une note fur chaque fyllabe, & chaque fyllabe doit y préfenter fa note particulière : dans la langue parlée, dans la déclamation, chaque fyllabe ne doit-elle pas, en effet, faire entendre nécessairement un son, & n'en faire naître qu'un, puisqu'elle n'est qu'un son unique modifié d'une certaine manière ? Le musicien peut cependant remédier jusqu'à un certain point, au défaut de rhythme, en précipitant plus ou moins sa musique.

Le récitatif ne devant être qu'une image très-approchée de la déclamation, ne doit point présenter de répétitions de paroles; du moins elles ne sont permises que lorsque l'acteur est livré à une passion véhémente, lorsque le délire s'est emparé de son ame, & qu'il s'abandonne à un sentiment ardent; encore faut-il qu'elles soient rares & courtes, que le musicien ne fasse entendre plusieurs fois que des paroles importantes, que les mots qui peuvent le plus augmenter l'horreur de la situation, ou peindre le sentiment qui agite le personnage, comme, *Qu'on les immole*, *A jamais Je vous aimerai*, &c.

Le récitatif n'est que la déclamation notée : c'est toujours là que nous en revenons; c'est là le grand principe qui doit nous guider dans tout ce que nous avons à dire : il faut donc qu'il soit très-souvent diatonique, qu'il ne parcoure pas de trop grands intervalles, qu'il ne s'élève ni trop haut ni trop bas, qu'il ait l'air, ainsi que la langue parlée, de se soutenir presque toujours sur le même ton, & qu'on se trouve transporté des sons graves aux sons aigus, & d'une modulation à une modulation très-éloignée, sans s'appercevoir en quelque sorte du changement.

C'est sur-tout dans le récitatif fait sur des paroles françoises que l'on doit observer ce que nous venons de dire, notre langue ayant, lorsqu'elle est bien parlée, une prosodie assez peu sensible & qui parcourt un petit nombre d'intervalles, au moins dans les momens froids, tels que ceux où l'on emploie le simple récitatif. Plusieurs langues du midi ont besoin d'un récitatif plus varié, même dans les momens les moins animés, parce que leur prosodie est plus marquée & plus diversifiée.

On me dira peut-être d'après cela, que chaque nation devra, en quelque sorte, avoir son récitatif, que chaque nation devra avoir sa musique, & que par conséquent la musique n'est pas une pour tous les peuples, ainsi que nous l'avons annoncé.

Il ne faut pas confondre le *récitatif simple*, qui ne peut être employé que dans les momens entièrement dénués de sentiment, & qui est bien différent des autres récitatifs dont nous allons parler, avec la vraie musique qui est la peinture des passions. Celle-ci ne dépend pas de la nature des langues ; & on doit la regarder comme la même pour tous les peuples, malgré la différence qui doit régner dans leurs récitatifs simples ; de même qu'il n'y a qu'une éloquence pour toutes la nations, quoique la langue de chacune puisse demander des constructions & des tournures différentes. D'ailleurs le *récitatif simple* n'étant pas précisément destiné à émouvoir, plaira également à tous les peuples, sur quelque langue qu'il ait été composé, pourvu que cette langue soit connue de celui qui l'entendra : son grand charme ne vient, en effet, que de la manière dont il imite la langue à laquelle on l'applique.

Mais dans quels endroits de sa tragédie le musicien doit-il placer son récitatif ? Le compositeur devra distinguer avec soin, dans les scènes que le poëte lui présentera, les endroits où le sentiment règnera avec assez d'empire, & pendant un temps assez long, soit qu'une seule affection domine alors dans l'ame du personnage, ou qu'il soit en proie à plusieurs passions, & soit qu'au milieu de combats terribles, il ne fasse que recevoir & éprouver successivement de grandes agitations, ou qu'il passe d'émotions assez vives, mais douces, à d'autres passions animées, mais exemptes d'un grand trouble. Tous ces endroits seront destinés par le musicien aux airs, aux duo ou aux espèces d'air dont nous parlerons bientôt : tout le reste, excepté ce qui devra être rempli par les chœurs & les divers morceaux de musique dont nous nous occuperons dans cet ouvrage, devra être traité en récitatif.

Mais il y a plusieurs espèces de récitatif : quand est-ce que le musicien emploiera l'une ou l'autre ? Tâchons de le faire voir. On peut en admettre trois espèces : on peut distinguer le récitatif obligé ; le récitatif que nous nommerons *animé*, & le récitatif simple. Le récitatif obligé ne s'emploie que dans ces momens de trouble, d'effroi ou d'une affection profonde, où le personnage passe rapidement d'une passion à une autre, mais sans se fixer assez sur aucune pour donner naissance à un véritable air : il convient le plus souvent aux monologues ; nous lui avons consacré l'article suivant.

Le récitatif animé est celui dont on se sert toutes les fois que les paroles expriment quelque sentiment ; & le récitatif simple est celui qui

qui n'est destiné qu'aux momens, en quelque sorte, dénués d'intérêt, qu'à ce qui n'affecte que légèrement le personnage qui parle. On ne devroit presque jamais avoir recours à cette dernière espèce de récitatif, ou pour mieux dire, le poëte ne devroit presque jamais présenter au musicien des occasions de s'en servir ; mais lorsque le compositeur sera obligé de l'employer, qu'il cherche la prosodie des paroles qu'il doit mettre en musique ; qu'il se pénètre du véritable ton de la déclamation, & qu'il cherche à le rendre. Il ne pourra pas y atteindre parfaitement, la déclamation présentant une quantité d'intervalles à peine sensibles qui manquent à la musique actuelle ; mais qu'il en approche le plus possible, qu'il élève ses sons lorsque la déclamation monte, & qu'il les abaisse lorsque la déclamation descend.

Mais lorsque le compositeur travaillera au récitatif animé, qu'il recherche tous les signes des passions qu'il aura à peindre, tous les sons qui leur conviennent, ou pour mieux dire, qu'il s'efforce d'imiter la déclamation passionnée ; qu'il cherche à présenter les mêmes inflexions que les Le Kain, les Clairon, les Duménil, &c. auroient employées en déclamant les paroles qu'il a adoptées ; qu'il y place les mêmes gémissemens, les mêmes cris, les mêmes sons entrecoupés, graves, étouffés, à peine entendus ou soutenus avec énergie, élevés avec force, précipités avec impétuosité, ou retenus avec majesté & avec noblesse.

C'est ici que le compositeur a besoin d'avoir fait une étude de toutes les inflexions employées par les acteurs justement célèbres : il ne doit même pas se borner à étudier ceux qui font l'ornement de la scène lyrique. De quelque grand talent qu'ils brillent, ils peuvent être quelquefois gênés par les tons & les nuances que leur prescrit la musique qu'ils exécutent, & le compositeur ne feroit que copier servilement les beautés & souvent les fautes de ceux qui l'auroient précédé. Il doit encore aller observer avec soin la manière des grands acteurs qui jouent la tragédie simplement déclamée. Ces derniers n'éprouvent aucune contrainte : la prosodie des paroles qu'ils doivent faire entendre, ne leur est dictée par aucun signe étranger; ils n'ont que la nature à suivre ; le poëte ne leur remet que des vers auxquels ils sont les maîtres d'appliquer l'espèce de chant & la déclamation que la sublimité de leur talent peut leur inspirer. Les ouvrages que ces acteurs doivent faire valoir, leur donnent d'ailleurs des entraves bien moins fortes que les tragédies lyriques n'en donnent à leurs acteurs, relativement au jeu de théâtre & à la partie vraiment dramatique : ils doivent donc être aussi consultés & étudiés de préférence à ce sujet, & les compositeurs qui se destinent à mettre des tragédies en musique, se perfectionneront dans leur art beaucoup plus qu'ils ne pensent, s'ils vont voir jouer souvent les ouvrages immortels des Corneille, des Racine & des Voltaire.

Il suit naturellement delà que les compositeurs d'une nation où les chefs-d'œuvre & les grands acteurs tragiques seront en plus grand nombre, devront, tout étant d'ailleurs égal, s'entendre mieux à tout ce qui peut concerner le récitatif & la partie dramatique.

Mais si les acteurs des tragédies simplement déclamées, doivent être étudiés de préférence par le compositeur ; il n'en doit pas moins observer, avec attention, les différentes manières d'accentuer le récitatif, de le débiter avec rapidité, de le prononcer avec lenteur, de le chanter avec ame, & la belle pantomime des acteurs qui ont honoré & qui honorent encore la scène lyrique. Recevant des auteurs des chaînes bien plus fortes, ils n'ont pas moins de talent que les acteurs des tragédies purement déclamées, quoiqu'ils puissent quelquefois se rapprocher moins de la nature, & être par conséquent, malgré la sublimité de leur art, des modèles moins parfaits pour les musiciens. S'ils peuvent quelquefois s'élever moins haut, ils n'en paroissent pas moins avoir des aîles aussi fortes, & on voit bien que ce n'est que parce qu'ils sont retenus par de plus grands poids.

Chaque langue a sa prosodie, sa quantité, ses accens; chaque langue doit donc avoir sa déclamation particulière, puisque la déclamation n'est que l'observation exacte de ces accens, de cette quantité, de cette prosodie. Les mêmes choses seront donc déclamées différemment dans une langue que dans une autre. Le récitatif qui n'est que la déclamation notée aussi exactement qu'elle peut l'être, sera donc différent dans chaque langue lorsqu'il sera bien composé, & il le sera d'autant plus qu'une langue sera plus éloignée d'une autre par ses accens, sa prosodie, &c. Mais que l'on prenne garde qu'il ne s'agit ici que de la déclamation simple, de la déclamation froide, de celle qui appartient aux personnages qu'aucun sentiment n'affecte dans le moment où ils s'expriment ; & par conséquent nous parlons d'une déclamation qui doit être employée, le moins possible, sur la scène, où le feu des passions doit toujours brûler, si ce n'est pas d'une manière apparente, au moins d'une manière cachée. Pour peu que le personnage soit animé de quelque sentiment, il abandonne, pour ainsi dire, la déclamation de la langue ; il en conserve, à la vérité, la quantité, ce qui est presque nul relativement à l'expression musicale ; mais il n'en garde point les divers accens, ou ce qui est ici la même chose, les diverses intonations ; il ne prend que celles que les passions lui dictent ; il n'emploie que les sons plus ou moins graves ou aigus que le sentiment lui inspire : s'il élève sa voix, c'est parce que les sons qui peuvent servir de signes à la passion qui l'agite, sont élevés ; s'il l'abaisse, c'est parce qu'ils sont graves : il ne profère enfin que les cris ou les tons attachés à chaque affection, & dont nous avons déja parlé si souvent. Ces sons sont toujours les mêmes, toutes les fois qu'il s'agit de la même passion & d'une passion ressentie au même degré ; tout ceci est indépendant de la langue : quelque

D iij

peuple que ce foit, dans quelque climat qu'il habite, & quelque profodie que fa langue préfente, exprimera fes paffions avec les mêmes cris : il pourra ne pas éprouver les mêmes affections, ne pas les reffentir avec la même force ; mais fi elles le confument également, il fe fervira des mêmes fons. Tout perfonnage, foit que fa langue ait des accens plus ou moins fenfibles, emploiera donc, fur la fcène, les mêmes fignes pour rendre la même affection. Un Anglois, par exemple, & un Arabe qui raconteront un événement indifférent, ne diront pas fur les mêmes tons : *Cela eft arrivé;* ils auront recours pour cela aux profodies de leurs langues qui peuvent être très-différentes. Mais qu'animés par la même paffion, ils aient à dire : *Je vous aime, ou je vous hais,* ils fe ferviront de mots différens ; mais s'ils peuvent éprouver le même degré de feu & de fentiment, ils élèveront ou abaifferont également la voix, ou du moins la différence, entre leurs manières de déclamer, fera infenfible, & elle ne tiendra qu'à une très-petite partie de la profodie de leur langue, qui les maîtrifera peut-être encore.

Toutes les fois donc que le récitatif devra exprimer quelque fentiment (& il faudroit que dans nos tragédies il fût presque toujours l'image de quelque passion, parce qu'il faudroit que les ouvrages des poëtes offrissent presque sans interruption des affections à représenter); toutes les fois, dis-je, que le récitatif devra peindre quelque sentiment, il devra être composé de la même manière, quelque langue qu'on ait employée; & ceci est une nouvelle preuve en faveur de l'unité de la musique.

Mais parlons du simple récitatif; de celui qui appartient aux personnages qu'aucun sentiment n'anime, qui doit être fait d'après la déclamation particulière à chaque langue, & qui par conséquent doit être différent lorsqu'on a adopté des paroles françoises ou des paroles italiennes. Les langues sont en apparence d'autant plus propres à la musique qu'elles sont plus accentuées, qu'elles présentent plus de variété dans l'élévation des sons qui les composent : si l'on veut même, elles en conviennent d'autant plus à la musique considérée en général; mais il n'en est que plus difficile de les adapter au récitatif simple : ce même récitatif, quelque habileté que le musicien puisse avoir, n'en est que plus défectueux; & même il l'est en proportion du talent qu'on a eu pour le compofer. Ceci eft contraire à l'opinion d'un philofophe qui a écrit avec un grand fuccès fur la mufique ; mais voyons les raifons fur lefquelles notre fentiment eft fondé.

Le récitatif fimple ne doit être que la déclamation notée ; il doit donc être d'autant plus difficile à faire que la déclamation offrira plus de variétés, plus de nuances à faifir, plus de fons à imiter, qu'elle renfermera un plus grand nombre de ces intervalles que notre mufique ne préfente pas d'une manière fenfible ; mais il doit être d'ailleurs d'autant plus défectueux que la profodie eft plus variée, & le talent du compofiteur plus grand.

Le récitatif fimple, celui qui ne doit pas offrir les fignes des paffions, fera toujours meilleur à mefure qu'il s'éloignera davantage de la nature du chant, qu'il fera plus difficile de le confondre avec ce que l'on appelle proprement du chant, & qu'il détruira, par conféquent, davantage la monotonie qui pourroit régner dans une tragédie lyrique. Mais le récitatif fimple n'eft que la déclamation notée, ainfi que nous l'avons dit plufieurs fois : à mefure donc que la déclamation fera plus variée, & que le compositeur jouira d'un plus grand talent, c'est-à-dire, à mesure que le récitatif représentera parfaitement toutes les inflexions de cette même déclamation, il deviendra plus varié; il offrira plus de nuances, plus d'intervalles; il se soutiendra moins sur le même ton; il s'élèvera; il s'abaissera plus fréquemment, &, par conséquent, n'aura-t-il pas une plus grande ressemblance avec le chant, ne se rapprochera-t-il pas davantage de la nature des airs, n'éloignera-t il pas de plus en plus les compositeurs du but auquel ils doivent tendre ?

La nécessité de se rapprocher le plus possible de la déclamation, & de s'écarter du chant, a fait imaginer & introduire dans le récitatif plusieurs terminaisons de phrase aussi parfaites en elles-mêmes, puisqu'elles offrent les mêmes accords que les terminaisons les plus absolues; mais qui, en apparence, sont incomplètes, & présentent, dans la partie de la voix, l'image d'un repos imparfait, d'un sens terminé à demi, d'une demi-conclusion. Mais en entrant dans les détails de ces terminaisons, que l'on pourra aisément étudier dans tous les ouvrages des grands maîtres, nous passerions les bornes d'une poëtique de la musique : il nous suffit d'en montrer l'origine.

Comment le musicien accompagnera-t-il son récitatif ? Ce n'est pas ici le lieu de rapporter les différentes manières qui ont été employées ; mais le récitatif doit détruire la longue uniformité de la pièce ; il doit trancher avec les airs ; il doit, pour ainsi dire, les séparer les uns des autres ; il ne doit donc pas être accompagné avec la même pompe & de la même manière. D'un autre côté, il doit servir de passage d'un air à un autre ; il doit former la contexture de la pièce ; il doit augmenter l'illusion bien loin de la détruire ; il doit paroître assez semblable aux airs, ne former qu'une même langue, ne constituer qu'une différente partie d'une même musique ; il doit donc y avoir de grands rapports entre la manière de l'accompagner & celle d'accompagner les airs.

Lorsque le compositeur sera obligé de se servir d'un récitatif simple, il ne l'accompagnera en aucune manière ; il laissera la voix de l'acteur aller seule : par-là il placera dans sa tragédie des points de repos qui feront merveilleusement ressortir les endroits consacrés à quelque expression. D'ailleurs, le poëte doit avoir composé son ouvrage de manière que les récitatifs simples ne soient employés, le plus souvent, qu'à raconter des événemens qui peuvent ne pas affecter sensiblement les personnages, mais qui doivent nécessairement être connus du spectateur, & qui sont essentiels au nœud ou au dénouement de la pièce. Son intention ne sera-t-elle pas secondée, lorsqu'aucun instrument ne couvrira la voix, que rien ne pourra, en aucune manière, détourner l'attention, & qu'il sera impossible de ne pas entendre ce qu'il sera important de savoir ?

Si le récitatif simple se trouve, par quelque circonstance particulière & malheureuse, d'une longueur très-considérable, le musicien abandonnera la règle que nous venons d'exposer : il choisira, dans les paroles destinées à ce récitatif, l'endroit qui ressemblera le plus à l'expression d'un sentiment analogue à quelque affection des personnages, ou qui pourra le plus aisément les émouvoir, & il accompagnera cet endroit comme le récitatif animé.

Voyons les diverses manières d'accompagner ce dernier récitatif, c'est-à-dire, celui qui présente l'image de quelque passion. Le musicien pourra employer des notes d'une très-longue durée, qu'il placera dans tous ses instrumens à cordes, & qui feront foutenues de manière à donner au chanteur la liberté d'accélérer ou de retarder la mefure, fuivant que le jeu & l'expreffion théatrale l'exigeront. Le compofiteur devra choifir d'une telle manière dans les accords qu'il emploiera, les notes qu'il placera dans les diverfes parties, que chaque inftrument ne parcoure que les plus petits intervalles, que l'on ne s'apperçoive qu'à peine des changemens, & que l'on entende un accord nouveau fans croire que l'ancien a ceffé.

Ces notes foutenues, & de très-longue durée, font fufceptibles de plufieurs expreffions. Si elles font compofées d'une fuite d'accords peu altérés, fi la marche de l'harmonie n'amène guère que des modes majeurs, l'accompagnement pourra fervir à l'expreffion de la nobleffe & de la dignité, & même lorfqu'il fera un peu radouci, il peindra des fentimens religieux : fi ces notes foutenues offrent des accords plus chargés de diffonnances, des modes mineurs, des intervalles mineurs entre la baffe & la partie fupérieure, elles pourront repréfenter la douceur, la tendreffe, la pitié, la mélancolie ; & fi les diffonnances deviennent de plus en plus fortes, le récitatif sera la peinture de la tristesse, des regrets, de la douleur amère, &c. Voyez particulièrement, dans l'Orphée de M. Gluck, le bel effet & l'expression déchirante que produit cet emploi fréquent de dissonnances dans les notes soutenues qui vont avec le récitatif.

Sans entrer dans un plus grand nombre de détails particuliers, exposons, suivant leur degré de puissance, les différentes manières d'accompagner un récitatif, pour qu'il puisse peindre les passions animées & impétueuses, quelle que soit d'ailleurs leur nature ; non-seulement le musicien se servira de ces diverses manières, suivant qu'il aura des sentimens plus ou moins violens à représenter ; mais il les emploiera toutes successivement, & dans le même ordre que nous allons leur assigner, pour montrer cet accroissement successif & terrible par lequel une passion, de calme qu'elle étoit en apparence, devient furieuse & indomptable. Supposons même le compositeur forcé de peindre cet accroissement, pour mieux exposer les diverses manières d'accompagner, que nous avons en vue.

Que le musicien veuille donc, dans son récitatif animé, représenter un orage de passions qui tonne d'abord de loin, mais qui avance successivement, s'empare de tout l'horizon, le remplit bientôt d'un déluge de feux, & y fait entendre les éclats les plus terribles : il emploiera d'abord de simples noires placées, dans tous les instrumens, à la tête de chaque mesure : insensiblement il les remplacera par des notes soutenues d'une plus longue durée ; alors le sentiment devenu plus déterminé, prendra un certain degré d'activité : on aura déja commencé de connoître, pour ainsi dire, l'objet & les motifs de ce sentiment, les paroles qui peuvent les indiquer ayant été placées au milieu de l'accompagnement le plus simple & le plus propre à laisser à la voix tous les moyens de se faire entendre : lorsque le musicien fera paroître les notes soutenues, les feux de ce même sentiment s'allumeront. Bientôt elles seront exécutées de manière à représenter un plus grand nombre de notes rapides, & à accroître le trouble ; & pendant ce temps, la basse faisant seule entendre une simple note à l'arrivée de chaque modulation nouvelle ou au commencement de chaque mesure, n'augmentera-t-elle pas beaucoup par les espèces de traits qu'elle lancera, la terreur ou les divers sentimens qu'on voudra peindre ? & ne marquera-t-elle pas toute la progreſſion du morceau, où toutes les agitations de la paſſion ſeront déja empreintes ?

Cette baſſe cependant ceſſera bientôt de retentir ainſi d'une manière redoutable à chaque meſure & à chaque changement de modulation ; elle deviendra compoſée de beaucoup de notes, ainſi que les autres parties, & le trouble, l'agitation, l'efferveſcence, n'iront-ils pas en croiſſant ? A meſure qu'ils augmenteront, les notes s'entaſſeront dans toutes les parties, ſur les divers tons employés par le muſicien ; l'orage règnera véritablement alors ; il ſera véritablement ſur la tête des ſpectateurs ; & ſi, au milieu de cette tempête effrayante, le compoſiteur veut faire tomber la foudre, & en faire entendre, à pluſieurs repriſes, le bruit horrible, il détachera la baſſe du morceau d'harmonie ; elle marquera de nouveau le commencement de chaque meſure ; elle dominera au-deſſus du fond d'harmonie qui exprimera la plus grande agitation ; elle y imitera des bruits effrayans & lugubres, ou augmentera la terreur que le muſicien cherchera à répandre dans l'ame de ſes perſonnages & des ſpectateurs, ou produira quelque autre effet terrible, ſuivant la nature des accords & des modulations dont on se servira. Et si l'éclat de la foudre doit redoubler, on détachera le premier violon de ce fond d'harmonie devenu, pour ainsi dire, enflammé ; on placera, dans cette partie saillante, des accords secs & détachés, qui se feront entendre en même temps que les notes de la basse ; on secondera ainsi le grand & terrible effet de ces dernières ; & la terreur ou la passion dominante, approchera de son plus haut degré.

Est-elle prête à y parvenir ? qu'on abandonne tous les moyens que nous venons d'indiquer ; que l'on choisisse un trait des plus courts ; qu'on lui donne la plus grande puissance ; qu'on le place dans toutes les parties de l'accompagnement ; qu'on s'en serve pour marquer le commencement des mesures & des modulations ; qu'il vienne, en interrompant la voix, ajouter à l'agitation & au trouble des personnages. Comme il contrastera avec cette voix qui, dans les courts, mais fréquens momens où elle se fera entendre, sera entièrement dénuée d'accompagnement ! Comme ce mélange de jours vifs & d'ombres épaisses, sera terrible ! il représentera l'éclat sanguinolent de la foudre qui sillonne de noires ténèbres ; il produira tous ces effets merveilleux qui naissent
des

des oppofitions foudaines, lorfqu'il s'agit de repréfenter le trouble, la terreur & l'agitation : & fi, enfin, l'incendie allumé par les paffions, eft à fon plus haut degré d'activité, s'il dévore tout fans contrainte, que le muficien laiffe feulement au premier violon & à la baffe ce trait puiffant & fouvent horrible, & que les autres parties faffent entendre continuellement ces notes rapides & multipliées qui peignent fi bien l'agitation, le défordre & l'effroi ; qu'elles foient fouvent exécutées à demi-jeu pendant que la voix fe fera entendre, & d'une manière bruyante lorfque le trait paroîtra ; que quelque fois auffi, elles préfentent une augmentation fucceffive de fon ; qu'ainfi les plus fortes oppofitions foient employées, les plus grands moyens réunis, les plus grands effets produits, les fenfations les plus inattendues excitées, les plus grands coups frappés.

Quoique le récitatif animé ne foit deftiné qu'aux morceaux de fentiment, qui fourniffent toujours des peintures à placer dans l'orcheftre, il faudra cependant favoir en laiffer plufieurs portions entièrement dénuées d'accompagnement, ou du moins revêtues d'un accompagnement bien léger, lorfque, par exemple, on voudra empêcher la monotonie de répandre fes pavots ; lorfqu'on cherchera à faire reffortir quelque paffage faillant; lorfqu'on defirera de laiffer repofer l'oreille déja fatiguée par une compofition trop bruyante ou trop chargée ; lorfqu'on voudra faire entendre d'une manière bien diftincte des paroles très-intéreffantes pour le dénouement ou le nœud de la tragédie ; lorfqu'on ne voudra rien faire perdre d'un vers fublime & dont toute la parure ne doit être qu'une belle déclamation notée, de même que dans le langage ordinaire, les expreffions les plus fimples, pourvu qu'elles foient nobles, font le plus fouvent l'ornement qui convient le mieux à une grande & admirable penfée. Par exemple, ce vers d'Iphigénie en Tauride : *Eh bien, Pylade! eft-ce à toi de mourir ?* produiroit-il le grand effet qu'il fait naître, fi M. Gluck l'avoit accompagné d'une manière chargée ?

Pendant que le muficien eft forcé de ne donner à fes perfonnages qu'un fimple récitatif, ne peut-il pas être obligé de peindre un grand tableau ? Ne doit il pas quelquefois placer dans fon orcheftre, ou la repréfentation du lieu de la fcène, qui peut intéreffer affez le perfonnage, & influer affez fur le cours de

la pièce pour exiger des traits très-marqués ;
ou la peinture de quelque événement remarquable qui a lieu derrière le théâtre, de quelque action qui doit être rappelée avec des couleurs très-vives ; ou l'image des sentimens profonds dont le cœur d'un acteur est affecté, qu'il s'efforce de cacher, qui sont, en quelque sorte, contraires à ceux qu'il exprime par son récitatif, mais qui cependant s'exhalent avec violence ; ou enfin la représentation de ceux que l'acteur témoigne, qui ne sont pas de nature à exiger un air, & pour l'expression desquels le simple récitatif, quelque animé qu'il puisse être, ne sauroit suffire ?

Dans toutes ces circonstances, & dans toutes celles qui leur seront semblables, le tableau présenté par l'orchestre, ne pourra produire son effet qu'autant que la musique sera mesurée, soit parce que le charme de la mesure sera nécessaire pour donner aux couleurs le vrai ton qu'elles doivent offrir, & au morceau entier tout son pouvoir, soit parce que les différentes portions de l'ouvrage du compositeur seront souvent trop nombreuses & trop compliquées pour conserver, dans l'exécution, leur place, leurs vrais rapports,

& par conséquent leur puissance, si la mesure ne vient pas au secours de ceux qui devront le faire entendre.

Le récitatif qui est chanté en même temps que ce tableau est offert par l'orchestre, doit être nécessairement mesuré. D'après cela, on doit employer très-rarement la manière d'accompagner le récitatif dont nous parlons: il est difficile qu'un récitatif fasse un grand effet lorsqu'il est mesuré, parce qu'il tire toute sa force de sa ressemblance avec la déclamation soit froide, soit passionnée, & que la déclamation perd toujours à s'assujettir à la mesure musicale. Cependant, lorsque sa place sera bien assignée, & lorsque le tableau offert par l'orchestre, sera touchant ou terrible, &c., il en résultera de grandes beautés. Il faudra alors que le musicien prenne un plus grand soin en composant son récitatif; qu'il tâche de le rendre encore plus conforme à la vraie déclamation, non-seulement pour l'accent des passions, pour l'élévation plus ou moins grande des tons, & pour la durée relative des sons attachés aux syllabes, mais même pour leur durée absolue; c'est-à-dire, ils devront précisément tenir de la mesure, la durée qu'ils auroient reçue de la simple déclamation.

Les timbales, les inſtrumens à vent, ne devront être employés que très-rarement dans le récitatif : il faut en réſerver l'effet magique pour les récitatifs obligés, les airs, les chœurs, &c. Cependant il y a des momens où ils feront néceſſaires, & où ils produiront le plus grand effet dans le récitatif animé ou ſimple, pourvu qu'ils y ſoient introduits d'une manière convenable. Par exemple, lorſque le récitatif ſera tendre & plaintif, & que le muſicien l'accompagnera par de douces tenues d'inſtrumens à cordes, pourquoi ne pas y ajouter quelquefois des flûtes ou d'autres inſtrumens à vent très-doux ? Pourquoi ne pas faire entendre des tenues de baſſons & de cors dans les endroits où les ſentimens feront mêlés de dignité, de nobleſſe ou de mélancolie, &c. ? Et dans les momens terribles, pourquoi ne pas faire reſſortir ces traits ſi puiſſans dont nous avons parlé, & qui marqueront les meſures & les modulations; pourquoi ne pas les rendre plus vifs, plus éclatans, en y joignant des coups de timbales, des eſpèces de cris de cors de chaſſe ou de hautbois, &c. Pourquoi ne pas mêler à l'harmonie tumultueuſe & effrayante qui accompagnera le récitatif lorſque les paſſions répandront le plus de feux sur la scène, des roulemens sourds de timbales, & des tenues de cors, en choisissant, parmi les tons qu'ils peuvent produire, ceux qui conviendront le mieux au sujet? Par exemple, dans Scanderberg, lorsque le prince d'Albanie rendant compte à son confident de ses sentimens, de ses desirs, de ses projets, en vient à dire : *Mes frères immolés me demandent vengeance ;* Pourquoi ne pas employer les cors, les trompettes & même les timbales, pour appuyer le trait qui réveille la vengeance dans son cœur? Et pendant même qu'il récite avec toute la liberté de la déclamation la moins contrainte, pourquoi les instrumens à vent ne joindroient-ils pas leurs tenues & une espèce d'expression militaire aux notes multipliées & rapides que les instrumens à cordes pourroient faire entendre ?

Les divers personnages qui sont sur la scène, ne doivent parler & laisser échapper à la fois l'expression de leurs sentimens, que dans le moment où ils sont en proie à de grandes passions, à des passions même tumultueuses ou à des mouvemens de délire. Tous ces instans intéressans doivent être consacrés à des airs, à des duo, &c. Il est cependant quelquefois des momens très-courts d'une paſſion ſubite, d'une eſpèce d'enthouſiaſme & d'exclamation qui ne peuvent point être repréſentés par des airs, qui ne demandent qu'un récitatif animé, & où deux ou pluſieurs perſonnages s'expriment, &, pour ainſi dire, s'écrient à la fois. Ces inſtans doivent être très-courts; pour que cette eſpèce de duo ou de trio en récitatif ait lieu, il faut que tous les perſonnages diſent exactement la même choſe, profèrent le même nombre de ſyllabes, & par conſéquent emploient un égal nombre de notes; ou bien il faut que le récitatif ſoit meſuré, ce qui peut ôter, à ces momens, tout leur effet, leur puiſſance ne venant que d'une eſpèce d'inſpiration & de mouvement ſoudain preſque toujours incompatibles avec une meſure parfaitement régulière. Ces morceaux bien ménagés peuvent jouir d'un grand pouvoir. On peut en voir de beaux exemples dans l'Iphigénie en Tauride de M. Gluck.

Il eſt une dernière manière d'accompagner le récitatif animé qui, employée comme il faut, peut convenir, on ne peut pas mieux, aux momens mêlés de contrainte, de retenue, de rapidité, de fureur, de colère, d'un déſeſpoir qui ſe dégage de quelque chaîne, &

même à la peinture d'autres sentimens : on peut la nommer *syllabique*. Pour qu'elle ait lieu, il faut que tous les instrumens, employés par le musicien, suivent le récitatif avec la plus grande exactitude, que les notes qu'ils feront entendre soient de même nombre & de même valeur que celles que le récitatif offrira ; que la basse soit soumise à la même contrainte, & que les parties ne diffèrent que par l'élévation des sons qu'elles produiront. Par-là rien ne détournera l'auditeur de l'espèce de chant produit par le récitatif, ou pour mieux dire, rien ne le distraira du rhythme présenté : on seroit tenté de regarder le récitatif comme n'étant pas accompagné ; & cependant quelle force n'obtiendra-t-il pas de cette espèce de déclamation simultanée que tout l'orchestre fera entendre, de l'harmonie plus ou moins déchirante, plus ou moins terrible qui règnera avec cette simple déclamation, & qui en marquera les plus petites inflexions ! Comme la lenteur ou la précipitation plus ou moins grandes, avec lesquelles l'acteur retiendra ou laissera échapper ses sentimens, deviendront sensibles & imposantes par cette marche de l'orchestre qui, entièrement conforme au récitatif, s'arrêtera ou se précipitera avec toutes les syllabes! Ce genre d'accompagnement ne doit cependant pas durer long-temps; il pourroit faire naître la monotonie qui paroît aisément dans les objets dont toutes les portions se ressemblent beaucoup. Voyez la manière dont M. Gluck a accompagné dans la cinquième scène du troisième acte d'Iphigénie en Tauride, ces paroles d'Oreste ; *mais c'est en vain, j'en atteste les dieux.* Quoiqu'il n'ait pas employé un vrai récitatif, vous sentirez aisément l'effet que peut produire un récitatif accompagné ainsi que nous venons de l'indiquer.

Nous avons vu plusieurs fois que notre musique manquoit, pour ainsi dire, de ces intervalles plus petits qu'un demi-ton, qui se retrouvent si souvent dans la déclamation purement oratoire, & qui seroient si nécessaires pour l'expression des passions : elle n'a pas au moins de signes pour les représenter, & le compositeur est privé de moyens de les faire produire aisément dans toutes les circonstances.

C'est sur-tout dans le récitatif que ce défaut est plus sensible ; c'est là qu'on doit chercher le plus à se rapprocher de la déclamation, & qu'on auroit le plus de besoin de très petits intervalles. Voici une manière de les y introduire que plusieurs grands maîtres ont employée, & dont quelques-uns d'eux ont pu reconnoître la bonté, sans en avoir découvert la cause, ou pour mieux dire, sans avoir deviné son véritable effet. Nous la devons à M. Rousseau de Genève : elle consiste à faire entendre successivement plusieurs accords sur une même note du chant ou du récitatif. Par exemple, lorsqu'on voudra que la voix passe d'un ton à un ton plus élevé d'un très-petit intervalle, on placera sur le premier ton un accord qui puisse le renfermer : on examinera quel nombre y représente ce ton, car dans chaque accord, chaque son peut être désigné par un nombre qui n'est autre chose que celui des vibrations que font les cordes sonores lorsqu'elles produisent le son.

On déterminera ensuite par le calcul, ou on saura quel nombre appartient au ton plus élevé d'un très-petit intervalle; on cherchera un accord dans lequel le second ton soit représenté par ce nombre, & on placera ce nouvel accord sur le premier ton que l'on prolongera. La voix, pour se conformer à l'harmonie de ce nouvel accord, sera obligée de monter sur le degré desiré; elle s'y élèvera réellement quoique d'une manière infenfible, & on aura réellement obtenu & introduit pour ce moment dans la mufique l'intervalle que l'on fouhaitoit.

Quelquefois le perfonnage, fur-tout lorfqu'il eft feul fur la fcène, s'arrête au milieu de fa déclamation, & n'exprime les fentimens qu'il éprouve, que par fon attitude, fes geftes, l'air de fon vifage. L'orcheftre doit alors remplir au moins le plus fouvent, les intervalles rendus vides par le filence de l'acteur : il doit peindre les paffions qui agitent le perfonnage, ou les objets qui les font naître, dialoguer avec l'acteur, le confoler quelquefois par de doux fouvenirs, par des fons touchans & flateurs, par des peintures anticipées & agréables des événemens futurs, ou l'attrifter, le tourmenter, le déchirer par des accords triftes, lugubres ou terribles, des tableaux effrayans, des fons, des images horribles : mais nous voici arrivés au récitatif obligé auquel nous devons confacrer un article.

Du récitatif obligé de la tragédie lyrique.

L'ON appelle *récitatif obligé* celui dans lequel le perfonnnage qui eft fur la fcène dialogue prefque toujours avec l'orcheftre de la manière la plus marquée : il en reçoit les fentimens qu'il y voit repréfentés ; il lui communique ceux qui l'agitent, en le contraignant, pour ainfi dire, à les exprimer. Quelquefois ils s'interrompent, & fe combattent en quelque forte : quelquefois ils montrent des affections mutuelles ; toujours ils font dépendans l'un de l'autre, comme des perfonnages qui paroîtroient en même temps fur le théâtre ; & c'eft de cette dépendance, de cette efpèce de contrainte, de cette forte d'obligation de fe conformer l'un à l'autre jufqu'à un certain point, que le récitatif qui nous occupe a tiré fon nom de *récitatif obligé*.

Nous avons vu que lorfque quelque fentiment paroiffoit dans une tragédie, le muficien devoit employer le récitatif animé, & qu'il devoit avoir recours aux airs, lorfque les affections étoient parvenues à un très-haut degré,

& qu'elles devoient régner pendant un temps assez long, quelque fût le nombre des passions qui exerçassent leur empire. Lorsque les sentimens qui pénètrent un personnage sont très-forts, mais qu'ils ne dominent pas paisiblement dans son ame; que tour à tour ils en sont chassés & en redeviennent les maîtres; que les combats qu'ils se livrent ne sont pas encore décidés de manière à présenter *un grand & unique tableau*, mais qu'ils doivent offrir plusieurs images successives terribles, pathétiques, ou douces, touchantes, &c; lorsque les passions ne sont pas encore soulevées de manière à offrir une longue durée, mais que cependant elles bouleversent déja tout ce qui est exposé à leurs coups; lorsqu'enfin toutes les agitations, tous les mouvemens ardens que les sentimens peuvent faire naître, sont mêlés d'instans de réflexion, de délibération, ou d'accablement, de momens où le personnage n'exprime point ses affections par des paroles, où elles sont concentrées & retenues dans son intérieur sans en être moins effrayantes, où l'orchestre doit parler à son tour, fournir à l'acteur les objets de sa délibération, ou les motifs de consolation qu'il cherche, exprimer ce que le personnage ne peut plus représenter, le musicien devra employer le récitatif obligé.

C'est sur-tout dans les monologues que l'on doit le plus souvent se servir de ce récitatif. C'est là que l'orchestre doit encore plus dialoguer avec le personnage ému ; qu'il a plus de temps pour lui parler ; que l'acteur ne peut avoir recours qu'à son orchestre, & qu'on rencontre le plus de ces irrésolutions, de ces combats violens, de ces apparitions courtes de sentimens soudains, de ces tableaux isolés, de ces délibérations, de ces réflexions, de ces accablemens qui font l'ame des récitatifs obligés.

Ces récitatifs doivent être compris parmi les portions d'une tragédie lyrique qui demandent le plus de talent de la part du compositeur. Tout y doit être animé, tout y doit porter l'empreinte d'un sentiment, & souvent d'une affection brûlante : tout doit allumer dans l'ame du spectateur les passions qui règnent sur la scène, & par conséquent tout doit l'agiter violemment, tout doit s'y exprimer avec force & y parler avec énergie : c'est là que le musicien a le temps de déployer toute la magie des accompagnemens. L'acteur le plus souvent livré à lui-même, s'y occupe de tout ce qui l'entoure, & qui peut entretenir fes affections, diminuer fes maux, ou lui rappeller l'objet de la paffion qui le tourmente. L'orcheftre doit alors peindre le lieu de la fcène, pour faire éprouver aux fpectateurs tous les fentimens qui brûlent l'ame du perfonnage.

C'eft alors que le muficien doit jeter un voile lugubre fur des forêts facrées, obfcures & terribles; qu'il doit peindre la mort horrible & fanglante dont le phantome effrayant apparoît à celui que de juftes remords pourfuivent, qui croit fans ceffe rencontrer fous fes pas les victimes infortunées qu'il a immolées à fes crimes, qui entend toujours leur voix gémiffante s'élever contre lui, qui fans ceffe obfédé d'images hideufes de fang & de carnage, voit à chaque inftant un fer vengeur fufpendu fur fa tête coupable.

C'eft alors que le muficien peut répandre un nouveau charme & un nouvel éclat fur le jour le plus beau, les campagnes les plus fleuries, les feuillages les plus verts, la matinée la plus fraîche; qu'il peut verfer de nouvelles douceurs fur le fpectacle qu'offre le foleil couchant le plus pur & le plus ferein, lorfque le long d'un bois, dans le fond duquel l'aftre de la lumière fait parvenir des rayons qu'il abaisse en descendant vers l'horizon, & qui dorent les tiges de tous les arbres, le héros qu'il doit représenter vient promener ses douces rêveries, & revoir l'endroit où il a reçu la première atteinte du sentiment chéri dont il croit tenir le bonheur.

C'est alors aussi que le musicien pourra peindre un bocage sombre & solitaire, dans le fond d'un vallon écarté & silentieux : de tristes ciprès y croissent auprès d'une roche antique & sauvage : on n'y entend ni le chant des oiseaux, ni le doux murmure d'une eau limpide : les vents viennent seuls y proférer de lugubres & tendres gémissemens, en agitant les feuilles de ces arbres funèbres ; on croiroit entendre des mânes plaintifs : là s'élève un monument de deuil : le marbre façonné par un art consolateur y retrace l'image d'un héros chéri qui n'est plus ; la mort l'a enveloppé de ses chaînes inévitables ; il est tombé au milieu de sa gloire, & il ne reste de lui que de vaines cendres. Sa compagne qui ne vivoit que pour lui, vient consumer auprès de ce tombeau, & des malheureuses dépouilles de celui qu'elle a perdu, le flambeau de sa vie qui ne répand plus qu'une foible lumière.

Lorsque le soleil a terminé sa course ; lorsque
les

les ombres se sont répandues sur la terre, que tout se tait, & que la douleur est livrée à elle-même & à ses idées lugubres, cette triste épouse vient arroser de nouveau de ses larmes, le seul objet qui remplisse son cœur; elle s'avance à la clarté vacillante des étoiles; & inclinée sur le froid monument qu'elle tient étroitement embrassé, elle y fait entendre sa voix gémissante : ses accens douloureux percent le silence de la nuit, comme ceux de la tourterelle délaissée & plaintive; ils se mêlent aux tristes sons que les vents profèrent; ses regrets touchans se perdent dans les airs; rien ne répond à sa peine cruelle; elle n'entendra plus celui qui fut si cher à son cœur; il ne lui reste que sa douleur amère.

Lorsque le musicien compose un air, l'expression qu'il doit employer est bien plus circonscrite que lorsqu'il travaille à un récitatif. Quoique son tableau soit varié, cependant il est un; ce sont toujours les mêmes passions qui règnent & qui dominent à peu-près avec la même force; il n'a besoin, pour ainsi dire, que de représenter un seul degré de passion. Au lieu que dans le récitatif, que de sentimens divers ne doit-il pas exprimer! que de nuances du même sentiment ne doit-il pas montrer successivement ! & non-seulement il doit les peindre ; mais encore il doit les deviner : non-seulement il doit représenter celles que le poëte lui offre, mais encore celles que la situation lui présente. Il faut qu'il cherche & qu'il sache quelles sont les affections qui doivent naître tout d'un coup dans l'ame du personnage, & celles qui n'y paroissent qu'en s'avançant lentement, & en s'agrandissant peu à peu ; celles entre lesquelles il ne faut placer aucun sentiment intermédiaire, & celles dont les peintures doivent être séparées par la représentation d'un ou de plusieurs sentimens. Il montrera les unes tout d'un coup & sans aucune transition, en cherchant même par son nouveau rhythme, & sa modulation nouvelle, à surprendre autant que le nouveau sentiment ; il fondra la peinture des autres en en présentant toutes les nuances, toutes les gradations successives.

Ici il fera succéder une image à une autre, & la liaison se trouvera naturellement telle que l'effet de la tragédie pourra le demander ; là il ne fera paroître une passion qu'après avoir présenté dans son orchestre la peinture d'un sentiment intermédiaire.

Il consultera pour cela le caractère, l'état, la

dignité, l'âge, la situation de son personnage; il se rappellera tout ce que nous lui avons déja dit; il cherchera en tout à peindre la nature.

Souvent il représentera dans son orchestre la cause des changemens d'affection. Par exemple, qu'un acteur passe du sentiment de la fureur à celui de la pitié, que le poëte n'ait fourni au musicien que les tableaux de ces deux sentimens, & qu'il ait dû retrancher toutes les affections intermédiaires; que fera le compositeur, si aucune circonstance, si l'apparition d'aucun objet nouveau, si le caractère du personnage n'exigent pas que ces deux représentations se succèdent d'une manière tranchée ? il fera taire le personnage après la première peinture; il le réduira à la simple pantomime; il ne lui laissera exprimer sa situation que par ses gestes, & il aura recours à l'orchestre. Dabord il montrera la fureur qui s'appaisera, & qui deviendra assez calme pour laisser dominer au milieu de ses agitations & du bruit qu'elles répandent, une espèce de voix gémissante qui peut-être d'abord renouvellera la fureur dans l'ame du personnage, & en fera reparoître le tableau dans l'orchestre. Mais peu à peu cette voix touchante prendra le dessus; elle en imposera à la fureur; elle enchaînera sa puissance ; elle ne laissera régner qu'un trouble sourd qui bientôt deviendra presque insensible ; les sons les plus pathétiques se joindront à cette voix plaintive & lamentable ; l'image de l'infortune paroîtra toute entière, non pas telle qu'elle se présente lorsqu'elle doit effrayer, mais telle qu'elle se montre, lorsque l'on ne veut que faire couler nos larmes, mais mêlée d'assez de douceur pour nous attendrir, & revêtue d'un certain charme pour nous attirer par un pouvoir secret & invincible. La pitié naîtra & paroîtra à sa suite avec tous ses tendres mouvemens, & le musicien se trouvera transporté au milieu de son second tableau, après avoir suivi la marche indiquée par la nature elle-même.

Le plus souvent les traits qui représenteront ces divers degrés devront être courts, mais sensibles, & faits pour aller jusqu'au cœur.

Le musicien aura ici la même recherche à faire qu'un grand acteur qui joue dans une tragédie. Il doit, comme ce dernier, deviner toutes les nuances de sentiment qu'il doit peindre, les représenter par sa musique, comme l'acteur par sa pantomime, tâcher comme lui de placer des silences dans la voix, & de suspendre l'articulation des paroles pour remplir ces intervalles par la peinture de ces nuances.

Mais quel avantage n'a-t-il pas ici fur l'acteur ? Ce dernier n'ayant que fa pantomime pour fuppléer au défaut de paroles, ne peut pas donner une grande longueur aux efpèces de vides dont nous venons de parler, ni par conféquent beaucoup de développement aux nuances de fentiment qu'il y repréfentera : le muficien au contraire pouvant difpofer de fon orcheftre qui peut charmer feul l'auditeur, & qu'il fait parler quand il veut, affuré de ne pas laiffer un feul moment de repos aux cœurs qu'il veut remuer, ne peut-il pas affez agrandir les féparations des tableaux offerts par le poëte, pour y développer à fon gré, & y rendre bien reconnoiffables les degrés de fentiment qu'il doit expofer, & pour donner toute leur force aux affections qu'il préfentera ?

Mais fi le récitatif obligé offre plus de difficultés au compofiteur, il peut bien le dédommager de fes peines ; c'eft une des parties de la mufique qui jouiffent de plus de puiffance. Plus tumultueux, plus naturel peut-être, plus animé, plus varié de toutes les manières que les airs, plus vif, plus rapide, s'il ne laiffe pas dans l'ame un plaifir auffi pur, s'il n'y excite pas des flammes aussi ardentes, il y allume un feu plus impétueux ; s'il ne fait pas verser des larmes avec tant d'abondance, il transporte davantage ; s'il ne déchire pas le cœur avec tant de constance, il y fait peut-être de plus grandes blessures ; l'air est plutôt fait pour les situations dans lesquelles on peut rester quelque temps sans être révolté : le récitatif obligé peut impunément employer les traits les plus effrayans, parce qu'il les montre & les fait disparoître comme des éclairs.

Mais quelle est donc la nature & la formation du récitatif obligé ? si on ne le considère qu'en lui-même, il n'est, en quelque sorte, qu'un récitatif animé ; mais combien n'en diffère-t-il pas par la manière dont il se mêle avec l'orchestre ? Si on le regarde comme ne faisant qu'un tout avec ses accessoires, il est formé de plusieurs portions, ou pour mieux dire, il réunit toutes celles de la musique, & tous ses moyens d'expression ; mais voyons le de plus près.

Il est composé de traits d'orchestre ainsi que nous l'avons dit ; ces traits sont destinés à remplir les silences que nous avons recommandé au musicien de placer dans les rôles des personnages. Ils seront plus ou moins longs suivant que la situation & les circonstances exigeront plus de rapidité, que les nuances à montrer seront en plus grand nombre, & qu'elles auront besoin d'un plus grand développement.

Ces traits seront plus ou moins composés de portions fondues avec soin, ou tranchées avec une espèce de sévérité, suivant que les sentimens qui se suivront seront plus voisins, plus ou moins confondus les uns dans les autres, ou plus ou moins opposés, & séparés d'une manière distincte.

Ces morceaux d'orchestre seront quelquefois composés d'un unisson offert par toutes les parties. Ces unissons produiront diverses sortes d'expressions toutes grandes & imposantes, au moins s'ils offrent une certaine étendue.

Si l'unisson est formé de notes qui s'élèvent, s'entassent, se pressent avec rapidité, & sur lesquelles on établisse un *crescendo*, il peindra le désordre toujours croissant des passions véhémentes ; composé & exécuté de manière à ce que certaines notes très-rapides soient saillantes au dessus des autres, il représentera les coups redoublés des passions qui accablent & atterrent leurs infortunées victimes. S'il offre des traits entrecoupés, des phrases interrompues par des silences, des chants pour ainsi dire retenus, & un mélange de *fort* & de *doux* placés en apparence fans ordre, il peindra des fentimens qu'on s'efforce de cacher ou de vaincre, mais qui fe font jour au travers de tous les obftacles : s'ils font compofés de notes lentes qui parcourent des intervalles mineurs, & dont la marche foit de temps en temps arrêtée, ne repréfenteront-ils pas la triftefse, le deuil, des objets lugubres, &c ? Ne pourront-ils pas auffi peindre des affections douces par des efpèces de chants tranquilles, tendres, compofés de peu de notes, d'intervalles agréables, de modulations fimples & peu fréquentes, &c.

Lorfque les traits d'orcheftre dont nous nous occupons, ne renfermeront pas un fimple uniffon, ils devront être compofés avec encore plus de foin que quelque morceau de mufique que ce puiffe être, à caufe du grand fens qui doit leur être attaché, de la précifion & de la force que l'on doit mettre dans les images qu'ils offriront, de la converfation apparente qu'ils doivent préfenter, des efpèces de demandes ou de réponfes qu'ils doivent faire, & de la brièveté qui doit leur appartenir, & qui ajoute toujours aux difficultés de toutes fortes de peintures.

Il faut que le véritable chant que l'on voudra y faire dominer, soit très-marqué par sa nature, ou par celle des instrumens qu'on emploiera pour le faire entendre Qu'il soit très-aisé de ie distinguer; qu'en quelque sorte on puisse se faire illusion, & le prendre pour une voix qui vient dialoguer avec le personnage. Lorsque cette voix devra tonner, effrayer, désespérer, & que le compositeur voudra la rendre plus terrible, que le rhythme qu'elle offrira soit en même temps employé ou dans tout l'accompagnement, ou dans la basse, ou dans quelqu'autre partie très-saillante, suivant qu'on voudra produire plus ou moins d'effet.

Si au contraire c'est une voix consolatrice qui doit calmer des agitations tumultueuses, & qu'on veuille ajouter à ses charmes & à sa douceur, que le musicien place une flute à l'unisson de la partie qui la fera entendre ; & pour augmenter la magie du morceau de musique, qu'un nouvel instrument capable de produire des sons doux & touchans, donne naissance au même chant que cette espèce de voix, mais qu'il le profère à l'octave au dessous, ou quelquefois même à l'octave au dessus, suivant que l'on voudra mêler l'accent de la douleur, ou celui du gémissement, au ton de la consolation, & qu'on voudra parvenir plus aisément à dissiper des chagrins cuisans, ou des peines vives, en paroissant les partager pour ainsi dire, & en laisser échapper les cris.

Rien ne donne plus à un chant le ton & la puissance magique de la voix humaine, que ce même chant entendu en même temps à l'octave haute ou à l'octave basse. Et qu'est-ce qui pourroit produire un effet plus pathétique que l'image de cette voix humaine, que l'imitation de ces accens qui nous retracent malgré nous tant d'objets chers à nos cœurs, qui ont avec nous une si grande analogie, dans lesquels nous nous reconnoissons nous-mêmes, qui seuls peuvent être les véritables cris des passions, réveiller véritablement des affections dans nos ames, & qu'on n'a cherché qu'à imiter en inventant les instrumens?

L'harmonie des morceaux d'orchestre dont nous nous occupons doit être composée avec le plus grand soin : qu'elle soit pittoresque; qu'elle exprime avec la plus grande force la passion que l'on voudra peindre. Si l'on emploie des accompagnemens figurés, qu'ils soient en général saillans, d'un grand effet; que le rhythme en soit bien choisi.

Cette espèce d'accompagnement, à laquelle

nous avons donné le nom de fonds d'orcheftre, doit auffi être très-foignée dans les morceaux qui nous occupent ; que non-feulement elle y produife le principal effet que l'on en attend, celui de contenter l'oreille, d'offrir une fucceffion continue de fons, de préfenter une belle fuite d'accords, &, pour ainfi dire, un beau fond de tableau, pendant qu'une mélodie faillante déploie tous fes charmes, mais encore qu'elle y exprime par elle-même les diverfes affections plus que par-tout ailleurs ; qu'elle foit choifie d'une manière très-analogue à ce que l'on voudra repréfenter, & qu'elle foit capable de faire reffortir, le plus poffible, les chants avec lefquels elle fera unie.

Que le fort & le doux foient employés pour l'effet des traits d'orcheftre ; qu'ils y foient répandus avec un très-grand foin, & de manière à y produire une grande variété; & qu'en général ils fe fuccèdent avec affez de rapidité pour repréfenter ce grand défordre, ce combat d'affections, ces fentimens irréfolus & d'une courte durée, qui feuls demandent le récitatif obligé.

L'endroit où la voix fe fera entendre, ou, pour mieux dire, le vrai récitatif obligé fera traité comme le récitatif animé dont nous nous sommes occupés dans l'article précédent. Lorsque le sentiment y deviendra très-marqué; lorsque sur-tout il sera tendre, plaintif ou touchant, quelque courte que soit sa durée, la voix abandonnera le récitatif pour un moment, & aura recours au véritable chant; elle en produira les inflexions plus marquées, la mesure régulière, le mouvement déterminé, les intervalles plus grands, plus hardis, plus éloignés de ceux de la déclamation : le musicien ne suivra plus les règles du récitatif; il pourra placer plusieurs tons sur une même syllabe, s'il le juge nécessaire pour l'expression qu'il aura en vue; il accompagnera la partie de la voix avec tout son orchestre, de la manière qui lui paroîtra la plus convenable ; il fera enfin une vraie portion d'air à laquelle il sera libre de donner toute la puissance dont un air peut jouir, qu'il rendra plus ou moins longue, suivant que le sentiment qui l'aura exigée durera plus ou moins de temps, & à laquelle il fera succéder du récitatif, ou quelqu'un des traits d'orchestre dont nous avons parlé.

Comme ces chants couperont l'espèce de monotonie que le récitatif pourroit faire naître! comme ils ressortiront au milieu de ses autres portions! comme ils seront expressifs étant ainsi placés, & comme, malgré leur peu de durée, ils rendront touchans un ou deux mots qu'ils feront entendre, qui feront les signes de quelque sentiment profond! comme ils se prêteront, comme ils ajouteront à la pantomime, & à tout le jeu théâtral! Quelle illusion ne répandront-ils pas; & cette illusion qu'ils auront fait naître ne durera-t-elle pas bien long-temps après qu'ils auront cessé de paroître?

Quelque courte que soit la durée de ces petits airs, la peinture des passions intermédiaires, ou quelque autre raison, pourront engager le musicien à les faire précéder par une espèce de ritournelle qui fera dans le récitatif obligé la fonction de ces traits dont nous nous sommes occupés.

Quoique le récitatif obligé ne soit, pour ainsi dire, composé que de traits d'orchestre, de petits airs, & de récitatifs animés, il pourra devoir offrir quelquefois de petits vides, des silences dans les accompagnemens. Le musicien emploiera le plus souvent ces intervalles dans les momens où la voix se fera entendre, & où elle ne proférera aucune portion d'air. Le compositeur la laissera aller pendant quelques momens seule & entièrement privée d'accompagnemens; il attendra pour cela que l'affection soit moins vive, qu'il en soit à des paroles qu'il devra le plus faire entendre, ou à des mots qui par eux-mêmes présenteront une image si vive de la situation que tout secours étranger ne pourroit qu'être nuisible.

C'est dans la double vue de faire entendre ce que le personnage aura à dire, & de faire ressortir davantage les traits d'orchestre dans lesquels résidera la puissance musicale, que souvent le compositeur laissera absolument sans accompagnement des tirades entières de récitatif animé placées entre des traits d'orchestre.

Le musicien aura le plus grand soin de faire contraster les diverses portions du récitatif obligé, autant que la suite & la liaison des sentimens & des tableaux à peindre le lui permettra. Il aura pour cela les grands moyens dont nous lui avons déja parlé, la nature du chant, le rhythme, l'harmonie, l'espèce d'accompagnement, le mouvement, le fort & le doux, &c.

A l'égard de la réunion, de l'ordre, & du mélange de tout ce que nous venons de remarquer, nous n'avons plus qu'à renvoyer le musicien à son génie; il n'aura qu'à suivre ses inspirations, & l'ordre des objets qui lui seront offerts.

Il n'y a presque pas d'opéra italien qui ne renferme de très-beaux récitatifs obligés; on en trouve auſſi d'admirables chez les compoſiteurs des autres nations ; ſi nous ne nous occupons d'aucun en particulier, c'eſt parce que nous en avons trop à citer ; d'ailleurs ceux dont nous parlerions ſont trop célèbres, pour que les jeunes muſiciens aient beſoin qu'on les leur indique.

Les morceaux meſurés dont nous avons recommandé l'emploi dans le récitatif obligé, qui conſiſtent dans un véritable chant, qui ont tous les caractères de la vraie mélodie, & qui ne diffèrent des grands airs que par leur brièveté, peuvent produire un très-bel effet au milieu de quelque eſpèce de récitatif que ce ſoit, ſi l'on ne s'en ſert que pour l'expreſſion de quelque affection vive.

Au reſte, les compoſiteurs pourront employer les diverſes eſpèces de récitatif pendant auſſi peu de temps qu'ils le voudront : ils pourront les mêler ; mais qu'ils ſe ſervent toujours pour en trouver les places, des moyens que nous leur avons déſignés.

Non-ſeulement on introduit ſouvent au milieu du récitatif obligé, tout comme au milieu du récitatif animé, de ces airs très-courts dont nous venons de parler ; mais même lorſque le ſentiment y acquiert une certaine durée, on y emploie des airs plus étendus ; ils ſont cependant moins longs que ceux qu'on a nommés grands airs, & on les a appellés *cavatines*. Comme ils font compofés de même que les airs, formés d'un plus grand nombre de mefures, nous n'en traiterons que dans l'article fuivant.

Donnons maintenant un exemple de tout ce que nous venons de dire, & tirons-le de l'opéra de Cirus, de l'abbé Métaftafe. Prenons une des belles fituations du théâtre. C'eft l'inftant où Mandane vient d'apprendre que le jeune berger qu'elle a fait tomber dans les pièges de Cambife, & qui eft peut-être fous le glaive homicide, dans le moment où elle parle, eft fon fils Cirus après le retour duquel elle a tant foupiré, & dont elle n'a cherché qu'à venger la mort. Cette nouvelle terrible l'a accablée au point de lui ôter toutes fes forces ; à peine cette mère infortunée, & hors d'elle-même, a-t-elle pu indiquer à Arpage, en quel lieu il pourroit encore fauver Cirus. Quelque déchirant & quelque intéreffant que foit le tableau des douleurs d'une mère au comble du défefpoir ; quelque belle enfin que foit la fituation dont nous parlons, peut-être n'eft-elle pas naturelle ; peut-être, au lieu de fe plaindre ; devroit-elle faire de

plus

plus grands efforts pour se traîner vers l'endroit funeste, où son fils devoit tomber sous le fer de son propre père. Aussi le musicien pourra peut-être apprendre, parce que nous allons lui dire, non-seulement comment il doit travailler à un récitatif obligé, mais comment il doit s'acquitter de la grande tâche que nous avons cru qu'il devoit s'imposer, de celle de suppléer quelquefois au poëte, d'ôter les invraisemblances, de donner des motifs à ce qui en seroit dénué ou d'en cacher le défaut.

Mandane est encore en proie à l'espèce d'évanouissement & à l'accablement qui l'oppresse : pendant ce temps, l'orchestre impitoyable, comme la nature qui déchire son cœur, élève une voix terrible, & l'on croit l'entendre qui crie : *Malheureuse, tu as tué ton fils!* Que pour cela le musicien prenne un trait court, mais horrible ; qu'il le place dans la partie la plus saillante de l'orchestre ; que le rhythme en soit entrecoupé, & sans régularité apparente ; qu'il soit très-marqué pour être plus effrayant ; que le compositeur rende très-perçant ce cri terrible que la musique profère ; que le mouvement s'accorde avec les coups redoublés sous lesquels, pour ainsi dire, Mandane est expirante; que le plus grand trouble soit dans ce fond d'orchestre dont nous avons si souvent fait sentir le grand effet ; que des instrumens lugubres & plaintifs, ajoutent par d'affreux gémissemens, à l'expression du trait redoutable ; que les accords déchirans soient employés de préférence ; que l'ensemble de ce morceau d'orchestre, dont le musicien se servira souvent pour dialoguer avec cette mère infortunée, soit cependant assez court pour ne pas faire languir l'action théâtrale, & ne pas augmenter l'invraisemblance de la situation.

Il se tait cet effrayant orchestre, & Mandane, revenant un moment de sa douleur, laisse échapper en gémissant : *Si j'en avois cru Mitridate* (1)*!* A peine a-t-elle proféré ces paroles que l'orchestre reprend le premier trait d'un ton plus terrible ; & il lui crie de nouveau : *Tu as tué ton fils ;* il ne dit à cette fois que la moitié de sa phrase redoutable, parce qu'il est interrompu par Mandane qui s'écrie : *Malheureuse !* Un passage rapide, mais assez doux, peint un éclair d'espoir

―――――――――――――――

(1) Ce vers & les suivans sont tirés du Cyrus déjà cité, & imité de Métastase par M. Paganel.

qui jaillit dans l'ame de cette mère éperdue ; elle dit *peut-être*... ; mais un nouveau passage horrible anéantit cet espoir. Sa voix s'élève ; & après avoir dit, d'un ton accentué par la douleur la plus vive : *O dieux !* Après avoir été soutenue, dans ce gémissement aigu, par l'orchestre qui s'est écrié avec elle, elle ajoute seule & sans accompagnement, *C'est vainement que je me flatte, Cambyse étoit trop furieux;* & elle retombe dans son premier accablement.

L'orchestre, dont la reprise est maintenant plus effrayante parce qu'elle est plus sensible, se resaisit de son premier trait & le montre de nouveau. La pamoison de Mandane donne même le temps à l'orchestre de le présenter en entier. Au milieu de son évanouissement, elle croit voir son fils ; elle croit qu'il lui parle ; elle croit entendre encore les derniers accens de sa voix : que le musicien fasse succéder aux cris terribles de l'orchestre, les mêmes sons que Cyrus a proférés la dernière fois qu'il a vu sa mère. Ces sons accompagnés comme la première fois qu'ils ont été entendus, exécutés doux, offrant un rhythme calme & tranquille, une expression paisible & affectueuse, un mouvement lent, paroîtront d'autant plus touchans & d'autant plus tendres, qu'ils viendront après une musique barbare & horrible. Quelle grande variété ne feront-ils pas naître ! A mesure qu'ils pénètrent le cœur de Mandane, ils la réveillent ; ils la tirent de son abandon & de son cruel accablement ; elle revient peu à peu à elle, & ne s'occupant que de ce qu'elle a vu en songe, elle dit, avec l'expression la plus vive de la tendresse maternelle & de la douleur amère : *J'ai vu mon fils, il me nommoit sa mère*. Que les accords les plus touchans accompagnent ces paroles si déchirantes dans cette situation cruelle. L'orchestre continue de lui offrir l'image de ce fils si chéri ; elle se plait à la contempler ; elle y trouve tant de charmes qu'elle en oublie, pour un moment, sa douleur : au milieu de tous les tableaux & de tous les sons qui peuvent lui rappeller son fils, elle dit, *Malgré moi la nature a parlé dans mon sein ;* & bientôt, cédant en même temps au charme invincible qui l'entraîne, & à la douleur cruelle qui la déchire, elle commence un air très-court accompagné par tout l'orchestre, qui, cependant, laisse dominer de tristes bassons & des flûtes mélancoliques. Ses larmes coulent alors en abondance, & les cœurs des spectateurs, qui bientôt vont être resserrés sous les coups les plus affreux, croient pouvoir s'ouvrir à l'attendrissement.

Mais bientôt le charme disparoît ; elle est saisie par la douleur la plus aiguë ; elle dit : *Dieux! vous mettiez un terme à ma douleur amère ; vous me rendiez mon fils* ; & lorsqu'elle profère ces mots horribles, *il périt de ma main*, tout change ; elle abandonne l'air ; l'orchestre se taît ; elle quitte le rhythme ; sa voix s'anime ; son ton s'élève ; elle est frappée comme d'un coup de foudre inattendu. Que le musicien ramasse ici ce grand trait par lequel son récitatif aura débuté ; qu'il le concentre ; qu'il le resserre ; qu'il en forme un trait nouveau plus court, plus perçant & plus terrible ; qu'il le place au milieu d'un accompagnement pour ainsi dire féroce ; qu'il ne le laisse jamais paroître qu'avec une modulation nouvelle pour lui faire acquérir, à chaque coup qu'il frappera, une nouvelle énergie ; qu'il s'en serve pour représenter comme autant d'éclats de tonnerre ; qu'il le fasse exécuter très-fort, & qu'il le place dans tous les momens de silence que laisseront les paroles entrecoupées de Mandane oppressée par sa douleur. C'est au milieu de ces éclats redoublés qui l'interrompront à chaque inſtant ; c'eſt au milieu de ces vraies images de ſa déſolation & de ſon déſeſpoir, que Mandane dira, en ſe relevant avec fureur : *Au ciel vengeur, à la nature entière, à moi je vais être en horreur ; je vois Cambyſe en proie à la fureur, me reprocher mon affreux parricide !* Elle erre égarée & ſaiſie d'horreur au milieu de la plaine ſauvage ; elle cherche à courir au ſecours de Cyrus, & ne ſait comment ſortir du milieu des roches amoncelées ; elle ne peut s'arracher au lieu funeſte où elle éprouve ces terribles agitations.

Tout d'un coup ſon égarement eſt au comble ; elle s'écrie : *Je vois Cyrus pâle, livide.... où fuir ?.... où me cacher ?* Que l'orage redouble alors ; que les éclats retentiſſent ; qu'il n'y ait plus d'interruption dans le bruit effrayant de l'orcheſtre ; que l'on ſe rappelle ce que nous avons dit en parlant de la peinture du déſeſpoir ; que toutes les fureurs de la tempête ſe déchaînent ſur la tête de cette mère infortunée, & qu'elle tombe au milieu de ſes vains efforts. Qu'alors l'orcheſtre ſe taiſe : le ſilence le plus abſolu doit être la ſeule peinture de cette ſituation horrible & lamentable.

Mandane hors d'elle-même, le délire peint

sur son visage, se soulevant à peine, ses genoux fléchis sous elle, dans l'attitude d'un désespoir sombre, adressant aux dieux une espèce de prière, d'une voix qui fait, pour ainsi dire, ses derniers efforts pour se faire entendre, dit encore, avec un mouvement lent : *Juste ciel, venge toi, punis une mère barbare.* Qu'un accompagnement sourd & lugubre peigne tout ce qui se passe dans l'ame de cette mère déplorable ; qu'elle retombe enfin abymée dans sa douleur.

La voilà donc presque inanimée, cette reine infortunée, cette tendre mère ; la voilà livrée en proie aux tourmens les plus affreux ; la voilà abandonnée aux angoisses les plus vives, à des douleurs plus cruelles que la mort : seule au milieu d'un désert, sans consolations, sans secours & étendue presque sans vie sur un bloc de rocher ; il ne lui reste plus assez de forces pour éprouver de nouvelles agitations ; ses maux sont affoiblis, en apparence, par la violence même de sa douleur : alors ses larmes l'inondent de nouveau ; alors celles des spectateurs doivent couler. Musicien, laissez toute puissance horrible ; représentez uniquement cet objet le plus digne de pitié ; n'ajoutez rien au spectacle le plus déplorable qui puisse être offert à la sensibilité humaine. A peine cette mère infortunée peut elle encore soulever ses mains défaillantes, & les élever vers le ciel ; à peine ses yeux mourans peuvent-ils s'ouvrir à la lumière & se tourner vers la voûte céleste pour implorer la fin de ses maux, & d'une voix expirante & entrecoupée par ses sanglots, elle dit : *O dieux ! pardonnez mon erreur, n'imputez qu'à l'amour un crime involontaire ! Si la nature, hélas ! vient d'égarer mon cœur, pourquoi punir mon fils du crime de sa mère ?* Ces derniers & tristes accens serviront au musicien à former un air ; mais en continuant de décrire ces momens terribles, nous passerions les bornes que nous avons dû nous prescrire.

Des airs de la Tragédie lyrique.

Nous ne traitons encore que des véritables airs, des airs proprement dits, de ceux qui ne sont chantés que par une seule voix. Nous avons déja tâché d'assigner la place qu'ils doivent occuper dans une tragédie lyrique. Quand est-ce, avons nous dit, que l'on doit les employer ? Lorsque l'affection ou les divers sentimens qui règnent sur la scène, peuvent, par leurs combats, leur durée simultanée ou leurs retours, offrir une grande peinture pendant un temps assez long.

Que la situation produite par ces divers sentimens, soit que ces affections se favorisent ou qu'elles tendent à se détruire, que cette situation, avons nous établi, si elle est variable dans ses parties, soit stable par elle-même ; si chacune de ses portions disparoît avec une certaine rapidité, qu'elles restent cependant assez sur la scène pour qu'une grande expression puisse être développée, & que la réunion de toutes ces diverses portions forme, pendant assez de temps, un tout assez fixe sous les yeux des spectateurs pour que le musicien y déploie à son aise tous ses grands moyens de peindre & d'émouvoir.

Qu'est-ce donc qu'un air ? C'est un morceau de musique qui, par lui-même, peut former un tout, bien plus aisément que tous les objets que nous avons déja examinés ; qui a, de la manière la plus distincte, son commencement, son milieu & sa fin ; qui offre son sujet principal, ses retours, ses accessoires, leurs réunions, la liaison la plus intime, la régularité la plus grande, l'ordre le plus suivi, la symétrie la plus exacte, des détails variés & riches, & cependant une belle unité ; c'est une espèce de petit discours musical qui peut être prononcé seul, dont l'effet est, pour ainsi dire, indépendant des objets qui l'environnent, qui touche avec plus ou moins de force suivant la place où on le met, mais qui émeut toujours quelque part qu'il paroisse ; dont le charme principal vient de lui-même ; que l'on conçoit & considère, si l'on veut, comme une portion d'un grand ensemble, & que l'on peut cependant voir, & composer comme un objet isolé ; enfin pour reprendre une comparaison avec laquelle nous devons être familiarisés, l'air représente, dans une pièce de théâtre, ce que feroit dans un palais, chef-d'œuvre de l'architecture, une grande & magnifique galerie, où l'art auroit déployé toutes ses ressources & toutes ses richesses.

L'air peut offrir plusieurs retours des différentes parties qui le composent, suivant le nombre des sentimens qu'il doit peindre. Ces retours, ou pour mieux dire, ces répétitions des diverses portions d'un air, seront plus ou moins complettes, plus ou moins fréquentes, plus ou moins mêlées, &c. suivant que l'air n'aura à montrer qu'une simple affection, ou qu'il devra représenter plusieurs sentimens qui se succéderont avec rapidité par une pente naturelle & sans se combattre, qui ne seront, pour ainsi dire, que des développemens les uns des autres, qui ramèneront plus ou moins les cœurs à une affection comprise dans l'espèce de chaîne qu'ils formeront ; ou enfin, suivant qu'il devra exprimer plusieurs passions qui se combattront avec violence, qui se détruiront & se surmonteront, pour ainsi dire, alternativement, que l'une de ces passions sera le plus fréquemment victorieuse de toutes les autres, qu'elle les absorbera plus souvent, & qu'elle sera plus ou moins liée avec celle qui aura, pour ainsi dire, donné à l'air son origine, & en aura fourni le premier dessin.

C'est des diverses répétitions dont nous venons de parler, que sont nées les différentes espèces d'air dont nous allons nous occuper. Mais commençons par examiner les airs sous un point de vue plus étendu ; & sans considérer combien de sortes ils peuvent offrir, voyons, en général, combien de diverses portions ils peuvent présenter, & comment ils doivent être composés & accompagnés.

Le premier objet que l'on remarque dans un air, celui qui est le plus saillant, & qu'il est impossible de ne pas considérer, c'est le *sujet* de cet air ; c'est la première idée, c'est l'idée principale qui vient au musicien ; c'est celle qui l'inspire, qui le contraint, pour ainsi dire, à produire, qui commence à le remplir d'enthousiasme, qui l'obsède pendant tout le temps qu'il travaille, qui lui est sans cesse présente, au moins lorsqu'il compose en vrai musicien, c'est-à-dire lorsque son ame brûle de génie & de sentiment, & qu'il ne cherche pas à inventer avec de froides combinaisons & une tête glacée le langage animé des passions ardentes; c'est cette première idée qui le force à s'occuper sans cesse d'elle, qui doit réellement le diriger dans toutes les parties de son air ; qui doit souvent reparoître pour être aussi présente à l'oreille de l'auditeur qu'à l'imagination du muſicien ; qui doit tout animer, par ſa préſence, dans le morceau qu'elle a, pour ainſi dire, dicté, donner ſon empreinte à toutes les portions de l'ouvrage, ſe montrer ainſi ſans ceſſe ou en entier ou en partie ; & dont tout l'air n'eſt, en quelque ſorte, qu'un beau développement.

Cette première idée a été nommée le *motif* de l'air, comme étant ce qui détermine le muſicien dans les diverſes routes qu'il parcourt ; ce qui le maîtriſe ; ce qui *motive* tous les mouvemens qu'il donne à ſa muſique.

Il eſt impoſſible de ne pas voir, d'après tout ce que nous venons d'expoſer, combien il eſt important de bien choiſir le motif : il eſt, en quelqueſorte, tout l'air. Ce dernier ſera donc touchant, admirable, ſublime ou dénué d'expreſſion & d'agrément, ſuivant que le motif ſera lui-même propre à toucher, ravir, ennuyer ou déplaire.

Lorſque le muſicien ſera arrivé à l'endroit où l'air devra être entendu, qu'il ne s'abandonne donc pas, ſans réflexion, aux premières impreſſions qu'il recevra, aux premières idées qui ſe préſenteront à lui, aux premiers motifs qu'il inventera. Qu'après les avoir produits, il les examine ; qu'il les juge avant de se livrer à leur puissance ; qu'il les connoisse avant de se laisser entraîner ; & qu'il reprenne son sang-froid pour remarquer s'ils possèdent toutes les qualités qu'ils doivent offrir, qu'il sache quelquefois en rejeter de très-beaux, de très-agréables, de très-touchans, de très-pathétiques, s'ils n'ont pas le caractère que la situation exige, ou s'ils ne renferment pas tous les moyens d'expression qu'il doit desirer.

On a vu des musiciens, & même de grands maîtres, préparer d'avance plusieurs motifs pour s'en servir dans les pièces de théâtre auxquelles ils pourroient travailler dans la suite. Cette précaution leur a quelquefois réussi : mais le plus souvent le musicien n'employera que les motifs qu'il viendra de trouver. Quoiqu'il ait dû les juger de sang-froid, il ne sera pas assez éloigné du moment de la création pour qu'il ne se pénètre pas de nouveau de toute leur chaleur, pour que l'inspiration ne recommence pas, pour qu'il ne s'élève pas de nouveau à un bel enthousiasme : la froide considération du motif adopté disparoîtra sans laisser aucune trace ; le compositeur se retrouvera entièrement & sans peine, dans la même situation où il aura été en inventant son motif ; il ne croira pas en être forti ; le fujet reprendra facilement fa première puiffance ; il pourra maîtrifer aifément le muficien, & le conduire facilement dans les diverfes routes les plus analogues à fa nature. C'eft alors que fon développement fera auffi entier que naturel ; que toutes les portions en feront déployées, mais qu'aucune n'en fera étendue au delà de l'efpace qu'elle doit occuper ; c'eft alors que toutes les beautés feront étalées, fans qu'aucune paroiffe dans un trop grand jour ou perde de fon éclat ; & enfin que tout fera ardent & varié.

Si du moins les muficiens veulent faire ufage d'un motif trouvé, long-temps avant le moment de la compofition de l'air, qu'avant de s'en fervir, ils montent leur tête, ils excitent leur génie, ils échauffent leur ame ; qu'ils ne négligent rien pour reprendre la fituation & l'état où ils ont été lorfqu'ils ont imaginé leur motif ; qu'ils tâchent d'effacer toutes les traces du temps qui s'eft écoulé entre la production de cette idée principale, & le moment où ils veulent en faire ufage, & qu'ils rendent par-là, à cette première idée, toute la force dont elle peut jouir pour les conduire à tous fes développemens.

Le motif considéré en lui-même n'est que du chant ; c'est le véritable chant ; c'est le chant proprement dit ; c'est de ce sujet de l'air que nous nous sommes, en quelque sorte, occupés d'avance, en traitant du chant en général. Il doit réunir toutes les qualités que nous avons cru devoir exiger du chant tragique ; nous ne pouvons mieux faire que de renvoyer à l'article où nous avons parlé du chant en général, pour les différentes choses que nous aurions à dire du motif considéré en lui-même.

Un air peut être composé de plusieurs motifs ; en général le musicien doit en employer autant qu'il aura de sentimens particuliers & bien distincts à peindre : s'il ne manque pas de goût, s'il sait mêler ces motifs avec art, & les faire ressortir l'un par l'autre, & si son air peut être assez étendu pour lui permettre tous les développemens exigés par un grand nombre de motifs, la multiplicité de ces idées principales ne fera souvent que donner plus de variété & de richesse à l'air considéré comme morceau de musique.

Le nombre des motifs ne peut pas cependant passer certaines bornes ; quand bien même le goût ne s'y opposeroit pas, quand bien même

même on ne devroit pas craindre de préfenter un ouvrage incohérent & fans enfemble, il feroit impoffible au muficien d'en employer un nombre exceffif. Ils ne doivent pas être en plus grande quantité que les fentimens que l'on doit peindre : mais quelque étendu que foit un air, il n'occupe jamais qu'un efpace affez refferré, fur-tout dans la fcène tragique ; fans cela il feroit naître la monotonie, & nuiroit à la rapidité de l'action. Mais une étendue auffi peu confidérable que celle que contient un air, ne pourroit pas recevoir la peinture d'un très-grand nombre de fentimens : pour qu'elle put l'admettre, il faudroit que la repréfentation particulière de chaque affection fût très-courte, que chaque paffion ne fit, pour ainfi dire, que paroître & fe cacher. Mais dès lors, la fituation des perfonnages n'offriroit plus cette efpèce de ftabilité néceffaire pour un air qui d'ailleurs devient nul, pour ainfi dire, lorfque fes diverfes parties font trop petites, trop refferrées, trop peu fufceptibles de développement ; elle ne pourroit plus convenir qu'au récitatif obligé.

Lorfque le muficien aura choifi fon motif, & lui aura donné toutes les qualités qu'il doit offrir pour exprimer la fituation du perfonnage, il le diſtribuera dans l'eſpace qu'il veut faire remplir par l'air. Il déterminera les endroits où le motif devra reparoître, ſoit ſans altération, ſoit avec quelque léger changement qui, en répandant une plus grande variété, le rendra plus propre au jeu de théâtre, plus analogue aux paroles ou aux circonſtances; il décidera ſi l'on doit le retrouver dans la modulation principale de l'air ou dans les modulations analogues : il compoſera enſuite les développemens de ce motif, c'eſt-à-dire les phraſes de chant auxquelles il eſt impoſſible de ſe refuſer, lorſque le ſujet a été entendu, & qui ſont à ce premier motif, ce qu'une conſéquence eſt à un principe.

Pour trouver les vrais développemens de ſon ſujet, il s'abandonnera à l'impulſion qu'il en recevra, au ſentiment que ce même ſujet lui aura inſpiré : il trouvera ainſi ces motifs différens à bien des égards du premier, qui cependant en tirent leur origine, & ſans leſquels on ne pourroit compoſer qu'un air monotone. Mais n'obtiendra-t-il pas plus encore ? Il produira les développemens les plus naturels ; ſon ouvrage ne préſentera rien de forcé, rien de contraint, rien de heurté ; mais toutes les portions en découleront naturellement l'une de l'autre; en remontant naturellement vers leur source commune, elles se rejoindront mutuellement, reviendront les unes vers les autres, ramèneront l'auditeur au commencement de l'air, n'en formeront plus qu'un seul tout; toutes les parties de cet ensemble seront si bien liées qu'on n'y remarquera aucune jointure; il sera véritablement sorti d'un seul jet d'entre les mains du compositeur, & il sera par conséquent pénétré de cette chaleur vivifiante, si nécessaire à la puissance de tous les ouvrages des arts.

En effet, qu'est-ce que l'on doit entendre réellement par *chaleur* dans les productions des différens arts, de l'éloquence, de la poësie, de la peinture, de la musique, &c.? Quel est le sens qu'on doit attacher à ce mot, employé avec raison par tant d'habiles gens, & que tant de personnes peu instruites prononcent si souvent à tort & à travers?

Elle est cette force magique qui entraîne, d'une manière invincible, l'esprit & l'imagination à la suite d'une production des arts, & qui y attache l'attention jusqu'à ce qu'elle ait entièrement cessé de paroître. Elle est semblable à cette puissance qui contraint le compositeur à créer toutes les parties de son ouvrage, les unes après les autres, sans que rien puisse tempérer son ardeur, qui naît de l'intuition nette de toutes les idées & de tous les sentimens dont le compositeur doit se remplir, qui le force à les suivre tous, parce que, par sa nature, le génie doit étendre sa vue sur tout ce qu'elle peut parcourir sans peine, & qui vient toujours des efforts que le compositeur a faits pour bien voir son sujet, & pour s'en pénétrer profondément.

La chaleur est ce maître impérieux qui ne permet aucun repos au spectateur qu'il n'ait joui de toutes les parties de l'ouvrage qu'on lui présente ; qui oblige à desirer de passer de l'une à l'autre, parce que leur liaison étant la plus naturelle de toutes, produit une espèce de pente à laquelle il est impossible de résister : elle ne peut, en quelque sorte, exister que lorsque cette liaison si naturelle réunit les diverses parties d'une production des arts, & par conséquent elle ne peut régner que lorsque l'ouvrage a été fondu d'un seul jet, ou lorsque le compositeur, à force d'art, a été assez heureux pour amener l'ouvrage au même point où il auroit été porté par cette fusion entière & parfaite ; lorsqu'il l'a soumis une seconde fois tout entier au feu de l'invention ; lorſqu'il ſe l'eſt repréſenté tout entier comme s'il ne l'avoit pas déja compoſé, & que, par cette nouvelle vue, il l'a, pour ainſi dire, créé une ſeconde fois dans tout ſon enſemble.

Comment trouver les liaiſons les plus intimes, l'ordre le plus convenable, la ſucceſſion la plus naturelle, ſi ce n'eſt en concevant ou ſaiſiſſant un ouvrage tout à la fois, & par cette grande manière, en le faiſant naître ou le reproduiſant ſans interruption, &, pour ainſi dire, d'une ſeule inſpiration ? De quelque ardeur que l'ame d'un auteur ſoit embraſée, il fera des morceaux brûlans, & qui tranſporteront ; mais s'il n'a pas mis entre toutes ſes parties la liaiſon la plus naturelle, on ne paſſera qu'avec peine de la vue d'une portion à celle d'une autre ; on fera bien éloigné de deſirer la ſeconde après avoir conſidéré la première, & l'ouvrage entier manquera de cette chaleur active, dont il auroit été pénétré par un auteur dont l'imagination moins vive peut-être, auroit tout embraſſé.

Il y a donc, à bien des égards, une grande différence entre la manière d'obtenir les développemens d'une idée, & celle de produire les développemens d'un motif, & d'en tirer, en quelque sorte, les conséquences. Pour bien développer une idée, pour y voir & en tirer toutes celles qui peuvent en découler, il faut beaucoup de méditation & de réflexion : ce n'est que par une espèce d'effort ; ce n'est qu'en faisant éprouver à l'esprit une espèce de contention, que l'on parvient à considérer une idée sous tous ses rapports, ou ce qui est la même chose, à en voir toutes les conséquences.

On ne sauroit trop au contraire se laisser aller sans réflexion & sans contrainte à l'impulsion de son motif pour en obtenir les développemens : ils ne sont que les conséquences d'une passion, que les sentimens qui découlent naturellement d'un autre, ou pour mieux dire que les nuances par lesquelles une affection passe & se laisse tomber, lorsqu'on l'abandonne à sa pente naturelle, que les degrés par lesquels elle nous conduit, lorsque nous obéissons à ses lois : & peut-il y avoir une meilleure manière de connoître une route que de la parcourir réellement ?

Tout n'est pas dans un air motif ou développement du motif, même à ne considérer que le véritable chant : on peut aussi y faire entrer des phrases qui ne soient pas des extensions de l'idée principale ; & on ne peut pas dire qu'elles soient elles-mêmes de nouveaux motifs, puisqu'elles n'ont point de développemens, qu'elles n'engendrent point de nouvelles phrases, qu'elles ont par-là un caractère contraire à celui du sujet des airs. Lorsque le compositeur emploie ces phrases, il ne s'en sert point pour peindre quelque nouveau sentiment, mais uniquement pour s'opposer à la monotonie, pour faire ressortir avec plus d'avantage le vrai motif ou ses dérivés, pour les séparer les uns des autres, pour les faire desirer, pour espacer davantage les diverses portions de son air ; on peut même les regarder quelquefois comme des morceaux sacrifiés : nous pourrions les nommer des phrases de liaison, des transitions.

Ces phrases n'étant pas des conséquences du motif, n'étant pas destinées à produire de grands effets, & ne constituant, en quelque sorte, que des points de repos, ne doivent pas avoir, avec le sujet, le grand rapport que doivent offrir ses développemens : qu'elles aient cependant avec lui une grande ressemblance, &, par exemple, relativement aux modulations & au rhythme ; sans cela, elles seroient totalement étrangères à l'air, qui n'est, & ne peut être qu'une extension du motif. Soit qu'on les place dans le chant ou dans les accompagnemens, qu'elles soient très-simples lorsque le motif sera chargé, afin que la quantité de notes du sujet ne fatigue pas l'oreille qui aura le temps de se reposer, & qu'elles soient au contraire un peu chargées, lorsque le motif sera dénué de notes, pour en rendre l'expression plus sensible, plus belle & plus touchante.

Il y a des avantages & des inconvéniens à employer ces phrases intermédiaires, ces sources de liaison. On peut par leur moyen répandre une plus grande variété dans l'air, & lui donner du pouvoir & de l'éclat à cause de la magie des oppositions ; mais aussi ne peut-on pas en altérer l'union ? Ne peut-on pas détruire, pour ainsi dire, l'unité de principe qui doit régner ? Si on y introduit des beautés de détail, ne risque-t-on pas d'en ôter une grande beauté d'ensemble ?

Un usage fondé en raisons, & établi d'après les essais & les succès des premiers grands musiciens, prescrit un certain ordre de modulations aux airs. Il les y a assujettis tous, quelle que soit la forme ou le nombre de leurs reprises ; il en a excepté le rondeau ; mais il y a soumis presque tous les morceaux de musique mesurés & réguliers, qui forment un tout indépendant de ce qui les précède & de ce qui les suit.

Nous le répétons ; cet ordre est appuyé sur de bonnes raisons ; il a réussi aux plus grands compositeurs ; il obtient tous les jours de grands succès ; mais doit-on toujours s'y conformer ? N'arriveroit-il pas, si on ne s'en écartoit jamais, que tous les airs offrant à la vérité des motifs différens, mais parcourant toujours les mêmes routes, & se renfermant dans le même cercle, ne seroient que très-peu différens les uns des autres ? Quelques soins que se donnassent les compositeurs, leurs productions ne seroient plus, en quelque sorte, que des copies du même modèle ? D'ailleurs, cette régularité, cette contrainte perpétuelle peuvent-elles s'allier avec la liberté & la diversité de la nature que le musicien doit sans cesse imiter ? Comment peindre les divers sentimens, leur trouble, leurs différentes nuances, leur désordre, avec des airs toujours circonscrits dans le même espace, & compassés de la même manière ? Voici donc ce que je voudrois dire aux musiciens ?

Lorsque vous n'aurez qu'un sentiment à représenter, qu'une situation à peindre, ne modulez qu'autant que cela sera nécessaire pour éviter la monotonie ; & choisissez les modes les plus voisins de ceux qui auront paru. Si même vous n'avez point besoin de répandre de la variété dans votre morceau, & sur-tout si votre air n'est pas trop long, ne modulez pas du tout, en quelque sorte ; & presque toujours vous ne parviendrez que plus sûrement à peindre ce que vous voudrez faire voir.

Si au contraire vous avez plusieurs affections à représenter, si ces affections se combattent, si elles sont éloignées l'une de l'autre, modulez ; ayez, pour ainsi dire, un mode pour chaque sentiment ; que la distance qui séparera chaque passion du sentiment primitif & dominant, assigne l'éloignement de chaque modulation, du mode principal, & que la place, le mélange, la durée de ces modulations introduites, soient réglées par la durée, le mélange, la place des affections, par le plus ou moins de stabilité qu'elles présenteront.

Au reste, il ne faut pas confondre les modulations très-passagères, avec celles qui sont plus durables. C'est de ces dernières uniquement que nous voulons parler. Les premières n'ont été, en quelque sorte, imaginées que pour accentuer davantage le chant, pour y répandre des demi-tons, y introduire une succession chromatique de sons, & rendre plus vive la peinture des passions. Quelque air que compose le musicien, & quelque nombre de sentimens qu'il veuille représenter, il peut se les permettre autant qu'il voudra; qu'il ne suive pour les employer que l'impulsion du feu qui l'embrasera: quelque grand que soit leur nombre, elles ne doivent jamais être regardées comme formant de vraies modulations; l'on est censé n'entendre, & l'on n'entend réellement que celle dans laquelle elles ont été introduites; il semble seulement que le mode a fait l'acquisition de nouveaux sons, qu'il est devenu plus expressif, qu'il a obtenu une harmonie plus variée; & tout cela tient à la rapidité avec laquelle toutes ces courtes modulations paroissent & s'effacent.

Il est aisé de voir, d'après ce que nous avons déjà dit, que l'air a pu très-bien être comparé, ainsi qu'il l'a été par plusieurs auteurs célèbres, à la période oratoire, dont toutes les portions sont étroitement liées; dont toutes les parties ne font que les différentes branches, les divers développemens d'une feule idée; dont aucune ne peut faire corps par elle-même, mais qui toutes enfemble forment un tout après lequel on ne défire plus rien.

Ne pourroit-on pas auffi comparer l'air non-feulement à une feule période, mais à une réunion de plufieurs périodes toutes liées enfemble, toutes dépendantes les unes des autres, toutes n'étant, pour ainfi dire, que des rameaux de la première ? Ne pourroit-on pas le regarder comme une efpèce de difcours bien lié, qui dit tout ce qu'on fouhaite de favoir ?

Lorfqu'un orateur a parcouru les diverfes branches de fon fujet, ou ce qui eft la même chofe, de fon idée principale, qu'il en a montré les diverfes faces, qu'il la déployée en fon entier, il ramaffe, en finiffant, tous les traits qu'il a répandus dans fon difcours ; il n'en fait plus qu'un feul faifceau dont il fe fert pour livrer fa dernière attaque, & porter les derniers coups à ceux fur lefquels il veut agir. De même en mufique, après que le compofiteur a montré fon motif autant de fois qu'il a cru le devoir, & de toutes les manières qui lui ont paru néceffaires, lorfqu'il ne lui refte plus rien à faire connoître dans fon fujet, il doit ramaffer fon motif & tous fes développemens, ou pour mieux dire, il doit préfenter encore fon motif, en y ajoutant toute la force que les développemens particuliers ont offerte, & qu'il eft poffible de lui appliquer; alors tout s'anime, tout s'élève, tout s'exalte; & c'eft par ce dernier trait plus fort, plus aigu, plus pénétrant; c'eft par cette efpèce d'abrégé de fon morceau, qui fe gravera fi facilement dans la mémoire, qui s'imprimera fi profondément dans les cœurs, qui y réveillera fi aifément l'air en fon entier; c'eft par cette efpèce de phrafe privilégiée que le compofiteur doit terminer fon ouvrage.

Nous voici arrivés à ce qui concerne les accompagnemens des airs. C'eft précifément ici que le muficien peut employer fans crainte, & déployer fans peine toutes les richeffes, & toute la puiffance des accompagnemens. C'eft ici que la mefure la plus marquée, & le mouvement le plus régulier ne ceffent de régner: c'eft ici qu'il ne devra pas craindre de voir une exécution imparfaite nuire à la beauté & à la hardieffe de fes idées: d'ailleurs l'air a toujours une durée affez longue, & le muficien y jouit d'affez d'efpace pour placer tout ce dont il peut composer ses accompagnemens. Nous n'avons pas besoin de revenir sur ce que nous avons déja exposé concernant la manière de les former; il nous suffit de lui faire remarquer que c'est ici qu'il doit employer tous les moyens que nous lui avons montrés. Disons lui cependant encore, relativement aux accompagnemens figurés : nous vous en avons indiqué des sources bien abondantes; mais voulez-vous être bien plus sûr de ne vous rencontrer avec aucun musicien ? voulez-vous d'ailleurs les revêtir d'un caractère non-seulement neuf, mais véritablement original, leur donner plus de rapport avec le chant principal, faire qu'ils produisent tout leur effet, & que cependant l'oreille ne les prenant pas pour ce qu'ils sont, ne s'apperçoive pas, en quelque sorte, de leur existence ? voulez-vous que le morceau total ait un grand air d'ensemble & d'unité ? tirez les accompagnemens figurés de votre premier motif; que ce soit une portion très-saillante de ce motif qui vous serve de chant secondaire pour ces mêmes accompagnemens, au moins lorsque vous voudrez qu'ils offrent la même peinture que le sujet; introduisez-y tout au plus quelque légère différence pour la rendre plus analogue à vos vues, & placez-la ensuite dans les parties que vous croirez les plus convenables à votre intention, en obfervant tout ce que nous avons cru devoir vous recommander.

Par-là le motif fera développé non-feulement dans le chant, mais encore dans les accompagnemens ; l'oreille, en jouiffant des accompagnemens figurés, croira n'entendre, en quelque forte, que le fujet ; elle ne reconnoîtra pas qu'elle ne voit que fon image ; elle croira l'appercevoir par-tout lui-même ; dès-lors elle ne trouvera plus dans l'air que le chant principal & fes développemens ; elle n'y remarquera plus que du chant ; elle fera féduite par les charmes les plus puiffans de l'harmonie la plus remplie, & en quelque forte la plus travaillée, & ne fera cependant diftraite en rien de la mélodie qui la touchera, & dont elle croira être uniquement émue.

C'eft dans un air que le muficien peut déployer tous les agrémens de la variété ; jouiffant d'un grand efpace, ayant à repréfenter des tableaux fouvent très-vaftes & très-diverfifiés, qu'eft-ce qui pourroit le gêner ? qu'eft-ce qui pourroit même ne pas lui infpirer ces images variées qu'il doit tant rechercher ? C'eft ici qu'il aura recours à toutes les fources d'oppositions que nous lui avons indiquées, & dont la situation lui permettra d'approcher.

Mais que la grande variété qu'un air doit offrir, au moins lorsqu'il est un peu long, ne nuise pas à l'unité qui en fait le caractère ; ce n'est pas sans doute l'unité de sentiment, mais c'est l'unité de tableau offert par le poëte, qui constitue un air ; il faut donc que le tableau présenté par le musicien jouisse de cette unité précieuse.

Le musicien devra au rhythme une grande partie de l'unité & de la variété qu'il voudra répandre dans son air. Lorsqu'il aura assez diversifié son morceau par les différens moyens qui doivent lui être maintenant familiers, & qu'il ne lui restera plus qu'à le rendre un, qu'il ne cesse de laisser dans son chant le même rhythme, au moins si l'air n'est pas long : s'il est encore plus court, & si le compositeur a besoin d'une très-grande unité, & d'un caractère de musique bien décidé, qu'il conserve le rhythme même dans les accompagnemens, ou dans quelques-unes de leurs parties ; c'est à son goût & à la situation qui lui est offerte à le décider. Et si au contraire il a été obligé de laisser subsister dans son air une grande monotonie, quoiqu'en y répandant de grandes beautés

beautés, que fera-t-il pour détruire cette triste uniformité qui éteindroit tout intérêt ?

Que le rhythme varie souvent dans l'air, qu'il ne change cependant qu'avec grace; que les divers rhythmes ne paroissent pas trop se heurter, qu'ils soient entremêlés avec goût, qu'en venant trop souvent à la suite les uns des autres, ils ne coupent pas l'air en portions trop petites; qu'ils ne lui otent pas cette apparence de grandeur, de majesté & de simplicité noble, si nécessaire a tout ce qui appartient à la tragédie.

Et lorsque tout aura été sacrifié par le musicien à la diversité; lorsque non-seulement il aura puisé dans les principales sources d'opposition, mais encore qu'il se sera servi de plusieurs rhythmes, & qu'il aura mis une grande variété dans leur emploi, comment donnera-t-il à son air cette unité si essentielle qu'il ne doit jamais perdre de vue ?

Voici un moyen qui, ce me semble, ne pourra que lui réussir. Qu'il choisisse une partie d'accompagnement assez saillante dans la portion de musique où le premier rhythme sera entendu; que cette partie fasse entendre, lorsque le second rhythme règnera, le chant qu'elle aura présenté pendant le premier; qu'elle l'offre du moins pendant les premières mesures sur lesquelles ce second rhythme sera placé. Pour mieux dire, que cette partie adoptée ne cesse pas de montrer le chant qu'elle aura déja proféré, quoique le premier rhythme pour lequel elle aura été faite, se taise, & quoique le second paroisse à son tour ; qu'il y ait enfin dans une partie d'accompagnement un chant commun aux deux rhythmes.

S'il y a plusieurs rhythmes, qu'on lie de la même manière le second au troisième, le troisième au quatrième, &c, & l'on obtiendra une grande unité ; ce chant commun à deux, fera illusion à l'oreille ; il lui fera trouver tant de rapports entre les divers rhythmes, qu'elle ne les regardera que comme des développemens les uns des autres. C'est ainsi que dans Iphigénie en Tauride, M. Gluck a réuni les deux dont il s'est servi dans l'air que chante Thoas, *de noirs pressentimens*. Ils sont très-marqués & très-différens l'un de l'autre, & cependant l'air présente un grand ensemble ; il offre un de ces caractères bien décidés qui ne peuvent guère paroître sans ce même ensemble, parce qu'ils sont l'effet de plusieurs coups qui frappent au même endroit.

Les airs que le musicien composera auront

nécessairement le caractère tragique, s'il observe pour le chant & les accompagnemens ce que nous lui avons indiqué, afin de les rendre propres à la tragédie ; car dans un air tout est chant ou accompagnement.

Le musicien devra se conformer dans ses airs, non-seulement à la prosodie ordinaire que nous avons nommée froide, & qui peut être particulière à chaque langue, mais encore à cette prosodie que nous avons dite animée, & qui, à très-peu de choses près, doit être la même chez toutes les nations, parce que les passions ressenties au même degré, ont à peu près par-tout les mêmes signes naturels. Mais il doit faire plus encore ; il doit représenter les passions d'une manière plus vive ; il doit imiter de plus près les sons qui sont propres aux diverses affections. Quelque animée que soit la prosodie d'une langue, elle ne peut que rendre imparfaitement les sons attachés aux divers sentimens ; elle ne peut qu'en proférer une partie ; une langue n'a jamais des intervalles assez marqués, des sons assez soutenus pour être une image fidèle des passions ; si elle avoit ces sons & ces intervalles, elle ne seroit plus une langue, elle seroit le véritable chant ; le peuple qui s'en serviroit ne parleroit pas, il ne feroit que chanter.

Le muficien emploiera, pour imiter les paffions dans les airs & dans tous les endroits où il chantera véritablement, ces phrafes de chant dont nous avons parlé en traitant des effets de la mufique, qui tirent une fi grande puiffance de leur reffemblance avec les fignes des fentimens, & qui doivent fervir de liaifon aux images plus fidèles des affections de notre ame. Il placera d'ailleurs dans les accompagnemens tout ce qui pourra préfenter ou renouveller l'image des paffions qu'il voudra peindre, tous les fignes qui pourront les caractérifer. C'eft dans les airs, ou jamais, que le muficien doit tout employer, qu'il doit avoir recours à tous les moyens, & que la vraie mufique doit paroître avec tous fes charmes, toute fa puiffance, toute fon expreffion, tous les agrémens de la chanfon & d'une heureufe régularité.

On a remarqué depuis long-temps qu'aucun morceau de mufique ne fe grave dans la mémoire auffi aifément qu'un air. Un beau récitatif peut être plus véhément, & remuer avec plus de violence; il peut même, fi l'on veut, laiffer dans les cœurs des impreffions plus profondes, des traces plus creufées, des mouvemens terribles qu'il eſt plus difficile de ralentir ; mais on ne retient jamais, en quelque ſorte, une portion conſidérable de récitatif, & ſouvent on rappelle un air en entier, quoiqu'on ne l'ait entendu qu'une fois. Cela doit-il ſurprendre ? on ne peut guère ſe ſouvenir que de la mélodie ; ſi l'on rappelle un peu un morceau d'harmonie, c'eſt parce qu'il eſt beau, & par conſéquent parce qu'il préſente un chant, ainſi que nous l'avons prouvé.

En muſique, il n'y a guère que le chant dont les portions aient une véritable liaiſon, une liaiſon bien ſenſible, une liaiſon néceſſaire ; mais où y a-t-il plus de chant que dans un air, dans cette portion de muſique qui n'eſt compoſée que d'une phraſe bien développée, où tout étant meſuré & régulier paroît plus lié, & offre une apparence plus fraternelle ?

D'ailleurs, dans un air, il n'y a, en quelque ſorte, qu'une ſeule idée ; ce n'eſt qu'une idée qui paroît ſous diverſes formes ; l'accompagnement lui-même ne ceſſe, en quelque manière, de la préſenter ; comment pourroit-elle ſortir de la mémoire, après y être entrée tant de fois, & avec tant d'empire ?

Si l'air eſt compoſé des images de pluſieurs ſentimens ; s'il renferme pluſieurs idées principales, elles sont toutes si bien faites l'une pour l'autre, qu'elles se réveillent mutuellement, qu'elles conduisent toutes l'une à l'autre; par-là combien de fois chaque idée ne pénètre-t-elle pas dans le cœur & dans l'imagination ? Et cependant comme les airs à plusieurs peintures réunies ne sont pas uniquement composés d'une idée & de ses conséquences, on les rappelle le moins aisément.

Comment ne retiendroit-on pas un air d'après tout ce que nous venons de dire ? Comment du moins n'en conserveroit-on pas le sujet dans sa mémoire ? Comment n'en jouiroit-on pas en soi-même après avoir cessé d'en jouir réellement ? Comment ne croiroit-on pas qu'on l'exécute encore ? Doit-on être étonné qu'il se réveille tout d'un coup, que toutes ses impressions reparoissent lorsqu'on s'y attend le moins, qu'on se surprenne souvent à en chanter les portions les plus touchantes, à être ému, à pleurer, même long-temps après qu'il a été entendu ? Comment ne retiendroit-on pas un discours bien lié, bien plutôt que des phrases belles, mais isolées ?

D'ailleurs, par cela même qu'un air doit se graver plus aisément dans la mémoire, ne doit-il pas se lier avec un plus grand nombre de senfations étrangères, être réveillé plus souvent, & par-là acquérir de nouveaux droits pour être retenu avec plus de facilité?

Il n'en est pas des airs comme du récitatif, & des chants très-accentués & très-courts que l'on place dans les endroits où le sentiment domine avec force, mais où l'action théâtrale doit s'avancer avec rapidité. Dans ceux-ci, il ne faut point répéter les paroles du poëte, ou du moins il ne faut les redire que très-rarement, & n'en faire reparoître qu'un petit nombre; il faut que celles qu'on veut faire entendre deux fois, non-seulement soient très-expressives, mais encore produisent un grand effet dans la situation; il est même nécessaire que le jeu de théâtre motive la répétition des paroles, que le musicien ait l'air, en quelque sorte, d'y être forcé, qu'il emploie à la seconde fois, ou un ton plus tranquille, ou des accens plus tendres, suivant qu'il cherche à affoiblir ou à fortifier la première peinture; enfin il faut varier les deux images du même objet qui se suivent.

Par exemple dans l'opéra d'Alceste, au moment où cette reine infortunée est prête à s'immoler pour son époux, où elle vient de s'offrir à la mort à la face des dieux pour lui sauver la vie, & où elle veut cacher à tout ce qui l'environne fon héroïque & généreux dévouement ; Admète paroît douter un inſtant de fon amour : elle lui répond du ton de voix le plus touchant & le plus paſſionné : *ils ſavent ces dieux ſi je t'aime* : elle commence par dire : *Ils ſavent ces dieux* : elle s'arrête alors comme pénétrée de toute la grandeur de fon facrifice, de toute la douleur avec laquelle elle va fe féparer de tout ce qu'elle adore, & avec un accent plus animé & même déchirant, elle répète fur des tons plus élevés : *Ils ſavent ces dieux* ; elle ajoute *ſi je t'aime*, & à ces derniers mots fa voix s'affoiblit, & ne pouvant plus réſiſter à tout ce qui l'agite, elle tombe dans les bras de l'époux qu'elle va quitter pour toujours.

Dans les airs au contraire le muficien peut & doit répéter pluſieurs fois les mêmes paroles. Les fentimens y occupent un très-grand eſpace ; ils y reparoiſſent pluſieurs fois de fuite ; ils y reviennent, pour ainſi dire, fur eux-mêmes ; les paroles qui les déſignent peuvent & doivent donc reparoître fouvent, ou, ce qui eſt la même chofe, être répétées.

Que le poëte ne cherche pas à éviter des répétitions aux muficiens, en employant de nouveaux fignes & de nouvelles expreſſions toutes les fois que les mêmes fentimens recommencent de régner : ces expreſſions nouvelles pourroient ne pas offrir une image parfaitement reſſemblante du fentiment qui auroit déja paru avec d'autres paroles ; dès-lors ne feroit-ce pas une nouvelle affection que le poëte préfenteroit, & n'iroit-il pas contre fon intention ?

Mais s'il eſt permis au muſicien qui travaille à des airs, de répéter, & même pluſieurs fois, les paroles, il doit prendre pour cela certaines précautions qu'il ne lui eſt guère permis de négliger, à moins qu'il n'y foit forcé par de très-grands motifs, qu'il ne les abandonne pour de très-courts momens, & que les répétitions ne puiſſent être revêtues d'un grand charme étranger.

Il ne répètera que les paroles qui déſigneront un fentiment ; il ne choiſira que celles qui exprimeront la paſſion qu'il voudra peindre ; fouvent il ne redira que des phraſes, des demi-phraſes, des parties de diſcours qui préſentent un fens ; il s'y aſſujettira, fur-tout la première fois que les paroles feront répétées, parce que moins on les aura entendues, & plus il fera difficile de fuppléer aux mots qui manqueront : quelquefois cependant les muficiens pourront, & devront même ne redire qu'un mot ; mais il faudra qu'il foit de ces mots fi frappans relativement aux fituations, qu'ils équivalent à un grand nombre de phrafes.

Le muficien devra avoir foin d'ailleurs de ne pas faire paroître trop fouvent des phrafes très-courtes ; ce qui rendroit le nombre des répétitions trop fenfible, & feroit naître une trop grande uniformité ; mais qu'après avoir redit une phrafe, le muficien répète une phrafe voifine, qu'il revienne enfuite, s'il veut, à la première ; qu'il repaffe à la feconde, au moins fi tout cela s'arrange avec les affections qu'il veut repréfenter, les chants que fon génie lui infpire, le rhythme qu'il aura adopté, &c.

Dans aucun art on ne fe contente de frapper une fois les coups dont on attend quelque effet ; dans tous on les redouble ; dans tous on a fouvent recours aux mêmes moyens, & on ne parvient le plus fouvent à émouvoir qu'après avoir employé plufieurs fois les diverfes expreffions. Mais la mufique, par une fuite de fa nature, doit faire reparoître plus souvent que les autres arts, tout ce qui sert à toucher; & en voici la raison.

Dans l'éloquence & dans la poësie, les moyens employés par le poëte ou par l'orateur, n'appartiennent qu'à l'esprit. Ce n'est que par des choses relatives à l'esprit qu'ils parviennent à attendrir le cœur ; ils n'y arrivent que par l'esprit : leurs images ne sont point de vraies images, c'est-à-dire des peintures offertes aux sens : elles ne consistent que dans une réunion d'idées propres à réveiller des sensations déja reçues, ou pour mieux dire à en renouveler la mémoire : que l'on dise si l'on veut que ces idées réunies peuvent rappeler à un si haut degré le souvenir des sensations éprouvées que celui à qui s'adressent l'orateur & le poëte, croit voir ou entendre réellement les objets dont on lui parle : mais supposez quelqu'un qui soit entièrement dénué d'esprit, qui ne puisse pas comprendre vos idées, & toutes les images de l'éloquence & de la poësie vont être perdues pour lui : ou ce qui va rendre ce que nous disons plus sensible, supposez quelqu'un qui n'entende pas la langue du poëte ou de l'orateur, & qui ne puisse pas deviner leurs idées par le son de leurs voix ou par leur pantomime, quoique d'ailleurs il les voie & les entende, & toute la magie de la poësie & de l'éloquence n'aura aucune force sur lui. C'est donc l'esprit qui reçoit & qui fait parvenir au cœur les expressions du poëte & de l'orateur, & leurs moyens ne sont, pour ainsi dire, que des idées. Mais lorsque l'esprit a saisi une idée, qu'il l'a bien vue & bien considérée, ce n'est, en quelque sorte, qu'avec peine qu'il l'examine de nouveau, au moins plusieurs fois de suite.

La peinture, la sculpture parlent aux sens; elles s'y adressent directement; elles agissent immédiatement sur eux; mais les objets qu'elles offrent, ne se succèdent pas comme dans l'éloquence & dans la musique : ils paroissent à la fois : la peinture, la sculpture, ne présentent qu'un seul moment de toutes les actions, de toutes les passions, de toutes les situations qu'elles peuvent montrer; des répétitions trop fréquentes, dans les ouvrages de ces deux arts, feroient naître aisément l'ennui, puisqu'on verroit à la fois l'objet & toutes ses répétitions.

D'ailleurs ce ne seroit pas précisément frapper de nouveau les mêmes coups, ou avoir recours aux moyens déja employés ; mais offrir un grand & unique objet dont les parties feroient peu variées.

La musique au contraire peut préfenter autant d'inftans qu'elle veut, lorfqu'elle cherche à peindre quelque fituation ou quelque fentiment : elle peut offrir, à la fuite les uns des autres, autant d'objets que le compofiteur le defire. D'ailleurs ce n'eft pas par l'efprit que fon expreffion parvient à toucher : ce n'eft pas uniquement en réveillant des idées, en rappelant le fouvenir des fentimens éprouvés, & en y ramenant par la penfée, qu'elle fait naître fes effets ; elle les produit par des fenfations réelles, par des forces vraiment phyfiques, en faifant entendre tous les fons & tous les cris qui émeuvent immédiatement la fenfibilité, qui agiroient jufqu'à un certain point fans le fecours de la penfée, qui en empruntent, à la vérité, une partie de leur pouvoir, mais qui ont une puiffance entièrement indépendante de l'efprit.

La mufique agit directement fur les fens, ainfi que la fculpture & la peinture ; & pour mieux me faire entendre, rappelons l'hiftoire du peintre grec, qui avoit fi bien imité des raifins fur la toile, que les oifeaux trompés venoient les becqueter. Je douterois de cette histoire, & je ne la regarderois que comme une invention à la louange du peintre, si les raisins étoient des objets bien difficiles à repréfenter, & s'ils offroient une grande variété de formes, de couleurs, d'effets, &c. Il a déja été queſtion, dans cet ouvrage, de l'aveugle né, dont a parlé M. Chéſelden, & qui, lorſqu'il eut obtenu l'uſage de la vue, diſtinguoit fort bien les objets réels, mais ne put, pendant long-temps, reconnoître, dans les peintures les mieux faites, ce que l'on avoit voulu y montrer, & n'y remarquoit que des couleurs appliquées : ce que nous avons dit de cet aveugle, ne prouve-t-il pas qu'il ne ſuffit pas d'avoir des yeux pour diſtinguer dans un tableau les objets repréſentés, ou, pour mieux dire, pour en recevoir la ſenſation par le moyen d'une peinture ; il faut encore des ſens exercés ; & d'après cela les oiſeaux cités dans l'hiſtoire grecque, & dont les organes ne devoient pas être bien accoutumés à des tableaux, auroient-ils pu être affectés par des objets peints comme par des objets véritables, pour peu, en quelque ſorte, que ces objets n'euſſent pas pu être repréſentés par l'application ſeule de leurs couleurs naturelles ? Mais afin que des raiſins, je ne dis pas soient peints comme de grands peintres nous les font voir, mais produisent, par leur image, presque la même sensation que par leur présence réelle, il suffit de les montrer sous la forme de taches plus ou moins rondes, distinguées par leurs vraies couleurs, & jointes ensemble par des traits plus ou moins marqués, colorés comme des grappes : les peintres n'ont besoin pour cela que de couleurs, ou, pour mieux dire, les couleurs seules employées par le peintre grec, ont dû suffire pour tromper les oiseaux ; elles ont dû faire naître dans leurs organes presque la même impression que de vrais raisins. Les sens n'ont pas besoin d'être exercés à considérer des peintures pour distinguer des couleurs : il est inutile d'en donner ici la raison, & l'aveugle de naissance, déja cité, les distinguoit dans les tableaux, quoiqu'il n'y soupçonnât aucun des objets compliqués qui y étoient représentés.

De même donc que dans le tableau grec, la représentation des raisins a frappé les oiseaux par un effet purement physique, & sans qu'on puisse avoir recours pour l'expliquer à la pensée ni à aucune convention, de même le fond de la musique nous émouvroit sans le secours de notre réflexion, au moins lorsque nos sens seroient exercés, ou qu'il s'agiroit de choses aussi simples en musique que l'image des raisins peut l'être en peinture. Des animaux auxquels le sens de l'ouie auroit été accordé par la nature, auxquels on auroit fait entendre de la musique pendant long-temps, & donné ainsi des organes plus ou moins exercés, recevroient les impressions du fond de la musique, quoique privés de la pensée & de la réflexion, & seulement par le moyen de leur sentiment physique ; ils en seroient plus ou moins affectés ; ils en seroient touchés d'une manière plus ou moins agréable.

A la vérité, l'espèce de sensations qu'ils éprouveroient ne seroit pas toujours conforme à l'espèce de celles que nous devons à la musique. Tel mélange de sons qui nous attire & nous enchante, pourroit les émouvoir désagréablement, ou du moins leur faire sentir de la douleur lorsqu'il ne nous donneroit que du plaisir ; cela tiendroit en grande partie à la différence des signes de nos passions d'avec ceux que la nature leur a donnés, quelque machinalement qu'ils puissent en user ; & cela seroit proportionné à la distance qui sépare les sons que nous proférons lorsque nous

sommes

sommes émus, attristés, déchirés, &c, & les cris que leur arrachent les desirs, la douleur, les souffrances. D'ailleurs pour peu que les émotions douloureuses produites par les arts, acquièrent une certaine force, nous ne nous y complaisons que parce que notre pensée vient toujours nous dire, sans que nous nous en doutions, que les calamités, qui nous sont offertes, ne sont qu'imaginaires ; nous ne pouvons à chaque instant nous empêcher de revenir sur nous-mêmes, sur notre félicité passée, sur notre bonheur présent, sur nos biens à venir ; nous nous en occupons fortement, même sans nous en appercevoir, & les animaux n'auroient ni la pensée ni ses retours secrets pour embellir de quelques charmes, les impressions douloureuses des arts : mais ne nous laissons pas engager trop avant dans des questions un peu éloignées de notre sujet.

Soit en musique, soit en poësie, soit en éloquence, dans tous les arts enfin où les mêmes tableaux doivent ou peuvent être montrés souvent, qu'ils ne reparoissent jamais qu'avec une nouvelle énergie & une force nouvelle. Mais en quoi peut consister leur nouvelle puissance ?

Pour éclaircir ce point important, autant

que cela peut être nécessaire, renfermons-nous dans notre véritable sujet ; il sera aisé d'appliquer à tous les arts ce que nous allons dire de la musique.

Cette nouvelle énergie, que les tableaux musicaux doivent présenter en reparoissant, doit être relative au but & à l'intention du compositeur. Lorsque le musicien se propose de peindre des passions qui, par leur nature, vont toujours en augmentant, qu'il veut montrer l'accroissement successif de quelque affection, ou représenter quelque sentiment qui ne cesse de paroître avec le même feu, le musicien donnera un nouveau pouvoir aux tableaux qu'il offrira, en donnant une nouvelle force aux divers traits répandus dans ces tableaux, ou en augmentant le nombre de ces traits, ou en en supprimant quelques-uns, & les remplaçant par des traits plus vifs. Mais lorsque le musicien voudra au contraire représenter une passion qui se calme, une affection qui diminue, un sentiment qui s'éteint, la nouvelle énergie des tableaux offerts plus d'une fois, consistera à ne montrer qu'un plus petit nombre de traits moins vigoureux.

Souvent le musicien pourra donner à ces tableaux cette nouvelle puissance sans toucher aux peintures mêmes, soit qu'elles doivent représenter des diminutions ou des accroissemens, & que leurs traits doivent reparoître réellement émoussés ou réellement aiguisés : il n'aura pour cela qu'à faire des changemens plus ou moins grands dans ce qui précèdera & fera desirer ces tableaux. Lorsqu'il voudra augmenter la force des peintures, il diminuera celle des morceaux précédens : par-là le contraste sera plus frappant, & le trait, quoique réellement le même, paroîtra bien plus éclatant, bien plus terrible, &c. Voudra-t-il au contraire que ce même trait soit comme affoibli ? qu'il renforce le morceau antérieur, & à la suite de cette clarté plus vive, le trait ne paroîtra jeter qu'une lumière plus foible.

Un artiste d'une grande ville avoit composé un air dont le fond consistoit dans un trait remarquable qu'il devoit faire paroître deux fois : il avoit épuisé pour ce passage, tous les moyens d'expression ; il devoit cependant lui donner plus de force à la seconde fois ; il alla consulter un de ses amis, & lui laissa son ouvrage en lui permettant d'y faire tous les changemens nécessaires. Celui-ci ne toucha pas au passage remarquable, mais renforça le morceau dont ce passage étoit précédé la première fois qu'il paroissoit, & affoiblit celui après lequel il revenoit. Le compositeur vint chercher son air que son ami lui dit avoir corrigé ; il jeta les yeux sur le trait ; & n'y remarquant aucun changement, il crut qu'on s'étoit mépris. S'étant cependant apperçu de quelques corrections dans certains endroits, il fit jouer sa musique sans beaucoup d'espoir du succès. A peine l'exécution fut elle achevée qu'il courut embrasser son ami ; le trait à la seconde fois avoit paru produire deux fois plus d'effet qu'à la première.

Lorsque les diverses parties, qui concourront à l'accompagnement d'un air, formeront un chant sensible & assez remarquable ; ce chant devra présenter, au moins le plus souvent, toutes les qualités que nous avons déja regardées comme nécessaires au vrai chant, au chant principal.

Le compositeur peut & doit souvent réunir ensemble plusieurs motifs ; il doit souvent placer le même chant & le même sujet dans plusieurs parties, de telle sorte que l'une le commence plutôt que l'autre, & qu'ainsi chacune profère à la fois un chant très-marqué & très-différent : nous lui avons dit qu'il falloit prendre pour cela des précautions de plus d'une espèce ; nous lui avons indiqué ces précautions ; nous lui avons donné des moyens de connoître si ces divers chants pouvoient se nuire, & ne mettre que du bruit à la place d'une belle expression ; nous avons tiré ces moyens de l'élévation plus ou moins grande de ces chants, de leur distance sur l'échelle musicale, de leur nature, de la place des silences qu'ils peuvent offrir ; il est encore une autre manière de juger s'ils peuvent aller ensemble sans se nuire, & la voici.

Dans un chant tout n'est pas également fait pour frapper l'oreille, & pour exciter l'attention : il est certains endroits où l'organe de l'ouie est ébranlé avec plus de force, où l'attention est plus captivée ; ce sont ceux où le chant s'élève ou s'abaisse d'une manière marquée, où il recommence de se faire entendre après quelques silences, où il passe à des notes sur lesquelles il ne s'arrête qu'un instant après avoir présenté une espèce de tenue. Ce sont ces endroits remarquables qu'il faut examiner pour savoir, par exemple, si deux motifs peuvent être entendus à la fois : si les deux motifs sont tels que leurs points saillans paroissent en même temps, l'attention également attirée de deux côtés ne se portera nulle part ; elle ne faifira rien ; elle fera du moins affoiblie, & l'intérêt diminué, à moins que les deux motifs ne puiffent être regardés comme formant un accompagnement identifié l'un relativement à l'autre ; au lieu que fi les points faillans font placés de manière que ceux du premier motif s'enchâffent dans les intervalles laiffés par ceux du fecond, s'ils fe mêlent de telle forte que le point faillant d'un chant réponde à l'endroit peu remarquable de l'autre, l'attention ne fera pas diftraite ; elle ne fera point détournée des points faillans ; elle les fuivra tous dans quelque motif qu'ils foient placés ; elle parcourra les deux chants ; elle en jouira ; elle fera du moins entraînée par tous leurs endroits principaux, & les deux motifs ne fe nuiront, pour ainfi dire, en rien.

Il ne fuffit cependant pas que le compofiteur mêle avec foin, & de la manière que nous venons de le dire, les points faillans de fes motifs, quelque foit le nombre des chants qui doivent être entendus à la fois. Il faut encore qu'il écrive dans fa tête ou fur le papier, tous ces points remarquables qui paroiffent fucceffivement ; qu'il les mette à la fuite l'un de l'autre ; qu'il leur y affigne l'ordre qu'ils offrent dans les deux chants ; qu'il les note comme ils fe préfenteroient à l'oreille dans l'exécution ; qu'il leur donne le rang dans lequel ils feroient entendus. Il trouvera ainfi une efpèce de nouveau chant compofé des points faillans de tous les motifs placés à la fuite l'un de l'autre, dans le même ordre que dans un morceau de mufique.

Il examinera cette nouvelle fuite ; & s'il ne trouve pas qu'elle forme un beau chant, au moins relativement au but qu'il aura, & à la paffion qu'il voudra faire naître ; fi elle préfente des intervalles trop grands, trop durs, &c ; fi elle n'offre pas enfin les qualités d'une belle mélodie, il pourra le plus fouvent être fûr que ces motifs ne font pas faits pour aller enfemble : il ceffera alors de vouloir les faire entendre à la fois, ou bien il les difpofera d'une nouvelle manière ; il les placera plus tôt ou plus tard ; il les arrangera de telle forte que la nouvelle fuite, formée par les points faillans mis au bout l'un de l'autre, produife le chant qu'il doit defirer. Au refte, avant que le compofiteur juge la mélodie produite par la fuite des points remarquables, il doit les efpacer, & les mettre à la même diftance les uns des autres, qu'ils le feront dans l'air ; il remplira les intervalles qui pourront les séparer, par ce que les motifs lui offriront de plus frappant entre leurs points saillans ; & si deux chants présentent des remplissages également propres à être choisis, il préfèrera pour son épreuve, celui qui sera le plus élevé.

Le musicien ne sauroit avoir trop en vue que ce n'est point d'après l'usage, mais uniquement d'après la situation, le caractère du personnage, l'ordre & la nature des sentimens, qu'il doit former le plan de ses airs ; c'est ainsi qu'ils seront toujours à leur place, originaux, variés, touchans, pathétiques, qu'ils n'interrompront point l'action théâtrale, parce qu'ils ne paroîtront qu'avec les sentimens, ne dureront qu'autant que les passions, & n'en contrarieront pas l'effet par leurs peintures. Voyons cependant les principales manières dont on peut les ordonner d'après l'exemple & les succès des grands maîtres.

Un air peut être composé de deux reprises ; c'est-à-dire de deux grandes parties : on répète la première deux fois avant de passer à la seconde que l'on répète aussi deux fois. Nous avons parlé de cette forme.

Quelquefois ces deux grandes parties sont séparées par une troisième plus courte, &

d'un genre différent ; communément on ne les répète point alors dans la petite reprife : quelquefois le muficien y introduit un nouveau mouvement : elle eft fimple, touchante, naïve, pour ainfi dire, lorfque les deux autres reprifes font chargées d'expreffions agitées & tumultueufes : fi ces dernières font d'un mouvement rapide, elle préfentera une marche lente ; elle fera au contraire précipitée, chargée de notes, pleine d'images de fureur & de défefpoir, fi les deux grandes parties offrent un mouvement lent, des chants faciles, une harmonie fimple, &c.

Elle fera la peinture d'un fentiment qui viendra, en quelque forte, détruire, ou du moins modifier le premier ; mais cette première paffion plus violente, reprendra bientôt le deffus, & la feconde grande partie, faite dans le genre de la première, offrant les mêmes phrafes, préfentant les mêmes fuites, reparoîtra pour l'exprimer. La forme que nous indiquons eft belle, impofante, propre à montrer un grand enfemble & une grande variété ; mais il ne faut s'en fervir que lorfque les paffions que l'on doit peindre l'exigent, ou du moins le permettent.

Que le plus fouvent le compofiteur donne

plus de force à la seconde grande reprise qu'à la première ; qu'il augmente l'énergie des traits qui y paroîtront, & qui auront déja été montrés ; que souvent même il réserve pour cette seconde reprise un trait plus puissant que les autres ; qu'il s'en serve quelquefois pour la terminer tout à fait, en le mettant à la suite de la finale ; que ce trait ait cependant assez de rapport avec ce qui le précèdera pour ne pas paroître une idée disparate & trop isolée, mais pour être le complément de tout ce qui aura été dit.

Que le compositeur s'abstienne, le plus qu'il pourra, d'employer ces manières de terminer les airs que tout le monde connoît, qui sont très-belles en elles-mêmes, qui ont parfaitement réussi aux plus grands maîtres ; mais qui pourroient cesser de produire de grands effets, tant elles sont devenues communes. Pour être plus sûr de parvenir à présenter des finales neuves, qu'il les tire de son sujet, & que ce soit, en quelque sorte, un de ses motifs ou de leurs développemens qui, avec quelques changemens ou quelques additions, compose ces mêmes finales.

Quelquefois après la petite reprise, au lieu de passer à une seconde grande partie de l'air, on se contente de recommencer la première. Il faut alors que celle-ci, dès lors seule grande reprise, offre une terminaison bien marquée, & soit composée de manière à former un tout; l'air est alors un véritable rondeau.

La première partie d'un rondeau est souvent assez courte pour qu'on puisse lui donner plusieurs petites reprises à la fin de chacune desquelles on répète la première en entier; ou pour mieux dire, la durée du sentiment principal est quelquefois assez peu longue, & il est interrompu successivement par un assez grand nombre d'affections pour qu'on puisse joindre plusieurs peintures secondaires à la première peinture, & faire toujours reparoître la passion dominante après chaque passion particulière qui devra y conduire : l'image de cette passion, plus forte que les autres, doit enfin terminer le tableau total.

Il faudra tâcher d'établir dans le rondeau, ainsi que dans les grands airs dont nous venons de parler, des oppositions bien marquées, afin qu'on desire avec encore plus d'ardeur de voir reparoître la peinture principale : il faut cependant que les divers tableaux secondaires aient de très-grands rapports avec le premier : les sentimens particuliers qu'ils représenteroient, ne conduiroient pas fans cela au fentiment victorieux, & d'ailleurs il feroit invraifemblable que ces affections qui paroiffent fucceffivement, euffent pris naiffance au milieu de la première.

Il faudra d'ailleurs répandre une certaine variété entre toutes les peintures fecondaires; fi elles exprimoient toutes la même paffion, comment pourroit-on fuppofer que le perfonnage paffât un grand nombre de fois de fuite de l'affection principale qui domine fur lui, au feul fentiment fubordonné qui feroit repréfenté dans les peintures particulières ? Il ne peut s'y laiffer entraîner qu'autant que ce fentiment reparoît avec des nuances différentes; mais alors cette affection exige des peintures diverfifiées, puifqu'une nouvelle nuance de paffion eft véritablement une paffion nouvelle.

Quel plaifir pour l'auditeur d'être détourné plufieurs fois d'un chemin couvert de fleurs & de verdure, pour aller contempler des objets pittorefques, bien diverfifiés entr'eux, & qui contraftent tous avec fa route émaillée ! de s'écarter de ce chemin varié des couleurs les plus vives, pour s'engager dans différens fentiers! L'un le mènera dans une grotte folitaire confacrée au filence & à la rêverie; l'autre guidera ses pas vers une cascade jaillissante avec bruit, vers une fontaine coulant avec un tranquille murmure, parmi des rochers à demi-sauvages ; un troisième lui fera traverser une forêt sombre & antique, mais tous le ramèneront vers les tapis de fleurs qu'il aura déja foulés, & qu'il regrettera au moment où il commencera d'être fatigué par les embarras & les sinuosités de ces sentiers détournés, ou lorsqu'il sera trop effrayé par les précipices avec lesquels la nature relève la beauté des objets qu'elle offre à la curiosité du voyageur bien aise de suspendre pour quelque temps sa course.

Doit-on être surpris maintenant des grands effets produits par un beau rondeau dont toutes les reprises, ou toutes les grandes parties ont avec la partie principale ce rapport de composition, de nature, de genre & de longueur, qui ne permet pas qu'on oublie la peinture dominate, mais qui fait qu'on la quitte sans peine, pour la voir reparoître avec plus de plaisir ?

Il est une espèce d'airs à laquelle on a donné le nom de *cavatine*; nous leur assignerons celui d'*ariette*, ou de petit air, qui leur convient très-bien, & qui doit même leur appartenir uniquement. Ce sont des airs très-courts, fans aucune feconde partie au moins bien fenfible : ils font deftinés à couper l'uniformité d'un récitatif trop long, & à répandre des beautés brillantes dans un récitatif obligé. Nous avons déterminé leur place en traitant du récitatif.

Quoique les ariettes ne doivent pas avoir de reprife fenfible, & qu'elles doivent être très-courtes, on peut cependant y moduler jufqu'à un certain point, fi l'expreffion & la beauté du chant le demandent. On peut les regarder comme une préparation au grand air qui termine ordinairement les endroits intéreffans de la fcène, & qui n'eft quelquefois féparé de l'ariette que par un récitatif affez court.

D'après cela, le muficien tâchera de donner à l'ariette un caractère qui tranche un peu avec celui de l'air; s'il a le même fentiment à peindre dans l'un & dans l'autre, il affignera à l'affection qui paroîtra dans l'air une nuance qui puiffe la diftinguer de celle que l'ariette préfentera; il affoiblira ou il fortifiera ainfi la paffion, fuivant que les fentimens s'accroîtront ou iront en diminuant. Sans cela, le plus fouvent le grand air ne produiroit pas tout fon effet; il ne paroîtroit qu'une longue & froide répétition des traits touchans de l'a-

riette. Il faut de plus que le genre de l'ariette
fasse desirer celui de l'air; c'est-à-dire, il faut
que le musicien peigne, autant qu'il le pourra
dans l'ariette, un sentiment qui conduise naturellement à la passion représentée dans l'air.
Peut-être pourra-t-il y parvenir aisément en
consultant ce que nous avons dit en traitant
des passions.

Tâchons de donner un exemple des principales observations que nous avons répandues
dans cet article, & pour cela prenons la tragédie d'Alcione. Céix roi de Trachine est sur
le point de recevoir la main de la princesse
qu'il aime éperdument; il avance au milieu
du spectacle le plus magnifique, des applaudissemens & de la joie de ses sujets heureux,
reconnoissans & fidèles; au pied de l'autel
d'un temple auguste, il va être uni par les
prêtres de l'hymen à celle qu'il chérit avec
transport; il prononce les paroles mystérieu-
ses & solemnelles qui doivent l'attacher pour
jamais au tendre objet de toutes ses affections, lorsque tout-à-coup l'enchanteur Phorbas fait sortir des gouffres de la terre d'horribles démons qui répandent par-tout le désordre, l'effroi & l'incendie, forcent le peuple
épouvanté à se disperser à grands flots, &

interrompent la fête facrée d'où dépendoit le bonheur de Céix.

On annonce à ce prince que les dieux ne confentent point à fa félicité fuprême ; il prend les prodiges dont il eft témoin pour des fignes de leur colère & de leur oppofition à fes defirs de flamme : il tombe en proie au défefpoir ; le feu le plus violent s'allume dans fon cœur, y bouillonne & excite dans fon ame les plus vives tempêtes : égaré, hors de lui-même, maudiffant & la terre & le ciel, ne voyant plus, n'écoutant plus rien, plein de rage & de fureur, déchiré par le trait aigu de la douleur amère, ne fongeant qu'à fa chère Alcione avec laquelle il ne trouvera plus le bonheur, il court en forcené vers le défert fauvage qui fert de repaire au magicien Phorbas ; & bien loin de foupçonner fa haine il veut avoir recours à fes enchantemens.

Il arrive dans ce défert affreux ; il s'y croit feul ; il y donne encore un plus libre cours au tranfport douloureux qui le tourmente ; il invoque le courroux des dieux ; il appelle fur lui leurs foudres : ici l'air commence. Pendant que Céix arrive, un rhythme, pour ainfi dire entrecoupé, & compofé de portions incohérentes en apparence, montre le trouble affreux

affreux dans lequel il est plongé : le chant est cependant à grands traits, parce qu'il s'agit d'un roi.

Ce fonds d'orcheftre que nous avons tant indiqué, peint auffi une agitation cruelle : au milieu de ces effets terribles, un accompagnement figuré interrompu par des filences, & deftiné à repréfenter une fituation horrible & défordonnée, prépare aux grands mouvemens qui doivent fuivre ; & cependant les trompettes, les cors, les hautbois, & les timbales frappent des coups épouvantables, comme le défefpoir qui ne ceffe d'affaillir & d'accabler l'infortuné roi de Trachine. C'eft ainfi qu'eft compofée la ritournelle impofante par laquelle l'air débute ; elle n'offre qu'une demi-phrafe, afin que tout acquière plus de grandeur, que l'air s'élève, s'étende davantage, & que tout retrace la dignité des perfonnages & la force de la fituation. Céix eft bientôt affez près pour être entendu ; c'eft alors qu'il laiffe échapper avec tous les fignes d'un défefpoir violent, *Dieux cruels, puniffez ma rage & mes murmures.* Le chant qui a paru dans la ritournelle fe montre ici, mais il eft un peu plus coupé par des filences, pour pouvoir être proféré au milieu des agitations de Céix,

& du transport véhément qui le suffoque. Et tout d'un coup cédant à un éclat de la rage qui cherche à s'échapper avec effort, Céix s'écrie sur des tons appuyés & remarquables, *Frappez dieux inhumains !* à peine a-t-il dit ces paroles terribles, que les basses font entendre le même chant que le roi, & l'appuient avec la même force ; Céix répète les mêmes sons, en ajoutant, *comblez votre rigueur*, & les basses l'accablent encore sous leurs efforts redoublés : il n'est aucun instant où son désespoir n'agisse & ne le tourmente.

Cependant le fond d'orchestre continue ; l'accompagnement figuré porte toujours l'empreinte d'un désordre affreux ; la douleur de Céix s'accroît, il dit de nouveau, *frappez Dieux inhumains* ; mais ici les basses ne lui répondent plus ; tous les coups sont pour ainsi dire réunis, & après un passage bruyant & plein de force, l'air parvient à une espèce de repos.

La rage renaît avec plus de véhémence dans l'ame de Céix ; elle y produit un égarement forcené : il dit, *vous plaisez-vous à voir dans mes injures l'excès du désespoir où vous livrez mon cœur ?* Il le dit en parcourant une suite de modulations où règne un désordre apparent, où la basse a l'air de s'égarer sans cesse, & d'égarer le chant, où l'accompagnement figuré est presque étouffé sous des tas de notes rapides, & où les instrumens à vent viennent de temps en temps présenter une espèce de rhythme nouveau plus animé, plus violent.

La force manque à Céix, & il redit d'un ton affoibli, & d'un accent touchant, *Vous plaisez-vous*, &c : ici l'accompagnement est presque nul, on a besoin d'une grande ombre; l'ame & l'oreille doivent se reposer; il faut préparer à tout ce qui doit suivre, & à tous les coups qui doivent encore être frappés.

La douleur aigrie de Céix monte bientôt au comble; l'expression la plus vive reparoît dans l'orchestre; tout est dans le plus grand trouble; les basses sont chargées de notes; les instrumens à vent font entendre des cris déchirans; les timbales ajoutent au trouble & à la confusion; l'accompagnement figuré disparoît pour ainsi dire sous les traits plus forts qui sont maintenant lancés; & si cette peinture effrayante est quelquefois interrompue par un calme apparent & trompeur, parce que la douleur de Céix est trop aigue pour ne pas exiger de ces repos perfides, les images affreuses qui reparoissent bien vîte, n'en acquièrent que plus de force, & ainsi se termine la première partie de l'air ; en offrant quelques mesures d'une ritournelle horrible & imposante.

Céix se rappelle alors tout le bonheur dont il alloit jouir avec Alcione, son amour, ses charmes, sa beauté ; il s'attendrit ; ce bonheur si grand pour son cœur, l'entraîne, pour ainsi dire, par son image séduisante ; cette félicité qui n'a pas été réalisée, l'emporte pour un moment sur le malheur réel qui l'accable ; il n'est plus que sensible ; il n'est plus que touché jusqu'au fond de l'ame, & il dit avec l'accent pathétique de l'amour le plus tendre, *je touchois au moment où la beauté que j'aime m'eût rendu plus heureux que vous*. Comme lui l'orchestre n'est plus que passionné ; il l'accompagne, & ajoute une nouvelle énergie au ton de cette espèce de contentement passager qu'il est plus aisé de sentir que de décrire. Cependant dans les momens de silence que le chant de Céix présente, le second violon & la basse ne cessent de faire entendre à ses oreilles l'accompagnement figuré qui a été le signe de sa douleur ; ils ne cessent de faire retentir, quoique d'une manière sourde, le cri de son désespoir ; ils l'avertissent, pour ainsi dire, que cette félicité dont il s'efforce de s'enivrer, est perdue pour lui, & qu'en cherchant dans le fond de son cœur, il n'y trouvera que la peine amère & cruelle; aussi le transport de bonheur qui alloit s'emparer de son ame, se change-t-il insensiblement en un transport de fureur; il dit, *d'un extrême bonheur, dieux, vous étiez jaloux*, & il s'écrie, *& vous vous en vengez par un supplice extrême* : la basse répétant avec force les traits de son chant pendant les intervalles qu'ils laissent, accroît la vivacité de l'expression; l'abandon d'une douleur véhémente & impétueuse succède à tout ce que nous venons de décrire; Céix ajoute, *mes maux sont aussi grands que mon espoir fut doux*; il le répète d'une voix plus animée; son ton s'élève; mais ne pouvant pas résister plus long-temps à la violence de ses sentimens, il tombe dans une espèce d'accablement, & l'orchestre y tombe avec lui.

La rage comprime de nouveau avec effort le cœur de Céix; il devient furieux; il recommence l'air; mais lorsque toutes les images des différentes nuances de son désespoir ont reparu, tout est terminé par une peinture plus terrible qui n'avoit pas été en quelque sorte annoncée, & qui doit laisser les traces les plus profondes. Céix veut redire, *l'excès du désespoir où vous livrez mon cœur*: il ne peut plus parler, la rage étouffe ses accens; il ne profère plus que des sons entrecoupés qui s'élèvent; pendant ce temps, tout l'orcheftre réuni en une feule partie, ne préfentant plus qu'un uniffon, abandonnant tous les petits moyens, ne fe fervant plus que de l'accompagnement figuré adopté, répond par des clameurs effrayantes aux gémiffemens que Céix fait entendre; & la voix du défefpoir s'élevant toujours, parvient à une tenue très-haute, à un dernier cri pendant lequel l'orcheftre frappant un coup plus bruyant & plus affreux que tous les autres, achève d'accabler Céix, ne lui permet d'exhaler ses dernières plaintes que d'une voix baffe & expirante; & l'air finit en ne préfentant plus dans une efpèce de ritournelle très-courte, que le retentiffement du coup de tonnerre qui a écrafé Céix.

Des duo de la Tragédie lyrique.

LE mot *duo* défigne en général toute efpèce de compofition muficale à deux parties ; ainfi on dit un duo de flûtes, de violons, &c. Mais ici nous entendons par *duo*, ce qui eft proféré par deux voix, foit que ces voix chantent feules, foit qu'un orcheftre nombreux & même un chœur les accompagnent, pourvu que tout ce qu'elles difent, refforte au milieu des autres parties, qu'elles foient les deux perfonnages intéreffans du tableau, & que l'attention fe porte de préférence & fans peine vers elles. C'eft ainfi qu'on a appellé *duo* tout ce qui a été exécuté par deux parties remarquables, par deux voix ou par deux inftrumens, foit qu'ils fuffent feuls, ou que d'autres les accompagnaffent.

Lorfque, dans un moment très-animé d'un récitatif, deux voix déclament, pour ainfi dire, enfemble, elles ne forment pas le vrai duo dont nous allons nous occuper : on ne peut l'avoir que lorfqu'on eft parvenu aux momens de fentiment qui exigent un air ; & il n'eft pas néceffaire que les deux voix chantent toujours en même temps pour que l'on jouiſſe du *duo* : nous développerons toutes ces idées.

Lorſque deux acteurs ſont enſemble, ſi une paſſion s'élève & parvient à occuper la ſcène pendant long-temps, ou qu'une ſuite non interrompue de paſſions fortes, contraires ou amies, règne pendant long-temps ſur le théâtre, que le muſicien obſerve ſi les deux perſonnages ſont dans un état d'affections violentes, ſi le ſentiment qui brûle, les conſume tous les deux, ou ſi un ſeul interlocuteur eſt en proie à ſes flammes.

Si un ſeul acteur éprouve des ſenſations aſſez durables pour former un tableau, qu'il n'y ait pas de duo dans la ſcène ; ceci regarde les poëtes comme les muſiciens, & que le compoſiteur n'ait recours qu'à un air. Mais ſi la paſſion agite les deux perſonnages, ſi un ſentiment aſſez fort & aſſez conſtant les poſſède tous deux, que le muſicien emploie un *duo*, c'eſt-à-dire un air chanté par deux voix, tantôt enſemble, & tantôt alternativement.

Le compoſiteur doit toujours veiller ſur la pureté de ſon harmonie ; mais c'eſt ſur-tout entre les deux parties qui forment un *duo*, & que l'on diſtingue le plus aiſément, qu'il doit choisir avec soin les accords qu'il emploie ; qu'il ait recours aux intervalles qui fatiguent le moins l'oreille, & si quelquefois la situation, ou la violence d'une passion impérieuse le forcent à préférer des accords un peu durs, déchirans, très-dissonans, qu'il les place le plus souvent dans les parties qui accompagnent ; qu'il les fasse produire, s'il veut, par des instrumens assez remarquables pour qu'on puisse les croire dans celles qui récitent, mais que ces dernières ne les présentent pas souvent ; qu'elles les offrent uniquement dans les momens où l'expression les exigera le plus ; que si cela est possible, les passages qui les montreront soient promptement remplacés par d'autres où les parties récitantes fassent entendre une harmonie consonante, & sur lesquels l'on puisse respirer ; qu'en général le musicien ne se permette point de licences dans l'harmonie produite par les deux parties qui forment le duo.

Il ne suffit pas que la passion qui règne sur les deux personnages ait pris le caractère propre à un air, pour que le musicien puisse faire chanter ensemble les deux parties récitantes, & qu'elles donnent naissance à un véritable duo : il faut encore que les sentimens aient acquis une très-grande énergie, qu'ils soient si violens que les personnages ne puissent plus en contenir l'expression, & qu'en quelque sorte, sans s'écouter, ils soient contraints de parler à la fois, & d'exhaler le transport qui les consume. Comme il est très-rare que, dès le premier moment où les passions peuvent fournir un tableau & exiger un air, elles soient déja amenées à ce haut degré de force, il est très-rare que les duo commencent par des passages où les deux voix se fassent entendre à la fois : ce n'est guère qu'après avoir proféré des chants alternatifs, qu'elles se réunissent. Quelquefois ce moment d'élan & d'enthousiasme, termine le duo ; d'autres fois la passion ralentit un peu son mouvement, amortit ses flammes ; elle continue cependant d'exiger un grand tableau ; le duo fait reparoître alors les chants alternatifs : les affections acquérant de nouveau toute leur énergie, les deux voix se font entendre ensemble au milieu d'une espèce de nouveau délire, & le duo se termine ainsi, en présentant dans toute sa force la peinture des passions qui règnent sur les deux personnages. Quelquefois aussi les passages dialogués reparoissent une troisième fois, ainsi que le moment de défordre où les deux voix offrent le tableau le plus expreffif.

Il eft aifé de voir, d'après ce que nous venons de dire, que les duo, pour paroître dans toute leur étendue, exigent autant que les airs, que la paffion à repréfenter foit très-vive; ils doivent donc occuper, au moins le plus fouvent, la partie la plus animée de la fcène; & voilà pourquoi les poëtes & les muficiens doivent les placer vers la fin des fcènes, à moins qu'après le duo le changement des fentimens que les perfonnages éprouvent, n'en faffe naître, en quelque forte, une nouvelle, quoique les interlocuteurs n'aient pas changé. En général les fpectateurs fupporteroient avec peine la peinture d'un fentiment qui ne jetteroit plus que quelques étincelles, après l'avoir vu brûler avec activité.

Les chants d'un duo doivent être imaginés, arrangés, jugés comme ceux d'un air ; mais il ne faut pas confidérer ceux que les deux voix font entendre l'une après l'autre lorfqu'elles dialoguent enfemble, comme deux airs qu'on peut inventer féparément. Ce ne font pas deux morceaux différens liés enfemble par certains rapports ; mais ce font véritablement deux portions d'un même air, qui ne conſtituent qu'un ſeul tout, que l'on ne doit créer & voir qu'enſemble. Lorſque le muſicien s'occupe de ſon duo, qu'en quelque ſorte il n'ait pas deux perſonnages ſous les yeux, mais qu'il ne voie, pour ainſi dire, qu'un acteur; qu'il le ſuppoſe agité ſucceſſivement des diverſes paſſions qui affectent les deux interlocuteurs; qu'il compoſe ſon chant pour ce perſonnage unique qu'il doit feindre, & qu'il en applique enſuite les diverſes portions à chacun des acteurs, à meſure qu'ils devront exprimer les affections dont la peinture ſe trouvera dans le chant. C'eſt ce chant créé pour un perſonnage factice, qui devra préſenter cette grande & belle unité que nous avons recommandée, & cette variété qui vivifie tous les ouvrages des arts.

L'accompagnement des duo doit offrir les mêmes oppoſitions, la même richeſſe, les mêmes ſources d'enſemble & de diverſité, en un mot les mêmes beautés que les accompagnemens des airs: mais il eſt une conſidération particulière à faire.

Comme les duo ne ſont placés que dans le moment où les deux perſonnages, qui occupent la ſcène, ſont dominés par une paſſion très-violente, c'eſt pendant les duo que le jeu muet de l'acteur qui écoute, est le plus animé ; c'est alors qu'attentif avec le plus d'intérêt, à tout ce qu'une passion semblable à la sienne ou différente de celle qu'il éprouve, peut inspirer au personnage avec lequel il est sur le théâtre ; c'est alors qu'ému plus profondément par ce qui peut le livrer avec plus de force au penchant qui l'entraîne où contrarier plus vivement le mouvement de son ame, il exprime tout ce qu'il ressent à l'intérieur par des gestes plus doux ou plus terribles. N'est-ce pas alors aussi que le musicien doit peindre, avec plus de vérité, dans ses accompagnemens, la pantomime ou, pour mieux dire, la passion de l'acteur qui écoute ?

Que le compositeur n'imagine pas cependant qu'on ne sauroit trop sacrifier à la peinture de cette pantomime ou de ce sentiment ; qu'il ne croie pas, par exemple, que lorsque deux personnages formeront un duo, que l'un exhalera la fureur, & que l'autre ne cherchera qu'à faire naître la pitié, il doive, pendant que le furieux éclatera, ne lui donner qu'un accompagnement tendre & pathétique, & que, lorsque le second interlocuteur parlera à son tour, il ne doive lui faire proférer les accens attendrissans qu'au milieu d'un accompagnement bruyant, tumultueux & terrible. Indépendamment de tous les inconvéniens qui en découleroient, n'en réfulteroit-il pas que le muficien auroit pris beaucoup de peine pour ne rien exprimer ? A chaque inftant la peinture placée dans le chant feroit en oppofition avec celle que les accompagnemens préfenteroient; elles fe détruiroient mutuellement; l'enfemble n'offriroit donc aucune image, & par conféquent ne feroit naître aucun effet; ou bien, fi la repréfentation produite par les accompagnemens, dominoit fur celle que le chant montreroit, il en fuivroit qu'à chaque inftant, le muficien auroit peint une paffion oppofée à celle qui éclateroit fur la fcène & y règneroit en liberté.

Voici ce qu'on peut dire en général fur la force qu'on doit donner à la peinture de la pantomime ou de la paffion de l'acteur qui n'a recours qu'à fon jeu muet.

Il faut diftinguer avec foin les paffions fortes & véhémentes qu'il eft difficile de contenir, qui s'expriment par de grands geftes, par une pantomime vive & animée, par des éclats, d'avec les paffions douces & tendres qui, recueillies en elles-mêmes, ne fe marquent au dehors que par des geftes peu nombreux & par une démarche paisible. Les premières attirent toujours l'attention par-tout où elles se montrent, quoiqu'elles n'appartiennent pas aux personnages les plus dominans; les secondes échappent souvent à cette même attention, quoiqu'elles l'arrêtent presque toujours pour long-temps lorsqu'elles l'ont une fois attirée.

Si dans le duo l'interlocuteur qui profère le chant est agité par une de ces premières passions, & si le personnage qui écoute n'éprouve qu'une de celles de la seconde espèce, que le musicien ne peigne que foiblement dans l'accompagnement la pantomime ou les affections du personnage qui n'emploie que le jeu muet; qu'il ne cherche pas à représenter des choses trop peu sensibles, relativement à la passion qui s'est emparée de la scène; qu'il réserve sa peinture douce & tranquille pour contraster d'une belle manière avec les morceaux de trouble & d'effroi, & qu'il la renvoie au moment où le personnage, qui n'éprouve qu'une passion douce, exprime à son tour par le chant le sentiment qui le pénètre.

Mais dans les instans au contraire où le jeu muet appartiendra au personnage agité par une passion terrible, que les musiciens peignent au moins de temps en temps sa pantomime & sa passion véhémente & impétueuse : c'est une grande chose qu'ils ont à représenter, & dont l'image ne doit pas être écartée par celle d'une passion peu sensible à l'extérieur ; que cette passion furieuse éclate souvent dans l'accompagnement comme dans toutes les actions du personnage muet ; mais qu'en général les couleurs soient affoiblies, que les sons soient étouffés, & qu'on s'apperçoive sans peine que les signes produits par le musicien, n'appartiennent pas au personnage qui chante, & qu'ils ne doivent être rapportés qu'à une passion encore retenue.

Lorsqu'un duo est formé par des personnages tourmentés chacun par des passions différentes, il est aisé au musicien d'y répandre la variété & les oppositions qui peuvent y être nécessaires ; il peut y parvenir aisément par le moyen des diverses peintures qu'il devra employer. Mais lorsque les deux interlocuteurs ne ressentent que les mêmes affections, le musicien n'ayant jamais que des tableaux du même genre à présenter, n'aura pas les mêmes ressources. Qu'on ne dise pas que le musicien ne sera pas plus embarrassé alors, que lorsqu'il devra composer un air où il n'aura qu'une
seule

seule passion à montrer. Les motifs d'un air ne reparoissent jamais aussi souvent que ceux d'un duo : lorsque ce dernier est chanté par deux personnages remplis du même sentiment, aucun des deux ne se repose sur l'autre du soin d'exprimer l'affection qu'il éprouve ; chacun d'eux en a vu la peinture dans le chant de son interlocuteur ; mais cette peinture ne lui suffit pas ; il a besoin d'exprimer à son tour le sentiment qui le pénètre ; il a besoin de reprendre le motif qui est la véritable image de cette affection ; il a besoin de redire les mêmes choses, de revenir sur les mêmes accens pour mieux montrer qu'il éprouve toutes les nuances de la même passion.

Que fera donc le compositeur pour éviter la monotonie ? Qu'il recherche avec le plus grand soin la nature des deux affections qui dominent sur les personnages : il verra que, si elles sont les mêmes dans le fond, elles sont cependant, à les regarder de très-près, diversifiées par des nuances ; il verra qu'elles offrent des différences relatives à l'âge, au sexe, à l'état, à la situation, à la passion qui maîtrise le plus les personnages pendant le cours de la tragédie, &c ; qu'il s'en serve avec habileté pour mettre de la variété dans ses images.

Le musicien doit préparer avec soin les morceaux destinés à montrer & à inspirer le trouble & le désordre : chargés de dissonnances, de contrepoints, d'imitations, de chants plus ou moins opposés, de parties qui se combattent, qu'ils soient précédés par des passages où l'on ne distingue que des accompagnemens simples & identifiés, où les deux voix cherchent à se confondre l'une avec l'autre, où elles observent, le plus possible, le même rhythme ; & si l'on veut encore faire produire plus d'effet à ces peintures de la confusion & du désordre, que l'on les partage en quelque sorte, ou pour mieux dire, qu'elles se trouvent naturellement divisées en divers tableaux des passions terribles & furieuses, séparés les uns des autres par des traits assez courts, si l'on veut, mais où tout soit plus ou moins radouci.

Considérons maintenant les duo sous de nouveaux points de vue. On peut en avoir de quatre sortes au théâtre : premièrement, ils peuvent être chantés par deux personnes qui se voient & qui s'entendent ; secondement, par deux personnes qui se voient, mais qui ne s'entendent pas ; troisièmement, par deux personnes qui s'entendent, mais qui ne se voient pas ; & quatrièmement, par deux personnes qui ne se voient ni ne s'entendent. Il peut y avoir quelques autres espèces de duo qui participent plus ou moins de celles que nous venons d'indiquer ; mais il sera aisé de leur appliquer ce que nous allons dire.

Nous n'avons rien de particulier à exposer ici, relativement aux duo de la première espèce auxquels cet article est consacré. A l'égard de ceux qui sont chantés par deux personnes qui se voient & qui ne s'entendent pas ; voici quelles sont les précautions que le musicien doit prendre en les composant.

Il doit bien se garder d'établir une espèce de dialogue entre ses deux interlocuteurs, & de ne faire commencer l'un qu'après que l'autre aura achevé son espèce de couplet ; qu'il ne cherche pas la régularité que les duo présentent ordinairement. Les personnages ne s'entendent point ; d'après cela, ne seroit-il pas invraisemblable qu'ils s'attendissent l'un l'autre, pour commencer à exprimer leurs sentimens ? Ils doivent souvent chanter ensemble ; & ici le musicien aura besoin de beaucoup d'habileté pour faire distinguer les deux chants & les paroles des deux personnages ; qu'il ait recours aux divers moyens que nous lui avons déja proposés.

Que les différentes nuances de sentiment que le compositeur pourra prêter à un de ses interlocuteurs, & faire naître, en quelque sorte, dans son ame à la vue de l'autre personnage, ne soient relatives qu'à ce qui sera exprimé par la pantomime de ce dernier; ils ne doivent se rapporter, en aucune manière, à ce qui pourra être représenté par le chant de ce second interlocuteur, puisque, par la supposition, les acteurs ne s'entendent point. Le musicien devra bien placer dans l'orchestre, non-seulement la peinture des affections indiquées par la pantomime, mais encore l'image de celles qui seront exprimées par le chant, même de celles qui seront renfermées dans les cœurs des deux personnages, & qu'ils voudroient cacher avec soin; mais en général il ne doit rendre très-sensible que le tableau de ce qui montre la pantomime : ce n'est que pour ce tableau qu'il doit placer dans son orchestre des effets bruyans : toutes les fois qu'une expression est très-sensible dans cet orchestre; toutes les fois qu'il parle d'une manière éclatante ou très-marquée, il force, pour ainsi dire, le personnage à l'écouter, à se pénétrer des sentimens dont il offre l'image, à en être ému, comme si cette image se trouvoit dans le chant ou dans la pantomime d'un second interlocuteur. Le compositeur n'iroit-il pas, d'après cela, contre la supposition, en peignant, d'une manière trop vive, dans son orchestre, des affections qui ne seroient point représentées par la pantomime des personnages ; puisque, dès ce moment, ils feroient plus que se voir ?

Ne faudra-t-il pas cependant que cette peinture affoiblie des affections exprimées par le chant, ou renfermées dans les cœurs des personnages, soit assez sensible pour être remarquée par les spectateurs, & pour agir sur eux ? Il y aura ici pour les musiciens un point difficile à saisir ; mais s'ils font attention aux différentes précautions indiquées dans cette poëtique, peut-être pourront-ils parvenir aisément à leur but.

Lorsque les deux personnages ne pourront pas se voir, mais pourront s'entendre, le musicien sera obligé, comme dans les duo ordinaires, de suivre les lois de la régularité & de l'ordre, dans la manière de mêler les voix, de les séparer, de les réunir, de les employer l'une après l'autre : les personnages s'entendent : qu'eft-ce qui les empêcheroit de fe répondre, de s'interroger, de s'écouter, d'obferver enfin tout ce que l'imitation de la nature & l'illufion théâtrale peuvent exiger à ce fujet? Le muficien prendra ici des précautions oppofées à celles que nous lui avons recommandées pour les duo de la feconde efpèce. Il peindra tout dans fon orcheftre ; mais il n'y préfentera fortement que les paffions exprimées par le chant, par les paroles, par ce qui peut être entendu : il peindra foiblement ce qui ne peut être qu'apperçu ; fans cela n'iroit-il pas contre la fuppofition, &, en quelque forte, les perfonnages ne fe verroient-ils pas?

Venons maintenant aux duo, où les deux perfonnages ne fe voient ni ne s'entendent : ils font très-rares, parce que les fituations qui les exigent ou les permettent, ne fe préfentent pas fouvent ; mais lorfque le muficien en compofera, que devra-t-il faire? C'eft ici qu'il ne doit abfolument conferver aucune forme de dialogue. Soit que les perfonnages chantent ou fe taifent, foit qu'ils expriment leurs affections enfemble ou tour-à-tour, ils ne doivent obferver aucun ordre relatif l'un à l'autre ; rien ne les avertit mutuellement de leur préfence ; ils ne doivent fuivre abfolument que l'ordre qui leur fera dicté par leurs sentimens : seulement, si leurs affections leur donnent, dans certains momens, la liberté de parler ou de se taire, le musicien les y décidera suivant que les beautés musicales, les oppositions & la variété pourront l'exiger. En tout, ces duo doivent être composés de deux véritables airs, qui seront chacun l'expression fidèle des sentimens de celui qui les proférera ; & lorsque les affections des deux personnages seront très-éloignées l'une de l'autre, ces deux airs pourront n'avoir de commun que l'harmonie & le mouvement.

Dans l'espèce de duo où les deux personnages se voient, quoiqu'ils ne s'entendent pas, ils peuvent être déterminés à laisser éclater leurs sentimens ou à les renfermer, par ce qu'ils peuvent voir, par la situation où ils peuvent appercevoir leur interlocuteur, par les affections qu'ils peuvent lui supposer d'après sa pantomime ; mais dans les duo où ils ne se voient ni ne s'entendent, il n'y a point de raison pour qu'un interlocuteur se dirige sur l'autre : & que fera alors le musicien de son orchestre ? quelle expression y emploiera-t-il ? ne rencontrera-t-il pas des difficultés à y placer deux images ? Mais d'ailleurs comment fera-t-il pour que chacune de ces images ne soit sensible que pour le personnage à qui elle sera destinée ? Comment dérober, au premier interlocuteur, l'expression du sentiment du second, lorsqu'elle sera aussi forte que celle de ses propres affections ? & si cette image de ses propres passions est plus vive, n'aura-t-on pas plus de peine à la cacher au second personnage ?

C'est ici un des points les plus difficiles de l'art musical : j'ignore même si beaucoup de compositeurs y ont pensé. C'est ici que le musicien a besoin de redoubler d'efforts ; c'est ici qu'il doit savoir manier librement tous les ressorts que son art peut offrir, employer avec facilité tous les moyens d'expression, & mettre aisément, dans un excellent ordre, les portions musicales qu'il peut avoir à sa disposition ; c'est ici qu'il doit recourir au génie ou à un sentiment bien vif, pour ne faire au moins que des fautes heureuses.

Plusieurs observations, répandues dans cet ouvrage, pourront l'éclairer dans ses recherches. Il pourra profiter des momens de délire d'un des personnages, de ces instans où l'acteur ne s'occupant que de lui-même, & de la passion intérieure qui le domine, ne fait attention à rien de ce qui l'entoure, il pourra en profiter, dis-je, pour faire paroître l'expression forte de la passion de l'autre personnage. Mais en général, il placera avec adresse les deux images dans l'orchestre; il les y séparera l'une de l'autre, si je puis me servir de ce terme, autant qu'il le pourra; il les rendra très-distinctes; il les fera présenter par des instrumens bien éloignés l'un de l'autre, quant à la nature & à l'élévation de leurs sons; par-là, si un des personnages tourne son attention vers l'orchestre, il pourra, en quelquesorte, considérer une image, sans jeter les yeux sur l'autre; il pourra en général affoiblir les deux images, au point qu'elles soient presque nulles pour les deux personnages, & qu'elles n'existent que pour ajouter aux émotions des spectateurs. Ainsi l'orchestre n'apprendra rien à un interlocuteur de ce qui pourra concerner l'autre, puisqu'il ne l'instruira pas même, en quelque sorte, de ce qui le touchera. D'ailleurs, pour peu que les images ne soient pas vives, n'est-il pas naturel que chaque personnage ne s'occupe que du tableau de ses propres affections? Il le reconnoîtra bien plus facilement; il saura bien plutôt à quoi le rapporter; il y prendra un intérêt bien plus grand ; il le distinguera avec bien moins de peine. N'apperçoit-on pas l'objet qu'on aime au milieu de la foule la plus nombreuse, quoiqu'on ne reconnoisse personne autour de cet objet cheri ?

Pour éviter la monotonie qui pourroit naître d'un duo où l'accompagnement peu brillant ne feroit composé que de teintes affoiblies, le musicien fera entendre, d'une manière forte & marquée, la double expression que la situation pourra exiger, dans les momens de désordre où l'imagination exaltée ne permet de distinguer que ce qui affecte : & quelles beautés musicales & théatrales ne produiront pas les grandes oppositions formées par le mélange des couleurs ternes, & des grands jets de lumière ? Le musicien fera naître ces momens de désordre : peut-être même lui fera-t-il permis quelquefois d'aller pour cela contre la vraisemblance, pourvu qu'il ne la blesse que légèrement, & qu'il n'oublie jamais que ces hardiesses ne peuvent être excusées que par le génie qui maîtrise les ames, ou l'ardente sensibilité qui les entraîne.

La place des duo est indiquée au musicien par la passion qui règne sur la scène ; il ne peut ni se refuser à les composer lorsque cette passion l'exige, ni en placer lorsqu'elle ne le demande pas : mais jusqu'à un certain point il peut les alonger ou les raccourcir, leur donner telle ou telle forme, y répandre plus ou moins de morceaux à deux parties vocales. Il consultera pour cela le genre de voix qu'il emploiera : deux voix semblables conviennent mieux pour les passages où tout est identifié, où tout exprime les mêmes sentimens, où tout cherche à se confondre ; & au contraire lorsque les deux voix, quoique chantant ensemble, parcourent des routes différentes ; qu'elles présentent des tableaux différens, montent ou descendent sans se suivre, se réunissent, se séparent, se croisent, & que leurs desseins entrelacés l'un dans l'autre, ont cependant besoin d'être distingués & suivis sans peine dans tous leurs détours, ne sera-t-il pas avantageux d'avoir des voix d'une nature différente ? Ainsi, lorsqu'en peinture deux guirlandes de fleurs s'entrelacent plusieurs fois, & forment plusieurs nœuds en se réunissant, on en démêle bien plus facilement les diverses sinuosités, & on les distingue bien plus aisément l'une de l'autre, si les fleurs dont elles sont formées, offrent dans chacune, des couleurs très-différentes, si, par exemple une guirlande de roses blanches se marie avec une guirlande de violettes.

Si dans les endroits dialogués, le musicien place à la suite l'un de l'autre des passages très-diversifiés, il ne devra pas craindre la monotonie, quoiqu'il les fasse exécuter successivement par des voix égales : cette uniformité dans les voix ne pourra pas s'étendre jusqu'à des chants très-variés par leur nature, & son effet se bornera à les lier, & à n'en former qu'un seul tout. Si au contraire les passages qui se succéderont sont absolument les mêmes, il seroit souvent à désirer que le duo fût chanté par des voix inégales, afin que leurs différences détruisissent la monotonie qui pourroit naître de la mélodie : on y suppléera par la diversité des instrumens qu'on emploiera pour accompagner, quelquefois même par la richesse des accompagnemens, &c.

Les musiciens seront souvent obligés de composer une nouvelle espèce de duo pour répandre plus de chaleur dans la scène, & plus de rapidité dans l'action : nous lui donnerons le nom de faux duo : il doit avoir lieu lorsqu'un personnage se livre au sentiment qui le domine, sans faire aucune attention au second personnage, & que dans le même moment ce second interlocuteur profère des paroles qu'il est quelquefois nécessaire que le spectateur entende, mais qui n'expriment point un sentiment bien énergique, ou peignent des affections qui n'entrent dans le tableau que comme accessoires.

Voici ce que les compositeurs me paroissent devoir observer dans cette espèce de duo. Qu'ils composent un bel air; que cet air soit la vraie image de la situation du personnage qui se livre à ses affections; que tous les accompagnemens soient faits pour l'acteur qui intéresse le plus ; & soit que cet acteur exprime sa passion par ses accens, ou qu'il en laisse encore la peinture à sa pantomime & à l'orchestre, que le compositeur n'emploie, pour ce que le second interlocuteur doit proférer, qu'un simple chant ou une espèce de déclamation notée, & de récitatif mesuré : ce chant secondaire s'accordera, pour l'harmonie & pour la mesure, avec l'air du premier personnage; qu'il se mêle au véritable chant & à ses accompagnemens dans les endroits le moins embarrassés de notes & le moins chargés de desseins; qu'il soit très-aisé de le distinguer, & qu'en même temps il voile le moins possible les effets du grand air.

On devroit employer un duo de cette espèce

dans l'opéra d'Alcione. Cette princesse a cru que Céix avoit été englouti dans les flots : elle apprend qu'il va lui être rendu ; l'espérance, la joie, les transports succèdent par degrés à la douleur & au désespoir qui ont déchiré son ame ; elle ne s'y abandonne qu'insensiblement ; elle cherche encore des paroles pour rendre le ravissement qui s'empare de tous ses sens, le délire qui commence à y régner ; elle est encore trop incertaine des sensations délicieuses qu'elle éprouve ; elle est entre un songe affreux, & un réveil plein de charmes ; elle se plonge dans une extase enchanteresse dont elle ne sortira que pour se livrer à l'ivresse du bonheur ; sa pantomime exprime ce qu'elle ne peut dire, ce qu'elle ne peut encore concevoir, ce qui agite son cœur & le brûle comme une flamme ardente, mais douce. Ses gestes sont encore tout son langage ; ses yeux baignés de larmes se rouvrent peu à peu à la sérénité ; le tendre sourire renaît sur ses lèvres ; un feu nouveau la colore, l'anime ; elle se soulève sur le rivage qui l'avoit reçue accablée du poids de sa douleur amère ; elle tend au ciel des mains suppliantes ; elle a l'air de dire, *Dieux ! si ce que j'éprouve n'est qu'une illusion, laissez-moi mon erreur*; elle attend avec l'impatience de l'amour le plus tendre, le moment heureux qui doit lui rendre Céix; le jour doit le ramener dans ses bras; l'aurore va paroître; le ciel se revêt d'un nouvel éclat; le chant des oiseaux, le murmure des zéphirs, tout annonce à Alcione que son bonheur approche, qu'elle va en jouir. Comme elle est intéressante au milieu de ces tendres mouvemens, de ces craintes amoureuses, de ces agitations mêlées de douceur & d'amertume! comme le spectateur abandonne bientôt Pélée, le rival de Céix, & qui étoit sur la scène avec elle! Il n'a plus d'yeux que pour Alcione; il ne veut point qu'aucun de ses gestes lui échappe; il veut compter, pour ainsi dire, toutes les palpitations de son cœur; il craint qu'elle ne profère quelque parole qui soit perdue pour lui : à peine ose-t-il respirer; il cherche à saisir la voix de son amour; il croit la reconnoître dans le son touchant d'un hautbois qui s'élève insensiblement au milieu d'une harmonie suave & pittoresque; il écoute avec transport cette voix qui doit lui dévoiler des sentimens qui lui sont si chers, qu'il éprouve lui-même, dont il veut se pénétrer encore davantage, dont il ne veut laisser échapper aucune nuance. O musicien! ne peignez qu'Alcione, & ne réservez qu'un chant secondaire pour Pélée qui s'éloigne, & auquel le spectateur ne peut songer qu'avec peine.

Tout ce que nous avons exposé relativement au rhythme & aux proportions des phrases, en traitant des airs, doit être appliqué aux duo, avec cette différence, qu'en général le rhythme doit y être plus animé. Ce qu'on dit à quelqu'un est toujours plus expressif que ce qu'on dit à soi-même ; on y emploie plus de signes d'un sentiment contraint, ou d'une passion mise en liberté ; & ce que nous adressons à quelqu'un qui partage nos affections, ou qui en éprouve d'aussi profondes, peint toujours avec bien plus de force que ce que nous disons à un personnage moins vivement touché.

A l'égard des proportions des phrases musicales, dans les duo très-animés, où la succession des sentimens est rapide, où le dialogue est vif, où un personnage plein de la passion qu'il éprouve, a besoin de la répandre, & donne à peine le temps à son interlocuteur d'achever la peinture de ses sentimens, c'est quelquefois une beauté de faire enjamber, pour ainsi dire, les phrases les unes sur les autres, d'en faire commencer une avant que l'autre ne finisse, pourvu qu'elles n'appartiennent pas au même interlocuteur. Ces deux phrases auront, par ce moyen, une mesure commune; l'une ou l'autre paroîtra manquer d'une mesure, & présentera une forme irrégulière qui pourroit produire le plus grand effet dans le désordre des passions, mais qu'il faut éviter le plus souvent. Pour cela le musicien n'aura qu'à ajouter une mesure à une des deux phrases, ou pour mieux dire, qu'à composer une phrase plus longue d'une mesure qu'elle ne devroit l'être. Par-là, une des deux sera réellement irrégulière, mais l'oreille ne l'en trouvera pas; elle rapportera à la phrase qui n'aura pas été alongée la mesure commune aux deux; elle divisera en deux le nombre entier des mesures entendues successivement, à quelque phrase qu'elles appartiennent; elle en assignera une portion égale à chaque interlocuteur, ou ne considérera le nombre total que comme une seule phrase très-régulière.

Donnons des exemples de deux espèces de *duo*, pour mieux développer tout ce que nous venons de dire. Nous ne rapporterons pas ce qu'ont fait les grands maîtres dans l'art que nous cherchons à faire avancer vers la perfection. Que d'exemples n'aurions-nous pas à produire; que de modèles à proposer; que d'ouvrages véritablement dignes d'admiration à citer, soit dans l'école Italienne, soit dans l'école Françoise, soit dans celle d'Allemagne! Mais les ouvrages immortels sortis de ces écoles, sont gravés dans tous les cœurs. D'ailleurs les bornes de cet ouvrage seroient-elles assez étendues pour que nous pussions parler de tous? & ne risquerions-nous pas de prêter aux auteurs, des intentions qu'ils n'auroient jamais eues? Montrons seulement comment, d'après ce que nous avons établi, un compositeur devroit traiter en duo un sujet donné; & tâchons d'abord de montrer au jeune musicien la manière de travailler aux duo, où les sentimens qui règnent sur les deux personnages ne s'éloignent pas beaucoup les uns des autres.

Dans le second acte de l'opéra de Scanderberg de M. de la Mothe, le prince d'Albanie, & Servilie son amante, qui ne s'étoient pas vus depuis long-temps, se retrouvent dans le palais d'Amurat. Après les premiers transports que leur présence leur inspire, Servilie apprend au prince que le Sultan plein d'amour pour elle, veut la rendre souveraine de son empire, & que son père vient d'obtenir la paix à ce prix; le prince s'écrie, *ô ciel! c'en eſt donc fait, je vous perds pour jamais.* Ici le duo commence; point de ritournelle, point de dialogue avec l'orcheſtre; Servilie s'empreſſe de raſſurer ſon amant; un de ſes regards lui jure une conſtance éternelle; & tout de ſuite, ſans rien attendre, ſans rien écouter, elle lui dit, avec un chant tendre, doux, paſſionné, & où ſont exprimés les reproches affectueux de l'amour le plus fidèle, *le croyez-vous qu'on puiſſe me contraindre à vous manquer jamais de foi?* L'accompagnement le plus ſimple marche ici avec elle; une baſſe que peu de notes compoſent, & qu'on entend à peine, le ſoutient: le prince lui répond, *nous n'en ſerons que plus à plaindre; c'en eſt donc fait, tout eſt perdu pour moi.* Le ſentiment qu'il éprouve eſt un peu différent de celui de Servilie; cependant ce n'eſt que de l'amour alarmé; ce n'eſt que de l'amour mêlé de la crainte ou de perdre l'objet aimé, ou de voir altérer ſa confiance; d'ailleurs le prince d'Albanie cherche à ſe raſſurer lui-même; il cherche à ſe redire les mêmes choſes que Servilie lui a dites pour le conſoler; il cherche à jouir de nouveau de ces accens ſi chers à ſon cœur, de cette voix ſi touchante pour lui, de ces ſons qu'il n'avoit pas entendus depuis ſi long-temps, qui ont retenti de nouveau à ſes oreilles, qui ont ravi ſon ame ; il veut les répéter, il veut s'en pénétrer plus profondément ; pour exprimer *nous n'en ſerons que plus à plaindre*, il ſe ſert préciſément du même chant que Servilie a employé. Mêmes ſons tendres & paſſionnés, mêmes phraſes touchantes, même ſimplicité dans les accompagnemens.

Servilie que la crainte de ſon amant inquiète, lui redit, *le croyez-vous ?* avec un ton plus animé ; le prince toujours plus agité, mêle ſa voix à la ſienne ; il n'écoute pas la conſolation que ſon amante lui offre ; il continue de parler de ſes craintes cruelles, de ſes preſſentimens terribles ; mais il aime avec tranſport ; mais il eſt aimé ; mais il voit celle qu'il aime ; mais il en reçoit les témoignages de la tendreſſe la plus vive ; il eſt plus touché que tourmenté, plus triſtement affecté, plus mélancoliquement ému, que déchiré avec force ; il s'abandonne au charme qui l'entraîne, à l'aſcendant qui le domine, au pouvoir victorieux de cette voix qui lui dit de ne pas craindre ; & dans le moment même où il parle de ſes alarmes, il ne peint par ſes accens qu'un trouble ſemblable à celui de ſa bien-aimée ; il ſuit ſon chant ; il forme un duo véritable, où les deux parties font confondues ; & les flûtes mêlent leurs fons touchans aux accens des deux amans.

Après cette réunion de chant & d'harmonie, Servilie continue feule ; elle raffure de nouveau le prince ; elle lui dit d'une voix qui commence d'être entrecoupée, parce qu'elle voit la douleur de fon amant, mais où elle tâche de mettre toute la fermeté de fa réfolution, *non, je ne fuivrai point une barbare loi ; fi vous m'aimez, que puis-je craindre ?* Ici la fimplicité reparoît, mais une fimplicité d'un autre genre. Les accompagnemens gémiffent & commencent à devenir plus déchirans ; c'eft le tableau de la douleur du prince ; l'orcheftre paroît oublier Servilie, & la laiffer en quelque forte à elle-même. Infenfiblement les fentimens des deux interlocuteurs s'animent, s'élèvent, deviennent plus agités : l'orcheftre s'élève & s'anime avec eux ; il fe charge ; le trouble des paffions s'accroît ; le prince dit d'un ton accentué par la douleur, *le cruel Amurat punira vos mépris ;* les accompagnemens expriment le déchirement de fon ame ; en s'élevant de temps en temps, & en préfentant avec force des tons aigus & plaintifs, ils peignent la violence du tourment qu'il éprouve, la crainte, l'amour, la jalousie même, car elle vient se cacher parmi les affections qui le dominent, pour répandre à son tour ses poisons. Toutes ces passions le maîtrisent, & le maîtrisent pour le faire souffrir. La basse maintenant animée, ne cesse, pour ainsi dire, de faire jaillir des feux, pour exprimer la continuité de la souffrance qui s'est emparée du cœur du prince ; & les flûtes dolentes font entendre des tenues auxquels les cors mêlent leurs sons attendrissans.

Ce tableau de douleur continue ; Servilie éprouve des agitations semblables à celles de son bien-aimé, quoiqu'elle ne les ressente que parce que son amant y est en proie. Elle s'anime, & avec le ton de l'amour le plus tendre & le plus constant, elle lui dit, *la mort même, la mort n'éteindra pas ma flamme.*

Le bonheur de vous plaire est trop cher à ce prix, lui répond avec chaleur le prince d'Albanie ; ici le tableau est toujours une image de troubles ; le dialogue vif ; les modulations se succèdent avec promptitude, à cause de la rapidité des sentimens qui s'entassent pour ainsi dire ; il en résulte des passages groupés, & de grands effets qui contrastent avec la simplicité du commencement.

Cette simplicité va revenir; Servilie ne pensant plus qu'à son amour, qu'à celui de Scanderberg, ne voyant plus que lui dans la nature, cédant à l'élan de son cœur, le regardant avec tendresse, & s'abandonnant au ravissement qu'elle éprouve après les peines d'une absence cruelle, *à ce prix*, lui dit-elle, *il m'est doux de régner dans votre ame*; & son ame paroît s'exhaler pour aller se confondre avec celle de son amant. Ici la musique a repris toute sa douceur, toute sa tendresse, toute sa simplicité; simplicité d'autant plus touchante, qu'elle a été précédée par un moment de désordre. Le chant, l'orchestre, Servilie, Scanderberg, tout ne parle plus que d'amour; tout cède à l'illusion que produit la tendresse de Servilie. Craintes cruelles, pressentimens affreux, douleur vive, qu'êtes-vous devenus? L'amour a tout dissipé: ils ne parlent que de constance; la musique prend un autre ton; & après une suspension où les sentimens des deux amans vont se reposer, pour ainsi-dire, pour reparoître avec une chaleur nouvelle, ils disent ensemble, d'une voix également accentuée par leurs transports amoureux, *promettons-nous cent fois d'éternelles amours ; c'est pour vous que mon cœur soupire*.

La musique n'est plus aussi simple ; elle a acquis le caractère un peu agité de l'amour animé par un transport ; & des notes douces, mais un peu multipliées, viennent représenter le trouble heureux, le délire ravissant auxquels ils sont livrés. Le prince veut répéter tout seul, *promettons-nous cent fois d'éternelles amours ;* que le musicien se serve de ce moment pour faire reparoître une belle simplicité avec plus d'avantage que jamais, & jeter une nouvelle opposition dans son tableau ; mais Servilie se joint bientôt à son bien-aimé ; ils redisent ensemble, *c'est pour vous que mon cœur soupire ;* ils répètent *promettons-nous cent fois d'éternelles amours.* Leurs voix ne se quittent plus ; elles cherchent à se confondre ; le trouble enchanteur reparoît dans l'orchestre ; une harmonie pure, molle & suave peint le contentement céleste qui règne dans l'ame des deux amans ; les flûtes, les tons radoucis des cors mêlent leur effet enchanteur à la voix passionnée du prince & de Servilie ; une teinte magique résulte de tout cet ensemble ; le spectateur tombe bientôt lui-même dans l'heureux délire dont il est le témoin ; il ne s'apperçoit pas que ces amans plongés dans une illusion profonde, ne voyant qu'eux, n'entendant qu'eux, ou plutôt ne se voyant, ne s'entendant plus, ne sachant plus ce qu'ils voient, ni ce qu'ils entendent, mais se croyant au comble du bonheur, n'ont jamais assez répété à leur gré, *c'est pour vous que mon cœur soupire.*

Ils le redisent sans cesse; ils le redisent en employant de nouveaux sons, mais toujours avec l'expression la plus tendre; & cependant la première partie du duo se termine, & les amans heureux cessent de parler, parce que leur délire ne leur permet plus de s'appercevoir qu'ils ne se disent rien. Heureuse illusion, pourquoi devez-vous être sitôt détruite? Pourquoi ne régnez-vous pas toujours sur le cœur de ces amans destinés à de cruelles peines? Pressentimens funestes, éloignez-vous de leurs ames livrées aux transports les plus ravissans; respectez ces momens de bonheur.

Mais déja ces terreurs funestes règnent de nouveau dans l'ame du prince; il sort de son extase; il s'apperçoit de son bonheur; & à l'instant il craint de le perdre. Il dit à Servilie ce qu'il lui a déja dit, mais ce que son inquiétude cruelle ne cesse de lui inspirer. *Le cruel Amurat punira vos mépris.* Il le lui dit d'un ton plus simple, mais plus pathétique que jamais; l'orchestre gémit & déchire l'ame; quelle opposition avec ce qui précède! Plus il a goûté le bonheur d'être aimé de Servilie, plus il craint qu'elle ne lui soit ravie : ses accens tendres, mais trop plaintifs percent l'ame de son amante ; elle lui redit avec plus de fermeté que jamais, *la mort même, la mort n'éteindra pas ma flamme*. L'orchestre se plaint toujours; il présente un chant uni, mais composé de grands traits, mais digne de la tragédie. Le prince s'écrie d'un ton plus pénétré & plus lamentable, *le bonheur de vous plaire est trop cher à ce prix*. Ses accens offrent les signes de la douleur plaintive; l'orchestre s'éclaircit pour ainsi dire, & prend un ton moins triste pour accompagner ces paroles de Servilie, où elle ne cherche à laisser voir que de la tendresse, *à ce prix il m'est doux de régner dans votre ame* ; elle s'arrête à ce dernier sentiment; le ton de sa voix, l'amour qui se peint dans ses regards, tout ramène la consolation, l'espérance, la sérénité dans le cœur du prince ; il demeure quelque temps suspendu entre cette espérance & la crainte, entre les transports que lui inspire la présence de celle qu'il adore, & les tourmens cruels qu'il prévoit dans l'avenir ; l'orchestre est suspendu avec lui ; il cède enfin à la préfence de l'objet aimé ; l'illufion defcend de nouveau dans l'ame des deux amans ; ils ne voient plus que l'amour & le bonheur. Signes de douleur, de crainte, de défefpoir, cris plaintifs & déchirans, expreffion lamentable, difparoiffez d'un accompagnement où tout doit refpirer la joie, la tendreffe, & cette efpèce d'inquiétude, compagne inféparable des jouiffances les plus vives.

Ici doivent reparoître les premiers tableaux; par-là quatre grandes portions font deffinées dans le duo ; il offre de grands traits, il eft fait pour paroître fur la fcène tragique, & fur le théâtre d'un grand peuple.

Les deux amans chantent enfemble : *Promettons nous cent fois d'éternelles amours;* leurs voix s'uniffent, fe fuivent avec fidélité, parcourent les mêmes deffins ; l'accompagnement eft fimple, mais tendre, mais touchant, mais animé ; c'eft le délire qui règne dans leurs ames ; ils oublient de nouveau tout ce qui les entoure ; ils oublient qu'ils font dans le palais d'un tyran redoutable & jaloux ; ils ne voient qu'eux ; ils ne penfent qu'à eux ; ils répètent dans l'heureux abandon dans lequel ils font plongés : *C'eft pour vous que mon cœur foupire ;* ils croient n'avoir jamais affez exprimé tout ce qu'ils éprouvent jusqu'au fond de leurs ames, & le duo finit par la peinture du bonheur. Momens fortunés, pourquoi devez-vous si tôt finir? Pourquoi l'illusion doit-elle être si tôt détruite?

Passons maintenant à un duo, où les deux personnages soient affectés de sentimens différens; & pour avoir plus de choses à dire aux jeunes musiciens, choisissons un duo où les deux personnages agités de sentimens contraires, veulent cependant paroître éprouver les mêmes affections. L'opéra de Cyrus, par Métastase, nous en offre un exemple. Le jeune Cyrus pouvant enfin avouer à sa mère qu'il est son fils, accourt plein de joie se jeter dans ses bras; il va goûter, pour la première fois, les plaisirs les plus vifs & les plus innocens que le cœur humain puisse ressentir. Mandane, sa mère infortunée, avoit volé vers lui un moment auparavant; elle s'étoit livrée à la plus vive & à la plus tendre des inquiétudes, lorsque ces transports n'avoient point été partagés par Cyrus, qui avoit promis avec serment de ne pas se découvrir encore. On lui a dit, pendant la courte absence du jeune prince, que celui qu'elle a cru Cyrus n'est que le meurtrier de son fils, qu'elle ne reverra plus ce fils si cher, & dont elle n'a jamais joui des embrassemens : furieuse, hors d'elle-même, égarée par l'amour maternel, elle jure d'immoler celui qu'elle croit être un imposteur, & qui n'est cependant que le fils adoré qu'elle va venger; elle engage Cambyse son époux, à attendre lui-même Cyrus dans un endroit écarté, où elle doit engager ce jeune prince à se rendre sous la fausse promesse d'aller s'y livrer sans crainte du tyran à leurs transports mutuels.

Cambyse est parti pour aller immoler son propre fils qu'il n'a jamais vu. Mandane agitée par divers sentimens, parcourt à grands pas la vaste campagne où elle attend Cyrus. Elle va feindre ; elle va tâcher de montrer la tendresse d'une mère. Cyrus paroît. Ici commence le duo.

Tout est sentiment porté au plus haut degré. Mandane va dissimuler ; tout cesse d'un coup dans l'orchestre. Cependant Mandane ne voit encore son fils que de loin ; c'est comme si elle ne le voyoit pas; elle conserve toute sa fureur, & elle dit à voix basse : *Comment cacher l'horreur que j'éprouve à sa vue (a) ?*

(*a*) Nous employons toujours l'ouvrage de M. Paganel.

Un accompagnement simple, mais terrible, vient se mêler à sa voix ; mais il passe comme un trait rapide. *Ma mère*, s'écrie Cyrus, *enfin Mitridate consent que dans vos bras....* Mandane emportée par son premier mouvement, se retourne avec une espèce de rage ; elle dit, *arrête !* Ce mot est un coup de foudre pour Cyrus ; & on en entend, pour ainsi dire, le retentissement dans l'orchestre. Mais Mandane a vu son fils ; son cœur l'a reconnu ; le bruit se change rapidement en gémissemens tendres ; & au milieu d'un accompagnement incertain, tumultueux & plaintif, elle dit à part, & en employant un récitatif accentué par tout ce qui l'agite : *En le voyant, par la pitié ma haine est combattue....* Elle songe à son fils, & sa rage revenue s'exprime par un regard terrible, & un grand éclat dans l'orchestre. *Dieux ! ce regard me remplit de terreur*, s'écrie Cyrus. Un nouvel éclat contraste avec le chant tendre & pathétique dont Cyrus se sert pour dire, *Je vous entends, pardon ma mère ; oui, d'un silence involontaire, c'est me punir avec trop de rigueur.* L'orchestre est aussi touchant que sa voix ; l'accompagnement produit une harmonie & une espèce de mélodie douces, plaintives,

& en quelque sorte suppliantes; les flûtes & le basson mêlent leurs sons affectueux & mélancoliques à ces moyens d'expression, & de simples notes placées à la basse soutiennent le tableau. L'air est, en quelque sorte, suspendu sur les dernières paroles de Cyrus qu'il n'a pas le temps de répéter; toutes les parties se fondent en des notes multipliées exécutées *trémolo ;* pendant lesquelles Mandane dit, avec le ton de la nature & d'un cœur mortellement blessé, *en me nommant sa mère, il déchire mon cœur.*

Ici le récitatif a recommencé; l'air s'est effacé insensiblement pour lui faire place; les sentimens se succèdent trop vîte pour qu'aucune de leurs images puisse être terminée. *Je tombe à vos genoux*, s'écrie Cyrus. Le premier mouvement de sa mère est de le repousser; cependant elle se rappelle qu'elle doit feindre: *Réprimons ma colère*, dit-elle; & tout l'orchestre disparoît.

Elle s'adresse alors à son fils; elle veut prendre le ton tendre; sa voix ne l'est que d'une manière forcée. L'orchestre exprime par des notes sourdes & rapides, le mouvement intérieur qui l'agite; tout trahit le secret de cette mère égarée par sa tendresse; elle ne veut montrer que l'amour maternel, & tout dit au spectateur que la vengeance la plus affreuse allume dans son cœur ses torches infernales. Les basses cordes des seconds violons & des alto forment un accompagnement étouffé, mais horrible; on croit entendre s'allumer les feux de la haine, & cependant un basson gémissant vient faire retentir le cri de la nature dans le cœur de cette mère bientôt trop infortunée. Au milieu des horreurs qui la tyrannisent, une voix lamentable paroît lui dire, *C'est ton fils, malheureuse; suspends tes projets sanguinaires;* cette voix qui doit être entendue de tous les cœurs, il semble que Cyrus la profère; il semble qu'il ait un pressentiment secret du malheur qui l'attend; ah! les caresses de sa mère ne font qu'effleurer son ame; elles ne sont que feintes; elles n'ont pas cet abandon sans réserve qui seul en fait le charme pour les ames sensibles; son cœur ne trouve que de froides manières, que des mots dénués de cette sensibilité brûlante qui l'a embrasé. Il la supplie des yeux; & au lieu du transport de la reconnoissance, & d'une espèce de délire, on ne voit sur le visage de ce fils infortuné que la prière qui veut exciter la pitié, que la douleur qui la mérite.

Au milieu de ce tableau d'un nouveau genre, Mandane continue ses froides protestations : *Il n'est point de plus tendre mère*, dit-elle, *mais je n'ose en ces lieux t'exprimer mon amour; cherche un endroit plus solitaire où je puisse, mon fils, te parler sans détour.* A mesure qu'elle parle, la modulation change; l'harmonie s'anime; l'orchestre s'élève; tout paroît avoir horreur de son funeste dessein; elle-même ne prononce qu'en tremblant.

L'effroi représenté par l'orchestre s'évanouit, Cyrus s'écrie, *dites le lieu; j'y cours.* La terreur est tout d'un coup peinte par les accompagnemens ; Mandane dit à part, *dans le piège il s'engage ;* &, s'adressant à son fils, *craignons qu'ensemble on ne puisse nous voir; va; laisse moi* ; elle frémit en proférant ces paroles terribles qui vont décider du sort de celui pour lequel elle donneroit mille fois sa vie. *Je vais me rendre...* , de douces tenues, des accords touchans succèdent à un orchestre tumultueux, & Cyrus, avec l'accent le plus tendre, lui dit : *En quels lieux votre fils ira-t-il vous attendre ?*

Comme cet endroit pathétique, & où il seroit bien difficile de retenir ses larmes, contrastera avec les mouvemens horribles qu'on aura éprouvés ! Ici paroît un dialogue rapide & fans accompagnement ; Cyrus dit enfin qu'il ira fur les bords de la fontaine funeſte où ſon père attend ſa victime infortunée ; *oui je t'y ſuis*, s'écrie Mandane, & d'un ton mêlé de tremblement, d'horreur & d'une joie féroce, elle dit à part, *tu vas périr*.

L'orcheſtre qui s'étoit tu, frémit de nouveau à ces funeſtes paroles ; il prépare par une forte oppoſition au morceau ſuivant dans lequel Cyrus ne s'occupant plus de ſon noir preſſentiment, ni de l'air terrible d'une mère qu'il adore, ne voyant plus que l'objet de ſon amour ſacré qu'il a retrouvé, n'écoutant plus que ſa tendreſſe, employant un chant ſimple & pathétique ſoutenu par des baſſons, des alto mélancoliques, & ſecondé par une harmonie remplie, & des accords choiſis avec ſoin, dit affectueuſement à ſa mère : *Daignez répondre à mon envie, ne tardez pas*. Mandane déchirée juſqu'au fond de l'ame, emportée par ſa douleur qu'augmentent des ſons ſi touchans, l'interrompt avec fureur : *Hâte-toi de partir*, & un nouvel éclat atterre Cyrus. *Dieux, pourquoi ce regard terrible*, s'écrie-t-il ? Un nouveau regard, une nouvelle foudre, & au milieu du bruit qui ſe propage, la mère au comble de la douleur, qui ne peut plus se contraindre avec la même force, & que tout trahit plus que jamais, lui dit : *Je cache ainsi mes tendres sentimens ; on croira que pour toi je demeure inflexible.* Cyrus séduit encore par sa propre tendresse, ne voit dans sa mère que de l'amour, & s'il lui fait encore des espèces de reproches, il prend un ton si tendre, lui dit avec des accens si touchans : *Il est vrai; mais changer la tendresse en rigueur.* Ah! mère infortunée, que la voix plaintive de la nature te touche ; reconnois ton erreur ; vole dans les bras de ce fils si digne de toute ta tendresse; revois celui dont tu pleures la perte, & que tu vas t'enlever pour toujours ; il est à tes pieds gémissant & plein d'amour pour toi ; il te supplie ; il te conjure ; ton cœur ne parle-t-il pas assez pour lui ! Ne lui refuse pas au moins un regard... ; mais, ô égarement de l'amour maternel! l'erreur est trop forte ; son cœur a été ulcéré trop vivement ; il ne reconnoît plus l'accent de la nature ; la rage & la fureur s'en sont emparées; elle est barbare à force de tendresse.

Plus son cœur est sensible, & plus il est devenu féroce; la cruauté, la haine & la vengeance y ont été introduites par un sentiment trop tendre, trop naturel & trop vif pour qu'elles n'y règnent pas avec force; elle peint elle-même sa situation, quoiqu'elle ne parle que de l'état qu'elle veut feindre, lorsqu'elle ajoute: *C'est un effort de mon amour extrême.* Alors le vrai duo commence; cette mère infortunée ne se contraint plus; elle se livre à toute la fureur qui l'agite: plus la nature veut parler avec empire, & plus sa douleur s'aigrit; tout ce qu'une voix secrette lui dit en faveur de ce fils qu'elle a devant les yeux, elle ne l'entend qu'en faveur de ce même fils absent & immolé, & contre celui qu'elle croit être son assassin. Des paroles trompeuses sont encore sur ses lèvres; mais sa rage se déploie dans toute sa pantomime, & l'orchestre la trahit.

Le mouvement est décidé; la basse exprime par des notes sèches & espacées, une résolution sanguinaire. Le rhythme de l'accompagnement figuré montre un mélange de haine & d'égarement; mais comme tous les sentimens de Mandane offrent une teinte maternelle, les instrumens à vent forment un fond d'orchestre touchant, pathétique & simple; ils parlent d'ailleurs pour Cyrus, qui voudroit ne se livrer qu'à sa vive tendresse,

& qui est obligé d'obéir à la frayeur mortelle qui s'empare insensiblement de son ame.

Lis dans mes yeux, dit Mandane, *lis dans mon cœur*, & soudain sa voix s'élève à des tons animés, *Seule avec toi que ne puis-je moi-même!* Ici la basse répète les passages de la voix, lorsque Mandane cherche à respirer; le premier violon exalte tout par des notes qui s'entassent & se précipitent, l'horreur augmente & tout d'un coup la modulation change : *Je ne puis plus contenir ma fureur*, dit Mandane ; la basse redouble ; les notes arrivent en foule dans le premier violon qui s'élève à différentes reprises, s'agite, gémit, crie, peint le trouble affreux de Mandane : *Pars*, dit-elle d'une voix terrible, & les cors répètent ces accens si affreux ; les hautbois toujours plaintifs demandent grace pour Cyrus : *Calmez cette violence*, dit-il à sa mère, au milieu d'un orchestre radouci ; il emprunte, sans s'en douter, une partie des accens de Mandane ; ils ont si fort frappé son cœur, qu'il ne peut s'empêcher de les proférer ; mais il y mêle des accens à lui, des sons des plus tendres : *Ma mère, quels sont mes torts? Pars*, lui dit l'orchestre au nom de sa mère : *De mon amour l'impatience devoit-il exciter ces terribles transports*

Ici l'orchestre a repris toute sa force : *Lis dans mes yeux, lis dans mon cœur;* l'horreur augmente, des cris terribles sont produits par le premier violon, les basses y répondent, & l'ensemble forme un chant suivi (car il faut par-tout une sorte de mélodie), mais un chant horrible, & à certains égards désordonné comme les passions ; un *crescendo* amène le moment où, au milieu d'un accord trèsdéchirant, les deux voix se réunissent ; elles ne se confondent pas ; elles ont à exprimer des sentimens si opposés ; Mandane parcourt de grands intervalles ; sa voix se hausse, se baisse : *Seule avec toi que ne puis-je moi-même.....!* Toute l'agitation de ses transports est dans ses accens ; elle parvient aux tons les plus hauts, en disant : *Je ne puis plus contenir ma fureur;* & cependant Cyrus, secondé par des tenues douces & harmonieuses des instrumens à vent, cherche à toucher sa mère. Sa voix est assez élevée ; mais elle ne parcourt que des demi-tons : son langage est animé par la tendresse la plus vive ; mais c'est le langage d'un suppliant : *Calmez cette violence ;* l'horreur s'accroît toujours ; le bruit redouble encore ; & la voix impérieuse, & maintenant barbare, de Mandane, empruntant un nouveau secours des accens guerriers & féroces des cors, elle prononce avec précipitation & du ton du désespoir : *Pars, pars ;* la rage est dans ses yeux, comme elle est dans son cœur.

Un calme, mais un calme effrayant, succède à ces agitations; Cyrus fait entendre de nouveau ses accens plaintifs; Mandane est de nouveau en proie à toute sa fureur; ce sont maintenant des transports affreux & au-dessus de tout ceux qui ont déja paru; aussi le musicien a-t-il recours à de nouveaux moyens : l'accompagnement figuré n'est plus suffisant pour des mouvemens devenus plus rapides, pour des feux plus animés : des gémissemens aigus sont entendus, des oppositions fortes sont placées dans les basses, de grands silences y règnent pour y rendre plus terribles les fortissimo qui y éclatent de temps en temps; la rage de Mandane est exprimée par une espèce de nouveau motif qui s'élève avec effort, & cependant avec rapidité; les instrumens à vent ne cherchent plus à toucher; le désordre, le trouble, l'égarement sont par-tout; des accords déchirans ajoutent à l'effroi; la voix de Cyrus se fait entendre au travers de tous les tons que profère Mandane; on la diftingue toujours tendre, mais maintenant plus troublée, plus entrecoupée; fes gémiffemens percent au milieu du tumulte. O mère infortunée, pour la dernière fois, ouvre ton cœur à ces accens fi pitoyables; ne te précipite pas dans le plus grand des malheurs; révoque un ordre trop fatal; il en eft temps encore; ne t'arrache pas la vie; c'eft ton fils; c'eft celui que tu as tant defiré; qu'il ne te quitte pas; il trouveroit la mort! Mère barbare pour être trop tendre, fors de ton erreur cruelle; ne prononce pas; n'achève pas...; mais le mot affreux eft proféré; fa voix a confirmé l'ordre horrible du départ; Cyrus s'éloigne, & l'acte finit avec le duo par une ritournelle qui, s'il étoit poffible, devroit à chaque inftant devenir plus déchirante & plus effroyable.

Des trio de la Tragédie lyrique.

Si au lieu de deux interlocuteurs, trois personnages intéressans occupent la scène, s'ils éprouvent des passions violentes, s'ils chantent ensemble ou s'ils concourent tous les trois à former un seul tout, on a un morceau de musique auquel le nom de trio a été donné.

Dans les duo & dans les trio, tout ce qui ne fait qu'accompagner les interlocuteurs, n'est considéré que comme secondaire, ne forme que le fonds du tableau, n'attire pas l'attention avec la même force; nous pouvons donc ne voir pour un moment, dans un duo & dans un trio, que le chant de deux ou de trois personnages.

D'après ce nouveau point de vue, il est aisé de reconnoître que le trio est un ouvrage bien plus parfait, & où le charme de la musique peut régner avec bien plus d'empire. L'harmonie peut être presque complète dans un trio, puisque plusieurs accords ne sont composés que de trois notes, & que d'autres sont d'un effet plus agréable lorsqu'on ne leur en laisse que trois. Dans un duo, si les deux parties sont identifiées, la marche de l'harmonie paroît trop vague; elle n'est point déterminée par une basse; ou si cette basse est entendue dans une des deux parties, rien ne la lie avec le véritable chant; l'harmonie suit une route bien marquée; mais elle est à peine sensible. Le trio présente donc tous les avantages d'une belle harmonie réunis à ceux d'une mélodie d'autant plus agréable qu'elle peut être plus diversifiée. D'ailleurs quelle variété ne peut pas recevoir le trio des différentes combinaisons que peuvent offrir les diverses parties qui le composent?

Il en est des trio comme des duo; ils ne doivent être placés que dans les momens où les sentimens ont le plus de durée & d'énergie; & ils doivent également paroître de préférence vers la fin des scènes, à moins qu'après leur disparition, les affections ne changent si fort qu'on croie assister à une scène nouvelle, quoique les acteurs restent les mêmes.

Dans les trio, de même que dans les duo, le chant commencé par une partie peut être terminé par une autre; on doit rechercher la grandeur & la régularité des proportions, & un caractère tragique, & on peut faire enjamber les phrases musicales les unes sur les autres, pourvu qu'on prenne les précautions que nous avons indiquées. Mais que l'on n'emploie ces enjambemens que dans les momens d'une paffion très-violente, & s'il n'y a que deux des interlocuteurs qui foient animés de cette grande paffion, les irrégularités ne feront permifes que pour eux ; l'on ne peut les admettre que pour peindre le tranfport d'un fentiment qui cherche à s'exhaler, & dont on n'eft pas le maître de retenir l'expreffion ; ce n'eft également que dans les inftans où le fentiment eft le plus vif, qu'il eft permis de faire chanter enfemble les trois interlocuteurs ; ce n'eft que dans les momens de défordre & d'abandon, qu'ils ne doivent écouter que la paffion qui les domine, & qu'ils peuvent fe livrer aux mouvemens qu'elle leur imprime. Dans tous les autres inftans, dans ceux où le fentiment eft plus refroidi, foit qu'ils s'adreffent les uns aux autres, ou qu'ils parlent à un quatrième perfonnage, ils ne doivent chanter, tous les trois enfemble, que pendant très-peu de temps, & lorfque la paffion paroît s'exalter. Si cependant, ils ont une prière à faire en commun à la divinité, ils peuvent, ils doivent même fouvent l'adreffer tous enfemble, quoique leurs fentimens ne foient ni bien vifs ni bien profonds, & quoique même chacun d'eux prie pour un objet différent ou oppofé, parce que l'attention de la divinité eft comme la divinité elle-même, préfente fans ceffe en tous lieux, & que tout perfonnage doit agir d'après la conviction qu'il en a, même lorfqu'il y réfléchit le moins.

L'harmonie doit être auffi exacte & auffi févère entre les parties qui compofent un trio, qu'entre celles qui forment un duo ; & ce qui augmente les difficultés que l'on peut rencontrer à ce fujet, c'eft que lorfqu'on rapproche les parties d'un trio deux à deux, il faut que les trois combinaifons qui en proviennent, produifent des efpèces de duo auffi parfaites que les vrais duo. Au refte, leur perfection ne confifte pas, comme certains muficiens l'ont penfé, en ce que la mélodie qu'elles préfentent foit auffi belle que dans les duo ordinaires, ce feroit fouvent impoffible & toujours inutile ; mais en ce que l'harmonie qu'elles offrent foit auffi pure que dans les vrais duo.

Si l'expreffion des paffions des divers interlocuteurs exige des mélodies d'un genre différent, & même des motifs oppofés, on obfervera tout ce que nous avons dit en général fur les fujets de différente nature deftinés à être entendus enfemble ; & quand bien même tous les motifs feroient abfolument du même genre, & formeroient un trio identifié, quand bien même une partie feroit entendre un motif que les deux autres ne feroient, en quelque forte qu'accompagner, fi les parties fe croifoient, fi elles s'élevoient alternativement les unes au deffus des autres, il faudroit prendre des précautions analogues à celles que nous avons fouvent recommandées ; il faudroit choifir, dans toutes les parties, les tons qui s'éleveroient au-deffus des autres deux parties, examiner cette nouvelle fuite de fons auxquels on conferveroit la durée qu'ils auroient déja, & s'affurer qu'elle fût bonne, agréable, touchante ou terrible, fuivant l'expreffion générale du trio.

Le muficien parviendra d'autant plus aifément à répandre la plus grande variété dans un trio, qu'au lieu d'une ou deux voix pour faire entendre fes chants, il en aura trois. Qu'il emploie les plus belles oppofitions ; il aura de grands moyens pour cela, dans certains trio, dans ceux, par exemple, où chaque interlocuteur fera animé d'une paffion différente, & fera par conféquent entendre un motif différent : mais malgré toutes ces oppofitions & toute cette variété, un trio doit préfenter une unité bien fenfible, & d'autant plus qu'il offrira des richeffes plus variées, & des beautés plus contraftées. Que fera le muficien pour unir tous les objets, pour n'en former qu'un feul tout? Indépendamment de tout ce qu'il doit déja imaginer, s'il a lu avec attention ce qui précède, qu'il ait recours au moyen fuivant.

Dans quelque trio que ce foit, ainfi que dans tout ouvrage de mufique, il exifte un fentiment général que le muficien cherche à peindre, & à faire naître dans le cœur des auditeurs, ou pour les intéreffer à un perfonnage, ou pour conferver cette chaîne de nuances dont nous lui avons parlé, ou pour atteindre à quelque autre but important. Quand bien même chaque perfonnage éprouveroit un fentiment différent, que chaque paffion auroit la même force, & que chaque interlocuteur joueroit dans la pièce un rôle également important, ce qui eft difficile à rencontrer; il exifte toujours un fentiment qui réfulte, même malgré l'intention du muficien, des trois affections exprimées dans le trio, & de toutes celles qui ont précédé. Ce fentiment commun qui naît de lui-même, ou que le compofiteur cherche à produire, le muficien doit le peindre pendant toute la durée du morceau de musique, & sa peinture sera ce lien puissant qui lui servira à réunir toutes les parties d'un trio, quelque différentes qu'elles soient les unes des autres. Le musicien n'aura qu'à faire entendre, pendant presque tout le cours du trio, ou le rhythme, ou les cris, ou l'accompagnement figuré, ou le chant de basse, ou les tons d'instrument à vent qui conviennent à ce sentiment, & qui en sont la peinture, ou quelque autre signe représentatif de cette affection; que du moins il ne fasse presque jamais paroître un nouveau motif, l'expression d'une passion nouvelle, l'image des affections d'un nouvel interlocuteur, qu'il ne montre en même temps quelqu'un de ces signes du sentiment général, signes qu'il aura produits aussi dès le commencement de son trio, dès l'apparition du premier motif & de la première passion; par-là tous les morceaux, quoique très-différens les uns des autres, renfermeront une même portion assez étendue, très-sensible & très-reconnoissable.

Le compositeur observera pour le fond des accompagnemens des trio, les mêmes règles que nous avons énoncées pour ceux des duo; il les embellira également des charmes piquans de la variété ; il s'en servira pour exprimer tous les sentimens qui agitent les trois personnages, soit qu'ils se découvrent mutuellement les affections qui les dominent, ou qu'elles demeurent cachées dans leurs cœurs. Mais pour donner une idée au compositeur, de la manière dont il doit fortifier ou affoiblir la peinture des sentimens de l'un ou de l'autre de ses interlocuteurs, & pour que tous ceux qui nous liront, puissent suppléer à ce que nous ne dirons pas, considérons le trio sous de nouveaux points de vue.

Quelquefois les trio sont chantés par trois personnages qui sont affectés de la même passion ; alors il faut que l'accompagnement ne présente qu'un tableau ; les moyens d'expression doivent tous concourir au même but à la peinture de cette passion unique qui règne sur les trois personnages : les trois parties de ce trio doivent se suivre, se mêler l'une avec l'autre autant que cela se pourra ; cependant comme trois parties toujours identifiées ne pourroient que produire une mauvaise harmonie & une musique sans effets, le plus souvent le compositeur n'unira intimement que deux parties ; la troisième, se taira, ou fera entendre une espèce d'accompagnement très-simple ; elle élle ne préfentera pas de peinture particulière, ou fi elle offre quelque image, qu'elle montre une portion remarquable des motifs principaux; qu'elle vienne la mêler avec quelque autre portion faillante, & qu'elle tende au même but par une route un peu différente, par quelques circuits, ou en foulant de nouveau les fentiers déja parcourus.

Il eſt preſque impoſſible qu'il n'y ait pas entre les trois perſonnages une différence d'état, de caractère, d'âge, de fexe qui leur donne à chacun une nuance particulière de fentiment, quoiqu'ils éprouvent la même affection. Le muſicien peindra ces nuances ; il mêlera pluſieurs images particulières ; il s'en fervira pour répandre une variété très agréable : quelquefois & fur-tout lorſque chaque partie paroîtra feule, on diſtinguera la nuance particulière de fentiment qu'elle offrira ; on reconnoîtra la différence des couleurs employées ; lorſque, par exemple, le trio fera chanté dans une fituation générale d'une douce allégreſſe, on fuivra avec plaifir la nature de la joie plus ou moins tranquille fuivant qu'elle s'exhalera d'un cœur plus ou moins fenfible, ou plus ou moins touché ; on aimera à voir les différentes formes qu'elle peut prendre ;

ces images variées d'un sentiment agréable, ces faces diversifiées d'un objet attrayant, feront naître de douces jouissances ; & quelquefois toutes ces nuances venant à se fondre ensemble dans le moment où les trois parties se réuniront pour former le véritable trio, elles ne présenteront plus qu'un sentiment que l'on fera bien aise de voir régner ; on ne distinguera plus ses accessoires ; on ne saura pas, pour ainsi dire, qui l'éprouve ; on verra les personnages auxquels on s'intéresse, séduits par sa douce illusion ; on ne saura pas pourquoi chacun d'eux y est livré ; mais on les verra tous les trois en partager les transports, & on les partagera soi-même.

Deux passions peuvent régner sur les trois personnages, au lieu d'une seule ; deux interlocuteurs peuvent ressentir la même affection, & le troisième peut en éprouver une différente : que fera alors le musicien ? Il formera deux peintures, l'une de la passion qui règnera sur un seul personnage, & l'autre de celle qui dominera sur deux interlocuteurs. Lorsque ces deux interlocuteurs chanteront en même temps, leurs motifs seront souvent identifiés ; ils feront entendre les mêmes sujets, ou des sujets analogues dans le morceau qu'ils produiront enſemble; ils feront naître de la variété par les nuances que leurs âges, leurs caractères, leurs états introduiront; mais le muſicien aura ici une bien plus grande ſource de diverſité & d'effets puiſſans dans la ſeconde peinture qu'il offrira.

De ces deux peintures quelle eſt celle qui dominera, ſoit par l'énergie de ſes traits, ſoit par la fréquence de ſes apparitions? Celle de la paſſion la plus forte, de celle qui règnera ſur la ſcène avec le plus d'énergie & de liberté, ou pour mieux dire, de celle qu'on ſera le plus porté à ne jamais perdre de vue, à cauſe de ſes rapports avec les perſonnages pour leſquels on s'intéreſſera le plus. Lorſque les deux paſſions agiront en même temps, le muſicien réunira les deux peintures, & les montrera à la fois. Nous lui avons indiqué les moyens de produire ainſi plus d'un tableau, ſans altérer la beauté de ſon ouvrage : mais ce n'eſt pas toujours lorſqu'une paſſion force les interlocuteurs à parler, qu'elle règne avec le plus de pouvoir, je ne dis pas ſeulement dans leurs cœurs, mais même ſur la ſcène; elle n'exerce pas toujours le plus d'empire dans le moment où le poëte donne au perſonnage qui l'éprouve, l'expreſſion la plus forte. Souvent, pendant qu'un personnage représente, par des paroles animées, la passion qui le consume, le jeu muet de son interlocuteur exprime d'une manière si forte une passion contraire, que c'est cette dernière qui domine véritablement sur la scène, & qui attire toute l'attention, sur-tout si ses effets sont plus liés avec le sort des personnages intéressans : que le musicien ne consulte donc là-dessus que la nature & son cœur.

Souvent le trio est chanté par des personnages qui éprouvent chacun une passion différente : que le musicien compose alors trois tableaux ; qu'il les fasse paroître plus ou moins souvent, & qu'il leur donne plus ou moins de force, suivant qu'une de ces passions dominera sur l'autre, suivant que, par une suite des circonstances, elle s'exhalera avec plus ou moins de violence, quoique moins puissante par sa nature, suivant qu'elle se produira avec plus ou moins de véhémence, qu'elle dictera une pantomime plus ou moins marquée, qu'elle fera naître des effets plus ou moins sensibles.

Quand même le compositeur n'auroit pas de grandes raisons pour placer de temps en temps dans ses trio, de ces portions, où tout est réuni en apparence, où les trois voix cherchent à se confondre, où deux se suivent de très-près, pendant que la troisième fait entendre des tenues, présente des intervalles peu marqués, des progressions peu sensibles, & paroît confondue avec les deux autres. Il devroit les employer pour contraster avec les momens de désordre, où des passions différentes dévorent les trois personnages, où ils n'écoutent plus que leurs affections particulières, où ils n'ont pas recours aux mêmes expressions, & avec ceux où les personnages remplis de la même passion, mais en recevant les impressions dans des temps différens, ne font pas coïncider, si je puis me servir de ce terme, les peintures qu'ils offrent, & produisent le même mélange, & le même désordre que si trois passions presque opposées parloient à la fois. Il faut que l'oreille ait goûté tout le plaisir d'une harmonie simple, d'un chant pur, d'un dessein aisé à suivre, avant de pouvoir l'engager, sans la rebuter, au milieu de trois motifs qui paroissent se choquer & se combattre; il ne faut pas même l'y tenir long-temps; il faut la ramener bien vîte vers la mélodie tranquille; & tout le trio d'un bout à l'autre, fût-il chanté par trois furieux, par trois désespérés, par trois personnages emportés par la paffion la plus violente, compofiteurs faites des contre-fens, réuniffez de temps en temps vos voix, que votre trio préfente fouvent une feule image ; qu'on n'y remarque de temps en temps qu'une feule expreffion : faites alors dominer la peinture de la paffion que vous regarderez comme la plus impérieufe ; cachez, en quelque forte, pour un moment, toute autre efpèce de tableaux ; qu'ils ne paroiffent du moins que d'une manière fecondaire ; qu'ils ne foient offerts que foiblement par quelques accens, quelques chants interrompus, quelques parties à demi-voilées, ou peu remarquables. A la vérité fi tout le trio doit être chanté au milieu du défordre, les momens où tout paroît un & identifié, doivent être très-courts, mais il faut qu'ils exiftent ; fans cela, l'oreille éternellement fatiguée fe révolteroit, ne reconnoîtroit plus rien, ne voudroit, ne pourroit plus rien diftinguer ; les endroits les plus expreffifs cefferoient d'être des peintures ; ils n'offriroient plus que du bruit, qu'une confufion de parties, plutôt qu'une image nette & terrible d'un défordre de paffions.

Lorfque les momens de trouble arriveront tout d'un coup, que les feux des trois paffions, ou d'une seule, se rallumeront d'une manière soudaine, que le compositeur passe avec rapidité des passages où tout sera identifié, à ceux que ces derniers devront faire ressortir ; plus la transition sera brusque, au moins jusqu'à un certain point, & plus elle produira de grands effets ; plus elle prouvera le génie du compositeur. Mais lorsque l'incendie ne se ranime qu'insensiblement, soit que sa force n'augmente que par degrés, ou qu'elle ne puisse surmonter que peu à peu les obstacles qui l'arrêtent, il faut que la transition soit nuancée, que les passages soient fondus.

Par exemple, pendant que le passage simple durera encore, la troisième partie qui sera la moins remarquable, qui sera la première à montrer de nouveau l'ardeur du sentiment, fera entendre d'une manière foible le motif qu'elle aura présenté dans le moment du désordre ; elle le répétera d'une manière plus sensible ; elle sera encore à peine secondée par l'orchestre : la seconde partie passera à son motif ; la première produira aussi le sujet qu'elle devra offrir ; deux parties se réuniront, pour ainsi dire, pour faire entendre ensemble chacune son motif particulier ; la troisième y joindra le sien ; bientôt ils paroîtront tous les trois dans toute leur force, & avec tous leurs développemens; & l'orchestre venant à les animer tous, le tableau du désordre, après avoir été avancé insensiblement, sera revêtu de tout son éclat.

Pour que les trois motifs qui feront déployés dans ces momens de trouble ne se nuisent pas mutuellement, que le compositeur ne les produise presque jamais ensemble; que l'oreille ait eu le temps d'en fixer un en partie, avant qu'un second soit montré, & que celui-ci ait pu être reconnu, avant que le troisième ne soit produit : qu'ils soient composés de manière à être un peu séparés les uns des autres : qu'ils présentent dans les momens où ils agiront ensemble, une marche opposée; que par exemple l'un monte pendant que l'autre descendra: qu'ils offrent de temps en temps le rhythme général, mais que plusieurs fois ils l'interrompent par des espèces de tenues, & laissent l'attention libre : qu'aucun de ces motifs, au moins le plus souvent, ne soit placé dans la peinture du désordre, qu'après avoir paru en seul, ou avoir été bien remarqué par les auditeurs qui puissent ensuite le distinguer aisément, & le reconnoître à ses premiers traits.

Indépendamment des trio ordinaires auxquels principalement fe rapporte cet article, il peut y avoir plufieurs efpèces de trio, dont nous allons examiner les principales : il fera aifé d'imaginer ce que nous aurions dit des autres.

Dans un trio, tout comme dans un duo, les perfonnages peuvent fe voir & s'entendre, ou ne s'entendre ni ne fe voir, fe voir & ne s'entendre pas, ou s'entendre & ne fe voir pas. Dans le duo cela ne fournit que quatre combinaifons, parce qu'il n'y a que deux perfonnages ; dans le trio où il y a trois interlocuteurs, il naît un très-grand nombre de combinaifons : nous allons parler de quelques-unes.

Premièrement, que les trois perfonnages fe voient & s'entendent ; voilà le trio ordinaire. Que ces trois perfonnages fe voient, mais ne s'entendent pas ; qu'ils puiffent juger par les geftes les uns des autres, des affections qu'ils éprouvent, mais qu'ils ne puiffent point entendre les paroles qui expriment ces affections, que devra faire le compofiteur ? Qu'il ne dirige point les chants de fes interlocuteurs l'un fur l'autre. Que chacun agité par fes propres fentimens, & ému par ce qu'il remarque dans les deux autres interlocuteurs, fe livre à fes affections, s'il n'a pas de raison pour les cacher : qu'il chante ou qu'il se taise suivant que sa passion le demande : que ce qu'il profèrera puisse en quelque sorte former un tout, & que le compositeur y introduise seulement quelques légères nuances, afin que ce chant puisse s'accorder avec ceux des deux autres personnages : que les divers chants soient trois beaux airs que le compositeur réunisse ; & dans les endroits où il joindra les voix deux à deux, où il les séparera, où il les emploiera ensemble, qu'il ne se dirige que sur le besoin que chacun des personnages pourra avoir de parler ou de se taire, sur la beauté des effets, sur le desir qu'il devra avoir de faire entendre très-distinctement certaines paroles, pour l'intérêt de la pièce, pour la clarté de la tragédie, pour la bonté du dénouement, pour la force des situations. Lorsque pendant la durée du trio, un des personnages profèrera quelques mots qui annonceront ou raconteront en quelque sorte un grand événement, qui peindront avec force le caractère ou la passion d'un interlocuteur, qui seront propres à répandre un grand trouble, une grande consternation, ou une grande espérance, &c. Le compositeur se gardera bien de faire parler pendant ce temps les autres personnages, & de réunir les trois voix, même quand la passion des deux autres interlocuteurs demanderoit qu'ils parlassent alors.

Le compositeur pourra être déterminé par une autre raison à laisser dire certaines paroles par un personnage, sans que les autres deux en profèrent aucune en même temps; il pourra s'y décider d'après la beauté des vers; la situation pourra les rendre si sublimes, qu'ils devront paroître absolument sans parure.

En général, pour qu'un musicien compose bien un trio de l'espèce de ceux dont nous parlons, pour qu'il puisse assigner aux interlocuteurs le moment de chanter, & celui de garder le silence, il devra connoître d'une manière bien particulière la marche des passions, & l'ordre des diverses nuances qu'elles offrent; il devra savoir que quoique les paroles soient les mêmes, elles appartiennent souvent à différentes affections, qu'un *je vous aime*, par exemple, répété plusieurs fois peut marquer bien des nuances de l'amour, peut indiquer la présence ou l'absence de bien des sentimens voisins de cette passion brûlante; il ne devra pas ignorer les degrés de force qu'une passion peut acquérir ou perdre, lorsqu'elle s'occupe pour ainsi dire d'elle-même, qu'elle s'exhale pendant long-temps; il faudra qu'il sache où sont ces degrés, lorsque cette passion est éprouvée par un personnage de tel caractère, de tel âge, de tel état; lorsque cette passion est plus ou moins mêlée avec d'autres affections; lorsqu'elle est plus ou moins excitée ou amortie par la présence de tel ou de tel objet. C'est ici que le compositeur a besoin de réflexions profondes & fines, d'un coup d'œil philosophique, d'une analyse délicate, & sur-tout d'un sentiment exquis, sans lequel on ne parvient guère à toutes les connoissances que je viens de desirer.

L'accompagnement des trio qui nous occupent, présente de grandes difficultés que peut-être tous les grands musiciens n'ont pas encore prévues. Le compositeur devra peindre dans son orchestre l'affection de chaque personnage. Si le même sentiment règne sur les trois interlocuteurs, il ne doit y avoir qu'un tableau; c'est un trio des plus simples à composer: toute difficulté s'évanouit. Mais si chaque interlocuteur éprouve un sentiment différent, ce qui doit arriver presque toujours, à cause de l'influence de l'état, de l'âge, du caractère, que fera le muficien ? S'il doit placer trois tableaux enfemble, que de difficultés dans la compofition, pour que les trois motifs foient bien d'accord, bien diftincts, qu'ils ne fe nuifent pas ; & non-feulement il s'agira de trois motifs, mais, en quelque forte, de trois morceaux de mufique différens. Mais ce n'eft pas tout. Si l'on ne faifoit attention qu'aux fpectateurs, il fuffiroit au muficien de donner à fes images une force proportionnée à la paffion qui feroit repréfentée ; mais il faut de plus que fes peintures foient telles que chaque perfonnage n'y reconnoiffe que ce qu'il voit, & que cet orcheftre qui lui parle, & qui s'entretient avec chacun des interlocuteurs, ne lui apprenne rien de ce que les autres perfonnages difent ; fans cela on iroit contre la fuppofition. Comment dérober à un des perfonnages une peinture plus forte que celle qui eft deftinée pour lui, & qu'il doit voir ?

Lorfque le compofiteur ne fera pas forcé à repréfenter ce qui eft exprimé par les paroles des interlocuteurs, qu'il fe borne à montrer ce qui eft peint par leur pantomime : fes images pourront alors être plus ou moins fortes les unes que les autres ; l'orcheftre ne pourra, en quelque forte, rien apprendre de nouveau aux interlocuteurs : sinon que le compositeur ait recours aux divers moyens indiqués dans le chapitre précédent.

Suppose-t-on que les trois personnages qui forment le trio s'entendent mais ne se voient pas ? Le musicien n'a qu'à composer son morceau comme le trio ordinaire, avec cette différence que les acteurs ne devront se taire ou parler, employer telle ou telle expression, que d'après les paroles proférées par les autres personnages, & non pas d'après leur jeu muet qui ne doit pas leur être connu. Le musicien placera dans son orchestre l'image des passions exprimées par cette pantomime, mais il devra prendre les précautions que nous lui avons indiquées pour la peinture des sentimens représentés par le chant des interlocuteurs, dans les trio où les personnages se voient mais ne s'entendent pas. Il faut que ces passions indiquées par l'air, par la démarche des personnages, &c. soient montrées par les accompagnemens d'une manière sensible pour les spectateurs ; mais il faut en dérober la connoissance aux acteurs qui ne les éprouvent pas ; il faut enfin qu'ils s'entendent, mais qu'ils ne se voient en aucune manière : & ne se verroient-ils pas en quelque forte, s'ils découvroient, par le moyen de l'orcheftre, les geftes, la démarche, l'air de leurs interlocuteurs ? ne se verroient-ils pas dans cet orcheftre comme dans une glace fidèle ?

Suppofons maintenant que deux perfonnages fe voient & s'entendent, & qu'un troifième affez paffionné, affez intéreffant, occupant affez la fcène & l'attention pour former un trio, paroiffe, exprime fes affections, mais ne voie ni n'entende les deux autres interlocuteurs, qu'il s'écrie feul, & qu'il ne foit en effet ni vu ni entendu ; le muficien donnera naiffance à un duo qu'il fera chanter par les perfonnages qui fe voient & qui s'entendent ; il compofera en même temps un air qu'il donnera au perfonnage ifolé ; ces deux morceaux devront s'accorder pour le mouvement & l'harmonie ; ils devront pouvoir être exécutés enfemble ; ou plutôt que le muficien en compofant fon duo, ait préfent l'air qui doit être entendu en même temps, de même que lorfqu'il crée un air, il voit pour ainfi dire toutes les parties qui doivent l'accompagner : c'eft la véritable manière de donner à ces deux morceaux un air de famille & de fraternité : lorfqu'elle fera employée, on ne regardera pas le trio qu'ils formeront comme un tout purement factice, fait à force d'art, ne préfentant que des difficultés vaincues, ne difant rien à force de vouloir dire ; mais on le confidèrera au contraire comme un bel enfemble compofé de deux parties diverfes, mais faites pour s'accorder, pour fe faire reffortir avec avantage, pour fe réunir fans confufion ; on le verra enfin comme un ouvrage unique dicté par la nature. Ces deux morceaux doivent être comme deux frères, dont la figure, la taille, la démarche font les mêmes, qu'il eft impoffible de ne pas prendre l'un pour l'autre, lorfqu'ils éprouvent les mêmes affections, mais dont la pantomime de l'un peint une paffion différente de la pantomime de l'autre ; ce font les mêmes traits, les mêmes yeux, mais ce ne font pas les mêmes regards. Ici le muficien a befoin d'un grand talent ; ici, de même que dans d'autres endroits dont nous avons déja parlé, il a befoin d'aider fouvent fon génie, par l'habitude de maîtrifer fon art, & d'en manier à volonté toutes les reffources.

Il faut encore que le muficien ufe perpétuellement d'adreffe pour dérober aux acteurs du duo, le tableau de la paffion du perfonnage ifolé, & pour cacher en même temps à ce personnage, la peinture que l'orchestre présente des sentimens ressentis par les deux premiers interlocuteurs.

Voulez-vous que les deux personnages qui ne voient ni n'entendent le troisième, soient cependant vus & entendus par ce dernier? Le trio est plus aisé à faire. Le musicien composera également un duo & un air; il prendra les mêmes précautions en y travaillant; il les créera également ensemble; il dérobera aux acteurs qui chanteront le duo, l'expression des passions de l'interlocuteur isolé; mais il laissera voir à ce dernier le tableau offert par l'orchestre, des affections des deux premiers personnages. Il est plus aisé de cacher une peinture placée dans les accompagnemens, à des personnages qui chantent ensemble, & qui se voient & s'entendent, qu'à un interlocuteur qui chante seul, qui souvent dialogue avec l'orchestre, & qui par conséquent doit l'écouter avec attention. Ceux qui chantent en duo sont en quelque sorte occupés uniquement d'eux-mêmes; ils ne songent qu'à ce qu'ils ont à se dire ou à se répondre; l'un d'eux parle presque toujours à l'autre; ils ne gardent le silence que dans des momens de transport où ils sont trop livrés à ce qui les touche, pour remarquer des peintures étrangères.

Mais les deux personnages qui exigent un duo sont vus sans être entendus par le troisième interlocuteur. Qu'alors le compositeur cache à ce dernier toutes les images analogues à ce qui n'est exprimé que par le chant des deux premiers personnages ; il retrouve ici un degré de difficulté.

Les deux interlocuteurs au lieu d'être vus, sont-ils uniquement entendus par le personnage isolé ? le musicien voilera au contraire pour ce dernier les tableaux des passions uniquement représentées par le chant des deux personnages. Au reste, pour que le musicien ne soit embarrassé dans aucune des espèces de trio où deux interlocuteurs sont en quelque sorte séparés d'un troisième, il pourra considérer son ouvrage comme une espèce de duo, où les deux premiers personnages tiennent la place d'un interlocuteur, & où ce troisième en représentera un autre, & suivre ce que nous avons indiqué relativement aux duo où un des acteurs est vu ou entendu, ou entendu sans être vu, &c.

Il peut y avoir de faux trio comme de faux duo ; les premiers seront des morceaux de musique exécutés par deux personnages, pendant qu'un troisième profère quelques mots, mais sans que la passion qui l'agite soit assez vive pour occuper une place considérable dans le tableau. Le musicien se contentera alors de composer un duo auquel il donnera pour accompagnement ce que le troisième personnage aura à dire; il ne réservera aucune image pour la pantomime de ce troisième interlocuteur, ou du moins il ne la peindra qu'avec des couleurs peu éclatantes.

L'envie de faire des choses difficiles & recherchées, a fait imaginer des morceaux de musique qu'on a appelés doubles trio. Ils sont composés de deux véritables trio d'accord l'un avec l'autre, & propres jusqu'à un certain point à aller ensemble, & à ne pas se confondre. Ce qu'on n'a peut-être inventé que pour le plaisir de montrer de grandes difficultés vaincues, peut servir sur la scène à l'expression de situations intéressantes où six personnages paroissent à-la-fois. Mais nous devons considérer ces doubles trio comme des espèces de sextuor.

A l'égard du rhythme qui doit être observé dans un trio, de la manière d'y en employer trois, de les faire entendre successivement, de les lier par quelque partie qui leur soit commune, de les mêler deux à deux, de les réunir tous les trois, de ne les produire ensemble qu'après en avoir montré un, & puis deux, ne sera-t-il pas aisé d'appliquer à l'objet de cet article, ce que nous avons dit en différens endroits ?

Quant aux proportions, les règles sont les mêmes pour les trio que pour les duo. Nous ne traiterons pas des quatuor, des quinque, des sextuor, &c, ils doivent être composés d'après les principes que nous venons d'exposer ; & ceux qui pourront tirer quelque profit de cet ouvrage, devineront sans peine ce que nous ne croyons pas devoir ajouter. Nous ne parlerons pas non plus des duo, des trio, ou des morceaux de musique à plus de trois parties, mêlés avec des chœurs, & dont nous avons de si beaux modèles dans l'opera de Chimène par M. Sacchini, dans celui de Didon par M. Piccini, & dans celui d'Andromaque par M. Grétri. Nous en dirions trop pour ceux qui sont destinés à faire avancer l'art vers sa perfection, & nous n'en dirions jamais assez pour les autres.

Donnons maintenant un exemple du trio, & tirons-le de la tragédie lyrique d'Alcione.

Céix & Alcione, pleins d'amour l'un pour l'autre, vont être unis à jamais ; ils marchent vers le temple enivrés de bonheur : ils cherchent à augmenter leur félicité suprême ; ils en entretiennent tout ce qui les entoure. Le roi s'adresse à son ami Pélée ; il ignore que ce prince généreux & sensible, qu'il a recueilli chez lui lorsqu'il avoit été poursuivi par une vengeance injuste, & pour lequel il a vu ses états ravagés ; il ignore que ce prince plein d'amitié & de reconnoissance, mais malheureusement trop épris des charmes d'Alcione, cache au fond de son cœur une passion ardente qu'il s'est efforcé d'éteindre, mais qui ne cesse de le consumer en silence ; il lui dit : *Partage, cher ami, le transport de mon ame, L'hymen va m'assurer le prix de tous mes soins ; Et rien ne manque au bonheur de ma flamme, Puisque tes yeux en sont témoins.* Quels mots pour un rival ! Pélée cependant se contraint, & le trio commence. Céix se livre devant son ami à tout l'amour qu'il a pour Alcione ; un unisson vif & rapide peint son transport ; & tout de suite il s'écrie avec le ton le plus animé, *Du plus ardent amour mon cœur est enflammé.* L'accompagnement est simple, mais plein de feu ; il est en quelque forte une prolongation de l'uniſſon, une ſuite de la peinture de l'élan amoureux de Céix : cette peinture qui reparoît au milieu de la première phraſe de chant, la coupe en deux parties, ou pour mieux dire ſe fond dans ce premier motif ; & en lui laiſſant toute ſa grandeur, lui donne plus de chaleur & de force. Le roi ajoute, *Je me plais à brûler des feux qu'il a fait naître.* Ici le chant toujours également tendre, heureux & paſſionné, devient moins rapide. Il offre l'image d'un abandon fortuné. C'eſt l'ame de Céix qui s'exhale, & le tableau ſe fondroit, pour ainſi dire, & diſparoîtroit avec elle s'il n'étoit retenu, & ſi l'image des tranſports du roi n'étoit fixée par l'accompagnement figuré qui paroît inſenſiblement, & dans lequel l'uniſſon ſe dégrade. Cet accompagnement figuré eſt double ; il offre deux tableaux, mais ils ſont de nature à s'allier ſi bien, ils expriment des ſentimens ſi analogues, ils ſont ſi ſimples, qu'ils ſe confondent ſans ſe nuire, & ne compoſent plus qu'un unique mais riche fond d'orcheſtre. Les principales paſſions qui rempliſſent l'ame des deux époux y ſont exprimées ; leurs cœurs y ſont dépeints. D'un côté les violons préſentent un accompagnement qui conſervant le rhythme de l'uniſſon, s'élevant souvent pour redescendre tout de suite, & sautillant pour ainsi dire, exprime l'impatience des desirs de Céix, l'ardeur de son amour, & l'agitation de son ame passionnée. Pendant ce temps les instrumens à vent se répondant comme par écho, & complétant le fond d'orchestre, montrent cette correspondance de sentimens, cette identité d'affections, de mouvemens & de pensées qui, de l'ame de Céix & de celle d'Alcione, ne font qu'une seule & même ame brûlant des mêmes feux.

Il n'est point d'amant plus aimé, s'écrie Alcione, *ni d'amant plus digne de l'être*. Son chant est ici animé, & par temps il tombe avec elle dans une espèce de voluptueuse langueur; l'accompagnement figuré fait place à un accompagnement des plus simples, où toutes les parties offrent le rhythme agité qui caractérise ce trio, & où la basse elle-même non-seulement présente ce rhythme, mais montre, par le moyen d'une espèce de batterie, l'image du trouble heureux & du délire ravissant où ces époux sont plongés. *Il n'est point d'amant plus aimé*, répète Alcione; & sur ce mot *aimé* sa voix s'élève avec force & se soutient comme suspendue; son ame a l'air de s'élever avec elle, & de vouloir s'unir de plus près à celle de son bien-aimé. Les violons font entendre l'unisson caractéristique; & la basse, en leur répondant par le même unisson, amène une espèce de finale pendant laquelle Alcione achève de dire, *ni d'amant plus digne de l'être ;* & elle se laisse aller dans les bras de celui qu'elle doit avoir pour époux.

Jusques là tous les cœurs ont dû être si occupés du bonheur & des transports d'Alcione & de Céix, que Pélée a dû leur échapper; aussi sa situation n'a-t-elle été indiquée dans l'orchestre que par quelques traits légers. Mais insensiblement ces traits deviennent plus sensibles; on distingue les soupirs & les tourmens secrets que Pélée s'efforce de cacher, en disant à part, *infortuné !* Céix lui-même s'en apperçoit, & au milieu du tableau de la douleur de Pélée qui parvient pour un moment à occuper seul la scène, il lui demande *d'où naissent ces soupirs ?* Pélée revient tout d'un coup à lui; il veut surmonter l'effort de sa peine cruelle; il veut du moins en déguiser le motif: *Que les maux qu'en ces lieux a causés ma présence,* dit-il à Céix, *Ont coûté cher à vos desirs !* La musique est des plus simples; le rhythme a changé; il seroit tranquille; il peindroit le calme sans la basse; c'est la basse qui trahit Pélée pour le spectateur; il va se trahir bientôt lui-même, il s'anime, & accompagné par un orchestre très-agité, il dit à Céix, *Que vous avez souffert d'une injuste vengeance!* Céix & Alcione s'efforcent de le consoler; ils chantent ensemble en adoptant pour un moment le rhythme de Pélée, mais en y mêlant l'accent du sentiment & celui du bonheur: *Oubliez nos malheurs, partagez nos plaisirs.* Leur chant reprend insensiblement toute la vivacité amoureuse qu'il avoit au commencement du trio, & les voix des deux époux s'élevant ensemble, se suivant fidèlement, & ne se quittant plus, ils disent, avec une mélodie touchante, tendre & vive, *Ah! que ton cœur n'est-il plus tendre, Pour goûter le bonheur qui va combler nos vœux!* La basse dévoile toujours le secret de Pélée; elle peint d'autant plus sa situation cruelle, qu'à mesure que Céix & Alcione parlent de leur amour, ses peines deviennent plus vives; il se contraint cependant, le premier accompagnement figuré reparoît, & Céix un peu plus tranquille, mais non moins amoureux, Céix l'ami de Pélée, lui répète, *Ah! que ton cœur n'est-il plus tendre!* & ainsi, en ne faisant que suivre l'inspiration de la nature, & en ne blessant aucune convention théâtrale, chacun des interlocuteurs a chanté en seul.

Deux ont chanté ensemble & formé un duo au milieu du trio; maintenant les trois voix vont être réunies. Pélée commence; il ne fait que répondre à Céix; il ne peut que répéter ce qui seul peut voiler ses tourmens affreux; il dit, *Que vous avez souffert d'une injuste vengeance!* Il prend un ton nouveau, & y amène l'accompagnement figuré. Ici le délire s'est emparé plus que jamais des deux amans; ils ne s'écoutent plus; ils ne se parlent plus; ils ne parlent plus à Pélée; ils ne font qu'exprimer avec force ce qu'ils sentent avec vivacité; Alcione dit, *C'est l'amour seul qui peut faire comprendre les plaisirs d'un amant heureux.* Céix se sert d'un motif nouveau, mais analogue à ceux qui ont précédé, pour faire entendre, *Ah! que ton cœur n'est-il plus tendre!* Ils s'interrompent souvent par excès de plaisir; & par-là le chant d'Alcione & celui de Céix ne se nuisent point; la voix du roi est celle de la tendresse la plus passionnée; ses tons sont élevés & soutenus avec force, mais avec douceur. Pélée ne cesse de s'écrier à part, *infortuné !* & comme le chant de ſes interlocuteurs le livre davantage à ſa douleur, il craint de s'être découvert, & il répète, *Que vous avez ſouffert d'une injuſte vengeance !* Son chant eſt compoſé d'après les principes que nous avons établis, afin qu'aucune des trois mélodies ne s'efface, & qu'elles conſtituent un bel enſemble.

Bientôt les deux amans cherchent à réunir de plus en plus leurs voix, ou, pour mieux dire, ſentant les mêmes choſes, ils répètent avec le chant le plus animé, le plus tendre, le plus expreſſif, *C'eſt l'amour ſeul qui peut faire comprendre Le bonheur d'un amant heureux.* Le rhythme eſt toujours conſervé pour que rien ne puiſſe faire languir le trio, mais l'accompagnement figuré diſparoît ; on eſt trop occupé des deux amans & du chant accentué qu'ils profèrent ; l'accompagnement figuré feroit perdu, il ſeroit d'ailleurs inutile ; les deux amans ſont livrés aux plus doux tranſports ; l'enthouſiaſme de la tendreſſe la plus vive parle aſſez dans leur chant ; il s'eſt aſſez emparé de l'ame des auditeurs ; on n'a plus beſoin d'ajouter des ſignes d'une paſſion ſi fortement exprimée & ſi vivement partagée ; à peine peut-on conſerver une petite portion d'attention pour Pélée qui peut maintenant déplorer son malheur plus à son aise, & se livrer davantage à ses exclamations douloureuses. Tout ce que profère Pélée n'est en quelque sorte qu'une partie musicale embellissant l'harmonie & la mélodie par les oppositions qu'elle fait naître.

Qu'ici toutes les parties prennent la même forme, & qu'elles tâchent toutes de présenter cette vivacité qui caractérise le chant d'Alcione & de Céix. L'enthousiasme allant toujours en augmentant, le délire le plus ravissant s'empare de la tête & du cœur des deux jeunes époux : leur chant se sépare de nouveau, car les deux extrêmes des passions produisent souvent les mêmes effets. C'est un nouveau rhythme qui paroît ; c'est celui du désordre : ils se répondent pour ainsi dire sans s'écouter ; leurs chants paroissent ne tendre à rien, vaguer au hasard ; le trio même languiroit par cette introduction d'une nouvelle image, si la peinture d'une situation aussi passionnée pouvoit jamais languir, & si les instrumens à cordes ne soutenoient le premier rhythme, en le rendant même plus expressif. Et tout d'un coup ces chants si incohérens en apparence, ces chants de confusion qui erroient de ton en ton, se réunissent, s'élèvent avec une espèce de nouveau transport, & produisent une finale où le premier rhythme se montre avec une force nouvelle. Cette espèce de duo est accompagnée, embellie & changée en trio par les accens plaintifs de Pélée. Le moment de désordre reparoît encore ; il est de nouveau suivi par la finale expressive que tout l'orchestre profère maintenant d'une manière haute & bruyante pour la rendre plus animée, & qui termine le trio en se fondant dans un chœur.

Des Chœurs de la Tragédie lyrique.

Nous voici arrivés à cette partie de la tragédie pompeuse, élevée, étendue & imposante, à laquelle on a donné le nom de chœur. Si une tragédie lyrique tire son éclat le plus vif des airs & du récitatif obligé, c'est aux chœurs qu'elle doit sa stabilité, & ces masses de lumière qui quelquefois presque aussi éblouissantes que les points radieux occupés par les airs, ne cessent d'éclairer les portions les plus éloignées : ils sont les colonnes de l'édifice dont les airs sont les ornemens.

Les chœurs sont presque toujours chantés par plusieurs parties : je dis presque toujours, car leur véritable caractère consiste uniquement en ce que chacune des parties qui les forment soient exécutées par plusieurs voix. Un morceau de musique peut renfermer plusieurs parties, former un quatuor, un quinque, &c, & cependant ne pas constituer un chœur ; au lieu qu'il peut ne présenter qu'une seule partie, n'offrir qu'un grand unisson, & cependant être un chœur s'il est chanté par plusieurs personnages. On a donc un chœur toutes les fois que plusieurs voix sont réunies pour une même partie.

Il semble au premier coup d'œil que ce n'est point au musicien à déterminer la place des chœurs. Pour réunir plusieurs voix, il faut pouvoir disposer de plusieurs personnages, & le poëte seul peut les introduire sur la scène. Cela est vrai en général ; mais le musicien ne pourra-t-il pas souvent faire chanter par tous les interlocuteurs qu'il aura sur le théâtre, des paroles remarquables que le poëte aura destinées à un seul personnage ? Quel mouvement ne répandra-t-il point sur la scène ? Au lieu de montrer un seul personnage ému par la passion qu'il voudra représenter, ce sera tout un peuple qu'il fera voir comme transporté par cette passion terrible. Ce n'est plus une petite image qu'il a de la peine à faire remarquer au milieu d'un espace immense ; mais c'est une foule d'images particulières qui toutes font voir le même objet ; c'est une quantité de glaces pures & fidèles, qui réfléchissant toutes des rayons de lumière, allument un grand incendie à leur foyer commun ; ou plutôt c'est un vaste & unique tableau dont tous les traits dessinés en grand, sont faits pour être apperçus à une très-grande distance : c'est une masse énorme qui s'agite, & dont tous les mouvemens très-sensibles effraient même les moins exposés à sa chûte. Voyez le grand effet qu'a produit dans Armide le chevalier Gluck, en plaçant dans la bouche de tout le peuple de Damas ces paroles d'étonnement & d'une espèce de consternation, *Un seul guerrier! que dites-vous?* que Quinault avoit réservées pour un seul de ses personnages.

Mais comment le musicien doit-il composer ses chœurs ? Qu'il examine la nature des sentimens qui agitent ceux qui doivent les chanter. Si ces sentimens les remuent tous avec une égale force ; si les mouvemens qu'ils leur impriment se déploient en même temps, le musicien n'a en quelque sorte qu'un grand & bel air à composer. Mais comme tout un peuple ne peut pas conserver les impressions trop vives aussi long-temps qu'un seul personnage, cet air en général sera plus court que ceux qui ne sont destinés qu'à une seule voix, au moins lorsqu'il s'agira de passions ardentes ; & comme la multitude voit les feux de ses affections s'amortir ou renaître avec plus de promptitude ; comme les passions sont toujours
animées

animées par le grand nombre de ceux qui les éprouvent ; comme l'exemple séduit, l'imitation entraîne, l'émulation emporte, ce nouvel air chanté par tout un peuple, devra offrir moins de repos, être moins coupé par des ritournelles ou des morceaux de symphonie, être une image plus vive des élans & des transports : & comme enfin les mouvemens d'une multitude agitée ne peuvent guère s'accorder avec la délicatesse des petits traits, l'embarras des passages compliqués & des notes trop multipliées, ces airs, ou pour mieux dire, ces chœurs devront être composés de chants simples, grands & faciles.

Si au contraire les affections qui dominent sur les personnages sont de nature à être mêlées de trouble ; si elles ne doivent pas naître à-la-fois dans tant de cœurs qu'un feu rapide ne peut échauffer tous également, c'est une espèce d'air à plusieurs motifs qu'il faut que le musicien compose ; c'est une sorte de duo, de trio, de quatuor qu'il devra produire suivant qu'il divisera, en deux, en trois, en quatre groupes, cette multitude immense dont il doit représenter les sentimens. Qu'il se rappelle alors ce que nous lui avons dit en traitant des duo, des trio, &c ; & qu'il ne voie, plus les différentes divisions qu'il aura formées dans son peuple, que comme divers personnages qui dominés par les mêmes passions ne les exhalent pas en même temps, ou différens interlocuteurs dont l'ame est brûlée par divers sentimens.

Les premiers des chœurs dont nous venons de parler conviendront à tous les sentimens brusques, féroces, militaires, sauvages, cruels, impétueux, pourvû que le trouble n'y règne pas. Lorsqu'un peuple né pour la liberté voudra secouer le joug d'un tyran, que son courage sera ferme, que sa résolution sera unanime, qu'il ne s'avancera la hache libératrice à la main qu'avec le sang froid de la valeur assurée de vaincre, & de la générosité qui combat pour son pays, que le musicien ait recours aux premiers chœurs que nous venons de dessiner. Tous les personnages n'ont que les mêmes choses à dire, & ils doivent les dire dans le même temps. Mais si le désordre s'empare de ce peuple ; si la fureur, la terreur, ou quelqu'autre passion terrible qui ne peut régir qu'inégalement différens caractères, viennent asservir ses esprits inégalement disposés à recevoir des fers, que le compositeur ait recours aux chœurs de la seconde

espèce : les personnages n'ont plus en quelque
sorte les mêmes affections à exprimer ; ils ne
les profèrent plus dans les mêmes momens ;
c'est une succession souvent irrégulière de sentimens tumultueux qu'ils offrent ; ce n'est plus
un seul personnage qu'ils représentent ; mais
ce sont plusieurs interlocuteurs qui agissent ;
que le musicien emploie des espèces de trio,
de quatuor, &c ; mais qu'il n'oublie pas qu'il
n'a jamais remué de si grandes masses, & que
tout doit être ici plus grand, plus simple,
plus espacé, plus sensible.

Si les sentimens qui règnent sur les personnages sont plus doux & plus paisibles, le
musicien pourra suivre, en composant ses
chœurs, presque la même marche qu'en travaillant à ses airs, à ses quatuor, &c. Il
pourra y faire régner, en quelque sorte, la
même tranquillité ; les chants pourront être
également distincts & séparés, les morceaux
d'orchestre aussi nombreux ; peut-être même
pourront-ils l'être d'avantage ; & un peuple
qui n'éprouve que de légères affections est-
il remué assez peu vivement & avec une sorte
de lenteur.

Qu'un calme heureux règne dans les cœurs
d'un peuple fortuné ; que rassemblé sur les

bords d'une onde pure, il se livre dans les beaux jours du printemps à une douce joie; qu'ayant dressé ses pavillons brillans de diverses couleurs sous des forêts verdoyantes, il attende, au milieu d'une fête paisible, l'arrivée des princes chéris dont il tient sa félicité ; s'il exhale sa joie par la plus simple des mélodies, & par un chant unique, que les musiciens, en quelque sorte, croient ne composer qu'un air ; s'il exprime les mouvemens ravissans auxquels il s'abandonne par différens chants proférés ensemble ; s'il forme en chantant plusieurs parties, que le compositeur imagine travailler à un trio ou à un quatuor, suivant le nombre des parties employées. Si perdant de vue ce peuple heureux, nous portons nos regards jusque sur ces plages lointaines brulées par le soleil, envahies par la chaleur la plus ardente, ravagées par des monstres féroces, soumises au cimeterre ensanglanté de tirans plus féroces encore ; si ce grand nombre d'esclaves que nous y voyons abattus sous le poids de leurs fers & de leurs maux, languissament couchés contre les tiges brûlantes d'arbres qu'ils ont plantés, & qui ne sont pas à eux, ne cherchant pas à se garantir de la dent meurtrière du tigre affamé, parce qu'ils ne peuvent éviter le tigre plus cruel qui les tient enchaînés, privés de leurs enfans, de leurs douces compagnes qui seules auroient pu affoiblir tous leurs maux, qui ont été enlevés de leurs bras, & vers lesquels ils n'ont pu seulement tendre leurs mains défaillantes sous leurs chaînes pesantes ; si ces malheureux courbés sous le joug, poursuivis encore par une nature marâtre qui ne cesse de lancer contr'eux ses flèches enflammées ; si ces infortunés profèrent en commun leurs tristes gémissemens, soit que la même mélodie leur serve à tous pour l'expression du sentiment profond dont ils sont pénétrés, ou que divers chants peignent leur douleur & leur sombre désespoir, que le musicien se souvienne de ce que nous lui avons déja dit, mais qu'il donne un caractère plus grand & plus simple à ses diverses mélodies, ou à l'unisson lent, mélancolique, entrecoupé, lugubre dont il se servira.

Mais si au contraire c'est un peuple féroce & barbare, qui ne mettant aucun frein aux transports véhémens qui l'agitent, ne respire que le carnage & la vengeance ; si une mélodie régulière & mesurée ne peut point s'allier avec le feu cruel qui le consume & la fureur qui le poffède ; fi ce peuple a befoin d'avoir recours à la fimple déclamation paffionnée ; fi un récitatif proféré par plufieurs voix, foit à une, foit à plufieurs parties, eft le feul moyen que ces hommes fanguinaires puiffent employer ; fi leurs paroles de mort ne peuvent trouver place qu'au milieu de ce nouveau genre de chœur fyllabique, que la mufique foit encore plus rapide que lorfqu'il ne s'agira, dans une fituation femblable, que d'un ou de deux perfonnages, &c. que les paffages terribles par lefquels l'orcheftre pourra couper cette efpèce de chœur, en faire reffortir les différens morceaux, & peindre la pantomime horrible de ce peuple fauvage, préfentent plus que jamais une apparence effroyable ; que tout foit plus vif, plus enflammé, & que les coups qui feront frappés foient d'autant plus violens que le muficien trouvera dans la multitude qu'il remuera à fon gré, plus de bras nerveux pour lancer fes traits acérés.

Si l'on ne prend le mot *unité* que pour cette liaifon intime qui doit régner entre les diverfes images produites dans un morceau de mufique, de telle forte que dans une fituation donnée, la fuite des fentimens repréfentés non-feulement foit naturelle, mais encore néceffaire, rien ne doit être plus *un* qu'un chœur, ou du moins rien ne doit le paroître davantage. Les sentimens s'y succédant avec plus de rapidité, leur ordre doit être bien plus fenfible. Mais fi l'on entend par *unité* cette régularité & ces retours marqués & pour ainfi dire prévus, qu'offre un morceau de mufique uniquement compofé, en quelque forte, d'un motif & de fes développemens, le chœur ne peut être véritablement *un* que dans les fituations paifibles. Comment en effet imaginer que lorfque les perfonnages qui le forment éprouvent des mouvemens violens, les premiers fentimens qui leur font infpirés les conduifent tous à des affections femblables, ce qui cependant feroit néceffaire pour que le chœur pût préfenter fes retours, & par conféquent fon unité d'une manière très-fenfible, c'eft-à-dire, dans toutes fes parties ? Si cependant une paffion extrême tranfporte les perfonnages, ils feront tous naturellement conduits vers les mêmes affections, comme dans les fituations tranquilles : ils auront reçu des mouvemens trop puiffans pour que les directions particulières qu'ils tiendront de leurs caractères, de leur âge, de leur fexe, &c, puiffent troubler l'impulfion générale qui leur aura été donnée : le chœur pourra préfenter de toutes les manières une belle unité, comme lorfqu'il ne s'agit que de fentimens affez doux, tant il eft vrai, qu'au moral comme au phyfique, les extrêmes ne ceffent de fe toucher.

Dans tous les arts, les oppofitions que doivent offrir les différentes parties des divers ouvrages, doivent être en raifon de la grandeur de ces mêmes parties, parce qu'elles doivent être proportionnées à la diftance dont on doit les voir. Les ornemens qui embelliffent une gallerie richement décorée, doivent préfenter bien moins d'oppofitions que les différens groupes de la façade principale d'un vafte palais. La diftance affoibliffant les acceffoires de tous les objets, les parties fi contraftées de ce palais immenfe qui doivent être d'accord par leur fond, paroiffent de très-loin n'offrir que les oppofitions que l'on doit y remarquer, & fe reffembler autant les uns aux autres que les ornemens d'une riche galerie.

Il eft aifé de voir, d'après cela, qu'on doit trouver dans les chœurs des contraftes bien plus grands & bien plus fenfibles que dans tout autre morceau de mufique; mais d'ailleurs comment ne les y rencontreroit-on pas? Les images devroient y être bien peu vives, fi repréfentant un fi grand nombre de fentimens différens, elles ne faifoient pas naître des effets bien contraftés. Les chœurs font de grandes maffes que le muficien doit faire mouvoir d'une manière très-fenfible : comment pourroit-il mieux y parvenir qu'en agrandiffant tous les temps de fon mouvement, en mettant plus d'intervalles entre les différens points de repos, c'eft-à-dire en marquant davantage les oppofitions?

Ce n'eft pas feulement dans le chant, dans ce qui conftitue le fond des chœurs, que l'on doit retrouver ces oppofitions bien fenfibles; elles doivent encore paroître dans tout ce qui appartient à ces mêmes chœurs, dans leurs accompagnemens, dans leur rhythme; & s'il peut être permis au muficien de hafarder quelquefois des traits gigantefques, de ne pas affez fondre fes nuances, d'employer des paffages trop brufques, de faire fuccéder les diverfes images avec trop de rapidité, & de faire contrafter les tableaux avec trop de force, c'eft fur-tout dans ce qui peut tenir aux accompagnemens & au rhythme des chœurs. Que ce même rhythme, que ces accompagnemens, ainsi que les proportions des phrases, présentent plus que jamais cette grandeur & cette hardiesse qui vont si bien à la tragédie. Mais finissons par la considération la plus importante à faire, relativement aux chœurs.

Ils doivent toujours être en scène ; & pour cela que le musicien les considère sous un nouveau point de vue ; qu'il regarde un chœur comme un seul personnage ; ce nouvel interlocuteur sera censé exprimer ses sentimens par un monologue, lorsqu'au milieu d'une fête, d'un sacrifice, d'une pompe solemnelle, il occupera seul le théâtre : ou bien il sera considéré comme un personnage introduit avec d'autres acteurs, & destiné à dialoguer avec eux, de quelque manière que ce puisse être. Que le musicien le traite alors comme un véritable personnage ; qu'il peigne son jeu muet, au moins si sa pantomime attire assez l'attention ; qu'il emploie même des couleurs plus vives que pour un simple interlocuteur ; qu'il le fasse chanter d'une manière plus ou moins mesurée, plus ou moins accentuée ; qu'il emploie les diverses sortes de récitatif, suivant les différentes affections qu'il aura à peindre, & comme il feroit pour un véritable interlocuteur ; & qu'il n'oublie jamais seulement qu'il doit tout agrandir.

Repréfentons-nous, par exemple, le moment de la tragédie d'Alcione, où l'enchanteur Ifménor oblige les magiciens qui font fous fes ordres à quitter leurs antres ténébreux, & à venir réunir leurs charmes aux fiens. A fa voix redoutable ils accourent de tous côtés au milieu du défert affreux où ils doivent fe livrer à leurs conjurations ; ils arrivent avec une forte de joie féroce. *Eprouvez notre ardeur fidelle*, difent-ils avec les mouvemens d'une gaieté fauvage. *Parlez, commandez-nous*, ajoutent-ils pendant que toutes les parties expriment par un rhythme marqué, le trouble qui les accompagne fans ceffe ; & tout d'un coup s'entaffant autour de leur chef qui, malgré tout fon pouvoir, a de la peine à repouffer leurs flots, ils lui répètent d'un ton bas, lugubre, fépulcral, effrayant, & en employant un grand uniffon, *parlez, commandez-nous*.

Ifménor comme effrayé de leur nombre, de leurs mouvemens rapides, & du ton impofant de leurs voix, ne peut que leur redonner fon premier ordre, pendant que des cris aigus, & des fons fautillans expriment l'agitation inquiète de cette foule de magiciens qui souffrant sans cesse lorsqu'ils ne peuvent faire souffrir, toujours troublés, toujours incertains, toujours actifs, toujours véhémens, se réunissent, se séparent, se rejoignent, se pressent, s'entassent, se divisent de nouveau. On croiroit voir agitées les vagues noires & épaisses de cette mer sulfureuse qui répand sans cesse des feux & des exhalaisons infectes, lorsque les vents déchaînés bouleversent sa surface empestée. *Nous allons signaler pour vous notre pouvoir & notre zèle*, reprennent les magiciens en employant un unisson terrible secondé par tout l'orchestre, en partant des sons les plus bas, & en s'élevant insensiblement pour parvenir à des cris sauvages. Au milieu de ces images noires, de ces peintures de la confusion & du désordre, Isménor ramassant tout son courage, écartant de nouveau de lui cette foule empressée & redoutable, & répétant d'un ton de voix menaçant son ordre sévère, ils lui redisent avec trouble, *parlez*.

Pour servir notre roi redoublez vos efforts, Forcez l'enfer à m'apprendre son sort, leur dit Isménor aussi rapidement qu'il le peut, de crainte que leur férocité qu'il vient d'enchaîner, ne s'échappe de nouveau. Le chœur se réunissant pour ses conjurations affreuses, ne formant plus qu'un seul groupe, obéit au lieu de répondre. Qu'on puisse, en quelque sorte, remarquer toute la noirceur du tableau présenté au milieu de l'accompagnement le plus effrayant exécuté d'un mouvement assez lent, de cris infernaux, de sons bas & sourds, qui représentent, pour ainsi dire, le retentissement des voûtes souterraines. Affermissant leurs voix avec effort, pour lui donner, en quelque sorte, plus d'autorité, la tenant dans le bas par terreur, frémissant d'avance devant les démons auxquels ils commandent, appuyant, pour ainsi dire, leurs chants les uns contre les autres, comme pour en augmenter la force, ils laissent échapper ces paroles redoutables : *Sortez démons.*

Mais déja la nuit a répandu ses voiles les plus sombres sur l'horrible désert où ils sont entassés ; déja on n'apperçoit plus leur troupe hydeuse qu'à la pâle clarté des feux livides que la terre vomit sous leurs pas. Enveloppés dans des nuages noirs & orageux, accompagnés pour ainsi dire par les roulemens sourds d'un tonnerre magique, ils ajoutent, *Que tout ressente ici l'horreur & l'épouvante.* Mais tout d'un coup interrompus par un nouvel ordre d'Isménor, ils se préparent à des conjurations nouvelles. Mais ceſſons de préſenter des images auſſi noires.

Souvent les chœurs font partie des ballets qui répandent tant de pompe, de richeſſes & de variété dans une tragédie lyrique. Les qualités qu'ils doivent alors offrir leur font communes avec les airs de ballet proprement dits, avec ces morceaux de muſique purement inſtrumentale, deſtinés à peindre ſans le ſecours des voix & du chant.

Que le muſicien compoſe ces morceaux ainſi que ſes airs, ſes duo, &c. Au lieu d'en faire entendre le chant principal par le moyen d'une ou de pluſieurs voix, il le confiera à un inſtrument qu'il choiſira parmi les plus doux, les plus éclatans, ou les plus graves, ſuivant la nature des affections qu'il devra repréſenter. Cet inſtrument dont la marche deviendra d'autant plus ſenſible, que toute l'attention ſe portera ſur lui, devra, comme une voix humaine, ou s'arrêter de temps en temps, ou faire entendre des chants entrecoupés, ou offrir une mélodie ſoutenue, ſuivant ce que le muſicien voudra montrer. Il faudra qu'on puiſſe croire entendre un bel air exécuté par une voix qui ne feroit que proférer des ſons inarticulés.

Au lieu d'employer un feul inftrument, le muficien placera fon véritable chant dans deux ou dans trois, fuivant qu'il aura à repréfenter plufieurs fentimens, ou à fuivre la pantomime de deux ou de plufieurs danfeurs; qu'il compofe enfin, lorfqu'il le voudra, un beau duo, un beau trio, &c, auquel il ne manquera que des paroles.

C'eft ici que le muficien devra fur-tout rendre les images des affections très-fenfibles, n'ayant pas le fecours d'une langue de convention pour augmenter la force de leur expreffion, & pour en ôter ce qu'il pourroit y avoir de vague. Les airs ordinaires, foit à une, foit à plufieurs voix, pourroient, en quelque forte, préfenter de temps en temps des peintures affoiblies, afin de donner à l'ame le temps de fe repofer, & de revenir des impreffions trop fortes qu'elle pourroit avoir reçues. Mais dans les airs de ballet, où le muficien ayant moins de moyens de peindre, ne peut jamais craindre de peindre trop vivement, qu'il fe garde bien d'employer ces images affoiblies; qu'il ne laiffe repofer l'ame des émotions qu'une peinture lui aura caufées, qu'en lui offrant des images auffi fortes, mais d'un genre différent; qu'il n'y ait aucun inftant où un sentiment ne soit représenté avec la plus grande énergie, où l'on ne passe d'émotion à émotion, de surprise à surprise : si l'ame n'est pas remuée aussi fortement que dans les autres morceaux de musique, qu'elle le soit avec plus de continuité; qu'on ne cesse jamais de la tirer hors d'elle-même ; qu'elle n'ait pas le temps de s'appercevoir qu'il manque quelque chose au pouvoir du musicien ; & que le nombre des impressions qu'elle recevra l'empêche de remarquer la moindre vivacité.

Il est aisé de voir que des airs qui par eux-mêmes jouissent de moins de puissance, doivent attirer par plus de charmes; qu'ils doivent, s'il est possible, réunir à une plus grande unité la variété la plus riche. Mais le musicien ne pouvant pas appeller ici à son secours les différentes nuances des sentimens, puisqu'il doit toujours s'efforcer de les peindre avec vigueur, qu'il fasse beaucoup contraster le fond de ces mêmes sentimens. S'ils doivent être vus du même côté, ou pour mieux dire, représentés avec la même énergie, qu'ils soient très-différens les uns des autres. Le musicien pourra parvenir à son but avec d'autant moins de peine, qu'il sera moins gêné

gêné par la pantomime des danseurs, que par les paroles des personnages.

Les airs de ballet devant être très-pittoresques, présenter une grande variété & de grandes oppositions, que le musicien fasse la plus grande attention aux divers rhythmes qu'il emploiera, qu'il mêlera, qu'il fera succéder les uns aux autres. Le rhythme & le mouvement sont deux choses très-essentielles dans les airs de ballet : ils sont les deux sources les plus abondantes des caractères qu'ils peuvent offrir. Le mouvement y règle pour ainsi dire l'ensemble de ces caractères, & le rhythme en régit les détails. Ils ont d'ailleurs le plus grand rapport avec les divers moyens d'expressions que les danseurs peuvent devoir à leur art : ils les rendent plus faciles à employer, ou y opposent plus ou moins d'obstacles.

Que devons-nous ajouter ici? Que le compositeur ne doit jamais cesser de se servir en grand de toutes les ressources de la musique, afin que les airs de ballet soient dignes de la tragédie. Ce que nous pourrions dire de plus sera aisément trouvé dans cet ouvrage par ceux qui sauront l'y chercher, ou il ne devroit pas appartenir à une poëtique de la musique, il ne pourroit concerner qu'un art très-lié avec celui qui nous occupe.

La musique & la danse ne peuvent toutes les deux que s'aider beaucoup, sur-tout si la danse, qui pendant si long-temps n'a régné au théâtre que pour le plaisir des yeux, sans aller jusqu'à l'ame, & qui ne méritoit peut-être pas alors le nom d'*art*, puisqu'elle ne représentoit pas la nature, continue de faire vers sa perfection les grands pas dont le public a chaque jour à se féliciter; si par les soins des Noverre & des Gardel, les ballets continuent de devenir une suite d'expressions fidèles, de tableaux ravissans, étendus & bien liés, de pantomimes naturelles, touchantes ou terribles, de scènes bien contrastées, & découlant nécessairement l'une de l'autre; s'ils présentent toujours un dessein bien suivi, une action une & intéressante, des allégories fines, délicates, enchanteresses, les spectacles les plus variés, les oppositions les plus marquées; s'ils continuent de montrer, au milieu de tout un peuple rassemblé, des personnages intéressans par leurs affections, ou leurs malheurs, & d'allier la noble simplicité antique à la richesse des compositions modernes; s'ils forment toujours des ensembles qui puissent paroître isolés, & émouvoir par eux-mêmes, ou former de belles portions d'une tragédie lyrique; s'ils continuent de ne renfermer rien d'inutile ou d'autorisé uniquement par l'usage ; de ne rien faire voir qui n'ait son but, & qui n'ait été placé d'après quelque intention; s'ils offrent toute espèce de tableaux, en ne montrant que dans le lointain ce qu'il est trop difficile d'imiter d'une manière bien parfaite, ou dont la représentation trop fidèle pourroit révolter.

C'est aux grands maîtres que nous venons de citer, ou à leurs ouvrages, que les musiciens doivent avoir recours pour tout ce qu'ils ne trouveront pas dans cette poëtique, relativement aux ballets ; qu'il nous soit seulement permis de recommander au musicien de ne jamais cesser de songer à lier les ballets avec la pièce, à les faire entrer dans l'ensemble de la tragédie, & à voiler ainsi ce qui auroit pu échapper au poëte; qu'il rappelle pour cela dans ses airs de ballets, autant qu'il le pourra, les phrases les plus expressives, les plus terribles, les plus touchantes, répandues dans la pièce, & analogues aux sentimens représentés par la pantomime des danseurs.

Nous avons enfin parcouru les différentes parties de la tragédie lyrique; nous l'avons vue dans son ensemble; nous l'avons considérée sous toutes ses faces; nous avons examiné toutes ses parties; nous avons pour ainsi dire traité de la musique en général; car tout se trouve dans la tragédie, & nous n'avons plus que des différences à indiquer.

Musiciens qui travaillez pour le théâtre tragique, ne cessez de réunir le noble au touchant; composez de ces deux affections une espèce de couleur transparente, une sorte de vernis que vous répandrez sur tous les morceaux auxquels vous travaillerez : le touchant se tire de tous les signes des affections douces & mélancoliques; & le noble, de tout ce qui retrace des idées de gloire, de fierté, de grandeur, & de fermeté héroïque. Mais voulez-vous que vos ouvrages soient plus près de la perfection, employez le plus que vous pourrez dans votre tragédie, de ces traits frappans si familiers au génie, de ces peintures qui étonnent, de ces images si fidèles qu'elles font voir l'objet représenté, qui tiennent moins à l'emploi des moyens fournis par la musique, qu'à une manière hardie de concevoir & de peindre, qui sont le fruit du soin extrême avec

lequel on recherche dans le plus profond des
cœurs, tous les sentimens qui peuvent y naître
à la vue d'un objet nouveau, & de l'habitude
de s'en pénétrer avec promptitude, & de les
rendre d'une manière vive, rapide, imposante;
& dont la magie dépend sur-tout de la place
qu'elles occupent, & de la manière poëtique
de les montrer. Ne laissez jamais passer un événement remarquable, ou un sentiment intéressant & soudain, sans avoir recours à cette
grande manière d'émouvoir. L'opéra d'Armide
nous en offre de beaux exemples, & particulièrement dans le chœur *Poursuivons jusqu'au
trépas*. Vous vous familiariserez avec ces
grands moyens que vous emploierez en peintre
& en poëte, plutôt qu'en musicien, si vous
pouvez deviner la pantomime rapide & expressive convenable aux situations que vous
aurez à peindre, & si vous allez toujours cherchant à déchirer le voile qui cache la nature.
Ne cessez jamais de consulter cette nature, la
mère de toute beauté; voyez-la de près pour
l'imiter fidèlement ; c'est ainsi que l'art que
vous cultivez, & que de grands maîtres dans
tant de genres ont si fort avancé, parviendra
peut-être à la perfection à laquelle il devroit
atteindre. Vous aurez encore un grand moyen

S iij

pour vous approcher de ce but de vos travaux, si vous ne cessez de porter la plus grande attention à ne jamais mêler ce qui appartient au tragique, au grave, au sérieux, avec ce qui convient au plaisant, à l'agréable, au comique, & à ne pas confondre les diverses expressions que la nature & l'art vous fourniront suivant la différence des tableaux que vous aurez à peindre, la grandeur de ces compositions, le cadre qui les renfermera, le lieu où ils seront vus, & les spectateurs qui devront en jouir. Nous allons, en parcourant rapidement les différens genres, essayer de reconnoître les nuances qui leur conviennent, & ce qui doit les distinguer.

De la Comédie lyrique.

Soit que le compositeur travaille à une tragédie ou à une comédie lyrique, il a les mêmes soins à se donner, les mêmes précautions à prendre, les mêmes défauts à éviter, les mêmes beautés à introduire ; il faut également que l'ensemble de son ouvrage soit digne d'un grand théâtre, que les différentes parties y présentent ces couleurs uniformes & ces couleurs diversifiées que nous avons vues être la source de la liaison & de la variété ; qu'il sache offrir l'image de toutes les passions & de toutes leurs nuances ; que de la réunion de ces passions il compose des caractères, les peigne avec force, les fasse contraster avec éclat, & les soutienne jusqu'à la fin de sa tragédie : son chant doit également offrir toutes les qualités que nous avons exigées, & qui seules peuvent rendre la musique l'imitation fidèle de la nature ; les accompagnemens doivent présenter la même richesse, la même variété, la même régularité, ou la même diversité dans leurs formes, les mêmes peintures, les mêmes dialogues ; l'ouverture, les récitatifs, les airs, les duo, les trio, les chœurs, &c. tout doit être fait de la même manière, composé des mêmes parties, brillant du même feu, dirigé d'après les mêmes considérations, également imaginé par le génie, ou réchauffé par le sentiment; nous ne cesserons de le répéter. Nous avons vu tout ce qui peut constituer la musique ; nous avons considéré toutes ses parties, tous ses ornemens, toute sa puissance; nous avons tout trouvé dans la tragédie; il ne nous reste plus qu'à montrer des variétés.

La comédie lyrique diffère de la tragédie par deux grands caractères. Elle est principalement destinée à la peinture des ridicules, des choses fines, des sentimens doux, des scènes les plus ordinaires de la vie : ce n'est point par la terreur & par des mouvemens horribles qu'elle cherche à remuer les cœurs, & à atteindre son but; elle y parvient le plus souvent en employant le charme d'une douce sensibilité, d'une gaieté paisible, d'un comique plaisant, & souvent même d'une joie folâtre. Il en résulte deux choses importantes; la première, c'est que dans la comédie le musicien doit peindre le comique, & en quelque sorte la raillerie fine ; & secondement, qu'excepté quelques inſtans où des paſſions furieuſes & terribles peuvent exercer leur empire, il doit preſque toujours affoiblir ſes teintes, & ne préſenter les images des ſentimens, que ſous une eſpèce de voile qui leur donnera l'apparence convenable à des événemens moins importans, & à des perſonnages moins véhémens & moins élevés.

Mais comment le muſicien montrera-t-il ce qui ne ſera que comique ? Il ſemble que tout ce qui tient à la plaiſanterie & à la raillerie ne fourniſſe le plus ſouvent ni affections à peindre, ni tableaux à offrir. Comment fera donc le muſicien qui n'a à ſon commandement que des ſentimens ou des images, & qui ne peut exprimer d'aucune manière ce qui n'appartient qu'à l'eſprit ? Eſſayons de lui indiquer différentes manières de repréſenter des ſituations, des affections, ou des événemens comiques. Preſque tous les grands maîtres d'Italie, & pluſieurs de France ou d'autres pays, nous ont donné là-deſſus des exemples admirables.

Premièrement, le compoſiteur pourra rendre ſa muſique comique, & même burleſque, en répétant pluſieurs fois de ſuite, & ſans interruption, quelques paſſages aſſez ſaillans

& assez courts pour qu'on puisse, en quelque sorte, compter toutes leurs répétitions. De même que dans la conversation quelqu'un qui rediroit plusieurs fois de suite une petite phrase bien courte & bien reconnoissable, ne pourroit que produire un effet très-plaisant en répétant ainsi la même chose un grand nombre de fois & sans interruption ; de même une pensée musicale qui ne sera ni trop longue, ni trop triste, ni trop touchante, ni trop effrayante, devra paroître très-comique, lorsqu'elle se montrera plusieurs fois de suite. Au moral comme au physique, c'est le propre de toutes les petites choses répétées un très-grand nombre de fois, de devenir ridicules & même burlesques. Que quelqu'un se permette plusieurs fois de suite quelques petits gestes, quelques petits mouvemens bien rapides & bien marqués, & certainement on le trouvera bientôt ridicule.

De même qu'une disparate très-sensible entre les actions & les paroles d'un personnage devient souvent comique de la même manière que lorsqu'elle se trouve entre les volontés & les caractères de deux acteurs qui se rencontrent sur le théâtre ; de même une espèce de contradiction entre les images, doit faire naître des effets plaisans. Que le musicien cherche donc à faire contraster quelquefois ses diverses peintures beaucoup plus qu'il ne le devroit d'ailleurs : que lorsqu'on y songera le moins, on ait sous les yeux une expression nouvelle, & qu'avec la même promptitude on soit ramené devant les images dont on jouissoit ; mais que non-seulement le compositeur augmente ainsi les oppositions qu'il placera dans son ouvrage, mais que, pour produire un plus grand nombre d'effets comiques, il ne laisse échapper aucune occasion de peindre dans ses accompagnemens les affections qui, dans une situation donnée, pourront être contraires aux sentimens indiqués par les paroles ou le chant des interlocuteurs. Lorsque les contradictions entre le chant & le sens de l'orchestre seront délicates, & ne présenteront point des nuances trop vives, le musicien peindra aisément, par leur moyen, la finesse des sentimens ; car que l'on y réfléchisse, & l'on verra que tout ce qui peut être regardé comme fin dans un discours, dans une conversation, dans un geste, dans l'air du visage, ne consiste que dans une espèce de petite contradiction entre ce que l'on pense & ce que l'on exprime ; & dans les passions

il ne peut y avoir de fin que les petites oppofitions qu'elles font naître.

Ne fera-t-il pas quelquefois permis au compofiteur de faire paroître des traits étrangers à fon
morceau de mufique pour produire des furpri-
fes extraordinaires; d'employer des tranfitions
inattendues, des paffages en apparence vides
de fens, des accompagnemens trop bruyans ou
trop remplis, des proportions exceffives placées
tout d'un coup au milieu de proportions plus
petites, &c? Mais qu'il n'abufe jamais de ces
reffources; qu'il ne s'en ferve ni trop fouvent,
ni trop long-temps; & en général il aura befoin d'un tact très-fin & de beaucoup de connoiffances pour avoir recours aux divers moyens
que nous venons de lui indiquer, & pour ne
pas s'expofer lui-même au ridicule qu'il voudra peindre.

C'eft dans la comédie lyrique que le muficien pourra & devra même fouvent préfenter les
peintures les plus fidèles d'un grand nombre de
petits objets, & de fons remarquables, comme
les cris de divers animaux, le bruit qui peut
accompagner une démarche ou des geftes plai-
fans. Ils deviennent plus importans dans la comédie; ils y attirent davantage l'attention,
parce qu'on les y compare avec d'autres objets

moins élevés : & d'ailleurs ne peuvent-ils pas beaucoup fervir aux peintures plaifantes ou burlefques, par leur accord ou leur oppofition avec les affections & leurs images ?

Que le muficien tâche d'imiter en quelque forte le créateur immortel de notre théâtre comique ; qu'il ne néglige rien pour furprendre toutes les fineffes de la nature, pour faifir toutes les nuances du ridicule & des mœurs, pour connoître le véritable degré de force qu'il doit donner à fes tableaux, foit qu'il ne doive peindre que les fentimens doux & paifibles qui règnent ordinairement dans la comédie, ou qu'il foit obligé de repréfenter les paffions plus impétueufes qui y font quelquefois allumées ; qu'il defcende fouvent dans fon cœur, mais qu'il fe réuniffe fouvent à fes femblables. Les auteurs tragiques peuvent rarement approcher des rois & des perfonnages illuftres dont ils doivent peindre les caractères ; mais le muficien qui travaille pour la comédie trouvera l'homme par-tout. Qu'il recherche tous les effets des paffions ; qu'il parcoure les diverfes claffes de la fociété, elles peuvent toutes devenir le fujet de fes tableaux : qu'il voie ceux qui les compofent, foumis à l'infortune comme dans les bras du bonheur ; qu'il les fuive dans toutes les circonftances de leur vie, lorfque des fentimens affectueux répandent autour d'eux une douce férénité, ou lorfque des paffions atroces & criminelles les dégradent, les aviliffent ou les tourmentent : qu'il aille quelquefois fe repofer fous le toit ruftique du laboureur trop peu connu ; il y verra mieux, il y entendra mieux la nature : qu'il ne dédaigne pas la cabane du pauvre & du malheureux : qu'il aille fous un humble chaume être le témoin de ces fcènes attendriffantes qu'on ne fauroit trop dérober à l'obfcurité : que fon cœur foit ramolli par les larmes de l'infortune & de la tendreffe réunies ; qu'il apprenne à goûter le plaifir de la pitié bienfaifante & confolatrice : qu'il mêle fes pleurs à ceux de ces victimes innocentes du fort : qu'il puife au milieu des malheureux que fes fecours arracheront au défefpoir, cette facilité à s'attendrir qui lui fera fi néceffaire : qu'il furmonte la délicateffe d'une fenfibilité trop vive : qu'il pénètre jufques dans les afiles préparés par l'humanité compatiffante & généreufe, à l'humanité pauvre & fouffrante : que fon ame émue apprenne à connoître la voix du malheur, les plaintes déchirantes d'une douleur cruelle ; & qu'il fache pour combien de plaies nous pouvons être condamnés à gémir.

On trouvera aifément, d'après ce que nous venons d'expofer & l'article fuivant, ce que nous pourrions indiquer encore relativement aux drames qui tiennent le milieu entre la tragédie & la comédie, entre la tragédie & la paftorale; & pour ce qui eft des pièces de théâtre, qui n'étant pas entièrement revêtues des charmes de l'art que nous cultivons, font uniquement mêlées de morceaux de mufique, qu'avons-nous befoin de dire, fi ce n'eft que ces différens morceaux étant féparés par des portions purement déclamées, avec lefquelles ils n'ont pour ainfi dire aucun rapport, font comparés de plus près les uns avec les autres ? Peut-être d'après cela ont-ils befoin d'être plus diverfifiés & de fe reffembler moins, parce qu'ils ne font ni précédés, ni fuivis immédiatement par aucun chant qui puiffe les faire reffortir ? Etant d'ailleurs entendus en quelque forte d'une manière ifolée, ne doivent-ils pas offrir chacun un enfemble, & préfenter un tout beaucoup plus indépendant que dans les pièces où la mufique règne depuis le commencement jufqu'à la fin ? Que nous refte-t-il maintenant à faire, que de recommander aux jeunes muſiciens de méditer les différens chefs-d'œuvre dont nos théâtres s'honorent, ſoit dans le genre des comédies lyriques, ſoit dans celui des pièces mêlées de muſique, d'étudier particulièrement tous ceux dont M. Grétry enrichit le public, & d'aller admirer ſouvent les grands acteurs auxquels la repréſentation en a été confiée?

De la Pastorale lyrique.

MUSICIENS, voulez-vous savoir quelles nouvelles couleurs vous devez employer dans vos tableaux ? Transportez-vous avec nous dans ces contrées heureuses où un soleil plus voisin donne plus d'ardeur au feu du sentiment, plus de fraîcheur à la verdure, plus d'éclat à l'émail des prairies : suivez avec nous les différentes scènes que nous allons tâcher de décrire ; examinez les divers sentimens dont nous allons essayer de vous offrir la peinture ; soyez-en comme nous le témoin invisible ; pénétrez-vous de ce qui va paroître à vos yeux ; & lorsque votre ame sera bien émue, rappelez-vous ce que nous avons dit en traitant de la tragédie ; composez alors sans crainte ; livrez-vous au sentiment que vous éprouverez, & soyez sûr d'avoir saisi les nuances propres à la pastorale.

La saison brûlante règne déja sur ces plages fortunées où l'astre de la lumière lance des rayons plus enflammés : la nature plus vive, plus puissante, y répand avec plus de profusion tous les germes de sa fécondité. La terre

Tome II.   T

disparoît fous des tas plus épais de plantes vigoureufes ; les animaux pénétrés d'une chaleur plus active, impatiens du feu fecret qui les confume, femblent partager dans leurs mouvemens la rapidité de l'éclair qui brille fouvent à leurs yeux. Les êtres même infenfibles participent à ce furcroit de vie ; on diroit que les eaux coulent avec plus de vîteffe au milieu de ces campagnes animées.

A un jour où l'été a déployé toute fa puiffance, où le foleil a joui de tout fon éclat, & où il a fait pénétrer fes feux jufques dans les afiles les plus cachés, fuccède une nuit tranquille : avec elle le calme, le repos, & le filence defcendent fur la terre rafraîchie par des vapeurs bienfaifantes. Un vent léger agitant doucement les feuillages des vaftes forêts, augmente les charmes de cette retraite délicieufe & paifible. Une onde pure dont le murmure fait réfonner fes bords enchanteurs, vient arrofer les pieds de ces arbres antiques dont les cimes élevées & majeftueufes paroiffent étendre d'immenfes voiles verdâtres fur l'azur foncé des cieux, agrandiffent l'imagination, & font naître la rêverie & la fenfible mélancolie. La lune s'avançant lentement au milieu d'un firmament femé d'étoiles, fait parvenir ſes rayons blanchâtres au travers des branches touffues, & de la voûte de feuillages ſuſpendue au deſſus des eaux. Les différentes lames que préſente la ſurface d'un baſſin ridée par les zéphirs, réfléchiſſent l'image argentée de ce flambeau des nuits. A ſa clarté incertaine on diſtingue ſur les rives humides, des fleurs que la nature ne ceſſe d'y faire éclore: Leur couleur moins ſenſible que pendant le jour, offrant des nuances plus douces inſpire des ſentimens plus tendres. De jeunes & timides bergères, la pudeur ſur le front, l'innocence dans le cœur, viennent fouler les tapis fleuris étendus ſur ces bords tranquilles. Laiſſant flotter leurs blonds cheveux, dénouant leurs robes légères, & ſe plongeant dans l'onde tranſparente, elles vont chercher au milieu des eaux une fraîcheur qu'elle n'ont pu goûter pendant le jour. On diroit qu'elles veulent éteindre la flamme ſecrette qui commence à s'élever dans le fond de leurs ames. Le bruit le plus foible fait treſſaillir ces beautés craintives; elles ne voudroient même pas expoſer aux regards de l'aſtre de la nuit, les dons qu'elles doivent à la belle nature. Le moindre feuillage agité par le vent, les fait ſortir avec précipitation du lac tranquille, & courir chercher, dans le plus épais du bois, une obscurité protectrice.

Chloé, la plus belle de ces bergères, revenant plus tard que ses compagnes des bords d'un ruisseau paisible, s'égare au milieu de la forêt ; elle ne peut quitter les lieux charmans où son amant l'a si souvent entretenue de son amour ; elle voit son bien-aimé dans tous les objets qui l'entourent ; elle porte son image sur toutes les fleurs, sur toutes les feuilles ; elle n'apperçoit que lui ; elle ne pense qu'à lui ; elle le voit toujours tendre & toujours fidèle ; elle revient sans cesse vers l'arbre où Daphnis a écrit le nom de sa bien-aimée ; elle ne peut s'arracher à l'illusion qui l'a séduite. Dans ce moment de délire ravissant arrive l'amant chéri que l'amour a conduit sur ses pas ; elle le voit, tressaillit, & cependant ne s'apperçoit pas qu'il ne vient que de paroître devant elle, tant il est toujours présent à son cœur & à ses yeux.

C'est ce jour même que les parens de Chloé doivent l'unir à ce qu'elle aime ? ce jour doit être le premier d'une félicité qui ne devroit point avoir de terme. Daphnis & sa tendre amante enivrés d'avance du bonheur dont ils doivent jouir, s'arrêtent au milieu de ces

bois auguftes & antiques. Une grotte tapiffée
de lierre, y offre un afile à ces deux amans;
ils s'y affeyent fur un banc de gazon; ils
ne fe voient qu'à demi, parce que la nuit
règne encore, & que la lune commençant
à baiffer, n'envoie fous ces vaftes forêts que
des rayons plus pâles. Leur imagination livrée
à elle-même par le calme de tout ce qui les
entoure, par le demi jour qui feul les éclaire,
par toutes les images agréables qui paroiffent
voltiger autour d'eux, par le fite romantique,
par le lieu pittorefque où fe preffant l'un contre
l'autre, ils fe difent avec tranfport qu'ils s'ai-
meront toujours, répand de nouveaux charmes fur l'heureux abandon dans lequel ils
font plongés. Ils oublient la nature entière ;
les heures s'écoulent avec rapidité, & ils
croient pour la première fois fe ferrer dans
leurs bras & fe dire qu'ils s'aiment. Avec quelle
ivreffe Daphnis plus paffionné lit dans les yeux
de Chloé plus tendre, le bonheur qu'il goûte
& celui qui l'attend! Comme ne pouvant plus
réfifter au feu qui le dévore, il fe lève plein
de joie & de tranfports amoureux, & retom-
bant aux genoux de fa bergère adorée, & la
preffant de nouveau contre fon fein, il exhale
les foupirs & les accens les plus doux! Comme

leurs regards, comme leurs ames fe confondent! ils ne forment plus qu'un feul fentiment, qu'une feule exiftence; ils ne vivent plus que par des élans communs.

Cependant une clarté plus vive fe répand dans la forêt; les oifeaux fe réveillent, quittent leurs petits toits verdoyans, s'animent par un ramage varié, & vont chercher en voltigeant la nourriture de leurs tendres compagnes, & du doux fruit de leurs amours; un vent plus frais commence à courber le haut des cimes touffues, & à faire réfonner les feuilles qu'il agite; les fons perçans du coq altier font répétés au loin par les échos de ces lieux champêtres; une teinte rougeâtre fe mêle à la verdure; tout annonce aux deux amans que le jour va paroître; il faut qu'ils fe quittent; ils vont chacun de leur côté hâter le moment où ils feront unis pour n'être jamais féparés. Chloé va rejoindre fes tendres parens, Philémon & Baucis, le bonheur de ces campagnes. Combien de fois avant de quitter fon amant eft-elle bien aife de lui entendre redire qu'il l'aimera toujours! Combien de fois fes regards lui expriment fa tendreffe touchante! Combien de fois elle tend à fon bien-aimé cette main qui bientôt doit être le gage d'une union sacrée & éternelle! Jeunes amans! pourquoi mêlez-vous des pleurs à vos adieux? Pourquoi cette sombre mélancolie s'empare-t-elle de vos ames? Est-ce donc pour long-temps que vous allez être séparés? Pourquoi ces tristes pressentimens, ces alarmes, ces tendres plaintes au milieu de l'expression de l'amour le plus vif? Ils ne peuvent se quitter; ils revolent sans cesse l'un vers l'autre; ils ont besoin de se redire encore qu'ils s'aiment, qu'ils vont bientôt se revoir, qu'ils seront toujours ensemble : leur ame éprouve des mouvemens inconnus; leur cœur se déchire lorsqu'ils s'éloignent l'un de l'autre; ils s'arrachent comme par force à leurs mutuels embrassemens; ils se quittent & reviennent se serrer étroitement; ils courent & s'étendent en quelque sorte l'un vers l'autre, pour ne pas se séparer si tôt; leurs mains cherchent encore à se toucher; ils s'éloignent enfin, mais ils se regardent encore; ils ne se voient plus, & ils ne se sont pas encore détournés. Pourquoi ces larmes au moment d'une union pleine de charmes? Se seroient-ils vus pour la dernière fois?

Cependant ils regagnent chacun leur demeure champêtre; Chloé court dans les bras des auteurs de ſes jours calmer les triſtes agitations de ſon ame inquiète, eſſuyer ſes larmes, & parler de ſon amant. Ces vieillards reſpectables la preſſent contre leurs ſeins paternels; ils ſont émus des pleurs de leur fille chérie; ils la conſolent; ils la raſſurent; & pendant qu'ils vont tout diſpoſer pour hâter l'union ſainte, ils n'oſent ſe confier l'un à l'autre les craintes que leur tendreſſe commence à leur inſpirer.

Le ſoleil ſe lève, la nature reprend toute ſa beauté; les bergers & les bergères recommencent leurs travaux des champs; les troupeaux foulent, en bondiſſant, l'herbe chargée de roſée : les uns courent dans le fond des vallées chercher les eaux vives & les gras pâturages; & d'autres plus pétulans, plus vifs & plus hardis, vont ſur les pointes les plus élevées des rochers eſcarpés, brouter ſans effroi au milieu des précipices, les plantes odoriférantes qu'ils préfèrent.

Inſenſiblement la chaleur devient de plus en plus ardente : le ſoleil jouit de nouveau de tout ſon empire : le vent frais qui s'étoit levé avec l'aurore, ceſſe de ſouffler; le feu eſt lancé de toute part; tout ſe tait. Les troupeaux & les paſteurs affaiſſés ſous l'ardeur du midi, cherchent en vain les bords des fontaines, ou l'abri de quelque antre écarté. La chaleur pesante a pénétré par-tout ; des vapeurs se condensent à l'horizon ; elles ont bientôt formé un nuage obscur qui s'avance & qui s'épaissit ; les animaux effrayés se cachent ; un calme sinistre n'est interrompu que par le retentissement sourd d'un tonnerre lointain ; l'éclair a déja silloné la nuée ; un trait couleur de sang a parcouru avec rapidité cette masse noire qui s'empare insensiblement de tout le ciel : tout annonce un orage violent ; il s'avance ; il s'étend ; il redouble ; les vents s'élancent avec impétuosité ; des nuées de poussière marquent leur approche, & s'élèvent vers l'orage qui s'abaisse. Le tonnerre éclate, la foudre étincelle ; un déluge d'eau va tomber ; les campagnes vont être inondées ; malheureuse Chloé pourquoi êtes-vous allée si loin du toit de votre famille chercher des fleurs pour votre bien-aimé ? Pourrez-vous vous dérober à l'orage qui vous menace ? Mais déja il est sur sa tête ; les élémens paroissent confondus ; les arbres les plus forts courbent leur cime sous les vents violens qui les assaillent ; des torrens de feu descendant avec rapidité des nuées, se mêlent aux flots d'eau qu'elles ne cessent de répandre ; un fracas épouvantable ajoute à l'horreur & à l'effroi. Daphnis plein de trouble & d'inquiétude, ne pouvant vivre éloigné de son amante, la cherche au milieu des forêts : ni les torrens qu'il est obligé de franchir, ni les arbres déracinés avec violence & précipités autour de lui, ni la foudre qui tombe à ses pieds, rien ne peut ralentir sa recherche empressée ; il craint tout pour ce qu'il aime mille fois plus que sa vie ; il l'appelle à grands cris au milieu de ces forêts immenses ; le nom de Chloé retentit dans ces solitudes ravagées ; la voix de son amant se mêle au sifflement des vents & au mugissement de la tempête. Il court, il se presse, il appelle de nouveau mais en vain ; il ne sait pas qu'il est si près de celle qu'il adore, & que peut-être il ne la verra que pour lui être ravi pour toujours.

Un de ces serpens énormes, le fléau des contrées ardentes, avoit établi son repaire funeste au milieu de cette forêt. Animé par la faim dévorante, rendu furieux par le fracas de l'orage, il sort de sa retraite infectée ; il déploie avec force ses anneaux recouverts d'écailles éclatantes ; il fait jaillir son dard cruel ; il s'avance l'œil en feu, la tête redressée, & répandant avec violence ses mortels poisons de sa gueule ensanglantée; il apperçoit Daphnis, se jette sur cette proie, le serre dans ses horribles contours, le perce mille fois de son aiguillon envenimé, le couvre de sang & d'une écume empestée ; & pendant qu'il reste encore assez de vie à l'infortuné Daphnis pour ressentir les tourmens les plus affreux, mais qu'il ne peut plus les exprimer par le cri le plus foible, Chloé se présente à ses regards mourans. Quelle image pour un amant ! il ne songe qu'au danger de celle qu'il adore ; mais c'est en vain qu'il s'efforce de l'avertir par de sourds gémissemens; sa voix est étouffée par le monstre qui le presse avec plus de violence au milieu de ses nœuds effroyables. Chloé le voit, & à l'instant où elle veut se jeter sur son malheureux amant, la foudre éclate avec un bruit terrible, écrase à ses yeux & le monstre & son infortunée victime, & elle expire de douleur.

Cependant la tempête diminue, l'orage va exercer ailleurs ses ravages, les feux s'éteignent, les vents s'appaisent, les nuages se dissipent, la pluie cesse, le calme revient dans les champs qu'un soleil pur éclaire de nouveau. Les pasteurs & leurs compagnes ne songent plus qu'à l'hymen de Daphnis : ces ames innocentes & tranquilles ont bientôt oublié l'orage. Auprès de la cabanne de Philémon s'étend une vaste prairie ombragée par de hauts peupliers. Les pasteurs s'y rassemblent ; ils y arrivent leurs houlettes garnies de fleurs ; ils marchent au doux son des musettes ; ils élèvent au milieu de la plaine verdoyante un autel simple comme la nature & leurs cœurs ; ils déposent des présens auprès de cet autel, l'ouvrage de leurs mains ; ils allument les feux sacrés de l'hyménée, & en formant des danses religieuses autour de ce temple rustique, ils attendent au milieu d'une joie tranquille que Philémon & Baucis leur amènent les amans qui doivent être unis.

Ils arrivent ces bons vieillards ; ils viennent bénir ce peuple qui les aime, parce qu'ils sont bienfaisans ; ils viennent être bénis à leur tour, & recevoir de leur reconnoissance, dans ce jour solemnel, la plus touchante récompense de leurs vertus. Hélas ! ils sont seuls ; on ne voit point au milieu d'eux ni Daphnis, ni Chloé ; le front de ces vieillards vénérables présente, avec l'image de la sérénité de l'innocence, celle d'une douleur secrète & d'une vive inquiétude : ah ! rien n'échappe à des cœurs paternels. En vain de jeunes bergères vêtues de blanc, & ornées de guirlandes de roses, attendent Chloé dans cette verte prairie, pour offrir à cette jeune amante la couronne de lis, symbole de candeur. Sans doute l'orage a contraint ce tendre couple à se réfugier sous quelques roches écartées ; ils veulent tous aller au devant de leurs pas ; ils prennent le chemin du bois ; & les doux chants de l'hyménée continuent. Philémon & Baucis les suivent pleins de trouble, & en hâtant les pas tardifs de leur vieillesse débile.

La troupe empressée pénètre dans la forêt ; elle cherche ; elle découvre ! quel spectacle affreux ! les deux amans inanimés étendus auprès l'un de l'autre, & à côté la dépouille sanglante du monstre. Ils demeurent immobiles de douleur, d'étonnement, de consternation & d'effroi. Les malheureux vieillards arrivent : le désespoir les frappe, & ils tombent presque sans vie auprès des restes déplorables de ce qui leur étoit si cher. Alors les gémissemens se font entendre ; on court secourir ces vieillards infortunés, & les ranimer pour la douleur : ils se jettent sur les corps défigurés de leurs enfans chéris ; on ne peut les arracher à ce lieu funeste ; ils souillent leurs cheveux blancs ; ils maudiffent la lumière & leur vie trop longue. Cependant on leur enlève ces corps livides, ces objets d'un regret éternel.

Plongés dans la douleur la plus vive, les pasteurs se hâtent d'élever un triste monument au milieu de la forêt; ils construisent un tombeau de gazon; ils plantent autour, des arbres funèbres; ils en défendent l'entrée par une haie de cyprès consacrés à la mort; ils en font comme une espèce d'enceinte religieuse; & lorsque la nuit a épaissi ses ombres, ils se rassemblent tous dans ce lieu sombre, lugubre & solitaire; ils y apportent les malheureuses dépouilles des deux amans infortunés : ils veulent que ces cœurs qui brûloient l'un pour l'autre soient à jamais réunis; ils les renferment dans la tombe rustique; ils éclairent cette scène de deuil par quelques branches allumées de pins sauvages.

Panché sur ce gazon devenu un objet sacré, Philémon, la tête appuyée sur ses bras défaillans, arrose de ses larmes de sang la terre qui renferme celle qui lui a été ravie. Son épouse à demi consumée par la violence de ses maux, se précipite & demeure couchée dans l'abandon le plus affreux au pied du froid monument. La nature semble prendre part à leur douleur, en augmentant, par des nuages noirs, l'obscurité dont ils sont environnés; le calme effrayant de la mort règne dans cette enceinte lugubre; les pasteurs rangés autour d'eux dans un morne silence, & dans l'attitude d'une consternation profonde, ne se permettent ni plaintes ni gémissemens; ils respectent leur douleur; leurs regards peuvent à peine quitter la terre; à peine se portent-ils sur les paroles de deuil que l'un d'eux vient de graver sur un tronc antique, & qu'il éclaire d'une torche funèbre. On y lit: *aux plus tendres & aux plus malheureux des Amans.*

LIVRE III.

DE LA MUSIQUE D'ÉGLISE.

De la Musique des offices divins, des Motets, des Hiérodrames, &c.

MUSICIENS qui prétendez à l'auguste emploi d'annoncer à la terre la gloire du Très-haut, car telle devroit être votre noble destinée, allez en esprit vers la montagne sainte sur laquelle les oracles divins vont vous être révélés ; n'avancez qu'en tremblant ; songez que vous foulez une terre sacrée. Le Dieu dont vous voulez célébrer les merveilles, a déja fait briller les signes de sa toute-puissance sur les monts sourcilleux que vous avez devant vous. Humiliés devant sa majesté redoutable, saisis d'un effroi religieux, traversez en silence les forêts épaisses & sombres qui environnent ces montagnes escarpées ; essayez de gravir au milieu des feux, des éclairs & du fracas des foudres ; & prosternés sur le haut de ces monts privilégiés, renfermés dans la nuit obscure & mystérieuse, attendez qu'une grande voix retentissante, comme celle du tonnerre, ait daigné se faire entendre à votre cœur, que votre tête exaltée par une inspiration divine puisse créer de grandes images, & qu'au milieu de cet appareil de terreur & de puissance les anges du Très-haut vous aient en quelque sorte remis leur harpe d'or pour chanter ses bienfaits. Pleins d'un noble délire & d'un enthousiasme divin, ne pouvant plus contenir le feu sacré qui embrasera vos ames, descendez alors vers le peuple à qui vous devrez faire entendre vos chants ; ce ne sera plus un simple mortel, mais un Dieu qui parlera par votre bouche purifiée.

Pénétrés de tous les sentimens que nous venons de dépeindre, entrez dans les temples révérés où la gloire du Tout-puissant est célébrée ; montez sur la tribune sacrée ; rassemblez autour de vous ceux qui doivent vous aider à chanter les louanges de l'Eternel ; mêlez les sons de vos lyres à la pompe des cérémonies ; vous êtes maintenant dignes de l'auguste emploi que vous allez exercer.

Nous n'avons plus besoin de dire aux compositeurs quels moyens ils doivent employer pour porter dans les cœurs les feux des divers fentimens, pour élever les ames, pour les attendrir, pour les remplir d'une fainte terreur. Ils connoiffent déja tous ces moyens que l'art peut leur fournir ; ils favent de combien de fortes ils peuvent les manier ; comment mêler les différentes voix, comment les marier avec les divers inftrumens, avec ceux qui retentiffant avec éclat, remuent avec force, & ceux qui par des fons plus doux & plus fuaves, s'infinuent plus facilement dans les cœurs pour les ramollir ; comment donner à leurs accompagnemens ces formes toujours deffinées par le fentiment, & réglées par la fimétrie ; comment revêtir leurs chants d'une apparence de grandeur & de majefté, le précipiter avec un air de défordre, lorfqu'il s'agira de paffions furieufes qui entraînent, ou le fufpendre, & en régler la marche par une mefure uniforme, lorfqu'ils voudront montrer des paffions paifibles qui dominent avec tranquillité. Elevés maintenant dans le lieu faint, qu'ils déploient tout leur pouvoir pour émouvoir le peuple raffemblé dans ce temple. Mais avant que leurs chants montent vers les trônes céleftes avec la fumée de l'encens, faifons leur encore quelques obfervations.

Il existe une différence essentielle entre la musique d'église, & celle que nous venons d'examiner. Dans un temple, ce ne sont point des spectateurs que le compositeur doit émouvoir : les spectateurs y sont acteurs eux-mêmes ; ce sont eux qui participent aux cérémonies saintes, ou qui en sont les ministres. Il ne faut point chercher à les mettre à la place de personnages qui ne sont qu'eux-mêmes ; il ne faut point leur représenter des événemens qu'ils éprouvent, leur montrer des actions dont ils sont les témoins & les coopérateurs ; ils en savent plus qu'on ne pourroit leur en dire. Que le musicien, aulieu de placer quelques images foibles & imparfaites auprès de la réalité, ne cesse donc de devenir acteur lui-même de ces scènes sacrées & imposantes ; qu'il suive avec soin les mouvemens religieux des ministres du Très-haut ; que ses sons soient analogues aux cérémonies qu'il a devant les yeux ; que son rhythme accompagne la démarche des prêtres ; qu'il en ait la lenteur, lorsqu'ils s'approcheront en tremblant de l'autel où sont célébrés les redoutables mystères ; qu'il aille jusques dans le fond des cœurs de ce peuple rassemblé, chercher les divers sentimens qui y régnent ; qu'il les peigne dans sa musique ; que par-là il les seconde & les fortifie ; c'est là sa vraie destination : qu'il suive avec fidélité le sens de toutes les prières adressées à l'Être suprême : que ces prières se trouvent aussi dans sa musique ; mais qu'elles y soient plus pressantes, plus véhémentes ; qu'on ne s'apperçoive pas que des chantres sacrés ajoutent le pouvoir d'un art victorieux à la manière plus simple dont les vœux de tout un peuple se seroient élevés vers la voûte céleste ; qu'on ne s'en apperçoive du moins que parce qu'on sera pénétré avec plus de force des affections exprimées par les cantiques divins, que parce qu'on sera ému plus vivement par les sentimens tendres qui seroient pour ainsi dire demeurés cachés dans les ames des pieux fidèles, & dont les feux s'exhaleront en liberté.

Lorsque les musiciens voudront suivre l'ordre que nous venons d'indiquer, quelles beautés ne pourront-ils pas introduire dans leurs ouvrages ? quelles oppositions sublimes ne pourront-ils pas offrir ? qu'auront-ils besoin d'aller chercher des contrastes dans des peintures froides, peu étendues, burlesques même, contraires au sens des hymnes, & où l'on ne distingueroit, au lieu d'un langage céleste, que celui d'un foible mortel peu digne de son emploi auguste, & pouvant à peine se charger de peindre les petites affections que présente le spectacle du monde ? Ah ! que le compositeur oublie tout ce qui est hors de ce temple où le peuple est maintenant renfermé : qu'il ne voie plus que les grandes, les sublimes, les touchantes images qui lui sont offertes dans les prières sacrées. Quelle variété ne règnera pas dans ses ouvrages, s'il les peint toutes avec fidélité ; s'il fait entendre la voix touchante & plaintive de l'innocence timide qui n'ose lever les yeux vers la source de toute bonté, mais de toute justice ; les chants d'allégresse que le peuple cherche à faire parvenir jusqu'au trône du Très-haut, pour l'engager en quelque sorte à daigner descendre jusqu'à lui ; l'appareil imposant, majestueux & grave qui contrastera d'une si belle manière avec les chants de joie & de triomphe, & au milieu duquel les ministres du Tout-puissant feront entendre à un peuple bon & docile les vérités consolatrices renfermées dans le livre saint émané de Dieu-même.

Que le recueillement aille ensuite en augmentant ; que le musicien peigne la crainte religieuse, le saint respect, l'ardent amour qui s'emparent de tous les cœurs, à mesure que les cérémonies pompeuses du plus saint des sacrifices commencent à annoncer la venue redoutable de celui qui d'un seul mot a créé l'univers. Que ces sentimens soient assez exaltés dans les ames, pour que l'on croie voir ce que la foi découvre : que des nuées resplendissantes de lumière paroissent descendre avec majesté de la voûte azurée : que l'on croie entendre de loin les chœurs célestes : que plein d'un saint effroi le peuple prosterné loin des marches de l'autel, se joigne cependant aux cantiques des légions immortelles ; qu'il ose élever sa voix & chanter trois fois les louanges du saint des saints.

A mesure que le Très-haut paroîtra descendre & remplir le temple de son immensité, que sa toute puissance se déploie ; qu'il soit précédé par les foudres ; qu'il arrive comme porté sur les aîles des vents, & que tout tremble sous le poids de sa majesté sainte. Qu'insensiblement cependant les cœurs émus se rassurent ; qu'on ne voie plus dans le Dieu terrible qu'un père bienfaisant ; qu'une voix consolatrice vienne suspendre les sons effrayans de la trompette sacrée ; qu'on croie l'entendre s'adresser à des fils chéris ; que tous ceux que la solemnité rassemble élevant les mouvemens de leurs ames, s'ils n'osent pas redresser leurs têtes, adressent vers celui qui commande à la tempête, les tendres accens, les vœux touchans d'enfans respectueux, reconnoissans, fidèles; & que dans l'expression de leurs vives & profondes affections, tous l'appellent leur père.

Quel grand tableau n'auront pas aussi les musiciens à peindre, si dans des momens moins redoutables, où les chants sacrés des hommes inspirés sont répétés par le peuple, ils doivent joindre à l'expression des sentimens dont il est animé, la peinture des merveilles de la création, des bienfaits de la bonté infinie, & de tous les événemens grands, terribles ou touchans, annoncés ou racontés? & que sera-ce encore, lorsque ce peuple rassemblé dans la même enceinte, & pénétré de sentimens bien différens, ne cherchera pas à exhaler une joie pieuse; mais que plongé dans le deuil & la tristesse, il suivra jusques dans sa dernière retraite le bienfaiteur chéri qu'il aura perdu; lorsqu'il accompagnera sa cendre jusqu'à sa demeure éternelle; lorsque saisi de consternation & d'effroi, ne proférant plus que de tristes gémissemens interrompus par ses larmes il n'aura plus qu'à prier pour l'objet de ses regrets ? Qu'entouré de ce peuple en pleurs ; qu'au milieu de ce temple lugubre où un appareil de mort sera dressé, où l'œil ne distinguera plus que des voiles funèbres, où le néant & la destruction attacheront par-tout leurs symboles effrayans ; qu'à la vue des restes inanimés de celui qui n'avoit vécu que pour répandre des bienfaits ; de ces enfans désolés, prosternés, tout en larmes, auprès des malheureuses dépouilles qu'ils veulent suivre jusqu'au tombeau ; de cette foule de spectateurs qui paroissent ne composer qu'une famille éperdue ; de ces ministres saints qui remplissant avec douleur leurs fonctions chères & terribles achèvent le sacrifice auguste & redoutable, & vont proférer les dernières paroles sur un corps livide & défiguré ; que le musicien pénétré jusqu'au fond de l'ame de toutes ces scènes d'épouvante & de désolation, gémisse avec tout ce peuple ; qu'il pleure avec lui ; que l'on n'entende sortir de l'endroit où il résidera que de tristes plaintes & des lamentations douloureuses ; qu'il suive toutes les affections mélancoliques & déchirantes dans lesquelles tous les cœurs sont plongés ; qu'il ne cherche pas à les rendre plus vives ; hélas ! elles ne resserrent que trop tous ces cœurs infortunés ; mais qu'il partage tous leurs fentimens; qu'il offre ainfi la feule confolation qu'il foit poffible de préfenter dans ces momens d'effroi ; que pour s'unir davantage aux intentions facrées, il faffe de temps en temps entendre une voix touchante ; qu'il paroiffe dire à tout ce peuple ce que la religion leur dit à tous dans le fond de leurs cœurs ; qu'il cherche ainfi à adoucir leurs peines cruelles, après les avoir partagées ; qu'il tâche d'émouffer les traits aigus de la douleur ; mais qu'il ne veuille pas tarir leurs larmes, elles font trop néceffaires au foulagement de leurs cœurs ulcérés ; qu'il fubftitue feulement une mélancolie plus douce au déchirement de leurs ames ; qu'il leur offre des images rembrunies, mais mêlées d'un certain charme. Et au moment où la cérémonie fainte s'achève, où ces malheureux reftes vont être rendus à la terre, où les frêles monumens élevés par la reconnoiffance vont être difperfés par le néant qui s'empare de fa proie, lorfque tout figne fenfible de l'objet adoré va être effacé, que le muficien y fubftitue pour ainfi dire une expreffion attendriffante ; qu'elle foit comme l'image chérie de l'ami qui n'eft plus ; qu'elle aille fe graver dans tous les cœurs ;

qu'elle y réside pour la consolation de tous ces infortunés ; & lorsqu'ils s'arrachent au lieu sacré où ils ne reverront même plus de froides dépouilles, lorsqu'ils sont prêts à se livrer au désespoir, qu'ils retrouvent dans leurs ames cette image consolatrice qui tout aussi triste que leur situation cruelle, mais douée d'un grand charme, fera naître une sorte d'illusion, & rendra plus supportable leur douleur amère. O musiciens ! que votre emploi peut devenir & touchant & sacré !

Quelquefois les offices divins sont interrompus par des chants religieux qui n'ont pas un rapport très-marqué avec ce qui peut se passer dans l'église : on profère un cantique consacré depuis long-temps, soit en langue vulgaire, soit en langue sainte, & le musicien a pour lors un motet à composer ; ou bien plusieurs interlocuteurs viennent rappeller un événement religieux dans une suite de scènes ; on jouit d'une espèce de représentation théâtrale à laquelle il ne manque que la vue du lieu de la scène, la magie des décorations, la puissance de la pantomime, & c'est un hiérodrame auquel le musicien doit travailler. Le compositeur doit se proposer alors un but différent de celui que nous lui avons déja indiqué : le peuple rassemblé dans le temple, cesse d'être acteur lui-même pour redevenir auditeur. Ce ne sont plus les sentimens de ce peuple qu'il faut que le musicien représente; mais il faut qu'il cherche à lui inspirer des affections, qu'il peigne aux cœurs des fidèles les événemens racontés par le cantique, ou représentés dans le hiérodrame, & qu'il montre les passions qui les ont produits. Qu'il se souvienne alors de tout ce que nous lui avons déja dit ; qu'il fasse la plus grande attention au sens des paroles du cantique qui lui sera confié; qu'il tâche de les distribuer, en quelque sorte, à plusieurs personnages ; qu'il mette ces interlocuteurs en scène; qu'il établisse une espèce de dialogue par le moyen des différens versets; qu'il forme enfin une sorte de pièce qui ne différera presque en rien du hiérodrame. Et si le cantique ne renferme absolument qu'une narration; s'il constitue un discours qui doive être toujours prononcé par les mêmes personnes, s'il est enfin impossible d'en composer une ou plusieurs scènes, que le musicien lui donne la forme dramatique, en rappellant l'événement solemnel pour lequel il a été composé : qu'il fasse entendre au milieu de la pompe ou du grand spectacle dont il retracera l'image, l'espèce de discours dont il doit fortifier l'expression; & ainsi au lieu d'une simple narration qui ne feroit qu'effleurer les ames, qu'il présente une image vive des sentimens & des événemens; que cet image pénètre profondément le peuple rassemblé dans le temple, & le force à se croire entièrement à la place du peuple saint pour lequel ces hymnes sublimes ont été inspirés aux prophêtes du Dieu vivant.

Les motets doivent alors être composés par le musicien comme des hiérodrames; & que devons-nous lui dire relativement à cette dernière espèce de pièces sacrées? Qu'il supplée (& ceci doit lui servir pour toute sorte d'ouvrage destiné à l'église) qu'il supplée, dis-je, à l'effet de tout ce qui n'agit que par les yeux, & dont il ne pourra pas emprunter le secours, par la grandeur & la force des traits qu'il emploiera. C'est ici qu'il pourra, si je puis parler ainsi, se servir de proportions plus grandes que nature: l'imagination s'allume si aisément lorsqu'il s'agit d'objets sacrés & religieux; elle s'élève si aisément alors à la hauteur de tout ce qu'on peut lui présenter d'excessif. D'ailleurs un temple immense pour lequel les tableaux du musicien sont alors destinés, n'offre-t-il pas les distances les plus grandes auxquels on doive les voir ? & un grand éloignement n'efface-t-il pas dans tous les genres tout ce qui passe les bornes prescrites? ne diminue-t-il pas les hauteurs ? ne ternit-il pas les couleurs trop vives ? ne radoucit-il pas les traits trop fortement prononcés ?

C'est ici que le musicien peut se livrer davantage au plaisir de répéter ses passages favoris, & d'avoir recours plusieurs fois aux mêmes moyens : il s'agit d'émouvoir une grande multitude ; & une grande masse n'a-t-elle pas besoin d'efforts réitérés pour être mise en mouvement ?

Tout peut être dans la musique d'église développé plus en grand & plus à l'aise ; le musicien peut ici s'étendre comme la nature ; le temps ni l'espace ne lui manquent en aucune manière. Les spectateurs n'ont point sous les yeux un événement qui les presse, dont ils se hâtent de voir la fin, & qui les empêcheroit de supporter sans impatience toute peinture trop longue ; & le musicien n'a-t-il pas un temple assez vaste, & des auditeurs assez éloignés, pour que ses développemens puissent être espacés ?

La chaleur moins vive avec laquelle on doit

recevoir à l'église tout ce que préfentent les muficiens, la tranquillité plus grande du peuple, fon attention moins partagée, fon imagination plus recueillie, fes fens moins captivés, tout permet, tout exige même que les ouvrages compofés pour le lieu faint offrent une grande richeffe, des deffins compliqués, des marches favantes, une harmonie recherchée, les finuofités, l'efpèce de défordre, & tous les développemens d'une fugue hardiment conçue, fièrement deffinée, & habilement coloriée.

A l'égard de ces occafions rares où le peuple fe raffemble dans nos temples à des heures extraordinaires, où il accourt en foule les faire retentir de chants de victoire, orner les autels du Dieu des armées, des marques glorieufes de fes exploits guerriers, dépofer auprès de l'arche fainte les armes avec lefquelles il a repouffé l'ennemi qui vouloit envahir fes foyers, & au milieu de tranfports belliqueux qui ne font pas encore appaifés, demander les douceurs de la paix à celui qui commande à la fureur des flots, que le muficien faifi lui-même d'une noble ardeur, pénétré d'une reconnoiffance religieufe, entouré des inftrumens éclatans qui rappellent la victoire & les combats, élève fièrement les chants de tout un peuple reconnoiffant & guerrier : qu'il fache que fon emploi fe rapproche de celui que nous lui avons déja défigné : qu'il n'oublie pas que s'il a de grands objets à repréfenter, il doit donner une nouvelle chaleur aux fentimens qui échauffent les ames de ces défenfeurs dela patrie, & des miniftres faints qui viennent confacrer leurs travaux militaires & leurs dépouilles fanglantes.

Que le compofiteur fe fouvienne que fes fonctions font à peu près les mêmes, quoique dans un genre bien oppofé, fi ce peuple au lieu de venir rendre des actions de graces folemnelles, fe précipite vers la demeure facrée du Dieu qui commande à la mort, pour arracher au danger qui le menace, le prince chéri qui le gouverne. Il peindra les fentimens tumultueux de cette grande famille en pleurs, qui craint tout pour fon père ; & que chargé en quelque forte en feul de la prière ardente que les gémiffemens & les fanglots renferment dans les cœurs, il fe livre à l'abandon de douleur qui s'emparera de fon ame ; qu'il ne fonge pour ainfi dire qu'à peindre les allarmes cruelles dont tout lui offre l'image ; qu'il repréfente ces mouvemens inquiets d'un peuple dans l'effroi, qui jette de tous cotés des regards avides qu'il détourne à l'inftant, de peur d'être trop tôt inftruit ; ce trouble des miniftres qui peuvent à peine faire entendre des paroles facrées, & cette confternation univerfelle qui dirige tous les vœux vers un feul objet; & couvre tous les autres de fes voiles effrayans (*a*). Mais qu'en toute efpèce d'ouvrage deftiné à l'églife, le muficien ne ceffe d'offrir de grands tableaux, des expreffions ardentes, des proportions immenfes; & qu'en travaillant à des objets fi dignes de fon enthoufiafme, fon génie foit exalté, fon ame élevée, & fon imagination placée pour ainfi dire au milieu des trônes céleftes.

(*a*) Nous regrettons que les bornes & la nature de cet ouvrage ne nous permettent pas de citer en détail les chefs-d'œuvre deftinés pour l'églife; & dont la France s'honore ou jouit; nous parlerions fur-tout des trois *Stabat* de Pergoléfe, de M. Haydn & de M. Beck, des deux Meffes & du *Te Deum* de M. Goffec, du *Te Deum* de M. Floquet, &c.

LIVRE IV.

LIVRE IV.

DE LA MUSIQUE VOCALE DE CONCERT ET DE CHAMBRE, ET DE LA MUSIQUE INSTRUMENTALE.

Des Cantates, des Airs de concert, de la Chanson.

LES morceaux de musique que l'on exécute dans les concerts peuvent être tirés des ouvrages destinés pour nos temples ou pour nos théâtres, ou avoir été composés exprès pour ces mêmes concerts. Nous n'avons plus besoin de parler que de ces derniers; ils peuvent consister en airs, en duo, en trio, en chœurs, en scènes à une ou plusieurs voix, en cantates qui ne sont que des espèces de scènes qui ne renferment que des récits & des airs. En y travaillant le musicien doit suivre la même marche, prendre les mêmes précautions, se donner les mêmes soins que pour les différens ouvrages dont nous avons déja traité. Mais le plus souvent qui doit-il amuser & intéresser pendant long-temps ? Un grand nombre de spectateurs qui n'ont devant les yeux que des muficiens, qui ne font témoins d'aucune pantomime expreffive, n'affiftent à aucune repréfentation touchante, auxquels, en quelque forte, on ne peut que raconter ce qu'on leur auroit montré fur un théâtre, qui n'étant point enlevés à eux-mêmes & à leurs affections particulières par la vue d'une région étrangère, & de perfonnages agités d'une paffion violente, font fouvent tentés de s'entretenir avec ceux qui les environnent, des fentimens qu'ils apportent au concert, & auxquels on ne les arrache point. Le muficien devra donc tâcher de mettre encore plus de vivacité & de force dans fes images, d'ajouter en quelque forte de nouvelles peintures à celles qu'il auroit faites, & de fuppléer ainfi aux interlocuteurs & au lieu de la fcène que l'on n'aura pas fous les yeux. Qu'il ne ceffe de tout dire, & qu'il ne fe repofe jamais fur une pantomime qui n'exiftera pas ; & fur des décorations qu'il ne pourra pas montrer. D'ailleurs comme les différens morceaux qu'il compofera pour le concert feront éxécutés tantôt à la fuite l'un de l'autre, & tantôt d'une manière ifolée ; comme ils ne devront ni ne pourront point toujours avoir de très-grands rapports les uns avec les autres; le musicien devra y travailler de manière que chacune de ces productions forme un seul tout, qu'on ne soit obligé de rien exécuter avant de la faire entendre, qu'on ne desire rien après en avoir joui, qu'elle contienne en elle-même assez de sources d'opposition & de variété, & qu'à sa longueur près elle puisse occuper seule tout le temps d'un concert.

Souvent les morceaux dont nous nous occupons ici seront exécutés devant un petit nombre d'auditeurs, & dans des endroits assez resserrés. Cependant comme leur véritable destination est d'intéresser dans une grande salle un très-grand nombre de personnes rassemblées, le musicien donnera d'autant plus de grandeur aux proportions & aux diverses portions de ses ouvrages, qu'il ne doit rien négliger pour en augmenter la puissance.

Ceux qui assistent à un concert non-seulement cherchent à goûter jusqu'à un certain point le plaisir d'une représentation théâtrale; non-seulement ils desirent de voir le jeu & les effets des passions qui nous agitent; mais encore étant moins transportés hors d'eux-mêmes, parce que tous leurs sens ne sont pas émus comme au théâtre, n'oubliant jamais ni leur état, ni leur pays, ni leur siècle, ils sont bien aises de jouir de la perfection à laquelle les talens peuvent être portés, d'en remarquer toutes les nuances, de distinguer l'artiste à côté des tableaux, de juger de son habileté, d'en connoître les divers degrés, de voir pour ainsi dire de près les ressorts qui lui sont cachés au théâtre, d'en découvrir l'enchaînement, d'en mesurer les proportions, d'en calculer la force. C'est au concert que le musicien pourra employer ses morceaux de musique à faire briller les diverses voix qui concourent à l'exécution de ses ouvrages, à leur fournir les moyens de se déployer avec facilité, de parcourir avec rapidité un très grand nombre de notes, de s'élever & de descendre avec vîtesse, d'accentuer les différens passages, de nuancer les sons, de les radoucir, de les fondre les uns dans les autres, de les entrecouper, de les brillanter par des agrémens, de les prolonger sans effort, de les enfler insensiblement, de remplir l'endroit le plus vaste de leurs tons harmonieux, de les affoiblir peu à peu, de les réduire à une douce tenue que l'on aura un peu de peine à distinguer, & dont on craindra à chaque instant de perdre le charme, de préfenter enfin avec promptitude, variété & facilité les divers fignes de nos fentimens.

Mais en compofant les morceaux les plus propres à faire reffortir tout l'art & toute l'habileté des chanteurs, & à procurer ainfi le plaifir de l'admiration, à des auditeurs qui ne demandent point des émotions bien vives, que le muficien s'éloigne le moins poffible du plan qu'il doit fuivre en toute autre occafion, & qu'il ne ceffe jamais de préfenter de la variété, des oppofitions, une belle harmonie, & une mélodie agréable ou touchante, &c.

Il nous refte à parler d'un efpèce de petit air à laquelle on a donné le nom de chanfon; prefque toujours compofée d'une manière fimple, elle eft fouvent répétée; elle forme, à chaque fois qu'on la reprend, ce qu'on appelle un couplet; gaie, vive, folâtre; ou touchante, mélancolique, & même trifte, elle n'a jamais repréfenté des paffions très-fortes; elle ne les a du moins montrées que foiblement; cependant elle peint avec une grande vérité les fentimens affectueux & tendres; à force de chercher à s'infinuer dans nos cœurs, elle y pénètre profondément, les émeut d'une manière bien douce, & jouit quelquefois d'une grande puissance pour attendrir & faire verser des larmes.

Quelque espèce de chanson que compose le musicien, qu'il emploie les moyens les plus simples ; qu'il n'y module presque pas, pour ne pas lui donner une apparence de recherche ; qu'il ne veuille pas atteindre son but dès la première fois que l'air sera entendu ; il ne pourroit ensuite que le dépasser ; mais qu'il y parvienne insensiblement comme un amant timide auprès d'une jeune beauté.

Lorsqu'il travaillera à une chanson gaie ou vive ; lorsqu'il y célèbrera les folâtres amours, les sentimens agréables, la gentillesse de l'enfance, la naïveté des jeunes bergères ; lorsqu'il la destinera à accompagner des danses ingénues, formées sur la riante verdure, par la douce confiance, le plaisir, & la vive tendresse, ou lorsqu'il voudra qu'elle accompagne la joie un peu bruyante des festins, les épanchemens du sentiment satisfait, la vive & agréable loquacité de bons amis réunis par les vertus patriarchales dans un asile champêtre ; qu'il y répande un peu plus de variété ; & soit qu'elle doive aller seule, ou être accompagnée par des instrumens, & être répétée par plusieurs voix chantant à l'unisson ou formant une harmonie légère, qu'il lui donne une marche un peu animée; quelle offre pour ainfi dire, au milieu des élans de la joie, des images tendres & douces.

Si au contraire la chanfon doit porter le nom touchant de Romance, ce nom fi cher à toutes les ames fenfibles, & qui leur rappelle tant de pleurs & tant de charmes, que le muficien lui donne un mouvement lent, une apparence naïve. Prefque toujours la romance fut employée à raconter des événemens douloureux, à peindre des affections triftes; que le muficien fe pénètre d'une douce mélancolie avant de la compofer; qu'il n'y répande que peu de notes; qu'il ne s'y ferve que de fons très-rapprochés; que la voix, en la chantant, puiffe de temps en temps s'arrêter comme pour imiter la démarche incertaine du chagrin; que l'on ne paroiffe proférer qu'une complainte affectueufe : s'il y mêle des accompagemens, qu'ils fuivent la voix fans la troubler; qu'ils n'attirent point l'attention; qu'ils la laiffent s'attacher toute entière à cette voix touchante dont l'expreffion peut être augmentée, mais ne doit jamais être voilée; qu'il fe fouvienne que la romance rempliffoit fa véritable destination, lorsque dans des temps plus simples que les nôtres, où l'innocence étoit plus pure, où l'amour étoit plus tendre, une beauté timide s'en servoit pour peindre ses affections secrètes, lorsque dans une des retraites antiques de la valeur & des vertus, veillant seule à la clarté d'une lampe confidente, ou devançant l'aurore dans un vallon romantique, elle l'employoit pour soupirer ses tendres amours, pour parler avec les fleurs de ses craintes amoureuses, pour entretenir d'une tendresse qu'elle n'avoit pas encore osé déclarer, les échos de ces lieux à demi sauvages, pour leur faire redire, en gémissant amoureusement, le nom chéri du jeune héros que son cœur adoroit, & qui loin de sa patrie étoit allé dans les combats chercher la gloire & mériter son amante.

Des Symphonies, des Concerto, &c.

Il ne nous reste plus qu'à traiter de la musique instrumentale : commençons par ce qu'elle peut nous offrir de plus remarquable & de plus imposant ; examinons la symphonie, ouvrage qui peut unir tant de richesse & tant de variété à un si bel ensemble, qui peut allier à des détails si agréables & si touchans, à des chants si suaves & si enchanteurs des masses d'harmonie si puissantes par leur étendue & leur mouvement rapide, qui peut offrir toutes les images, présenter toutes les expressions, & qui est presque toujours destinée à augmenter la pompe des fêtes publiques, à retentir dans les palais des rois, & à augmenter l'intérêt dans les vastes théâtres élevés pour la scène tragique.

Le musicien privé en la composant de la magie des voix, ne pouvant imiter que foiblement leurs accens si touchans & si vrais, ne doit rien négliger pour suppléer par la réunion de plusieurs petits pouvoirs particuliers, à la grande puissance qui lui manque ; qu'il joigne ensemble tous les ornemens qu'il pourra employer pour remplacer la grande beauté qu'il ne pourra pas montrer. Quelque vives que foient les peintures offertes par une symphonie, il fera aifé de voir qu'elles ne feront que des images vagues. L'on pourra être ému par le tableau de toutes les paffions, éprouver tous les fentimens, être témoin pour ainfi dire de toutes les affections ; mais il fera bien difficile, & prefque toujours impoffible de reconnoître le fonds des événemens par lefquels on fera ému, de favoir à qui appliquer le vif intérêt que l'on prendra, & de ne pas ignorer de qui l'on partagera les affections touchantes ou terribles. Le muficien n'en fera que plus obligé de peindre avec énergie, & de chercher à compenfer, par des couleurs plus vives & un plus grand nombre d'images, le plaifir que donne une repréfentation bien déterminée : s'il ne peut pas peindre un tableau d'hiftoire, qu'il offre dans les objets ifolés qu'il préfentera les expreffions les plus fortes & les plus agréables ; & pour détruire jufqu'à un certain point les mauvais effets des expreffions vagues des symphonies, qu'il y établiffe l'enfemble le plus parfait.

Une fymphonie eft ordinairement compofée de trois morceaux de mufique : le premier eft plus noble, plus majeſtueux, plus impoſant ; le ſecond plus lent, plus touchant, plus pathétique ou plus agréable; & le troiſième plus rapide, plus tumultueux, plus vif, plus animé ou plus gai que les deux autres.

Le muſicien compoſera chacun de ces trois morceaux en particulier, comme s'il travailloit à un grand air où une ou pluſieurs voix chercheroient à exprimer des affections plus ou moins vives : il remplacera ces voix par le premier violon, ou par d'autres inſtrumens aiſés à diſtinguer; de temps en temps il cherchera à imiter les accens de la voix humaine par des inſtrumens ſuſceptibles d'inflexions douces ou pathétiques, & jouant à l'octave l'un de l'autre : il obſervera pour la coupe, pour les proportions, pour les accompagnemens de ces morceaux, tout ce que nous lui avons dit en traitant des airs, des chœurs, &c. Mais enſuite il faudroit qu'il ne les conſidérât que comme trois grands actes d'une pièce de théâtre, qu'il crût travailler à une tragédie, à une comédie, ou à une paſtorale, ſuivant le but particulier de ſa ſymphonie, qu'il pût ſe rendre compte des divers ſentimens dont les images y feroient répandues, que toutes ces affections formaſſent un tout naturel, & composassent une espèce de drame.

Le premier morceau, celui que l'on appelle l'*allegro* de la symphonie, en présenteroit pour ainsi dire l'ouverture & les premières scènes ; dans l'*andante* ou le second morceau, le musicien placeroit la peinture des événemens terribles, des passions redoutables, ou des objets agréables qui devroient faire le fonds de la pièce ; & le dernier morceau, auquel on donne communément le nom de *presto*, offriroit les derniers efforts de ces passions affreuses ou touchantes ; le dénouement s'y montreroit aussi, & l'on verroit à sa suite la douleur, l'effroi & la consternation qu'inspire une catastrophe funeste, ou la joie, le bonheur & le délire que feroient naître des événemens agréables & heureux.

L'on distribueroit en plusieurs scènes, les trois espèces d'actes que l'on formeroit ; l'on y répandroit une grande variété, des oppositions marquées, & cette chaleur toujours croissante qui fait l'ame de toute pièce de théâtre.

Pour qu'on pût en quelque sorte y distinguer différens interlocuteurs, on choisiroit dans l'orchestre les instrumens les plus saillans, & dont la nature conviendroit le mieux aux caractères qu'on auroit feints ; on s'en serviroit pour former des espèces de dialogues accompagnés par tout le reste de l'orchestre ; tantôt un seul instrument parleroit, pour ainsi dire, & l'on verroit une sorte de monologue ; & tantôt en se réunissant ils formeroient des espèces de scènes à plusieurs personnages ; & lorsqu'on auroit besoin d'introduire des chœurs dans le drame, tout l'orchestre jouant d'une manière plus bruyante & plus marquée, représenteroit une multitude qui joindroit ses clameurs aux cris des passions des personnages les plus intéressans.

Il faudroit pour cela que le musicien ne plaçât dans les instrumens qui tiendroient lieu d'interlocuteurs, que des images d'affections plus ou moins vives ; qu'il sçût habilement reconnoître la succession, l'accroissement ou l'affoiblissement naturel des passions humaines ; & que lorsqu'il dessineroit son espèce de drame, & qu'il le composeroit d'une suite de sentimens se développans, se resserrans, ou naissans les uns des autres, il n'assignât à ces passions d'autre ordre que celui de la nature.

Mais en composant ces espèces de pièces, soit qu'il ait tiré son sujet de quelque grand événement connu, ou qu'il l'ait entièrement imaginé, il ne formera jamais les scènes que de ce qui peut être montré par la musique; il n'offrira que des affections ou des tableaux physiques. Ce sera en quelque sorte un ballet pantomime qu'il devra dessiner, & mettre ensuite en musique, en partageant son ouvrage en trois grandes portions formées par les trois morceaux d'une symphonie, auxquels il pourra laisser à peu près leur caractère ordinaire. Il y aura cependant cette différence, qu'il n'aura pas, comme dans un ballet, la ressource du spectacle, des décorations, du jeu des danseurs, & que sa musique devant lui appartenir en entier, il ne pourra pas employer ces airs connus dont on se sert dans les ballets pantomimes, dont on croit entendre de nouveau les paroles, dont l'expression est par-là bien déterminée, & dont on comprend bien le véritable sens (a).

―――――――――――――――――

(a) Il y a déja long-temps qu'un amateur de mes amis, aussi bon littérateur que musicien habile (M. de la Font du Cujula), a eu & m'a communiqué l'idée de composer les morceaux de musique instrumentale, comme des espèces de drames. Cette idée qu'il développera peut-être dans quelque ouvrage, a déja été réalisée avec succès dans un concert d'une ville étrangère & célèbre.

Quand bien-même le compositeur ne parviendroit pas à faire reconnoître ses intentions, n'en diroit-il pas toujours assez pour se faire écouter avec plus d'intérêt, pour captiver davantage l'attention, pour attacher perpétuellement & l'esprit & le cœur, pour faire rechercher avec soin ce qui pourroit n'être pas tout-à-fait désigné, pour qu'on s'empressât de deviner le mot de l'énigme, de connoître le véritable lieu de la scène, le fonds des événemens, le nom & les caractères des personnages représentés, tous les objets enfin qu'il auroit cherché à montrer, & dont on dévoileroit à chaque instant quelque partie ? D'ailleurs n'est-ce pas prescrire au musicien la seule manière de donner aux passions qu'il représentera, & à leurs tableaux, leur véritable ordre ? Et aurions-nous pu lui indiquer un moyen plus puissant d'offrir des images plus animées, plus variées, plus opposées l'une à l'autre, d'être lui-même plus pénétré de son sujet en composant, & plus embrasé des passions dont il voudra répandre les feux ?

Souvent une symphonie devra être entendue au milieu d'une nuit tranquille : le musicien l'aura composée pour concourir à former ce genre de concert auquel on a donné le nom de *sérénade*, soit que les instrumens les composent seuls, ou que l'on entende des voix qui s'elèvent au milieu de bosquets embaumés, répandent mille charmes sur le silence de la nuit, & font glisser pour ainsi dire dans un air pur, une harmmonie suave & une mélodie agréable.

Que le musicien n'oublie jamais que c'est l'amour qui inventa la sérénade : un amant malheureux ou timide imagina d'emprunter le secours d'un art magique, pour faire parvenir ses accens amoureux jusqu'à l'objet chéri aux pieds duquel il ne pouvoit aller porter l'hommage d'un cœur brûlant & fidèle ; il chercha à les rendre plus doux par la distance, plus touchans par le calme des nuits. Que le musicien consacre à l'amour ce qui en fut l'ouvrage : qu'on croie entendre un hymne en l'honneur de ce dieu des jeunes cœurs ; que tout y soit tendre comme l'amour, intéressant comme le sentiment, timide, frais comme les bocages, doux comme les parfums des fleurs : que l'on croie jouir des chants variés du rossignol, ce premier & tendre chanteur des concerts de la nature ; que l'on y distingue les mouvemens d'une douce mélancolie, d'une rêverie agréable, quelquefois de la joie animée, de

l'amour

l'amour satisfait, ou de l'espérance enhardie, mais jamais les teintes fortes des passions terribles : que le musicien préfère les sons des instrumens à vent qu'il est si agréable d'entendre lorsqu'ils ont été réfléchis, & rendus plus harmonieux par les bois, les collines & les eaux : que quelquefois il emploie les instrumens des guerriers, mais que le plus souvent il donne à son ouvrage un éclat semblable à celui qu'un beau clair de lune répand sur de vertes campagnes : que tous les sentimens, inspirés par un ciel serein où brillent mille feux, soient aussi peints par le musicien ; mais qu'il n'oublie pas que c'est presque toujours la voix d'un amour innocent & tendre qu'il doit faire parvenir à un cœur que l'on cherche à toucher.

Quelquefois le musicien destinera sa symphonie pour une fête brillante, pour l'entrée des rois ou des héros dans quelque vaste enceinte préparée pour leur triomphe ou leurs plaisirs : que le musicien en agrandisse alors tous les traits ; qu'il adopte les instrumens retentissans ; qu'il croie travailler pour le théâtre, & devoir peindre dans son orchestre l'arrivée pompeuse d'un guerrier illustre, ou du chef d'un grand peuple ; mais qu'il élève d'autant plus son imagination, & qu'il avive d'autant plus ſes couleurs, que la réalité eſt au deſſus de la fiction, & l'objet repréſenté au deſſus de la peinture la plus fidèle.

Lorſque le muſicien voudra que ſa muſique devenue militaire retentiſſe à la tête des armées, qu'il emploie uniquement les inſtrumens à vent plus faits pour les ſons belliqueux, parce qu'ils imitent de plus près les clameurs de la guerre. Que le rhythme ſoit très-marqué; que le chant ſoit à grands traits & facile à ſaiſir; que l'on le retienne ſans peine: ne s'unira-t-il pas plus aiſément par-là avec toutes les impreſſions analogues aux combats; & toutes les fois qu'il ſera entendu, avec quelle force ne réveillera-t-il pas les images martiales? Que de temps en temps la muſique montre les eſpèces d'élévations ſubites qu'offrent les accens de ceux qui brûlent d'un beau feu, & qui s'animent mutuellement; qu'elle préſente l'image des élans de la gloire; & que le mouvement tantôt vif & rapide comme le deſir ardent de guerriers invincibles, & tantôt retenu comme la valeur que la prudence modère, ſoit toujours réglé ſur la vîteſſe avec laquelle les évolutions des troupes doivent être exécutées.

Lorſque ſur la fin de la ſaiſon des fruits les frimats commencent à régner, la terre eſt jaunie par des tas immenses de feuilles tombées des arbres dépouillés ; les forêts ne présentent plus que des branches grisâtres ; les hôtes de ces bois naguère verdoyans, se rassemblent auprès des étangs & des fontaines, pour aller chercher ensemble des climats plus doux ; de légers glaçons commencent à s'attacher aux cimes desséchées, & l'astre de la lumière ne paroît plus que comme un globe rouge au travers du voile épais que les brouillards étendent : le compositeur jaloux de toute espèce de puissance, voudra peut-être alors augmenter par son art le plaisir vif & varié d'une chasse brillante ; ou dans quelque saison que ce soit il desirera de retracer l'image de ce divertissement royal destiné pour les grands courages, pour les cœurs héroïques, & pour tous ceux qui chargés du pesant fardeau de la conduite des peuples, cherchent pour quelques instans un repos qu'ils ne peuvent trouver que loin de la pompe du trône, que dans le silence des vastes forêts, & pour ainsi dire dans la société de la nature, de cette grande souveraine qui règne sur tous les êtres comme ils dominent sur les humains.

Le musicien n'adoptera que les instrumens qui par leur son belliqueux pourront représenter la guerre dont la chasse est l'image, & qui peuvent être assez aisément transportés pour servir aux chasseurs dans leurs courses rapides. Que les chants soient très-simples ; que leurs différentes portions puissent être répétées par les échos des bois sans se nuire ; qu'ils soient éclatans & fiers ; qu'ils expriment les divers sentimens dont les chasseurs sont animés ; qu'ils s'adaptent à tous les mouvemens de la chasse ; qu'ils en augmentent la vivacité pour ajouter au plaisir ; & qu'en se mêlant aux clameurs, ils leur donnent le véritable ton qu'elles doivent avoir pour aller retentir dans des cœurs généreux, & en seconder les transports.

Quelquefois les symphonies, ainsi que les airs, sont destinées à mettre dans tout leur jour les talens des musiciens dont l'exécution est digne d'être admirée, & à donner aux auditeurs tous les plaisirs qu'ils peuvent goûter. Elles prennent alors le nom de concerto ou de symphonies concertantes, suivant qu'elles doivent faire paroître avec avantage un instrument ou plusieurs. Le musicien sépare pour cela chaque morceau de sa symphonie en plusieurs grandes portions ; il remplit les intervalles par des traits plus ou moins longs, plus ou moins difficiles à exécuter, & pendant lesquels les instrumens qu'il veut faire dominer sur les autres ne sont accompagnés que par l'harmonie la plus légère & la plus propre à faire ressortir le chant qu'ils proférens. Les trois morceaux qui composent ordinairement une symphonie présentant chacun un caractère différent, permettront au musicien de faire briller, dans plusieurs genres, les instrumens dont il voudra que l'on déploie toute la puissance: mais qu'il crée toujours des morceaux aussi agréables & aussi expressifs qu'il le pourra, qu'il consulte, pour remplir plus sûrement ses intentions, non seulement la nature des instrumens qu'il fera réciter, mais encore le genre de talent de ceux qui devront exécuter sa musique: qu'il tâche de ne pas perdre de vue les différens objets que nous lui avons déja indiqués, & particulièrement ce que nous lui avons exposé en parlant des airs propres à montrer l'habileté des chanteurs.

Nous ne pouvons terminer cet article sans recommander aux musiciens l'étude des symphonies, des concerto, & des symphonies concertantes des Gossec, des Beck, des Janson, des Davaux, des Sterckel, & d'autres compositeurs que le public nommera sans peine, & que nous pourrions citer pour bien d'autres ouvrages.

Des Duo, Trio, Quatuor, Sonates, &c.

Nous avançons vers le but de notre carrière; nous n'avons plus qu'à traiter de cette partie de la musique instrumentale, plus particulièrement destinée à nos demeures & aux plaisirs des musiciens. Compositeurs, voulez-vous vous pénétrer de la situation où vous devez être pour travailler au genre de musique dont il nous reste à parler ? transportez-vous en esprit sur le bord d'une rivière tranquille & limpide qui, dans les jours fleuris du printemps le plus doux, promène nonchalamment ses ondes argentées sur des tapis de verdure. Auprès de ses rives émaillées s'élève l'habitation paisible & fortunée d'amis réunis par les liens les plus doux : ils sont venus sur les bords de ce fleuve sinueux avant que l'astre du jour ait atteint le faîte d'un ciel sans nuages ; ils se sont rassemblés sous des berceaux touffus ; ils y respirent la fraîcheur du matin, les odeurs suaves de la saison, & l'amour des compagnes adorées dont la présence anime leurs douces jouissances. C'est auprès de ces objets si chers ; c'est sous les yeux de la beauté tendre & fidèle ; c'est en goûtant tous les plaifirs que peuvent donner la belle nature, l'amour & l'amitié conftante, qu'ils vont confier aux inftrumens qu'ils feront réfonner eux-mêmes, le foin d'exprimer leurs fentimens, celui de parler à leurs amis & à leurs amantes : c'eft dans ce féjour champêtre orné de toutes les graces d'une nature printanière, qu'éloignés de tout ce qui pourroit troubler leur félicité pure, doucement enivrés des fentimens les plus tendres, ils vont remplacer leur langage touchant par le langage plus animé d'une mufique célefte. Muficiens, n'oubliez jamais que maintenant votre mufique n'eft faite en quelque forte que pour ceux même qui doivent l'exécuter. Les duo, les trio, les quatuor, toute efpèce de mufique inftrumentale, récitante ou de chambre, n'eft que la converfation de ces amis fidèles, de ces amans heureux. Que le muficien n'en compofe jamais qui ne pût fervir à leurs entretiens charmans. Que fes ouvrages foient femblables, quant au fond, aux airs deftinés pour les voix, ou, pour mieux dire, aux fymphonies dont nous venons de parler ; que divifés de même en trois morceaux de caractères différens, ils préfentent le plus poffible la forme dramatique avec tous fes charmes ; que l'on y reconnoiffe la marche des paffions, & en quelque forte celle d'une action intéreffante ; que l'on y remarque un commencement, un milieu, une fin, des développemens, une efpèce d'intrigue, un dénouement ; ou, pour mieux dire, que ceux qui l'exécuteront y puiffent fuivre toutes les parties d'un drame dont ils feront les acteurs.

Si l'on cherche à y faire paroître les inftrumens avec éclat, que l'on fe rapproche le plus poffible des précautions que nous avons indiquées ; qu'on n'y rencontre point de paffages uniquement deftinés à être entendus de loin, & à retentir dans de grands vaiffeaux : tout y doit être vu de près, & par conféquent plus foigné, plus nuancé, plus fondu, plus radouci, plus délicat. Si les grandes images y font offertes, qu'en quelque forte elles ne paroiffent grandes que par comparaifon ; que repréfentant avec fidélité les plus grands objets, elles foient cependant peu étendues en elles-mêmes ; que l'on y peigne fi l'on veut une tempête affreufe, mais qu'on la peigne en miniature ; qu'elle n'occupe qu'un petit efpace ; que les divers inftrumens imitent prefque toujours des voix hmaines ; & que ces voix foient celles d'amis tendres qui, fur des gazons fleuris, s'entretiennent aux pieds de leurs amantes adorées. Qu'on croie remarquer des traits d'esprit dans leur conversation, mais que dans le fond ils ne soient que des nuances légères de sentimens fins & délicats ; que tout y soit l'image de quelque affection ; que tout l'ouvrage paroisse pénétré d'une chaleur douce ; que de temps en temps on y soit entraîné avec rapidité, & qu'à une agitation plus ou moins vive, succède un repos agréable, un calme enchanteur, une langueur touchante, une volupté pure ; qu'au milieu de tous ces sentimens on oublie tout, & qu'on goûte, sans s'en appercevoir, le plaisir d'une existence molle, & d'une espèce de demi-sommeil plein de charmes.

Quelquefois la musique n'est destinée qu'à un seul instrument. Si le musicien veut l'employer alors à faire paroître l'habileté d'un artiste ; s'il veut mêler à des expressions touchantes, des passages d'une exécution difficile, ou propres à faire ressortir le talent ; si enfin il cherche à composer ce que l'on a appelé *sonate*, il saura assez comment se conduire d'après tout ce que nous lui avons déja indiqué.

S'il desire uniquement de peindre des sentimens ; s'il veut uniquement produire de ces ouvrages auxquels on a donné le nom de *pièces de musique*, qu'il ait recours le plus possible à la manière de composer les duo, les trio, &c. & à la forme dramatique que nous lui avons tant recommandée. Nous en avons assez dit maintenant, pour n'avoir besoin de lui parler que de la destination de ces pièces.

Elles sont faites pour dissiper l'ennui de la solitude, pour suspendre les peines, pour calmer l'agitation que donnent les affaires, pour délasser après les travaux utiles, pour appaiser les feux des passions. Il devroit y en avoir qui exprimassent d'une manière vive toutes sortes de sentimens; l'homme isolé pourroit, dans toutes les situations de son ame, en trouver à l'unisson de ses affections; en les exécutant il se feroit illusion; il croiroit entendre un ami qui partageroit ses peines ou ses plaisirs, & qui de sentiment en sentiment le conduiroit par une pente douce & naturelle, de la peine ou de la gaieté trop vives, de l'ennui, de l'indifférence, ou de l'accablement & de la lassitude, au calme de l'ame & au repos du cœur. La beauté sensible & malheureuse, qui auroit à pleurer l'infidélité d'un amant, croiroit avoir trouvé une ame compatissante touchée de ses maux; elle pleureroit plus abondamment en commençant d'avoir recours aux confolations de l'art enchanteur; mais fes larmes feroient moins amères, les agitations de fon cœur un peu calmées, l'efpérance & la paix ne s'éloigneroient pas entièrement d'elle, lorfqu'elle auroit goûté, pendant quelques momens, les charmes d'une mufique amie.

Il faudroit que le compofiteur, fe mettant entièrement à la place de ceux auxquels il deftineroit fes ouvrages, imaginât tout ce que leurs cœurs leur dicteroient, fi cherchant à modérer ou à ranimer leurs affections, ils étoient doués de cette heureufe facilité de créer avec promptitude que nous admirons dans des compofitions plus grandes & plus fublimes, lorfque les Séjan, les Charpentier, les Couprin, les Balbatre &c, nous raffemblent dans nos temples pour nous y pénétrer à leur gré de divers fentimens.

Nous venons de promener nos regards fur le vafte champ de la mufique; nous avons tâché d'en examiner de près les différentes parties; nous avons pofé la dernière pierre d'un monument que nous venons d'effayer d'élever à la gloire de l'art. Des mains plus habiles érigeront de nobles trophées où nous n'avons pu que ramaffer avec peine quelques masses éparses. Prêts à cesser de parler à ceux qui cherchent à courir la carrière de la musique, qu'il nous soit encore permis de dire à ces jeunes émules dont nous avons sur-tout cherché à enflammer les ames : Voulez-vous parvenir à créer des ouvrages immortels ; voulez-vous que la postérité reconnoissante couronne vos statues, & conserve avec respect vos chefs-d'œuvre? n'oubliez pas qu'il reste encore bien des efforts à tenter ; que malgré tout l'éclat dont on revêt tous les jours la musique, elle n'a pas encore atteint à sa perfection ; qu'elle n'est pas encore cette langue universelle entendue si aisément de tous les cœurs, peignant avec tant de vivacité les nuances de tous les sentimens ; méditez long-temps l'ensemble de vos ouvrages, & apprenez sur tout à le manier sans peine ; examinez long-temps votre sujet, & soyez sûr d'avoir bien vu toutes ses faces, avant de commencer à travailler ; pénétrez-vous vivement de ce que vous voudrez représenter ; voyez clairement avant de peindre ; offrez sans cesse quelque expression, quelque image, quelque sentiment ; que l'on ne puisse rien ôter de vos traits sans diminuer de leur force ; introduisez dans vos productions les beautés dont elles doivent briller, mais sur-tout retranchez en tout ce qui feroit inutile, tout ce qui ne feroit qu'étouffer les germes que vous y auriez dépofés ; établiffez une ligne de divifion bien fenfible entre les différens genres que vous pourrez avoir à traiter ; n'employez jamais pour un de ces genres les couleurs deftinées à un autre ; ne confondez jamais le paftoral avec le comique, & le tragique avec le facré, & ce qui n'eft qu'une froide narration, avec une peinture animée ; diftinguez pour ainfi dire la profe qui raconte, d'avec la poëfie qui fait voir ; fachez retoucher plufieurs fois vos ouvrages ; penfez toujours, en y travaillant, à la diftance à laquelle ils doivent être entendus ; allez fouvent échauffer vos têtes devant les productions immortelles de ceux qui vous auront précédés : pleins d'une admiration refpectueufe, d'une noble hardieffe, d'une émulation vive, & d'un defir courageux de marcher fur les traces de ces hommes célèbres ; ne ceffez d'étudier les chefs-d'œuvre des Pergolefe, des Leo, des Durante, des Jomelli, des Haffe, des Handel, des Lulli, des Rameau, des Gluck, des Piccini, des Sacchini, des Haydn, des Goffec, des Grétry, des Philidor, des Bocherini, des Paefiello, des Anfoffi, des Beck, des Nauman, des Salieri, des Bach, des Traetta, des le Moine, & de tant d'autres auxquels nous rendons ici hommage avec bien du plaisir, & sur les exemples desquels nous nous serions appuyés en tant d'endroits, si nous n'avions pas voulu laisser au public qui jouit de leurs ouvrages, le plaisir de deviner tout ce que nous aurions dit. Contemplez aussi les chefs-d'œuvre de tous les arts; élevez vos idées à la vue de toutes les nobles productions de l'esprit humain; allumez-les au feu des génies qui ont éclairé & vivifié la terre, & allez admirer toutes les beautés de la nature; tâchez de surprendre les secrets de sa marche & de ses sentimens; accoutumez vos yeux à fixer son éclat. Puisse, ce que je vous adresse encore, remplir vos ames de ce beau délire qui inspire les productions sublimes! puissent les accens d'une voix qui a osé se faire entendre au milieu de tant de grands maîtres, faire naître dans vos cœurs le feu du sentiment! Trop heureux d'avoir été destiné à animer vos jeunes courages, & d'avoir vu de loin des moissons réservées pour des mains plus fortunées; si je vous ai indiqué de fausses routes, des guides plus sûrs viendront vous montrer des chemins plus faciles : quelques étincelles que j'aurai fait jaillir, serviront peut-être à allumer les feux qu'ils placeront pour vous sur les sentiers de la gloire : j'aurai donc aussi contribué à la perfection de l'art ; & lorsque sur la fin de ma course, qu'une foible santé abrégera peut-être, mes forces diminuées ne me laisseront voir que de loin les succès des artistes couronnés, avec quel enthousiasme ne mêlerai-je pas une voix débile aux acclamations qu'ils feront naître ; & retrouvant dans mon cœur toute sa chaleur première, avec quel transport n'applaudirai-je pas à des triomphes auxquels je les aurai le premier appelés ! Mais en rassemblant pour la gloire & l'utilité de l'art quelques blocs grossièrement taillés, & en y inscrivant les noms de ceux qui ont acquis des droits à l'admiration publique, qu'il me soit permis d'y graver les noms augustes des souverains de ma patrie ; qu'il me soit permis de me livrer au plaisir si touchant de dire que le moment où j'ai adressé quelques réflexions aux jeunes artistes, étoit celui où un roi bon & juste travailloit au bonheur du monde en faisant celui de ses sujets, où une reine si digne d'être adorée aimoit & faisoit fleurir les arts, & où ils trouvoient autour du trône des protecteurs aussi éclairés qu'illustres. Mon cœur sera du moins satisfait en terminant mon ouvrage ; & après avoir éprouvé en le composant le plus grand des malheurs, après avoir été condamné à des regrets éternels par la perte d'un père chéri, le modèle de toutes les vertus, les derniers mots que je proférerai, ces dernières expressions d'une vénération respectueuse, pénétreront mon ame de la plus douce des consolations. O artistes ! ô vous tous qui vous consacrez à l'art enchanteur de la musique, rendez-lui toute sa dignité, tout son véritable éclat ; rapprochez-le de sa vraie destination, de celle de soulager les misères humaines, de répandre mille charmes autour de nous, de faire oublier les malheurs privés & les calamités publiques par des jouissances pures rendues plus vives par le partage, ou senties plus profondément dans le calme de la solitude : & soit que vous travailliez pour nos théâtres ou pour nos demeures, ou que vous réserviez votre musique pour nos temples sacrés ; méritez de nouveaux hommages en ne faisant jamais naître dans nos ames que les passions utiles, la vertu, le courage généreux, le dévouement héroïque, la vive sensibilité, l'amitié constante, la tendresse pure & fidèle, la tendre pitié, & l'humanité bienfaisante.

A Paris, 30 Novembre 1784.

FIN.

www.ingramcontent.com/pod-product-compliance
Lightning Source LLC
Chambersburg PA
CBHW060904300426
44112CB00011B/1338